En el Jardín de la Fe

Guía práctica para una vida de fe y acercamiento al Creador del Universo en todo momento

Por

R.S. Arush
Director de las Instituciones
"Hilo de Bondad"

ജ୯ଓ

Aquí encontrará el lector claras y prácticas instrucciones para superar los retos de la vida, y encontrar la auténtica alegría y felicidad.

Acompañado con cuentos, parábolas y ejemplos en una amplia gama de campos, en un sencillo y claro idioma.

ജ୯ଓ

2009

En todo lo relacionado con este libro,
distribución y encargos,
por favor ponerse en contacto con:

Instituciones "Hilo de Bondad"

Tel: 972–52–2240696

www.myemuna.com

Traducción:
Y.D. Galed

Diseño y compaginación:
Eye See Productions
972–2–5821453

ISBN : 9798859769216

Primera Edición

Presentamos a continuación, extractos de algunos elogios de parte de grandes líderes espirituales contemporáneos, recibidos para la versión original de este libro*:

- *"'En el Jardín de la Fe' es la obra de un artista, el brillante y justo Maestro R.S. Arush, que goce de muchos días felices, quién ha reunido un tesoro maravilloso de despertar espiritual...".*

- *"La Presencia Divina brilla desde las páginas de 'En el Jardín de la Fe', pleno de estímulo espiritual y consejos prácticos para el fortalecimiento de la fe en la vida diaria, todos ellos extraídos de fuentes fidedignas... Toda persona obtendrá ventajas de este libro, es importante aprender y volver a aprender sobre la fe hasta que se interiorice en el corazón...".*

- *"¡Me he conmovido hasta lo más profundo de mi alma leyendo 'En el Jardín de la Fe'!... Este libro es una necesidad para cada ser humano en todo lugar que se encuentre... Quien aprenda de este libro merecerá todo el bien en este mundo y en el venidero...".*

- *"En los libros del Maestro Arush están aclarados y explicados con buen sentido y gusto, los principios de la simple fe en el Creador... Todo está basado en los sólidos fundamentos de las enseñanzas de los grandes Sabios y Justos de todas las generaciones... Los libros son extremadamente alentadores y fortalecen a toda persona en todo tipo de situación en la que se encuentre... ¡Ciertamente todo el que lea sus libros, le agradecerá al autor...!".*

---

* Contactándonos se pueden obtener las cartas originales en detalle.

- *"Felicitaciones por la publicación de tan importantes libros... Deben encontrarse en cada casa, para fortalecer las bases de la fe...".*

- *"Con gran respeto a mi querido y apreciado amigo, un espíritu noble, el Maestro R.S. Arush que trabaja día y noche para acercar los corazones al Creador... Sus maravillosos libros son como una luz en la oscuridad, que iluminan el recto camino a seguir...".*

Índice

Capítulo Segundo: Los Niveles de la Fe   69

Capítulo Quinto: ¿Cómo Lograr la Fe?   307

Capítulo Sexto: La Fe y los Rasgos del Carácter 333

Prefacio de la Edición Española

En la lectura del libro que tienes en tus manos, las personas han encontrado la alegría de vivir, la felicidad y el fortalecimiento interior. Enfermos graves encontraron apoyo y lograron curarse. Los que habían perdido la voluntad de vivir volvieron literalmente a la vida.

Cada uno que lo ha leído atestiguó que le trajo apaciguamiento y calma, y que no pudo dejarlo. Muchas personas consagraron un tiempo fijo para su estudio. Estudiantes y profesores aseveraron que entre innumerables libros que habían leído, este era el único que se dirigía a sus corazones, por la sencillez y la veracidad que se desprenden en cada página.

Varios Justos contemporáneos declararon que este libro reavivará las almas y que es un gran mérito publicarlo y difundirlo.

Este libro ha tenido éxito en varios idiomas y su ímpetu sigue creciendo. Hemos recibido reacciones asombrosas de todas partes. Gente de todo tipo, ha certificado que este libro ha cambiado dramáticamente sus vidas.

En resumen, este libro fue acogido con mucho amor y con una gran sed por parte de todos los estratos de la sociedad, más allá de toda expectativa. Hasta incrédulos y agnósticos, despertaron a la creencia en el Creador del Universo. La única explicación posible, es que la enseñanza de la fe y su difusión en todas partes del mundo expresan la Voluntad Divina, pues ésta es la finalidad de la Creación entera – la fe.

Prácticamente, se nos ha confirmado lo que ya sabíamos, aunque no habíamos comprendido el impacto real de este conocimiento: que el tremendo poder que está contenido en las palabras de la fe auténtica, es una panacea que todo ser humano necesita, busca, quiere y goza, como prueban las reacciones que recibimos sobre esta obra.

Este no es un libro que se lee de un tirón, sino que es un "libro de trabajo", es una guía para la vida que hay que leer repetidas veces hasta que el contenido sea completamente interiorizado. Aun después de estudiar bien el libro y conocer su contenido, incluso si él logra fortalecernos, todavía se debe trabajar para hacer penetrar las palabras en el corazón, hasta que las "vivamos". Por esa razón hay temas que se repiten en el libro, cada vez en forma distinta, para que los conceptos desconocidos sean bien absorbidos y llevados a la práctica.

Con la ayuda del Todopoderoso, se ha hecho todo lo posible para conservar el sabor y la intención de las palabras originales del autor, cualquier error en este libro es debido únicamente a la traducción.

Infinitas gracias al Creador del Universo por habernos permitido llevar a cabo este proyecto.

Nuestra gratitud a todos los que tomaron parte de este trabajo, y especialmente a los que dedicaron desinteresadamente su valioso talento y tiempo en la corrección de pruebas de esta edición. Sea la Voluntad del Creador que gocen de los frutos de este libro, que merezcan una vida larga, sana, feliz y plena de fe, y que vean crecer a sus descendientes como hombres rectos y justos, Amén.

Junio, 2009

Petición Personal del Autor

Querido Lector:

Durante el curso de mi trabajo y mi contacto diario con la gente de alrededor del mundo que busca mi consejo y ayuda, he llegado a la clara conclusión que la raíz de todo el sufrimiento humano, no es más que la **carencia de la auténtica fe**. Por medio del perfeccionamiento de la fe, se satisfacen todas las carencias espirituales y materiales. Por lo tanto la esencia del trabajo espiritual del hombre en este mundo, es perfeccionar su fe. Una y otra vez, he sido testigo de cómo la génte ha vencido problemas personales, aparentemente insuperables, fortaleciendo su fe; esta fue mi motivación en la escritura de este libro, "que es todo fe".

Debes saber que cada vez que mencionamos la fe, significa la plegaria y estar contento con lo que poseemos. Porque la fe que no lleva al hombre a rezar, no es completa. Siempre que la fe no lleva al hombre a una directa relación con el Creador, y todavía existen situaciones en las cuales no está alegre – es señal que su fe es débil y aún necesita mucho "refuerzo, nutrición, fertilización y riego".

Si mi único deseo hubiera sido escribir un libro que define la fe y alaba sus virtudes, yo no me hubiera molestado; gracias al Creador, hay muchos libros en el mercado que lo hacen mejor que lo que yo podría hacerlo. Pero todo mi objetivo en este modesto volumen, es llevar al lector a la inequívoca conclusión que él o ella tienen que fortalecer su fe, y haciéndolo, podrán ilusionarse con una nueva, más feliz y satisfactoria vida – en este mundo y en el venidero.

Por ejemplo, ¿tienes problemas financieros? Reza por la fe y tus ingresos mejorarán automáticamente. ¿Tu matrimonio está fracasando? Reza por la fe y tendrás felicidad conyugal. ¿Sufres de problemas emocionales? El fortalecimiento de la fe es lo más seguro del mundo para la salud emocional. Esto mismo es aplicable para *cada* problema que tienes en la vida, como explicaremos ampliamente en este libro.

Quien logra entender este gran principio – que la fe es la llave maestra para la apertura de cualquier puerta en la vida – dedica la mayor parte de su tiempo y esfuerzos para lograr la fe auténtica. En vez de pasar de un consejo a otro, de un subterfugio a otro, y una vez tras otra caer de la esperanza a la desilusión, ese hombre busca una sola cosa – fortalecer su fe.

Con la fe, no sólo el hombre logra salvarse de toda calamidad y desgracia, sino que su vida entera toma un giro completamente distinto. Todo el mundo se le transforma en muy bello y dulce; logra una vida de satisfacción, felicidad y paz interior. Y así, viviendo con la fe, cumple la meta de la Creación, que es la fe misma. Sólo quien cumple con esa finalidad logra vivir la más auténtica, buena y agradable vida. Además, quien vive con fe, no sólo merece y logra su propia redención, sino que cumple también su rol en la Redención del mundo entero.

Por lo tanto, te pido por favor, querido lector – lee este libro con concentración, y verás cómo la fe es la base de todas las cosas en el mundo, y que por medio de ella se puede lograr todas las bendiciones y todo lo bueno posible.

Si un solo lector mereciera tomar conciencia de este profundo asunto y comenzara a concentrar todo sus esfuerzos para aumentar la fe en su vida, será esa mi recompensa y mi complacencia. De ser así, valdría la pena por esa persona especial, todo mi trabajo y esfuerzos para sacar a la luz este libro.

He titulado este libro **"En el Jardín de la Fe"**, aludiendo que la fe conduce a una vida tan hermosa como pasear por los caminos encantados de un exuberante jardín exótico. De hecho, por la fuerza de la fe, el mundo entero es un hermoso jardín que da infinitas y magníficas flores de todo tipo, maravillosos perfumes y deliciosas frutas. La fe tiene el poder de ayudar a la persona a crecer como es debido, sin dañarse con las tormentas y crisis que por cierto llegarán a lo largo de su vida. Tal como se siembra un grano en una tierra fértil y crece como se debe y florece, así la fe es la fuerza para desarrollarse y crecer; nada en el mundo conduce tanto al crecimiento y desarrollo personal del hombre como la fe.

Un hombre creyente se asemeja a un árbol plantado en un jardín de tierra fértil, que crece y da frutos, tal como dijo el Rey David (Salmos 1:3): "Será cual un árbol plantado junto a corrientes de agua, que da su fruto a su debido tiempo y cuyas hojas no se marchitan...".

Dedico este libro a la memoria de mi honrado padre, cuya pura y simple fe y su carácter intachable, para siempre permanecen como una brillante luz que ilumina mi camino, y a la memoria de mi querida madre, quien trabajó tan duro y desinteresadamente toda su vida para criar a sus niños con amor y compasión.

Mis sinceras gracias a todos mis Maestros, de cuyo manantial de agua dulce bebo y que de sus magníficos espíritus extraigo la fuerza para mandar este mensaje alrededor del mundo. La sabiduría que contiene este libro puede ser remontada directamente a sus enseñanzas extraordinarias.

Reconocimiento y gratitud a mi querida esposa, quien está siempre a mi lado para apoyarme y merece todo el crédito de mis logros. Su dedicación no sabe de ningún límite, y seguramente su recompensa será grande, tanto en este mundo como el venidero. Que el Creador le de una vida larga, feliz y sana, éxito en todos sus esfuerzos y que podamos juntos ver la alegría de toda nuestra descendencia, y ver sus vidas dedicadas a la fe y al servicio al Creador, hasta el final de los días, Amén.

Por último pero no menos importante, mis gracias a todos mis alumnos y a todos aquellos que trabajaron infatigablemente para que este libro se haga realidad. Que el Creador los bendiga con toda abundancia espiritual y material.

Mi rezo al Creador del Universo, que se realice mi deseo: que todos los que lean este libro se esfuercen para lograr la fe auténtica. Bendigo a todos ustedes, queridos lectores, que el aprendizaje de este libro les ayude a acercarse al Creador y conocerlo; que sus problemas desaparezcan y que puedan merecer el rescate personal del cuerpo y del alma, así como vidas largas y felices.

Y entonces, lograremos ver juntos la Redención completa del mundo entero, rápidamente y en nuestros días, Amén.

R.S. Arush

Junio, 2009

Capítulo Primero
Fundamentos de la Fe

El enigma de la vida

E ste mundo está lleno de preguntas: ¿Cuál es la finalidad de la vida en este mundo lleno de sufrimiento? ¿Hacia dónde va el mundo y la humanidad? ¿Con quién está la justicia en todas las ideologías y concepciones de la vida? ¿Cuál es el camino hacia la felicidad? ¿Cómo verdaderamente debemos vivir? ¿Finalmente será todo bueno o no? Y más y más...

Las drásticas y aparentemente injustas diferencias entre la vida de una persona y otra y los acontecimientos de sus vidas nos dejan a menudo perplejos. Un hombre tiene una vida fácil, mientras otro una vida difícil y muy penosa. Una persona nace fuerte y sana, mientras otra débil y discapacitada. Uno gana un buen sustento con facilidad, y el otro no. Alguien que fue bueno toda su vida y, como se dice, "no mataba ni a una mosca", muere de una cruel enfermedad aún siendo joven, mientras otro que es un malvado tiene una larga vida de riquezas y honores. ¿Por qué?...

¿Por qué yo?

En los que más se despiertan estas preguntas son aquellos que más sufren las faltas:

Aquel al que le es difícil ganar su sustento pregunta: "¿Por qué fulano tiene una vida de riquezas y bienestar mientras yo vivo una vida de constante escasez y el esfuerzo por mi sustento me saca de mis cabales?".

Alguien que tiene un hijo enfermo pregunta: "¿Por qué todos tienen hijos sanos y fuertes, mientras mi destino es criar un hijo enfermizo que necesita un esforzado tratamiento cotidiano?".

Alguien que está discapacitado mira a la gente caminando libremente a su alrededor y pregunta: "¿Por qué ellos están enteros de cuerpo mientras yo tengo esta invalidez restrictiva y humillante?".

Alguien que creció en condiciones difíciles ve a aquellos que crecieron en el seno de buenas familias, y se pregunta: "¿Por qué ellos nacieron en una buena y cómoda familia, recibieron calor y amor, fueron mimados, se les concedió cada pedido y deseo, mientras yo nací en el seno de una familia difícil y problemática, y únicamente sufrimiento, escasez y humillaciones llenaron mi vida?".

Alguien que se acerca a los cuarenta años de edad y todavía está soltero, pregunta: "¿Por qué yo, con todas las virtudes que poseo, no logro casarme y fulano que está lleno de grandes defectos, se casó sin demora a edad temprana, con una virtuosa joven de buena familia?".

La regla general es: la gente está llena de preguntas, y cada uno puede agregar a la lista todas las preguntas que se hace a sí mismo.

Tiempos cambiantes

También sobre la forma que se desarrolla la vida de cada día tenemos preguntas:

"¿Por qué ayer tuve un día magnífico y todo salió como lo había planeado mientras hoy, sin ninguna razón especial, nada me va bien, todo me sale al revés y siento sólo pesar?".

"¿Por qué la semana pasada gané mi sustento fácilmente y de repente el cuerno de la abundancia se vació, y tengo que hacer grandes esfuerzos para traer un pedazo de pan a mi casa?".

"¿Por qué ayer tuve tantas satisfacciones de mis hijos que se comportaban como ángeles, disciplinados y simpáticos, y de repente parecería como que el diablo se posesionó de ellos y hacen todo a propósito para enojarme, tanto a mí como a mi esposa?".
Preguntas sin fin....

La respuesta a todas las preguntas

Existe una sola y única respuesta a todas las preguntas – la fe.

La fe se parece a una llave maestra que abre todos los cerrados dilemas de la vida y por medio de ella la respuesta es simple y bien entendida: el universo posee un supremo y todopoderoso Creador que cuida de cada uno de nosotros en una forma exacta, hecha a medida según nuestras específicas necesidades, y es lo que se llama Divina Providencia o Supervisión Individual. Él es Quien determina las condiciones exactas en las que viviremos: en el seno de qué familia naceremos, con quién nos casaremos, cómo será nuestro aspecto, cuáles serán nuestras cualidades y carácter, cuántos hijos tendremos, cuánto dinero poseeremos, quiénes serán nuestros amigos y conocidos, y muchos más datos como arena hay en el mar.

Y no sólo en forma general, sino también en la vida cotidiana, en cada instante, todo está dirigido desde lo Alto en una Supervisión Individual. Es el Creador quien decreta cuándo el hombre prosperará y cuándo fracasará, cuándo será bien recibido y cuándo será despreciado y desdeñado, a quién encontrará y con quién tropezará, e infinitamente más y más detalles. Como está escrito en los Salmos (105:7): "Él es el Eterno nuestro Dios, sus Juicios están en toda la Tierra" – que significa que todo lo que sucede diariamente en el universo – los éxitos en contraste con los fracasos; la alegría y salvación de unos en contraste con las desgracias y los tormentos que caen sobre otros, todo esto hace parte de los Juicios del Creador, en los cuales son juzgadas las criaturas cada día y cada hora, en general y en particular.

Y debemos saber, que la Supervisión del Creador es siempre para el bien eterno de cada hombre, para guiarlo al objetivo, al rango y a la buena y eterna finalidad para la que fue creado. El Creador sabe que tal persona no llegará a la corrección de su alma sin la específica realidad en la que se encuentra, con todas las muchas privaciones que tiene; y que aquella otra llegará a su meta justamente desde una realidad distinta de abundancia y de placeres, etc. Cada dato de la vida del hombre, sin excepción, está bajo una exacta Supervisión Individual, sin ningún error y no por azar, según lo que el hombre verdaderamente necesita para llegar a su meta y a su corrección espiritual.

La Voluntad del Creador

¿Qué es lo que desea el Creador de ti, que es realmente tu meta? La respuesta se encuentra en el sagrado libro del *Zohar* (Esplendor), la famosa obra esotérica escrita hace casi dos mil años, que declara: "¡El Creador te creó solamente para que Lo conozcas!". Por lo tanto, todas las condiciones de nuestra vida nos son necesarias, pues el Creador que nos conoce perfectamente, estableció que no podamos conocerlo sino por medio de todas esas específicas condiciones que nos ha dado exactamente. ¡No hay ningún error ni azar en ningún detalle de nuestra vida!

Este conocimiento se llama tener una *"fe completa"* y estar *"contento con lo suyo"*, es decir que el hombre sabe: ¡Yo no entiendo nada y no sé nada, solamente estoy contento con lo que tengo! Y es esto también el primer paso para la elección cierta. Después que el hombre tenga este conocimiento, de ahora en adelante deberá prestar atención cómo podrá, a través de todos los acontecimientos y sucesos de su vida, conocer al Creador.

Debe el hombre saber perfectamente, que cada detalle de su vida está orientado por Él – tanto en el bien como en el mal, "por entendimiento o por fuerza" – para conducirlo a esta meta – que Lo conozca. Muchas veces cuando el hombre no presta atención a las alusiones del Creador, entonces Él le coloca en circunstancias aún más difíciles. Y si todavía no toma conciencia de su meta, el Creador lleva al hombre a situaciones que no tienen ninguna solución natural, hasta que se verá obligado aun contra su voluntad, a apoyarse en la fe. Y como los Sabios han dicho: "No tenemos en quien apoyarnos, sino en nuestro Padre Celestial".

El comienzo de la fe

El sagrado libro del *Zohar* nos enseña, que el comienzo de la construcción de la fe, es el pensamiento y el conocimiento que no existe sólo este mundo, sino que existe también un Mundo Venidero. Éste es el principio de la memoria, acordarse siempre de esto. Según la siguiente explicación se entenderá por qué este conocimiento es necesario para toda persona razonable:

Toda persona mentalmente sana, no estará dispuesta a hacer ninguna acción sin que esta tenga un objetivo y una utilidad. Por ejemplo, si se le dice a una persona subir y bajar su brazo durante una hora sin ninguna causa, no lo aceptará de ninguna manera, porque sentirá que hace algo sin una finalidad y sin ningún beneficio. Si así son las cosas en el hombre que es un ser creado, con más razón respecto al Creador que por supuesto no hace ninguna cosa sin finalidad.

No puede ser que el Creador haya creado todo el universo – donde infinitos detalles se articulan con una fabulosa precisión y que ilumina con majestuosidad, belleza y maravillosa gracia – sin que haya una razón y finalidad.

No puede ser que el Creador haya creado al hombre – una tan maravillosa creación con un cerebro poderoso y profundas fuerzas espirituales – sin que tenga su vida una finalidad.

Por consiguiente, cada uno debe preguntarse a sí mismo: ¿Es probable que la meta para la cual el hombre ha sido creado, pueda existir en *este mundo*, en el cual todo va hacia la perdición y muerte? ¿Es posible pensar que el Creador haya creado un ser humano lleno de sentimiento, creatividad y espiritualidad, para que viva setenta u ochenta años, la mayoría de ellos con sufrimiento y esfuerzo, y luego morir y terminar así su vida? ¿Acaso verdaderamente toda la profundidad del espíritu del hombre y su conocimiento se terminarán y se perderán? Es algo impensable. Necesariamente deberá haber continuación a la vida del alma también después de la muerte del cuerpo, donde logrará una eterna recompensa en el Mundo Venidero, por el cumplimiento de la Voluntad Divina.

No obstante, el concepto de "premio y castigo" existe también en este mundo, como un éxito que le llegará a una persona por hacer lo que es recto, o por el contrario – las tribulaciones que le llegarán por sus pecados. Todo eso le llega al hombre solamente para enderezarlo en su camino, para que sepa distinguir, según como su vida se encamina, si transita por la senda justa o no. De esto podemos entender, que los sufrimientos que caen sobre el hombre no son ni un castigo ni una venganza, sino que su objetivo es estimularlo para que examine sus actos y para que no se equivoque en su camino. De hecho, si existiera solamente este mundo, no habría ningún sentido en ellos.

No entendemos nada

En el libro "Éxodo" del Pentateuco, están escritas las leyes de aquel que mata a un hombre involuntariamente: su sentencia es el exilio en una ciudad refugio. Y así está escrito (21:13): "Pero él no le preparó una emboscada – sino que Dios *causó* que llegara a su mano...".

Las palabras "no le preparó una emboscada" significan que el hombre que mató lo hizo sin premeditación; él no lo acechó y no se propuso matarlo de ninguna manera. En otras palabras, fue un "accidente"...

Pero en lo que está escrito "y Dios causó que llegara a su mano", ya nos revela que no había ningún error. El Creador es el que dispuso este "accidente". Citaremos un antiguo comentario de los Sabios sobre esta cuestión: "¿Sobre qué habla el escrito? De dos personas, una que mató involuntariamente y otra que mató premeditadamente, y no hubo testigos que atestiguasen. El que mató premeditadamente no fue castigado a muerte como debería ser castigado un asesino, y el que mató involuntariamente no fue castigado al exilio, a una ciudad refugio como se debería. Pero Dios les hace justicia, ¿cómo? – dispone que se reúnan en la misma posada, el que mató premeditadamente se sienta bajo una escalera y el que mató involuntariamente sube por ella, de pronto, este cae sobre el que mató premeditadamente

– y lo mata. Hay testigos que declaran que el hombre mató involuntariamente, y es obligado entonces al destierro. El resultado es que el que mató involuntariamente es desterrado, y el que mató premeditadamente – murió...".

De esto aprendemos cómo la Supervisión Divina está detrás de todos los accidentes que ocurren. Ciertamente, a los ojos de cualquier persona parecería que el hombre que estaba sentado bajo la escalera, es una persona desgraciada que murió sin ninguna razón, y que quien cayó sobre él y lo mató, no lo hizo intencionalmente. No obstante, en verdad, todo fue justo y calculado en todo detalle.

Los Sabios cuentan que cuando Moisés quiso saber los caminos de la Supervisión del Creador sobre Sus criaturas, Le pidió (Éxodo 33:13): "Hazme conocer Tus caminos". La respuesta del Creador fue (Deuteronomio 10:1): "Sube hacia Mí, a la montaña".

En el camino, subiendo a la montaña, vio Moisés un caso muy extraño. Un hombre se acercó a beber agua del manantial, y al inclinarse para hacerlo, sin darse cuenta, se le cayó una cartera repleta de dinero y se fue. Al irse, llegó un segundo hombre también a beber agua del manantial, encontró la cartera del primero y la recogió. Cuando este se fue, llego un tercero para beber del manantial. Mientras bebía, volvió el primero a buscar su cartera, y esta por supuesto no estaba. Le dijo el primer hombre al tercero: "¡Tú encontraste mi cartera!", le contestó el otro: "Yo no encontré nada". Se enojo el primero, se acercó y lo mató.

Cuando Moisés vio esto, quedó completamente sorprendido. Le dijo al Creador: "¡Señor del Universo! Te pido, dame a conocer Tus caminos". Esto es lo que he visto y me sorprendió: ¿Por qué el segundo hombre que encontró la cartera perdida ganó, mientras el tercero que nada encontró, murió asesinado?".

Le dijo el Creador: "¡Todo lo que viste – es recto y justo! El primer hombre, quien perdió la cartera, la robó al segundo hombre que la encontró; simplemente llegó el verdadero dueño y encontró lo que le fue robado. El tercero, el que fue asesinado, mató al padre del primer hombre, sin que este lo supiera. Por lo tanto, Yo dispuse la mano del primer hombre para que lo mate y vengara la sangre de su padre"...

Aprendemos de esto que el Creador Mismo dispone que a los que les llega pena de muerte, sean ejecutados por los vengadores de la sangre.

De estos dos ejemplos vemos que existe una exacta Divina Supervisión sobre todos los sucesos del mundo; hasta lo que parece ser un accidente está realmente dispuesto por el Creador con Supervisión Individual, según Sus justos cálculos.

Así, a lo largo de su vida, el hombre se encuentra con muchos acontecimientos que parecen completamente injustos, pero eso es porque ve sólo una parte del todo. ¿A qué se parece esto? A una persona que fue a ver un espectáculo y llegó con mucho atraso. Cuando entró, la representación ya estaba cercana a su fin. Sobre el escenario había alguien que estaba golpeando violentamente a una persona. Sin pensar dos veces, el hombre que llegó tarde lanzó un grito: "¡Malvado! ¿Qué es esto? – ¡¿golpear así a un pobre hombre?!".

Lo silenció uno de los espectadores y le dijo: "¡Shhh... cállate!, si hubieras visto el espectáculo desde el comienzo, hubieras entendido que estos golpes son muy pocos por lo que este malvado tirano le ha hecho...".

Así es el hombre, limitado en su visión. No ve sino una pequeña partícula del todo. Él no conoce todo el pasado de cada alma, qué le ocurrió en reencarnaciones anteriores, y qué cuentas vino a cerrar en esta encarnación. Tampoco sabe lo que hay detrás de las condiciones de vida de cada hombre; por qué uno tiene un determinado defecto, por qué otro tiene tales condiciones de vida, etc.

Si tuviera el hombre el mérito para ver profundamente, sabría que todo está exactamente calculado con el máximo de justicia y misericordia, y no tendría ninguna pregunta..., jamás.

Cumplir tu misión

Cada hombre llega a este mundo con una misión. Su vida en este mundo no es una vida de permanencia, sino empieza y termina según la corrección de su alma y su misión en la vida. Cuando una persona muere – de cualquier manera que sea – su muerte proviene de una ordenanza del Creador, exactamente en el momento y en la forma que Él determinó. Alguna persona viene a este mundo para vivir setenta años, otra para veinte años, y otra para cinco años...; a uno le fue decretado que no completará sus días, mientras a otro se le agregarán más años de vida. Hay muchas diferencias entre un caso y otro, cálculos Celestiales ocultos, derechos y deberes, encarnaciones anteriores y más.

Hay almas que llegan a corregir algo muy específico, y enseguida después que lo hacen, dejan este mundo y vuelven a su lugar en el Paraíso. Generalmente, después de la muerte de estos seres, la gente que les conoció se da cuenta que eran excepcionales – casi sin inclinación al mal, muy amables y delicados. Por eso no tenemos que sorprendernos cuando vemos jóvenes que nunca pecaron, fueron especialmente buenos, e intempestivamente murieron – es que simplemente completaron lo que vinieron a corregir.

Debemos saber que existe una regla espiritual muy importante – "Donde la Mala Inclinación se intensifica sobre el hombre – allí mismo está la corrección de su alma". Por lo tanto, el hecho que aquellas personas fueron tan buenas y especiales, casi sin malas inclinaciones y especialmente bondadosas, indica que vinieron a este mundo únicamente para una muy específica corrección del alma, mientras que la mayoría de la gente, como vemos a nuestro alrededor, está llena de malas inclinaciones, lo que demuestra que vinieron a corregir muchas cosas.

El depósito

Una verdadera historia cuenta acerca del gran Sabio conocido como "El dueño del milagro":

En un día festivo, murieron los dos hijos del Sabio sin que él lo supiera. Su esposa era una mujer muy creyente y cuando encontró a sus dos hijos muertos, subió sus cuerpos al desván, los cubrió con una sábana, y lo guardo en secreto. Ella se regocijó con su marido y no le dijo nada, mientras él pensaba que ellos habían salido de la casa.

Sólo al finalizar el solemne día, cuando el Sabio se dio cuenta que no habían vuelto, le preguntó a su esposa: "Dime, dónde están nuestros hijos?". Su esposa eludió su pregunta y no le contestó nada claro hasta después que cenó. Solamente entonces le dijo: "Sabio, tengo una pregunta". "Pregunta querida esposa". "Hace tiempo, alguien dejó en mi poder algo en depósito y ahora vino a recogerlo, ¿qué tengo que hacer?". Le contestó el Sabio: "Esposa mía, es muy simple, quien tiene un depósito en su poder, lo tiene que devolver a su dueño".

Ella lo tomó de la mano, conduciéndolo al desván y le mostró a sus dos hijos acostados, muertos. El Sabio empezó a llorarlos con mucho dolor. Ella le dijo: "Sabio, ¿no me dijiste que quien tiene en su poder un depósito, lo tiene que devolver?". Inmediatamente dejó el Sabio de llorar y dijo: "Dios ha dado y Dios ha quitado. ¡Sea el nombre de Dios bendecido!" (Job 1:21).

Con su sabiduría, la esposa le dio consuelo y reflexión y fue digna de lo que dice el versículo (Proverbios 31:10): "Mujer virtuosa, ¿quién puede hallarla?".

Se cuenta de otro antiguo Sabio que perdió a sus diez hijos y andaba con un diente de su décimo hijo en la mano. Él solía consolar a los afligidos diciéndoles: "Éste es un diente de mi décimo hijo, que murió". "Miren que yo perdí a diez hijos y estoy sonriendo y alegre, pues entiendo que este mundo no es el esencial. Estas almas que fueron mis hijos, simplemente completaron la corrección de sus almas y su misión en este mundo temporal. ¿Por qué hay que estar triste? En verdad ellos están gozando en el Paraíso, donde todo es completamente bueno... Somos nosotros los que todavía necesitamos esforzarnos aquí en este bajo mundo, para completar nuestra misión, por la cual llegamos aquí".

Muchos más Sabios, Justos y hombres piadosos pasaron pruebas parecidas u otras, y todos saben que fueron completamente justos y rectos... La muerte es la heredad de todos, sin que tenga nada que ver con la rectitud del hombre, y como ya han dicho los Sabios: "¿Si Moisés murió, quién no morirá?".

Cuando vemos o escuchamos de una persona que murió joven – todos nos estremecemos frente a la realidad de la muerte, pero en verdad, deberíamos estremecernos y despertarnos mucho más cuando vemos un hombre que muere viejo, en lo máximo de su vida. ¿Por qué? Porque cuando muere una persona joven, eso no demuestra nada ya que es un caso extraño, y todavía podremos pensar que "a mí no me pasará". Pero cuando muere un anciano, esto demuestra en forma inequívoca que al final – ¡todo hombre morirá! Esto debe despertar a cada uno de nosotros para que no pasemos toda nuestra vida dormitando en este mundo.

No olvidarse del Mundo Venidero

A veces una persona que comienza andar por el camino de la fe, recibe un golpe y se pregunta: "¿Por qué justamente ahora que comencé a conducirme según la Voluntad Divina, recibo semejante golpe? Ahora que empecé a esforzarme a cumplir los Preceptos Divinos... ¡¿Éste es la fe y su recompensa?!".

O vemos a alguien que comenzó a ir por el recto camino y de pronto le sucedió una desgracia, y preguntamos: "¿Qué es esto? ¿Cómo puede ser? ¿Ahora que se esforzó en cumplir con la Voluntad del Creador, lo apropiado era que viviera muchos años, y sorpresivamente muere?".

Muchos preguntan sobre los grandes desastres y tragedias mundiales como el Holocausto. ¿Cómo permitió el Creador que les sucediera algo así a tantas personas y entre ellos miles y miles de justos y piadosos que cumplieron con Su Voluntad?

Todas estas preguntas surgen porque la gente se olvida que este mundo no es lo esencial y que el hombre viene acá en una misión. Si nos acordáramos que existe un Mundo Venidero y que el hombre viene a este mundo para cumplir una corrección espiritual, se terminarían todas las preguntas.

Correcciones del alma

La creencia en el Mundo Venidero es la base de la auténtica fe. Muchos de los enigmas de la vida reciben un sentido completamente distinto, cuando se entiende que la existencia del hombre en este mundo es sólo una parte de un completo camino que ha empezado mucho antes de su nacimiento, y que seguirá mucho después de su muerte.

Aquí una verdadera historia que ejemplifica esto de una forma maravillosa:

En una piadosa comunidad, hubo un caso que conmocionó a toda la ciudad y despertó muchas cavilaciones y preguntas sobre los caminos del Creador, tanto entre los mayores como entre los pequeños.

Una joven señorita, hija de una de las familias más importantes de la ciudad, se casó con un devoto comerciante, quien era un gran benefactor y columna central de la comunidad. Los primeros años de matrimonio fueron bendecidos con felicidad, abundancia e hijos. La esposa se conducía con mucho recato y se ocupaba con diligencia de la crianza de los niños, recitando los Salmos y ayudando a los pobres de la ciudad. El marido viajaba por negocios por todo el país, al mismo tiempo que establecía horas fijas de plegaria y estudio para su servicio al Creador. Sus muchos actos de beneficencia se extendieron sobre varios pueblos, y miles de pobres gozaron de los beneficios de su generosa mano.

Sorpresivamente, una desgracia cayó sobre los habitantes de la ciudad. ¿Dónde? ¡Justamente en la casa de la piadosa pareja! ¡En la casa de donde salió sólo caridad y bondad! ¡Justamente a ellos les pasó una desgracia estremecedora! Su hijo de tres años fue violentamente asesinado por un borracho desconocido.

La ciudad entera estaba conmocionada por el terrible caso. Miles de personas – entre ellas importantes y famosos sabios y líderes espirituales – entraron y salieron de la casa para consolar a los dolientes padres. Muchos se hicieron preguntas, pocos las expresaron a viva voz: "¿Acaso ésta es la recompensa a esta piadosa pareja por todas sus buenas acciones? ¿Por qué el Creador les hizo una cosa así? ¿Por qué en una forma tan violenta?". También un resentimiento sobre los caminos del Creador se infiltró en los corazones de algunos ciudadanos, un rencor que debilitó y confundió su fe y los alejó del servicio al Creador.

La pareja reaccionó frente a este hecho con fe completa, resignación, aceptando el Decreto Divino con amor, y siguiendo con su recto estilo de vida. Pero, no pasó mucho tiempo y otra desgracia cayó sobre ellos. Un terrible rumor se expandió por la ciudad: ¡el justo y modesto comerciante había caído muy enfermo y los médicos estaban preocupados por su vida! Inmediatamente, en toda la ciudad, se organizaron rezos públicos y lecturas de los Salmos para su bienestar.

El joven comerciante era amado por todos, muchos se habían beneficiado con su generosa mano, pero no sólo eso, él era uno de los principales de la comunidad, responsable de muchas instituciones de caridad y beneficencia. Con toda razón los rezos salieron del fondo del corazón y los lamentos partieron los Cielos.

Más y más gente seguía llegando para rezar, cuando cundió la noticia que los médicos lo desesperaron y no le dieron más que una semana de vida. El sabio de la ciudad, que era un gran justo y erudito declaró: "¡Eso no sucederá jamás! ¡No le ocurrirá a este hombre piadoso ningún mal!".

Enorme fue la desilusión de los ciudadanos y muy grande fue su dolor y pena, cuando después de unos cuantos días falleció el joven comerciante, en el comienzo de su vida; él, cuya vida fue dedicada a hacer el bien y a la benevolencia. Tenía treinta y cinco años, y la joven viuda que perdió su respaldo, su fuente de vivacidad y alegría, no sabía cómo calmar su profundo dolor.

Todos sintieron la gran pérdida, y muchas preguntas llenaron sus corazones: ¿Por qué fue llevado de este mundo un hombre tan bueno y justo? ¿Por qué no ayudaron tantas plegarias que se rezaron a su favor? ¿Y cómo pudo ser que el justo Sabio de la ciudad decretó que vivirá, y a pesar de todo - falleció?

Pasaron unos años. Un viernes por la noche, el hijo casado de la joven viuda, vino a saludarla con un "feliz fin de semana", la madre trató de sonreír, pero a su pesar, las lágrimas empezaron a fluir de sus ojos.

"Madre", suplicó su hijo, "¡ya pasaron varios años!, ¡basta de lágrimas! Debe haber un límite de tiempo para lamentarse. El que prolonga su pesar demasiado, es poseído por él. Somos en verdad creyentes... ¿Qué sabemos nosotros de los cálculos de Dios Todopoderoso? Ciertamente todo lo que el Creador hace – es todo para bien! Por favor mamá, nos causas mucho dolor a todos nosotros y también al alma de papá, que en paz descanse, ciertamente él quiere que sigas con tu vida. He aquí, que ya hace unos cuantos meses que te proponen una excelente persona para desposarte y todavía estás dudando. Querida madre, ¡debes fortalecerte en la fe, estar alegre con lo que tienes y continuar adelante!".

La joven viuda respiró profundamente. ¡Basta! decidió en su corazón. ¡Suficiente con el dolor! ¡Suficiente con la incredulidad! ¿Acaso soy más misericordiosa que el Creador? ¡Todo lo que el Creador hace es para bien! ¡Desde ahora me esforzaré en estar alegre! Así pensó la viuda en el fondo de su corazón. Y verdaderamente, ese fin de semana estuvo mucho más alegre y sonriente... Sus jóvenes hijos respiraron con alivio – por fin mamá sonríe con verdadera alegría, sin lágrimas que resplandecen en los extremos de sus ojos. Mamá vuelve a si misma, nuevamente nos da fuerza y estímulo. Ellos estaban necesitados de este cambio como aire para respirar. Otro fin de semana de pena y de tristeza los hubiera quebrado mental y espiritualmente.

Esa noche, por primera vez en varios años, se acostó la joven viuda en su cama con el corazón liviano y con alegría. Por primera vez en mucho tiempo, se durmió con una sonrisa en los labios. La primera vez en muchas noches que se acostó con tranquilidad, sin dar vueltas en la cama, sin pensar en su fallecido marido, en su sonrisa y en las buenas palabras que le solía decir. Algo que le fue arrancado de su corazón, algo que le faltaba a su alma, le volvió – ¡la fe!

Y he aquí que sueña un sueño... *Se ve parada en un hermoso jardín, iluminado con una agradable luz. Aroma no de este mundo subió hasta su nariz, y entendió que estaba en el Paraíso. Entre los árboles del jardín, distinguió la figura de un hombre anciano, con un noble rostro todo iluminado. Él se acercó a ella, y le preguntó si quería encontrarse con su fallecido marido. Ella aceptó con un movimiento de cabeza y él la guió hacia un enorme salón, repleto de Justos, sentados y escuchando apasionadamente una lección de un joven maestro. Al finalizar la clase el joven se aproximó a ella, y he aquí – ¡era su marido!*

"¡Mi querido marido!", se lamentó con emoción, "¿Por qué me dejaste sola en los mejores años de mi vida? ¿Cómo es que eres un maestro, enseñando aquí en el Paraíso? ¿Fuiste un simple comerciante, no un maestro espiritual, cómo llegaste a esto?".

Su marido sonrió y le dijo: "Debes saber que en mi preexistencia fui un gran erudito y maestro espiritual, sólo que nunca contraje matrimonio. Cuando ascendí a mi lugar en el Paraíso, objetaron que es imposible que permanezca allí sin haber cumplido el primer Precepto – "Fructificaos y multiplicaos" (Génesis 1:28). *Por eso volví en una nueva encarnación para casarme y engendrar hijos, criarlos en el camino de la fe y sustentarlos. Y así fue, descendí al mundo para casarme contigo y procrear hijos. Cuando cumplí el Precepto, y cumplí con la corrección de mi alma, no había ninguna razón para quedarme en el mundo inferior, y por eso morí. Ahora, como ves, estoy gozando de la recompensa por mis buenas acciones y mi servicio al Creador...".*

"Pero... tantas plegarias rezamos por ti, y el sabio de la ciudad decretó que no morirías, ¿por qué no sirvió?", preguntó.

Le contestó su marido: "Todas las plegarias que rezaron – fueron todas aceptadas. **Algunas me sirvieron para llegar al lugar donde estoy ahora; algunas fueron usadas para ayudar a nuestra comunidad y salvarla de duros edictos.** *Pero puesto que no tenía ningún otro rol que cumplir en el mundo, no había ninguna posibilidad que me quedara, y por eso tampoco ayudó el decreto del sabio. Pero tú, todavía tienes mucho más que hacer en el mundo – debes casarte por segunda vez y engendrar más hijos, debes también atender a nuestros hijos – todavía no terminaste tu misión. Tienes que esforzarte y continuar adelante para cumplir tu rol y tu objetivo final".*

"¿Y nuestro hijo?... ¿Por qué murió nuestro pequeño hijo?", le preguntó.

Le contestó: "Nuestro pequeño hijo fue el alma elevada de un piadoso Justo. En su preexistencia fue raptado de su cuna y llevado a un lejano lugar donde mamó de una malvada mujer. Luego fue rescatado de sus raptores, creció y se transformó en un eminente Justo. Cuando murió, quisieron colocarlo en una alta posición en el Paraíso, pero el tiempo que mamó de la malvada mujer manchó su pura alma. Por consiguiente, lo descendieron nuevamente al mundo en una nueva encarnación, para que mamara de una mujer justa. Tú fuiste la elegida para este privilegio, por tu modestia y rectitud".

"Pero... ¿Por qué murió en una forma tan espantosa?", se lamentó, acordándose de la terrible visión de su hijo en las manos del borracho.

Le dijo su marido: "Nuestro querido hijo tenía que morir de cualquier manera en vista que cumplió su misión en el mundo. Al mismo tiempo que debía partir del mundo, se decretó un terrible Castigo Celestial sobre los habitantes de nuestra ciudad, un castigo de matanza y persecución por los muchos delitos cometidos por la gente.

Puesto que de una manera u otra llegó su momento de salir del mundo, aceptó el alma de nuestro hijo morirse en una forma peculiar, para expiar los pecados de toda la gente de la ciudad, salvando así a muchos adultos y niños de extrañas muertes y tormentos. Por supuesto que para una noble alma como la suya era un gran privilegio, y también por eso ascendió a un tal alto grado en el Paraíso, que ningún ser tiene permiso para verlo, salvo yo, que soy su padre. También tú, cuando llegará el momento, tendrás el privilegio de estar en su cercanía, por la aflicción que pasaste...".

Después agregó: "¡Debes saber! Sólo porque te esforzaste con alegría, me dejaron revelarme a ti. ¡Durante el tiempo que estabas pesarosa, había sobre ti una gran acusación y casi perdiste tu segundo hijo! Todos mis pedidos de revelarme, no fueron aceptados".

Se calló unos segundos y después dijo con voz suave: "Yo cumplí la corrección de mi alma, pero tú tienes mucho más que hacer en la vida. Ve, cásate con el candidato que te fue propuesto, continúa tu vida con alegría. Lástima por el tiempo precioso que estás perdiendo, continua con tu corrección, vete en paz... ve...".

Su marido desapareció de sus ojos, y ella despertó de su sueño... El mundo le pareció nuevo y hermoso. Ahora comprendió lo que debía hacer. Pero sobre todo, entendió que todas las preguntas que ella y los ciudadanos se hacían fueron superfluas y sin sentido. Porque el Creador es justo y recto – ésa es la única y absoluta verdad y no puede ser objetada.

No siempre se puede recibir contestaciones a preguntas durante el sueño de la noche, por eso el único consejo es fortalecerse en la simple fe que todo está bajo el control del Todopoderoso, y todo lo que hace – es para el eterno bien de cada uno. Cuando el hombre estará alegre con lo suyo, creyendo que está bajo la Supervisión del Creador y que todo está bajo Su control para su bien eterno, sólo entonces podrá saber cuál es su propio camino en la vida.

Mortal

El hombre en este mundo no sabe *cuál* es la corrección que vino a completar – no sabe *cuándo* la completará – y no sabe *cómo* dejará este mundo. Aún así, es apropiado que consideremos en nuestro corazón la cuestión del día de nuestra muerte. El Rey Salomón, el más Sabio de todos los hombres, aconsejó (Eclesiastés 7:2): "Es mejor ir a la casa de duelo, que a la casa del festín, porque aquello es el fin de todo hombre, y el que está vivo debe poner esto en su corazón".

A primera vista se deduce del Eclesiastés, que es preferible para el hombre ir a la casa de duelo para ver el fin de cada uno y entender que ese será también su fin. Sorprendentemente, vemos que todas las personas son testigos en su vida de muchas muertes y entierros, y a pesar de todo, eso no les estimula a pensar en su fin y en su meta. Hasta médicos y enfermeras en cuyas manos pasan muchos enfermos terminales y agonizantes y son testigos en su vida de muchísimas muertes – no se despiertan de ninguna manera. Por el contrario, algunos de ellos están sumergidos en la inmoralidad más que otras personas. Incluso los sepultureros que entierran con sus propias manos decenas y cientos de muertos, están sumergidos en las vanidades del mundo y no se despiertan a su meta y a su fin.

Por eso es que el Rey Salomón enfatiza en la continuación del versículo "... y el que vive *debe poner eso en su corazón*...". La explicación es que también cuando se va a la casa de duelo, el que vive tiene que **poner en su corazón** el tema de la muerte y decirse a sí mismo: "¡Yo también moriré!, ¡también por mí sentirán dolor!", y si no hace eso, no despertará de ninguna forma, incluso yendo a todas las casas de duelo del mundo. El hombre debe despertarse a sí mismo no por miedo, sino para observar este mundo con una mirada realista: "¿Qué tengo que hacer en este mundo en vista de que moriré? Incluso llegaré a tener una posición de prestigio – ¡pero finalmente moriré! quizás llegaré a ser muy rico – ¡pero al final moriré!... Si es así, ¿qué cosa significativa hay que hacer en este mundo?...". Como consecuencia de esto, lógicamente llegará el hombre a la esencial conclusión que existe un Creador del Universo. Por consiguiente, hablará con Él y Le pedirá que le muestre para qué fue creado y cuál es su particular misión en este mundo.

Pasajero

¡En el momento que el hombre se acuerda del día de su muerte, toda la mentira de este mundo se derrumba y nada le puede engañar! El hombre que sabe que morirá, no está dispuesto a gastar esfuerzos en cosas mundanas. Y lo principal – no está dispuesto a malgastar la cosa más preciada que existe – ¡el tiempo!, pues nadie sabe cuánta vida le fue determinada en este mundo. También si será larga, pasará con la rapidez de un rayo. Por lo tanto, el hombre pensará muy bien en que invertir su tiempo y no lo gastará en cosas temporales de poca importancia y significado.

Cuando el hombre está cerca de su meta, y goza de cada momento de la vida cumpliendo su finalidad, entonces todos los asuntos mundanos no tienen ningún significado: no tiene ninguna importancia en qué cama dormirá, sobre qué mesa comerá, etc. Todo su interés es cómo aprovechar cada momento para conocer y conectarse con el Creador, cumpliendo su finalidad.

Pero los hombres que invierten todas sus energías y todas sus fuerzas en este mundo, sufren mucho con cada cosa que no les sale bien. Pasan difíciles penalidades para tener éxito sin un momento de descanso. Toda su vida corren con mucha dificultad y enormes esfuerzos para conseguir la comodidad y el prestigio anhelado. Una gran parte de ellos desgastan así toda su vida sin lograr nada. Aun aquellos que aparentemente consiguen todas las comodidades mundanas y la posición de prestigio más honorable

– a todos les llega la llamada desde lo Alto, y deben dejar todo lo que consiguieron – no solamente sus bienes materiales, sino también todos los honores y posición que lograron con muchísimos esfuerzos – todo queda atrás y son llevados de aquí sin nada.

Se entiende entonces, que el que invierte toda su vida en este mundo, **pierde el doble**: pierde este mundo – porque su vida no es vida – y por supuesto pierde también el Mundo Venidero. Pero el que invierte su vida en la finalidad, **gana el doble**: gana el Mundo Venidero y también este mundo – porque la gente que vive según su finalidad e invierte sus fuerzas, energías y tiempo para lograrla, vive con tranquilidad, felicidad y alegría, e incluso no le falta nada.

El "Atributo del Triunfo"

Debemos saber que existe un rasgo de personalidad tan malo y que su daño es tan grande, que el hombre puede perder toda su vida por él. Éste es el "Atributo del Triunfo" que se manifiesta en que el hombre siempre quiere triunfar y tener razón; que decide que la forma en que vive y todo lo que piensa es la absoluta verdad; no está dispuesto a escuchar ninguna otra opinión; nadie puede moverlo, y ciertamente no está dispuesto a confesar sus equívocos y cambiar. Generalmente, el hombre poseedor de este mal atributo se burla y desdeña a todos los demás creyéndose el mejor en todo.

El "Atributo del Triunfo" no puede soportar la verdad. Por lo tanto, un hombre que siempre se justifica a sí mismo y que lo importante para él es ser el vencedor, nunca podrá encontrarla, pues para eso se debe estar dispuesto a conceder todo en favor de la verdad; estar siempre dispuesto a confesar que se equivoca y cambiar el curso de su vida. Y después de pensar que ya ha logrado la verdad, debe estar dispuesto a confesar que también esto fue un error, y nuevamente cambiar el curso de su pensamiento y así en adelante muchas veces más. En resumen, el hombre siempre debe estar dispuesto a cambiar, a corregirse, y a confesar sus errores.

Solamente un hombre

Para eliminar ese mal atributo debe el hombre meditar un poco para ver su mediocridad y nulidad, hasta pensar ¿Qué soy yo? Solamente un hombre. No Dios. Sólo un ser humano que es limitado por naturaleza, que en verdad no sabe mucho, no sobre sí mismo y mucho menos sobre la Creación llena de infinitas incomprensiones, asombros y preguntas; la Creación donde están escondidos inteligencia y razonamiento profundos e infinitos, que aun decir que "no sabe mucho" es una subestimación.

Si el hombre es honesto consigo mismo, confesará que no sabe nada; que no entiende totalmente qué pasa con él; no sabe de dónde vino ni adónde va; no sabe qué le espera en el futuro, y no sólo en el futuro lejano, sino tampoco sabe qué pasará en el próximo segundo, y no tiene ninguna forma de asegurarse contra los accidentes del tiempo y de la naturaleza...

Lo principal, tiene que meditar y confesar la verdad, que no puede ayudarse a sí mismo, ni salvarse; tampoco puede ayudar a sus propios hijos, ni a la gente de su pueblo, etc. Una persona que está algo enferma o le duele una parte de su cuerpo, y tanto más si tiene una grave enfermedad, inmediatamente pierde toda su arrogancia y el pensamiento que tiene completo control sobre su vida. Se siente desgraciado y desamparado y se llena de miedos y temores. Resumiendo – ¿qué es el hombre?, ¿de qué se enorgullecerá si cada día se acerca a su tumba?...

¡Entonces decides! O te quedarás con tu arrogancia, triunfarás, sintiendo que no hay otro como tú en el mundo, tú eres el exitoso, tú eres el correcto, el que desprecia a todos, y sabes la verdad en su totalidad – y entonces, ¿qué verdad conseguiste?, que sufres en este mundo. No tienes alegría de vivir y pierdes tu eterna finalidad.

O decides que tienes mucho que aprender y que de cada hombre puedes hacerlo, como han dicho los Sabios: "¿Quién es el verdadero inteligente? El que aprende de cada hombre". Toma en cuenta, que por supuesto para lograr la verdad hay que pasar muchas etapas, y en cada una de ellas es probable que estés obligado a destruir lo que construiste hasta ahora. Deberás estar preparado a cambiar cada día, hasta que tu vida se colme de interés, contenido y movimiento, tendrás alegría de vivir y conseguirás la finalidad eterna para la que fuiste creado.

Evidencias de la Fe

He aquí que para demostrar la veracidad de la fe, no hay que ser ni un genio ni muy inteligente, solamente se necesita una voluntad real... La voluntad de encontrar la verdad y anular el "Atributo del Triunfo". Ahora, Podremos demostrar la verdad por dos caminos:

El primer camino – El camino de la negación

"Demostración por el camino de la negación". Así como en las matemáticas, algunas veces no hay una forma de demostrar que un específico resultado es correcto, pero existe la posibilidad de probar que un resultado con certeza, no lo es. ¿Qué hacemos? Empezamos a examinar lo que no es correcto; este resultado – no es correcto y este otro resultado – tampoco lo es, etc. Hasta que por fin queda un sólo resultado, que es imposible demostrar que no es correcto. Aunque por el camino afirmativo no se puede probar que lo es, como el resto de los resultados ciertamente no lo son, demostramos que éste si lo es.

Si meditáramos bien, podríamos ver que en todos los asuntos de este mundo, se puede demostrar muy fácilmente que cada cosa que el hombre desea hacer e invertir su vida – no es verdad. Porque, ¿qué puedes decir, que tu meta es especializarte en una determinada profesión?, ¿acaso es esta una finalidad?; o decir que tu meta es atesorar riquezas y bienes, ¿es esto una finalidad?... De este modo, podremos probar fácilmente en cada asunto, que no hay ninguna finalidad o meta en todas las cosas mundanas.

Pero la fe – ¡no se puede demostrar de ninguna manera que no es la verdad! Siguiendo la "demostración por el camino de la negación", ciertamente la conclusión es que la fe es la verdad.

Y esto debe dar lugar al examen de conciencia de cada hombre:

¡Busca la verdad! ¡Examínate a ti mismo y a tu vida! ¿Qué haces? ¿En qué inviertes tus fuerzas, tu talento, tus esperanzas, tu vida? ¿Son estas cosas el objetivo final de la Creación? ¿Sientes que cumples tu misión y meta en este mundo?

Si eres honesto, podrás demostrarte fácilmente a ti mismo, que esta cosa es mentira, y también está otra cosa, y aquella otra, etc. ¡Y así, pasarás de una a otra en este mundo y verás que son todas mentiras! *Pero cuando llegues a la fe, ¡no podrás demostrar que es mentira! También si trataras de constatar de toda manera posible que la fe no es verdad – ¡no podrías! Por favor... ¡Inténtalo!...*

El segundo camino – Abre tu boca

Vimos entonces que por el camino de la negación, ciertamente debemos llegar a la conclusión, que la fe es la verdad. Pero, no es suficiente. Aunque llegó el hombre a la conclusión que todo en este mundo es vanidad de vanidades, ciertamente le sirvió para que este mundo no vuelva a confundirlo y esto ya es un gran progreso, pero no es suficiente. Todavía es posible que quedara en la oscuridad preguntando: "¿Entonces en vista que todo el mundo es mentira, cuál sí es la verdad?", aunque entiende en su mente que la fe tiene que ser necesariamente la verdad, si no la tiene dentro de su corazón, no lo ayudarán todas las evidencias del mundo. Entonces, si es así, ¿qué debe hacer?

Aquí llegamos al segundo camino para probar que la fe es la verdad, y ésta es la forma más sencilla: ¡dirigirnos al Creador, hablar con Él con simples palabras y pedir que nos demuestre que nos escucha!

También el que no tiene absolutamente ninguna fe en su corazón, piensa que no hay quien le escuche, y le pareciera que es un loco hablando consigo mismo – de cualquier manera dirá estas palabras aunque sin fe, sólo teniendo verdadera voluntad por la verdad. Y así dirá: *"Creador del Universo, yo quiero la verdad. Si Tú existes – quiero creer en Ti; quiero conocerte. Yo sé que no puedo verte, pero puedo pedirte que me demuestres que me escuchas. Pediré que hagas tal y tal cosa y que Tú me concedas el pedido. Ayúdame aunque la primera vez diré que fue por casualidad, y también si lo diré la segunda vez, pero por fin estaré obligado a confesar la verdad – que Tú me escuchas y cumples mis pedidos".*

Es aconsejable que le pida al Creador que le ayude en todo tipo de cosas que hace mucho tiempo no puede lograr. Con esto, verá claramente que las mismas cosas, con las que no tenía ningún éxito hasta ahora mediante la plegaria están cambiando. Y así hablará con el Creador hasta que le ayude a creer en Él y a conocerlo.

El hombre que vaya por este camino, ¡verá con sus propios ojos – si sólo lo quiere – a la fe! Porque debemos saber que si lo haremos con una verdadera intención de encontrar la verdad, el Creador escuchará cada palabra que digamos, concederá nuestros pedidos y nos hará creer en Él.

Fe es plegaria

En verdad, todo hombre tiene fe, sólo que la mayoría de la gente no la "vive"; no sabe cómo activar la enorme fuerza, la más fuerte y única que tiene en este mundo, la fe. Porque la esencia del poder de la fe se expresa sólo cuando el hombre, por medio de ella, habla con el Creador sobre todas sus necesidades. Si la fe del hombre no lo lleva a conversar con el Creador, no es una fe completa. Por lo tanto, siempre que hablamos de fe, su significado es la plegaria.

La fe es plegaria, como está escrito (Éxodo 17:12): "Y sus brazos (de Moisés) se mantuvieron elevados con fe" – y su explicación es que sus manos estaban extendidas **en plegaria.** Debemos saber que la plegaria está por sobre lo natural. Las leyes de la naturaleza obligan que las cosas sean de una forma, y la plegaria las cambia. Para esto se necesita fe, para tener la creencia que hay un Creador y en su mano el poder de innovar cada cosa según Su Voluntad.

Hay varias faltas que impiden al hombre vivir con fe:

* La falta de creencia en la existencia del Creador en forma perceptible y activa, es decir que no reconoce que Él existe y supervisa cada detalle de su vida. Su fe se resume en que hay un Creador del Universo y en su opinión, Él está ahí en algún lugar en el Cielo y no interviene en la vida diaria del hombre. Por eso, no piensa en dirigirse a Él ni cuando tiene una gran necesidad.

* La falta de creencia que cada persona tiene la fuerza y el derecho de dirigirse al Creador en un idioma simple, pedirle ayuda en cada asunto, asesorarse con Él, contarle sus angustias y participarlo en todas sus cosas.

* La falta de creencia que el Creador escucha sus plegarias y las de toda criatura.

* La falta de creencia que el Creador lo ama y que quiere ayudar a cada criatura, especialmente a quien se dirige a Él y le habla.

* La falta de creencia que la Misericordia, la Benevolencia y la Bondad del Creador no tienen límites, ni cantidad ni medida y que Su infinita Compasión es suficiente para ayudarle en cada situación – también cuando no se lo merece.

Debemos creer que el Creador nos ama siempre, espera escuchar nuestras plegarias, atiende cada palabra que sale de nuestra boca, quiere ayudarnos y beneficiarnos. Debemos creer que toda la finalidad de la Creación se debe a que Él quiso favorecernos y compadecerse de nosotros. El más grande placer que tiene el Creador es que el hombre tenga todo lo bueno y que prospere en la vida. Esto es lo que hace crecer Su Gloria. El Creador posee una infinita e ilimitada Misericordia que puede ayudarnos y salvarnos hasta en la más dura situación, aunque no lo merezcamos – sólo dirigiéndonos a Él.

El hombre que cree en esto, ciertamente se dirige al Creador en cualquier momento, le cuenta todo lo que le pasa y todas las dificultades que tiene, le agradece, le pide cada cosa que le falta y se aconseja con Él.

La fuerza de la plegaria

¡Debes comprender bien! Si tuvieras una verdadera fe, podrías conseguir en tu conversación con el Creador, con tus simples palabras, toda la salvación que necesitas, sin ninguna limitación natural. Por medio de la plegaria se puede conseguir todo, hasta modificar las leyes de la naturaleza. Así como el Creador es todopoderoso, todo el que se dirige a Él será todopoderoso. Como vemos en el Pentateuco que está lleno de sucesos sobre los líderes del pueblo de Israel y sus profetas, quienes hicieron milagros y prodigios completamente sobrenaturales – todo mediante la fuerza de la plegaria.

Hasta a la criatura más pequeña y miserable – el Creador escucha y ve, le supervisa, quiere su bien y siempre está dispuesto a ayudarle. Inmediatamente cuando la criatura se dirige al Creador con fe, con el objetivo de conocerlo y acercarse a Él, con sus propias palabras, con completa sencillez, podrá conseguir con su pedido cada cosa y reparar toda imperfección que exista. Pues por medio de la plegaria que se reza con completa fe, supuestamente activamos al Creador a cumplir nuestro pedido.

Debemos acordarnos de la regla siguiente: **Siempre que hay una carencia – o no se rezó nada sobre ella, o se rezó poco**, el significado es que si el hombre rezara suficientes plegarias, podría reparar cualquier imperfección.

¿Cuál es la explicación de esto? Existe una ley espiritual, que no es menos infalible que las leyes conocidas de la naturaleza, que toda plegaria que reza el hombre cuyo objetivo es conocer y acercarse al Creador, es eficaz. Sólo que hay algunas cosas que necesitan una cantidad determinada de rezos, y hay otras que necesitan otra cantidad, pero ciertamente que una gran cantidad de rezos es eficaz en todos los casos. Si el hombre cree en esto, prolongará sus plegarias lo necesario y recibirá su pedido, como dijo un gran Sabio: "Quien prolonga su plegaria – su plegaria no vuelve vacía".

Y así vimos en Moisés: cada vez que le ocurría una desgracia al pueblo de Israel, incluso cuando Dios por sí mismo quiso destruirlo – rezó hasta que logró anular el Juicio Divino. Y no sólo eso, sino que incluso recibió en cambio un buen regalo, una extraordinaria salvación para el Pueblo Elegido.

Cuentan los antiguos Sabios que cuando se le decretó a Moisés no entrar en la tierra de Israel, ¡rezó 515 plegarias! Él rezó y suplicó hasta que Dios mismo le dijo (Deuteronomio 3:26): "¡Es suficiente para ti! No Me sigas hablando de esto". Entendemos aquí, que si Moisés hubiera agregado una plegaria más supuestamente hubiera debido Dios recibirla y permitirle entrar en la Tierra de Israel, en caso contrario no le hubiera ordenado que deje de rezar. Debido a que el Creador no quiso que Moisés entrara en la Tierra Prometida, le impidió seguir rezando, y Moisés Le obedeció.

¿Por qué entonces el Creador esperó que Moisés rezara todas esas plegarias menos una, y sólo después lo detuvo? La primera razón es debido al placer que le dieron las plegarias de Moisés, y la segunda es porque Él quería usarlas para ayudar al pueblo de Israel a entrar en la Tierra Santa.

El resultado de lo antedicho es que mientras el Creador no ordena al hombre interrumpir su plegaria, ¡el hombre puede y necesita rezar hasta recibir su pedido!

Todo esto es relevante para el hombre cuya intención y voluntad es cumplir su propósito en la vida, que es conocer y acercarse al Todopoderoso, y entonces seguro que toda plegaria suya es aceptada. Pero el hombre que reza sobre cosas contrarias a la Voluntad del Creador, que no se sorprenda si sus plegarias no son recibidas y todavía conseguirá Su Ira. ¿Esto a qué se parece?

Al hijo que pide a su padre: "Dame cien mil dólares". El padre le pregunta: "¿Para qué necesitas tanto dinero?". "Para comprar muchos camiones llenos de basura, ensuciar tu casa y luego destruirla", contesta el hijo.

Por supuesto que este padre no sólo no le da el dinero que pidió, sino que también se enojará por su gran desvergüenza.

Lo mismo pasa con el hombre que pide al Creador que le conceda malos deseos y apetitos, que le de suerte para hacer sólo más transgresiones y pecados, destruyendo y ensuciando al mundo.

Por otro lado, la plegaria del hombre cuya intención es acercarse a Él y conocerlo, construye el mundo y lo embellece, y por supuesto que el Creador se alegra con su plegaria y la recibe. Y también si su pedido no es recibido inmediatamente, es debido a que Él está sediento y añorando más plegarias como esas. Y como ya fue dicho, cada pedido tiene una cantidad de plegarias que es necesario rezar para recibir.

"No la fuerza del caballo Él desea..."

Muchos de los antedichos detalles para la aclaración de la fe y otros que aclararemos a continuación, faltan en los seres humanos. Por eso, los hombres no saben la fuerza que tienen en sus propias manos – la fuerza de la fe – y no la aprovechan para acercarse al Creador y mejorar sus vidas. Como se ha dicho, hay hombres cuya fe se contenta en que hay un Creador del Universo, o que creen en una fuerza superior que tiene una oculta influencia sobre sus vidas. Ellos no asocian su vida cotidiana y todos sus detalles con la Divina Supervisión, creyendo que ésa es la Voluntad del Creador.

Todas las cosas de la vida, desde los casos más simples, como un niño que no obedece a su padre, o una mujer que grita a su marido, hasta los casos más graves, como los problemas de salud o de sustento, todo debe estar relacionado con la fe, creyendo que así el Creador quiere. En cada dificultad o privación que tenemos, debemos hablar con el Creador y pedirle que nos permita saber cuál es Su Voluntad respecto a nosotros en todo lo que nos sucede.

Si tú crees que todo proviene del Creador, ¡¿entonces por qué no hablas con Él de cada cosa!? Ésta es la señal que no crees que sólo Él puede ayudarte. Es señal que debes fortalecer tu fe.

Es esta la Voluntad del Creador: que el hombre lo reconozca siempre, que en cada cosa que Él le trae a su vida cotidiana se dirija a Él, le pida que le haga entender qué es lo que desea de él y solicite Su ayuda.

El Creador de ninguna manera está interesado en artificios y grandes esfuerzos de parte de los hombres, como está escrito (Salmos 147:10-11): "No la fuerza del caballo Él desea, ni quiere las piernas del hombre. El Eterno desea a los que Le temen, *a los que esperan Su Misericordia".* Es decir, que al Creador no le interesa que demuestres las realizaciones de tus "caballos", o sea todo tipo de fuerzas, de artificios de la naturaleza y de la tecnología que están a tu disposición; ni la fuerza de tus "piernas", o sea tu resistencia y dureza frente a las adversidades de la vida, sino que Él quiere que Le reces, que Le temas y pidas Su Benevolencia.

Por medio de nuestra conversación con el Creador sobre cada cosa, nos acostumbramos a creer en Él y verlo en cada momento de nuestra vida. Esto nos estimula a agradecerle y a rezar por todo, sin que seamos forzados a esto por medio de todo tipo de tribulaciones.

La fuerza de la fe

Vemos que gracias a la fe, no sólo este mundo está muy bien entendido, sino que *la fe es la fuerza más grande que tenemos.* Gracias a esta fuerza podemos superar fácilmente y con éxito cada dificultad, prueba o crisis en todas las áreas: sustento, matrimonio, educación de los hijos, espiritualidad, etc.

De verdad, si reflexionamos bien, vemos que la fe es la única fuerza en el mundo que está siempre disponible al hombre, y que lo acompaña en todas las situaciones y en todos los momentos de su vida – incluso después de su muerte. Sin esta fuerza, hay situaciones y pruebas en las que el hombre queda desesperado y desamparado. Experiencias que destruyen su espíritu, y pueden llevarlo al desmoronamiento y la destrucción de su vida. Es importante saber que toda desesperación y amargura, se debe sólo a la falta de fe. El hombre piensa que en la situación en que se encuentra, no hay ninguna solución y por eso pierde toda su esperanza. Pero quien tiene fe, sabe que no hay ninguna situación de la que Dios no pueda salvarlo. Como vimos en el caso del Rey Ezequías, que cuando el profeta Isaías, hijo de Amoz, le profetizó que le fue decretada la muerte, le contestó: *"Hijo de Amoz – termina tu profecía y márchate. Esto es lo que he aprendido en la casa de mi abuelo (el Rey David): Incluso cuando una filosa espada está colocada sobre el cuello del hombre – no se evite a sí mismo la Misericordia Divina"*. Es decir, que él no evito la plegaria que es el estimulante de la Misericordia Divina. Debemos saber, que aunque según la ley de la naturaleza no hay ninguna posibilidad, ¡por medio de la plegaria ciertamente la hay!

Cuando el hombre sufre experiencias y situaciones difíciles y se fortalece con fe, creyendo que le llegaron por la Supervisión Divina, no por casualidad o por ley natural, y se dirige al Creador, entonces supera todas las dificultades con éxito. Y no sólo esto, sino que ellas mismas enriquecen su espíritu. Y lo principal – tiene el mérito de conocer al Creador, que es esta la finalidad por la que fue creado. Por lo tanto, ésta es la meta de toda las penas y tribulaciones que hay en el mundo – acercarlo al Creador, no alejarlo.

En conclusión, como ya dijo uno de los grandes Justos: "El que tiene fe – su vida es vida. Este hombre disfruta siempre de sus días. Cuando le va como desea – por supuesto se siente bien, y cuando no es así y hasta tiene sufrimientos, también está bien, pues está seguro que de todas maneras el Creador se compadecerá de él más adelante y finalmente todo mejorará. *Porque en vista que todo proviene del Creador, por supuesto que todo es para bien.* Pero, el que no tiene fe, su vida no es vida en absoluto. En el momento que le sucede una desgracia, pierde toda su vitalidad. No tiene con qué consolarse y animarse, no puede ver nada bueno pues vive sin el Creador y sin Su Supervisión. Pero si tuviera fe, qué buena y hermosa podría ser su vida...".

"El Eterno reprende a quien ama"

Está escrito en el sagrado libro del *Zohar* cómo se conduce el Creador con el que ama: "A quien el Creador ama, lo reprende para guiarlo por el camino recto. Como el padre que ama, a su hijo, y por su amor, está siempre la vara en su mano para dirigirlo por el recto camino, para que no se desvíe a la derecha o a la izquierda. Como está escrito (Proverbios 3:12): 'Porque el Eterno reprende a quien ama, como un padre al hijo en quien se complace'. Y a quien el Creador no ama, retira de él la reprimenda, retira de él su vara...".

Pero para el hombre creyente – que sabe que es un ser creado – la vida es fácil y muy agradable. Él se esfuerza por cumplir su misión y trata de entender cuál es la voluntad de Quien lo envió. Para este hombre no se necesita grandes sufrimientos para dirigirlo a su finalidad, pues con pequeñas tribulaciones y algunas pocas insinuaciones se lo estimula a andar por el buen camino.

Pero el hombre que no posee fe e ignora que es sólo un ser creado que ha sido enviado a este mundo para cumplir una determinada misión, y que no es el dueño de su vida y no puede decidir solo que hacer en este mundo, su vida está llena de sufrimientos. El Creador, debido a Su gran amor hacia él, no cede y lo golpea con Su vara más y más para estimularlo y para que decida tomar conciencia de sus insinuaciones buscando su misión. Y en verdad, eso es un gran favor del Creador, porque quien no se despierta de todos los golpes y sufrimientos que

Él le manda para enderezarlo, pobre de él y de su alma, ya que Él deja de corregirlo y reprenderlo, abandonándolo a vivir en equivocación, lo que indica, según el *Zohar*, que el Creador no le ama.

"Tu vara y Tu cayado" (Salmos 23:4)

El modo de proceder del Creador es llamar al hombre inmediatamente cuando ve que perdió la senda de la prudencia, para que vuelva al buen camino. A cada uno según su condición: está al que llama con alusiones, está al que llama directamente, y está el que es golpeado y pateado... Y como han dicho los Sabios: "Al inteligente – una insinuación, al tonto – una piedra...".

En consecuencia, incluso las más difíciles privaciones – todas son para el bien del hombre, porque sólo el Creador sabe cuál es el camino y el objetivo al que necesita llegar aunque a él mismo le está oculto. Por eso algunas veces el Creador debe interrumpir los planes que hizo el hombre y bloquearle caminos para obligarlo a dirigirse en la correcta dirección, para que no se pierda.

Todo el trabajo del hombre es encontrar en lo que le sucede, qué es lo que el Creador quiere de él; qué le insinúa y a qué finalidad le dirige y le guía. A pesar que puede parecerle lo que le pasa como una privación o una pena, e incluso a veces sienta que le destruyeron su mundo, en realidad, esa privación es realmente una perfección, porque sólo por ella él merecerá – **si la recibirá con fe** – llegar a la buena finalidad para la cual fue creado, y a una verdadera vida de felicidad para toda la eternidad. Por medio de la fe él estará satisfecho con lo suyo y agradecerá al Creador por cada privación que tiene, pues entiende que es necesaria para cumplir su meta. Y así, siempre estará alegre y feliz, que es la condición esencial para saber cuál es su camino particular en la vida.

Por consiguiente, el hombre que trata de tener éxito en la vida, pero cuando se dirige hacia la derecha, el Creador lo frena; y cuando se dirige a la izquierda – el Creador lo traba, sin la fe podría sentirse frustrado y amargado, y pensar que no le va nada bien en la vida. Pero por medio de la fe que hay una Supervisión Individual del Creador sobre cada criatura – no se asusta, no se deprime y no se confunde por nada. Cree que también la falta de éxito es para su bien, y busca entender en qué camino y a qué dirección el Creador trata de dirigirlo. Sólo así logrará llegar a su objetivo, a cumplir su misión y llegar a **su perfección** – todo con facilidad, agradablemente y con simpleza pues está alerta a las insinuaciones. Pero el hombre que carece de fe, está asustado, confundido, obstinado y es casi imposible corregirle.

En otras palabras – así como un niño disciplinado no necesita castigo, sino que con un poco de orientación se mueve en la dirección correcta, así el hombre poseedor de fe no necesita pasar muchos sufrimientos. Pero el que no tiene fe, se parece al niño que piensa que sabe más que todos, no obedece a sus padres y maestros e ignora sus enseñanzas – ciertamente eligió para sí una vida muy difícil.

Falta de comunicación

El hombre que no busca en las alusiones que el Creador le insinúa, no medita sobre todo lo que le pasa, a qué le lleva y a qué camino lo dirige, simplemente vive incomunicado con el Creador. Desde el Cielo Él trata de dirigirlo en una determinada dirección – para su propio bien – y él insiste en caminar hacia otro lado. El Creador, de nuevo lo detiene, lo pellizca, lo golpea, y él persiste en lo suyo. Y así pasan los días de su vida con dificultades y amargura, y todavía el hombre se asombra por qué las cosas no le van bien.

El que se empecina en ir detrás de sus apetitos y malos rasgos, muy probable que reciba golpes muy duros. Porque está desconectado completamente de lo que el Creador quiere de él, y solamente trata una vez tras otra en satisfacer sus fantasías. Tan apasionado está con sus apetitos, que no está dispuesto a prestar atención y a entender que se le insinúa que no va por el buen camino. Por lo tanto es golpeado enérgicamente, para que descubra el error en que vive.

Pero también quien está en el **camino de la verdad** y persiste en dedicarse al servicio al Creador según su propia comprensión, punto de vista, voluntad y aspiraciones, sin estar atento a lo que Él le insinúa, tendrá muchos sufrimientos en su vida. A veces insiste en hacer una cosa determinada, y no está alerta a las alusiones que le indican que esa no es su misión, pero él otra vez insiste y otra vez fracasa, lucha, y no pregunta al Todopoderoso qué es lo que verdaderamente quiere de él. Entonces, a pesar que está estudiando las Leyes Divinas y cumple todos los Preceptos, tampoco podrá llegar a su meta en el mundo, y su vida estará llena de guerras vanas y sufrimientos superfluos. El hombre debe pedir lo que pidió el Rey David (Salmos 25): "Guíame en *Tu* verdad", "Muéstrame *Tus* caminos, oh Eterno", "Enséñame *Tus* sendas", y también (íd., 73): "Me guiarás con *Tu* consejo", y otros versículos similares...

Por eso, con la ayuda del Creador, aprenderemos en este libro cómo entender lo que Él verdaderamente quiere de nosotros en todos los caminos que transitamos, para que cada uno logre llegar a la finalidad para que fue creado. Y así, además de lo que se ahorró el hombre en sufrimientos y dificultades, logrará también probar un gusto paradisíaco en su vida, y tanto más en el Mundo Venidero.

El sentido de la vida

Sin la fe, la vida no tiene ningún sentido porque a su fin espera indudablemente la trampa de la muerte. Entonces, encontramos que todo lo que el hombre se fatiga y se esfuerza en conseguir – es en vano. Porque aunque llegue a lo que deseaba, no podrá gozar eternamente de los frutos de su duro trabajo, pues morirá y como está escrito (Eclesiastés 5:14): "Así como salió del vientre de su madre, desnudo volverá a irse como vino, y nada cargará de su esfuerzo que pueda llevar en sus manos". Con mayor razón porque el hombre no sabe cuándo llegará su fin y todos sus planes pueden interrumpirse. Debe saber que de todas maneras, va ser llevado de este mundo sin conseguir todo lo que esperó obtener

y como han dicho los Sabios: "No existe el hombre que morirá
y la mitad de sus deseos en su mano". Y también mientras vive,
todo el curso de su vida está lleno de tribulaciones y dificultades
mucho más que sus momentos de gozo, como está escrito (id.,
2:23): "Porque todos sus días son dolores y enfado".

Ya dijo uno de los grandes Justos: "Todos dicen que existe
'este mundo' y el 'Mundo Venidero'. Nosotros creemos que
el 'Mundo Venidero' existe. ¿Pero es posible que también
exista 'este mundo' en algún lugar? Porque por los grandes
sufrimientos que todos siempre padecen, parecería ser éste
el infierno. Así que verdaderamente – ¡'este mundo' no se
encuentra en absoluto!".

Cuando observamos a nuestro alrededor – la vida de nuestros
vecinos, conocidos y parientes, vemos que todos tienen siempre
sufrimientos: problemas de salud, con la crianza de los hijos, con
su espíritu, su cuerpo o su dinero. Incluso hasta en las "historias
de éxito" como las de los ricos y famosos, si observamos bien
vemos que detrás de la historia de éxito hay un hombre muy
desgraciado y sufrido. Y sabemos cuantas quiebras, suicidios,
divorcios y otras cosas semejantes acompañan a estos "exitosos".
Todo esto nos muestra la realidad en forma clara – ningún hombre
tiene **verdadero** gozo en este mundo sin la fe, pues sin ella la vida
no tiene sentido.

Pero, por medio de la fe hay un sentido en cada cosa y todo
tiene una causa. Incluso el hombre que toda su vida tuvo dolor
y sufrimientos, encontrará un verdadero y fuerte consuelo en la
fe. Y si al mismo tiempo recibiera una correcta guía de cómo
arrepentirse y retornar al Creador, lograría salvarse de toda
tribulación. ¡Acuérdate bien! El Creador no quiere castigar
al hombre, todo el objetivo de los sufrimientos es despertar al
hombre a retornar a Él, para que merezca empezar a vivir su meta
y gozar de la vida.

Paz y tranquilidad

Al salir a las calles de la ciudad, vemos frente a nosotros un mundo inquieto y enojado. Todos están apurados y tensos, y en todos lados se escuchan discusiones y querellas – todo esto es el resultado de la falta de fe. Si los seres humanos tuvieran fe, estarían todos tranquilos y alegres; todo se desarrollaría como sobre aguas tranquilas, pues cada uno sabría que su vida está regida por la Divina Supervisión, y por lo tanto no hay lugar para la tensión, el enojo, los nervios y cosas parecidas. Una persona que tiene fe se siente maravillosamente bien y transmite paz y alegría a todo su alrededor. Si todos fuéramos dueños de la fe – ciertamente el mundo sería un lugar muy hermoso y agradable para vivir. Y en realidad, ésta es la Redención del mundo, a la que tanto espera la humanidad entera.

Incluso las guerras entre los pueblos, no tendrían completamente ningún valor si hubiera fe en el mundo. Cada pueblo se contentaría con lo suyo y aceptaría la Supervisión del Creador con amor. Y no se necesita decir, que por cierto cada pueblo actuaría con el otro con justicia, bondad y ayuda mutua. Por eso, en la profecía del Fin de los Días está escrito (Isaías 11:6-9): "Y el lobo morará con el cordero, y el leopardo reposará con el cabrito... Ellos no harán mal ni pecarán en toda Mi Santa Montaña, porque la Tierra estará llena del conocimiento del Eterno, como las aguas cubren el mar" – es decir, que al llenarse el mundo del conocimiento del Creador – que es la fe – regirá una paz maravillosa.

La existencia del mundo

Sin la fe, no hay ninguna explicación por qué el hombre debe hacer el bien y alejarse del mal. Por qué se debe vivir una ordenada vida social y fundar una familia. Por qué se necesita moralidad y responsabilidad. Si no hay Juicio y no hay Juez, si la muerte es definitiva y no hay continuación después de ella, ¿Por qué abstenerse del asesinato y del robo?, ¿quién nos obliga?

Pero por medio de la fe todo está perfectamente esclarecido – existe un solo y único Creador que observa y juzga, y a Quien el hombre deberá rendir cuentas de todos sus actos.

Sin la fe, cada hombre hará lo que es recto a sus ojos, y todas las injusticias le parecerán justas frente al apetito que le devora. Traicionará sin dudar a su esposa, se irá con la mujer de otro hombre, incluso siendo la de su mejor amigo, sin prestar atención siquiera que transgrede uno de los principios más elementales de la decencia – no tocar y no desear lo que no es suyo. Únicamente por medio de la fe podrá el hombre superar a su Mala Inclinación y recordar que es solamente un ser creado, y que toda criatura tiene la parte que le ha sido dada por el Creador. Debe alegrarse y satisfacerse con lo que ha recibido y dejar a las otras criaturas vivir su parte. Sin la fe es posible llegar a razonamientos que son completamente lo contrario a la verdad, como probar que robar y asesinar es justo y moral. Se sabe de muchos casos en que en nombre de "la verdad y la justicia" aparecieron bandas que robaban a los ricos con el pretexto de ayudar a los pobres, sin dejar de lado el asesinato y otros pecados. Si hubieran tenido fe, no hubieran llegado a esas perversas ideas, porque sabrían que el mundo posee un Creador y sólo Él decide quién será rico y quién será pobre, y ninguna persona está autorizada a hacer justicia por sí misma, o tratar de cambiar la Supervisión Divina.

El mundo entero está lleno de errores como estos. Sin la fe cada uno puede decidir cuál es su propia "verdad" – la cual es de hecho una gran mentira que puede traer hasta la destrucción del mundo. Así se desarrollaron los movimientos destructivos y revolucionarios, como el fascismo, el comunismo, las revueltas militares, etc. Incluso hoy hay todavía movimientos que invierten el orden de la Creación en nombre de la "verdad". Pero por medio de la fe nos conectamos a la **Verdad del Creador**, que es única. Pues mentiras hay muchas pero Verdad hay sólo una, y jamás cambia. Por lo tanto, encontramos que la fe es el fundamento que mantiene el mundo y por la cual puede realmente existir.

La Verdad

Ya aprendimos que el Creador tiene una finalidad en la creación del hombre pero, ¿sería posible que Él demandará de nosotros llegar a nuestra meta sin decirnos cuál es? ¿Sería posible que el Creador nos diera recompensa y castigo sin decirnos qué está permitido y qué está prohibido? ¿Es posible pensar que el Creador confía que el hombre encontrará *por sí mismo* la finalidad?

Por supuesto que el Creador debió dar al hombre claras instrucciones respecto a la finalidad de su existencia en el mundo, y por eso, en un único y exclusivo acontecimiento de la historia humana, el Creador se reveló en el Monte Sinaí en presencia de millones de hombres y mujeres, viejos y jóvenes, y entregó Su eterna Ley con todos Sus Preceptos. A través de ellos y de los verdaderos Justos y Sabios, que como explicaremos más adelante enseñan cómo cumplirlos correctamente, el hombre llega a saber cuál es la finalidad, y así le es inculcada **la Verdad** para que pueda llegar a la auténtica fe.

La Ley Divina, que es prácticamente las "Leyes de la Vida", se divide en la "Ley Escrita", que incluye a los Diez Mandamientos y a todo el resto de los Preceptos Divinos; y en la "Ley Oral", que heredaron los Sabios desde Moisés, y que es la clave para entender la "Ley Escrita" y cumplirla correctamente. La Ley Escrita se encuentra únicamente en los Cinco Libros de Moisés (Génesis, Éxodo, Levítico, Números y Deuteronomio) conocidos como el Pentateuco o la *Torá*, y heredada exactamente sin ninguna modificación, hasta nuestros días. Sólo por medio de cumplir las Leyes del Creador que reflejan *Su* Verdad, se puede llegar a la fe real. En caso contrario, puede cada uno decidir cuál es su meta según sus caprichos y apetitos, llegando así a tremendos errores, como constatamos claramente en el mundo en que vivimos.

El correcto camino

Quien va en contra de los Preceptos del Creador, ciertamente vive con grandes errores y confusiones. Uno decide correr tras la fortuna y otro tras las mujeres, el tercero tras este apetito y el cuarto tras otra fantasía. Errores casi tantos como la cantidad de personas que viven, hasta que el mundo entero se transforma en un lugar donde es insoportable vivir – lleno de odio, envidia, competencia, maledicencia, pillaje, venganza, crueldad, injusticia, asesinatos, traición, etc.

Sin embargo, cuando los hombres viven según la Voluntad Divina y tienen verdadera fe, el mundo es muy bello. Cada uno está feliz con lo suyo – el hombre no mira a la mujer de su prójimo, no toca lo que no le pertenece, respeta y quiere el éxito de todos, hace favores y caridad a la gente, hace el bien a sus semejantes, ejecuta sus actos y transacciones con fidelidad, sin mentiras, fraudes o engaños – todo con fe según la Ley Divina. Resumiendo – por medio de la verdadera fe el mundo es muy dulce y maravilloso y para llegar a esto, hay que vivir por el camino de los Preceptos y obtener así una buena vida.

Pero el cumplimiento de los Preceptos y su estudio tampoco son útiles para quien no busca la fe por su intermedio. También él puede errar en su objetivo y llegar a cometer grandes errores que, en muchos aspectos, son peores que los errores de alguien que no los estudia y trata de practicarlos. ¿Por qué? Porque lo esencial de la verdad que es la fe, se recibe sólo por medio del acercamiento a los grandes Justos, únicos en su generación, desde Moisés hasta nuestros días. Quien no se acerca a ellos, no puede encontrar la fe, inclusive si estudia los Preceptos y los cumple. ¿Quieren una evidencia? ¡Sólo miren a las muchas personas que tienen una forma de vida religiosa y muy observante, pero no tienen ninguna relación con la fe! Ellos no hablan con el Creador sobre lo que les sucede, no le piden Su ayuda, y cuando tienen algún problema, hacen precisamente lo que una persona sin fe hace – corren al médico por cualquier enfermedad, se enojan por cualquier cosa que no es de su agrado, salen de sus cabales por conseguir su sustento, se vengan y guardan rencor en caso de conflictos monetarios o de herencia...

Un hombre de espíritu

Entre una generación y otra hay un hilo que las conecta y que jamás se rompe. En cada generación hay Justos que recibieron el camino de la Ley Divina de sus antepasados desde Moisés que la recibió en Sinaí y la transmitió a Josué, quien a su vez la transmitió a los Ancianos y ellos a los que vinieron después, y así sucesivamente... Ellos – y todos los que siguen su camino – son los que guían al hombre en la comprensión de la Ley Divina, sus Preceptos y la finalidad.

Por eso, debe cada uno buscar muy bien un verdadero Líder Espiritual que posea la Inspiración Divina, para que le enseñe el camino para llegar a cumplir la Ley. Y no es suficiente que se acerque a un maestro – aunque sea muy grande – si éste no recibió la herencia de los Maestros anteriores desde Moisés, de cómo hacer llegar a cada hombre a su meta. Porque a pesar de que hay Preceptos conocidos y explícitos versículos que dicen lo que está permitido y lo que está prohibido, todavía la mayoría de los hombres tiene dificultad para cumplirlos. Necesitan un dirigente para el servicio al Creador que sepa guiar a cada uno según su propio espíritu. Como explicaron los Sabios el versículo (Números 27:18): "Un hombre de espíritu" – un Justo que por la Inspiración Divina que posee, puede conocer la condición espiritual de cada uno y también las cosas ocultas. Él sabe cómo estimular a cada uno, fortalecer su alma y llevarlo a cumplir perfectamente la Ley Divina. Este Líder debe ser absolutamente devoto y piadoso, dueño de un nivel espiritual muy elevado y tener una clara herencia desde Moisés, el primer Maestro Espiritual, para corregir a los que se le acercan .

El que no busca un guía como éste, entonces puede estudiar la Ley Divina toda su vida y no encontrar la meta, viviendo en falta. Sobre esto está escrito (Proverbios 14:12): "Hay un camino que le parece recto al hombre, pero su fin son los caminos de la muerte". Debemos cuidarnos no ser de los que se extravían de la senda correcta. Hay dos tipos de extraviados, los que se extravían completamente del camino de la fe, y aquellos que creen que están en ese camino, pero en verdad se equivocan debido a que no buscan quien los guíe para cumplir la Ley del Creador.

Por lo tanto debemos saber que todo depende esencial y fundamentalmente en conectarse con el Justo de la generación y aceptar todo lo que dice; la cosa pequeña y la cosa grande, sin desviarnos a la derecha o a la izquierda aun cuando no lo entendamos. Debemos desprendernos de todas las astucias, y anular nuestra opinión, como si no tuviéramos ningún razonamiento, excepto el que recibirá del Justo de la generación. Todo el tiempo en que queda en nosotros algo de nuestro propio razonamiento, no estamos conectados completamente con el Justo...

En verdad, se necesita buscar y buscar mucho hasta encontrar un Líder verdadero, y es necesario **pedir mucho** al Creador el merecerlo, para poder lograr la fe auténtica en su totalidad. Porque por medio de acercarse a un falso líder se llega a falsas creencias y ésta es la razón por la cual se debe buscar y rebuscar mucho un Líder auténtico y acercarse a él.

¡Advertencia importante!

Es muy importante destacar aquí, que la búsqueda y pedido de un verdadero Líder, se consigue *solamente* por medio de la plegaria, porque saber quién es el Guía verdadero y quién es un guía falso, no está en la mano del hombre. Es imposible encontrarlo y determinarlo por nuestro propio razonamiento y entendimiento; el que tratará de conseguirlo de este modo, es muy probable que llegará a la polémica, la maledicencia y a grandes errores. Sólo quien se mantiene muy fuerte en el atributo de la paz, se aleja definitivamente de toda sombra de polémica y se cuida con toda su alma de no despreciar a ningún hombre, y con mayor razón a ningún dirigente o grupo, sólo él puede encontrar al Guía verdadero **por medio de la plegaria**. Por lo tanto, no hay ningún otro consejo ni otra posibilidad, que no sea por medio de *muchos* rezos y súplicas al Creador, merecer acercarse al verdadero Líder para lograr la verdadera fe.

Capítulo Segundo
Los Niveles de la Fe

H abiendo aprendido en el primer capítulo los fundamentos de la fe, estamos ahora preparados para aprender sobre sus diferentes niveles.

La fe se divide en tres niveles principales que denominamos las "Tres Reglas de la Fe":

1) **El nivel básico de la fe** – *"Así el Creador quiere"*: La firme creencia que todo lo que al hombre le sucede proviene del Creador con una perfecta Supervisión Individual, inclusive en el más pequeño y aparentemente insignificante acontecimiento.

2) **El nivel intermedio de la fe** – *"Todo es para bien"*: La firme creencia que la Supervisión del Creador es siempre y sólo dirigida hacia el bien, y de por sí, todo lo que le sucede al hombre y todo lo que le sucederá – "Todo es para bien".

3) **El nivel superior de la fe** – *"¿Qué quiere el Creador de mí?"*: La firme creencia que hay un objetivo específico en cada cosa que el Creador hace, y por lo tanto, el hombre debe buscar cómo conocer y conectarse a Dios Todopoderoso en todo lo que le sucede.

Estos tres niveles son realmente una sola cosa ya que la fe es una totalidad. Simplemente, la fe es la convicción que *"No hay más nada fuera de Él"* (Deuteronomio 4:35), y todo lo que sucede en el universo está bajo Su Supervisión Individual. Debido a que la razón principal del Creador al crear el universo es otorgar Su Bondad a todas Sus criaturas, todo lo que Él hace es para bien. El Creador no hace nada arbitrariamente, cada una de Sus obras tiene una específica razón fundamental y un objetivo: enseñar a las criaturas a conocerlo y conectarse a Él.

Este capítulo hablará de cada nivel en particular, y nos
ayudará a aplicar sus principios a nuestra vida diaria.

El Nivel Básico de la Fe –
"Así el Creador quiere"

El primer y básico nivel de la fe es la firme creencia de que
el Creador es el único Gobernante en el universo. Todo lo que
sucede en el mundo – todo proviene de Él, bajo Su Supervisión
total y exacta. Él es el "Amo de todas las obras", lo que significa
que gobierna sobre todas las acciones en el mundo, y como
está escrito en el primero de "Los Trece Principios de la Fe"
recopilados por Maimónides, el gran teólogo y médico de la
Edad Media: "Yo creo con fe completa que el Creador, bendito
sea Su Nombre, es el Creador y Líder de todas las criaturas, y Él
sólo hizo, hace y hará todas las acciones". En otras palabras, todo
lo que está hecho en el mundo, desde la cosa más pequeña hasta
la más grande, todo está hecho por el Creador.

Por lo tanto es necesario que creamos que todo lo que nos
ocurre, sea espiritual o sea material, ya venga de: **a)** la naturaleza,
b) otros hombres, o **c)** nosotros mismos – que en estas tres
posibilidades se incluyen **todos los acontecimientos** del mundo
– *todo* proviene de la Voluntad Divina, o en otras palabras "Así
el Creador quiere".

Anteponer la fe al razonamiento

La siguiente regla básica nos permite comenzar a aplicar la
fe a nuestra vida diaria: cada vez que nos ocurre algo contrario
a nuestra voluntad, debemos anteponer la fe al razonamiento y
saber que "Así el Creador quiere". Ésta es una gran regla – la fe
tiene que estar siempre en el principio del pensamiento. Como
está escrito (Salmos 111:10): "El principio de la sabiduría – es el
temor al Eterno". Antes de que el cerebro y el intelecto comiencen
a culpar de nuestros problemas a todo tipo de fenómenos y
fuerzas "naturales", y llegar a conclusiones que nos llevan a

acusar a fulano o a mengano, o a nuestra esposa, marido, suegra, o a nosotros mismos, estamos obligados a anteponer la creencia que "Así el Creador quiere", porque en caso contrario no habría ocurrido. Todo está bajo Su Supervisión y todas las causas de nuestro pesar son solamente una vara en Su mano.

Solamente después que creamos con fe completa que "No hay más nada fuera de Él" y no acusemos a nadie de nuestro pesar, no a fulano que nos entristeció, ni a mengano que nos produjo pesar, y no atribuyamos a ningún factor salvo al Creador Mismo – que Él es el que nos trae la dificultad o el pesar para nuestro propio bien – solamente entonces nos será permitido usar la razón. Y solamente para que podamos entender lo que el Creador quiere de nosotros y qué debemos corregir en nuestras acciones **para acercarnos a Él.**

Por ejemplo cuando una persona que no vive según la fe tiene dolor de pies, culpa a sus zapatos que no son de buena calidad. En otras palabras, lo atribuye a una causa natural. Cuando pierde dinero, se culpa a sí mismo por haber hecho una tontería. Cuando no logra progresar en su trabajo, acusa al jefe... Esto quiere decir que usa la razón antes de la fe. Aunque es muy probable que los zapatos no eran de buena calidad, que se comportó tontamente, y que el jefe verdaderamente no es justo, estas son solamente las causas visibles, y sobre todas ellas está el Creador, Él es el que supervisó y las causó para estimularlo a corregir algo mucho más profundo que el mismo error u obstáculo visible.

Cuando se antepone la fe a la razón y se cree que el Creador quiso que nos doliera, que perdiéramos el dinero, que nuestro jefe no nos ascienda, y junto a la creencia que "Todo es para bien", todo recibe una nueva y correcta perspectiva. Solamente después se puede usar el razonamiento para entender lo que el Creador quiso de nosotros.

Insinuaciones

A continuación traeremos, con la ayuda del Creador, algunos fundamentos para cómo interpretar las insinuaciones de cada cosa. Mientras tanto, para la comprensión de esta sección, veremos brevemente ejemplos de los casos mencionados.

Dolor de pies: La fe es llamada "pie", porque sobre ella reposa la Ley Divina. Los pies aluden a la arrogancia, como está escrito (Salmos 36:12): "No me pisotee el pie de la arrogancia". También el dinero es llamado "pie", como está escrito (Deuteronomio 11:6): "... y toda la substancia a sus pies", es decir que el dinero erige al hombre sobre sus pies para sustentarlo. La maledicencia también es llamada "pie", como está escrito (Salmos 15:3): "No tiene injurias sobre su lengua", la raíz de la palabra injuria en hebreo, la lengua original del Pentateuco, es "pie". La mujer también es llamada "pie" pues sobre ella se erige la prosperidad de su esposo y de la casa entera, y como está escrito (Samuel I, 2:9): "Los pies de sus piadosos, Él cuidará" – ésta es la mujer.

Por eso, quien tiene dolor de pies debe investigarse a sí mismo. Es probable que se deba a que transgrede alguno de los casos mencionados. Es muy probable que ofende a su esposa, o que su fe es débil, o que es muy arrogante, o que calumnia frecuentemente, o que no es justo con el uso del dinero, o que hurta, o que no cumple el Precepto del "diezmo", es decir donar la décima parte de sus ganancias y cosechas, etc. Y por lo que encuentre en sí mismo, deberá arrepentirse y retornar al buen proceder.

Pérdidas monetarias: Puede también insinuar sobre hurto, o que no dona el "diezmo", o que debe dinero de una encarnación anterior, etc.

Demora en promoción laboral: Todos los empleos y nombramientos que existen, incluso las más simples nominaciones, todos están decididos desde lo Alto en el primer día del nuevo año, y como enseñaron los Sabios "hasta el encargado de turno del riego de los campos está designado desde el Cielo...". Por lo tanto, si el hombre no es elegido para un determinado empleo, es porque desde el Cielo no fue designado para el mismo. Y ésa es su prueba, que crea que todo está bajo la Supervisión Divina; el jefe no determina nada, no le odiará y no se enojará con él, sino que seguirá apreciándolo como antes y deberá esforzarse por rezar y pedir al Creador que le confiera el empleo. Debe orar: *"Amo del Universo, si esto es bueno para mí, que reciba ahora este cargo, dámelo y haz por favor que tenga éxito, pues todo está en Tus manos. Y si no es Tu voluntad que lo reciba, ayúdame a quedarme en mi puesto, prosperar y estar contento con lo que tengo".*

¿Quién sostiene la vara?

La regla es la siguiente: la Supervisión Divina está detrás de todas las causas. ¿A qué se parece esto? A un amo que sostiene la vara y bate con ella a su esclavo. Está claro que el esclavo ve que el amo le pega, pero no se le ocurre acusar a la vara, o enfadarse con la vara o intentar reconciliarse con la vara...

Así es realmente en cada suceso que apesadumbra al hombre, las causas y los factores visibles son varas, y Quien las sostiene es el Creador. Cada esfuerzo dirigido a la causa visible es ridículo, es similar a un hombre hablando con la vara. El que sufre una aflicción o le sucede algo que no es de su gusto o no está de acuerdo, tiene que recordar: **Estoy pasando ahora una prueba de fe.** Debe dejar de lado el razonamiento que lo aparta de la creencia que todo es la Voluntad del Creador; el razonamiento que le da todo tipo de explicaciones contrarias a la fe, que lo dirige solamente al pesar, al enfado y a la tristeza; el razonamiento que lo lleva a la desesperación porque ve su fracaso y comienza a culparse a sí mismo; el razonamiento que le lleva a la venganza acusando a los demás. Él debe apartar todos esos razonamientos y fortalecerse únicamente en la fe que **"¡No hay más nada fuera de Él!"**. ¡Todo es la Voluntad del Creador! ¡Todo es para bien! Su esfuerzo principal debe ser la oración – dirigirse al Creador del Universo y conversar con Él sobre todas las cosas.

Dueño del libre albedrío

Como ya hemos mencionado, todas las cosas que el hombre cree que le causan sufrimientos se incluyen en tres categorías – o que provienen de una causa natural, o por medio de otra persona, o por los errores y fracasos de uno mismo.

Cuando los sufrimientos le llegan al hombre a través de una causa natural como una enfermedad, aunque también en este caso puede pasar difíciles pruebas de fe, a pesar de todo le es más fácil entender que es solamente una causa que proviene del Creador, y que debe dirigirse a Él para que le ayude. También si pone sus esperanzas en las medicinas, al final, cuando vea que estas realmente no le ayudan, se dirigirá a la fe, y no empezará a hablar con los microbios, a suplicarles o a amenazarles...

Por otro lado, cuando el hombre sufre un pesar debido a otra persona, comúnmente se equivoca y piensa que esto no está únicamente en la mano del Creador, pues está frente a un hombre que posee libre albedrío y supuestamente es posible dirigirse a él directamente e influir para que cambie su comportamiento y sus actos. Por esto, no piensa de ningún modo rezarle al Creador, pues su razón le dice: "Después de todo, frente tuyo se encuentra un hombre con libre albedrío – habla y arréglate con él, o lucha con él"...

Pero por supuesto que esta no es la verdad, porque "No hay más nada fuera de Él" y todos los seres humanos están en la mano del Creador. Él les endurece o les ablanda el corazón según lo que desea que reciba el hombre que está frente a ellos. Por lo tanto, también acá el consejo principal es la plegaria, y cuando el hombre apaciguará al Creador, Él cambiará el corazón de esas personas que le hicieron daño y las transformará en sus bienhechores.

Lo único que tienes es tu libre albedrío

¡Debemos saber! Ciertamente la persona que nos enfrenta tiene el libre albedrío para hacer el bien o el mal, y por supuesto si hará el mal tendrá que rendir cuentas al Creador. Pero en vista de que el Creador sabe que alguien debe sufrir un pesar, entonces le hace cumplir su deuda por medio de un hombre culpable que será Su vara para golpearle. De por sí, no tenemos ninguna posibilidad de influir en el libre albedrío de quien nos enfrenta, la única elección que tenemos es mejorar nuestras acciones, rezar y conversar con el Creador, apaciguarlo para que nos perdone y pedirle que nos salve.

Podemos explicar esto por lo que se cuenta de un gran Sabio que vio flotando sobre las aguas el cráneo de un asesinado. Se dirigió al cráneo y dijo: "Es porque ahogaste que fuiste ahogado; y el fin del que te ahogó – que lo ahogaran". La moraleja es la siguiente: el asesinado lo fue con justicia por el Juicio del Creador. El asesinado no podría salvarse del asesino de ningún modo, sólo si hubiera hecho arrepentimiento y retorno al Creador, pero el hombre que lo asesinó también será castigado por haber elegido el mal.

No hay culpables

No existe un error más grande que inculpar a otros por nuestro pesar. En el momento que inculpamos a alguien por nuestros sufrimientos – sea quien sea – es una gran falta de fe. Esto causa que el Creador retire su Supervisión sobre esta persona, e incluso lo coloque bajo la mano del mismo hombre al que culpa.

Lo que ocurre en la mente y corazón del que vive este error es una de las siguientes posibilidades:

• Cuando no tiene la posibilidad de hacer algo contra los que le afligen, por ejemplo: bancos, autoridad, jueces, policía, etc., el hombre cae en completa desesperación. Y hay aquellos que inclusive llegan a pensar en el suicidio, porque piensan que en este tipo de casos el Creador no los puede ayudar.

• Cuando quien aflige al hombre es simplemente una persona como él, por ejemplo: su esposa, su vecino, su socio, etc., entonces todo su tiempo lo ocupa con pensamientos como:

"Le mandaré a fulano para que influya sobre él"; o "yo me vengaré"; o "yo le haré tal y cual cosa"; o "yo le mandaré unos matones". No puede dormir por las noches, se agita su alma; en un momento piensa esto y en otro momento piensa lo otro. Él puede llegar a todo tipo de bajas situaciones de adulación y humillación, o de enojo y crueldad, de odio y venganza. Incluso es capaz de causar un pesar o perjuicio a quien piensa es el causante de sus angustias, transformándose de un perseguido en un perseguidor, y entonces pobre de él y de su alma, porque así despierta la Ira del Creador y se le abrirá una nueva cuenta a la cuenta por la que le llegaron esos sufrimientos.

Vemos entonces que los sufrimientos y amargura del hombre que inculpa a los otros son terriblemente duros, y siente que no tiene ningún escape para salvarse de ellos. Entonces, ¿qué se puede hacer?

Debemos saber que por cierto hay lo que hacer. Nuestra vida está en nuestras propias manos y no en las de otros, pues podemos dirigirnos y hablar con el Dueño del Mundo, con el Único que determina lo que sucederá en nuestra vida, el Único de Quien podemos recibir todo el bien y toda la salvación necesaria.

Debemos acordarnos que nuestro beneficio y perjuicio están en las manos del Creador. Y si nos parece que hay otros hombres causantes de nuestro daño, pensaremos favorablemente de ellos y sospecharemos de nosotros mismos, de nuestras malas acciones. Debemos suplicar al Todopoderoso y pedirle que expíe nuestros pecados. Entonces, hasta nuestros enemigos empezaran a amarnos y se transformarán en nuestros leales amigos, como está escrito (Proverbios 16:7): "Cuando el Eterno se complace con los caminos del hombre, también sus enemigos se reconcilian con él".

¿Es posible ayudar?

Al hombre que no está dispuesto a instruirse en la fe es **imposible** ayudar, puesto que quiere que lo ayuden según su errado entendimiento, ya sea forzando a la gente, con cadena de deudas, demostración de fuerza, amenazas, hipocresía, etc. Estos caminos no resuelven nada – y la evidencia es que él mismo trató de ir por estos caminos y sólo se enredó. ¿Saben por qué? ¡Porque el Creador quiso que se enredara! Porque todo tiempo que el hombre piensa que hay alguien que determina algo fuera de Él, no prosperará. Y por supuesto, nadie podrá ayudarlo en cosas contrarias a la Voluntad del Creador. El resultado de esto es que el hombre que vino en su ayuda, sólo se enredará también con las mismas angustias que él sufre, hundiéndose juntos.

El único consejo para la solución de todos los problemas es **instruirse en la fe**, siguiendo los consejos y la senda que enseñaremos en este libro. Por medio de una correcta orientación y guía, se puede ayudar a quien está dispuesto a prestar atención y andar por estos caminos y así resolverá fácilmente todo su problema. Pero, quien viene a pedir ayuda y quiere un consejo según su humano razonamiento y entendimiento, se parece al enfermo que va al médico y le pide que lo cure según su propia comprensión del problema. ¿Qué contestará el doctor a este tipo de hombre? "Si tú sabes cómo curarte, ¿para qué viniste a mí? ¡Si quieres curarte, no opines y escucha mis instrucciones, y si Dios quiere – te sanarás!".

Mitad y mitad

Hay quienes confían en la fe a medias. Como el caso de un hombre que viene a pedir consejo para sus problemas domésticos y matrimoniales a un guía espiritual. El guía le explica que todo el pesar que su esposa le inflige proviene del Creador, y por lo tanto, lo único que le ayudará es arrepentirse y retornar al Creador. Entonces contesta el hombre: "Por supuesto que estoy de acuerdo que todo proviene del Creador, pero... ¿Pero por qué mi esposa me hace eso? ¿Qué le hice? ¿No entiende que arruina a nuestros hijos?...". Después de todo todavía hay gente que se queda con el "pero", siguen viendo a la persona que les produce pesar como la culpable, tal como ladra el perro a la vara que lo golpea y no a quien la sostiene. Esta gente no entiende que su salvación está tan cerca, si sólo prestaran atención a lo que tienen que corregir en sí mismos; pero mientras tanto, se quedan con sus aflicciones, sufrimientos, acusaciones y todos sus "justos" argumentos.

A este tipo de persona debemos decir: "¿Quieres tener la razón? – no hay problema. Sigue siendo el que todo lo sabe, pero debes saber que tu vida será un verdadero infierno... Por el contrario, si quieres ver la verdad, que el problema está en ti y corregirte, empieza viviendo con la fe que "No hay más nada fuera de Él" y ya vivirás el Paraíso en este mundo".

No se puede escapar a la realidad – el hombre debe vivir con fe. Punto. Debemos creer que todo problema que tenemos proviene del Creador; que sólo con Él tenemos intereses; que estamos sólo en Sus manos; que nuestros sufrimientos pasarán únicamente cuando Él lo decida.

Debemos entender muy bien – ¡tenemos libre albedrío sobre nuestra vida y nuestro destino! ¡Esto está en nuestras manos y no en la de otros! La vida de cada uno de nosotros es exactamente como nuestras acciones, y no existe la realidad de que el hombre sufra sin causa. Cuando verdaderamente retornamos al Creador, todo se transforma para bien.

"En las manos de hombre no caeré..."

Un hombre está en peligro: adelante de él – el abismo, detrás de él – hombres que lo quieren matar, ¿qué es lo que debe hacer? Mejor será que salte al abismo que caer en sus manos, como ha dicho el Rey David (Samuel II, 24:14): "Caeré mejor en la mano del Eterno, porque muy grande es Su Misericordia, y en las manos de hombre no caeré". Esto es por la misma razón anterior, porque cuando el hombre creyente está frente a un peligro natural, se apoya únicamente en el Creador rogándole con todas sus fuerzas que lo salve, entonces Él lo supervisa y le hace un milagro. Pero si por el contrario, cuando él está frente a otras personas dirigiendo sus esfuerzos en su dirección y no levanta sus ojos solamente al Creador, entonces Él no lo vigila con completa Supervisión y puede el hombre caer en las manos de sus rivales. Tanto más si se olvida completamente de la existencia del Todopoderoso y ve sólo hombres enfrente de él, entonces el Creador le retira Su Supervisión completamente, y él cae bajo las manos de sus enemigos.

Hombres o serpientes

En el Génesis se encuentra el siguiente relato:

José el Justo fue el undécimo de los doce hijos de Jacob los cuales formaron las doce tribus de Israel. Siendo el hijo más querido por su padre y teniendo sueños en los que aparecía alzado por encima de sus hermanos, provocó la envidia de ellos. Lo odiaban tanto hasta el punto que decidieron matarlo. Cuando vio Rubén, uno de los hermanos, que los otros estaban decididos a realizar su mala decisión, lo quiso salvar. Por eso, les propuso que lo echaran a un pozo vacío... Es decir, vacío de agua pero – ¡lleno de escorpiones y serpientes venenosas!...

Supuestamente, hay acá una gran contradicción. ¡¿Qué pensó Rubén?! ¿Qué acto de salvación es éste? ¿De qué serviría tirar a José a un pozo lleno de alimañas venenosas? – ¡Ciertamente cuando cayera sobre ellas, lo morderían y lo matarían! Sería mejor que quedara José en las manos de sus hermanos y posiblemente podría despertar su compasión y no le matarían...

La respuesta es la siguiente: Rubén sabía que José el Justo es dueño de la fe; estaba convencido que en el momento que José sintiera el peligro de las serpientes y los escorpiones, Le gritaría al Creador con todo su corazón y ciertamente Él lo salvaría. Porque así lo estableció el Creador y advirtió al régimen de la naturaleza y a todos los ángeles designados a la conducción del mundo: inmediatamente después que el hombre Le gritara pidiendo ayuda con *todo* su corazón – la naturaleza estará obligada a cambiar y a hacer su voluntad, a tal punto que transformará el mar en tierra firme, detendrá el sol en el cielo, el fuego no quemará y los leones no atacarán ni desgarrarán.

Por esta misma razón, Rubén estaba completamente convencido y seguro que así salvaría a José, a pesar de que sabía que el pozo estaba lleno de serpientes y escorpiones. Por eso es que está escrito "y lo *libró* de sus manos" – con firmeza, y no *trato* de librarlo de sus manos – en forma dudosa. Porque los Justos saben la fuerza de la plegaria; ellos saben con completa claridad que cuando el hombre grita al Creador con toda su alma inmediatamente la naturaleza se transforma.

Rubén no confió en la fe de su Justo hermano en la prueba frente a seres humanos poseedores del libre albedrío, porque sabía la dificultad de resistencia en un examen como ese, y temió que en el momento de la prueba José se confundiera y se dirigiera a sus hermanos con súplicas de clemencia o con tentativas de apaciguamiento y convencimiento, diciéndoles: "Soy vuestro hermano, de vuestra propia sangre", o "Tengan compasión de nuestro padre", etc. Y entonces, en vista que no confiaría *únicamente* en el Creador, Su Supervisión no sería completa sobre él, y los hermanos lo matarían sin ningún impedimento.

Y así fue que cuando José fue echado al pozo, no se dirigió a las serpientes ni a los escorpiones con súplicas para que lo dejaran en paz, sino que clamó al Creador con todo su corazón, y Él lo salvo de ellos.

"Sabe ante Quién estás parado"

Cuando un hombre está frente a una persona que le lastima, por ejemplo: un conductor a quien detuvo un policía, o un marido a quien su esposa o sus hijos le apesadumbran, o la esposa a quien su marido o sus hijos afligen, u otros ejemplos semejantes, tiene que decidir en forma inequívoca ante quién está parado. Si está ante el Creador del Universo y tiene fe en Él, y no ante sus hijos, su esposa o el policía, entonces él nunca lisonjeará, nunca suplicará, nunca hará ningún esfuerzo para influir sobre la otra persona para que le deje o que le obedezca. Tampoco se enojará, no despreciará y no maldecirá, sino que se dirigirá a Quien le supervisa y le trajo esta prueba, el Único que le puede ayudar – el Creador.

Y hay en esto distintos grados, porque incluso si recibió lo que le sucede con fe, es decir que habló con el Creador y se arrepintió, pero después, a pesar de todo, se dirige a la otra persona tratando de influir sobre ella – esto es también un defecto en su fe, pues demuestra que todavía quedó en él lugar para pensar que el hombre que se encuentra enfrente suyo es una realidad por sí misma, y que tiene alguna decisión en sus manos. Este hombre no vive la verdadera fe de que todos los seres humanos están en las manos del Creador, y que se deben dirigir sólo a Él y no a ningún hombre.

El que dice "yo fracasé" es un orgulloso

También cuando el hombre sufre como consecuencia de sus propios errores, fracasos y cosas parecidas que supuestamente dependen de su libre elección, debe saber con certeza que solamente antes de errar tuvo el libre albedrío, pero ahora, después que ya se equivocó, tiene que saber – ¡Así lo quiso el Creador! – y no perseguirse con auto-acusaciones, cayendo en el desaliento.

Cada hombre creyente sabe muy bien que cuando prospera en su elección es sólo porque es ayudado por el Creador – esto lo confiesa con todo su corazón. Quien no piensa así, demuestra simplemente que tiene orgullo, como si estuviera diciendo "**yo** prosperé".

También, cada hombre creyente confiesa, que si se equivocó en su elección, fue solamente porque no tuvo ayuda desde lo Alto, y tiene que recibir sus fracasos con fe y amor. Pero cuando el hombre no acepta sus fracasos con fe creyendo que también son obras del Creador, se debe a su arrogancia.

El que relaciona sus fracasos consigo mismo, está claro que también relaciona sus éxitos a sí mismo. Por lo tanto lo que dice le gente cuando tiene éxito: "Gracias a Dios", "Con la ayuda del

Señor", "Por la Misericordia de Dios", y cosas parecidas, en la mayoría de los casos son completamente superficiales. Porque la verdadera prueba de la fe es precisamente cuando el hombre fracasa y tiene que confesar que esa fue la Voluntad del Creador, y que Él tiene un mensaje al no ayudarlo ahora. Por eso no tiene que inculparse y perseguirse, sólo empezar a hacer la correcta elección desde el presente punto de partida. Ahora mismo tiene la nueva elección de aprender del pasado y rezar por el futuro.

La regla que se deduce de esta sección es que en cada pesar o falta que tiene el hombre, sin excepción, tiene que creer – "¡Así el Creador quiere!".

¿Por qué y por qué?

El hombre que está en el primer nivel de la fe, es decir que cree en la Divina Supervisión Individual, está en la dirección correcta hacia una vida de alegría y felicidad.

No obstante le falta el segundo nivel, porque pese a que cree que todo proviene del Creador, todavía puede hacerse las conocidas y famosas preguntas, y tener quejas y rencores como por ejemplo: "¿Por qué el Creador me hizo esto?... No lo merezco. Soy una buena persona. ¿Por qué tengo que sufrir? ¡Fulano o mengano es más mala persona que yo y no sufre!, ¿por qué?".

Esto es de hecho un gran defecto en la fe en el Creador. Si se cree que todo proviene del Creador, se debe creer que *todo* es ciertamente para bien pues el Creador es bueno, y ningún mal proviene de Él – por lo tanto, el mal realmente no existe. Encontramos entonces que es imposible que el hombre diga "yo creo en el Creador" y al mismo tiempo piensa que lo que le sucede es malo, porque se contradice a sí mismo. ¡Según la verdad y según la fe todo es para bien! Por eso, para llegar a la fe completa, se debe trabajar sobre el segundo nivel.

El Nivel Intermedio de la Fe –
"Todo es para bien"

El segundo nivel de la fe es la firme creencia que "Todo es para bien". Debemos creer que todo lo que nos sucede es para nuestro propio bien, a pesar de que nos parece lo contrario. En muchos casos se puede ver claramente cómo algo que parecía malo se revela como un bien. Toda persona observadora lo ve en el curso de su vida. Por ejemplo: un hombre se apura para llegar a su trabajo, llega a la estación de ómnibus exactamente cuando el vehiculo comienza a viajar, el chofer le cierra la puerta en la cara e ignora sus llamadas...

Naturalmente este hombre no puede recibir con amor lo que le pasó, tanto por el desdén del chofer como por el atraso que le fue causado. Más tarde, cuando se descubre que el ómnibus al que quería subir tuvo un accidente fatal, recibe lo que pasó en forma "un poco" distinta... agradece al Creador con lágrimas de emoción por haberle salvado, y bendice con miles de bendiciones al mismo chofer que sólo poco antes le pareció una mala persona.

Naturalmente, en el momento de la prueba, no tiene el hombre la posibilidad de saber qué pasará más tarde, porque el no puede adivinar o prevenir el futuro. Por lo tanto, se enoja por el obstáculo que le impide seguir con sus planes. Pero el Creador, que sabe todo el futuro, siempre cuida al hombre, tal como está escrito (Salmos 116:6): "El Eterno cuida a los cándidos". Y también si no sucedió ninguna tragedia, hay muchas razones ocultas por las que no debía subir a ese ómnibus, razones que sólo el Creador conoce. El hombre debe simplemente creer que "Todo es para bien" sin culpar al chofer o al que le demoró, ni a sí mismo.

Eso es sólo un ejemplo simple y superficial, porque en verdad, en todas las situaciones que pasa cada uno, tiene el Creador distintas consideraciones y motivos por los que nos conduce de tal manera, y que nos están ocultos en el momento de la prueba. Si resistiremos las pruebas de la fe, podremos, en la mayoría de los casos, entender que lo que sucedió fue para nuestro bien; aunque hay cosas que quedarán ocultas hasta más tarde en nuestra vida o que quedarán ocultas hasta después de nuestra muerte, o hasta el final de los tiempos cuando llegará el Mesías y contará a cada uno exactamente qué le sucedió, y cómo todo fue para su bien. Ésta es la regla – sólo el Creador ve y sabe en profundidad el sendero por el que el hombre tiene que pasar en su vida, material y espiritualmente. Por eso, Él es el Único que sabe el bien que crecerá de cada cosa. Debemos saber que obligadamente no podrá el hombre ver el bien en el momento de la prueba, porque si fuera así, no sería ninguna prueba. Por consiguiente, la única forma de triunfar en ella es por medio de la convicción que "Todo es para bien".

¡Alcanzable para todos!

Si tú piensas que la creencia que "Todo es para bien", es un elevado nivel espiritual exclusivo de los grandes Justos y piadosos, ¡estás equivocado! Toda persona lo puede alcanzar si sólo trabajara sobre sí misma. El Creador no nos demanda lo que no podemos lograr. Por medio de la guía que se encuentra en este libro se lo puede conseguir y llegar a cumplirlo mejorando así nuestra vida.

"Todo" y no "casi todo"

Es muy importante enfatizar, cuando decimos que "Todo lo que el Creador hace es para bien" – es realmente "**todo**" no "*casi* todo" ¡completamente **todo**! No se puede decir: "Yo creo que 'Todo es para bien' excepto en tal y tal caso", y en esto la mayoría se equivoca. Incluso la gente que está dispuesta a decir que "Todo es para bien", es sólo hasta un cierto límite, hasta que le sucede algo que no está dispuesta a aceptar. Por ejemplo, cuando sus planes fueron obstaculizados, o algo "toca" su bolsillo, su honor, o simplemente choca con su deseo – entonces ya no está dispuesta a aceptar esta creencia. Pero la verdad es **inamovible**, "Todo es para bien", completamente todo, sin excepción.

Además, como se ha dicho anteriormente, la creencia que "Todo es para bien" no es algo separado de la creencia en la Divina Supervisión, sino es una expresión de la fe en ella. Cuando no creemos en esto, demostramos de hecho que no creemos que todo proviene del Creador. Es imposible separar las dos cosas: si se cree que todo proviene de Él – se cree también que "Todo es para bien".

¿Qué es la fe?

Cada suceso que el hombre entiende por su propio razonamiento que es para bien, todavía no es suficiente para decir que posee la fe que "Todo es para bien". Porque lo que se entiende por medio del intelecto, no tiene relación alguna con la fe. La esencia de la fe está sólo en el lugar donde la razón cesa y no se entiende con el intelecto. Dicho de otro modo, donde la razón del hombre le dice que algo es malo, y se desprende de ella y cree que es para bien, se alegra y Le agradece al Creador con todo su corazón – sólo entonces se puede decir que posee la fe que "Todo es para bien".

Cuando al hombre le sucede algo que contradice a su voluntad, él debe anularla frente a la Voluntad Divina. Y esto es imposible realizar sin la creencia que "Todo es para bien", porque ¿quién aceptará que le llegue algo malo? Pero por medio de esta creencia, el hombre entiende que el Creador tiene un determinado motivo para cada cosa. Sólo Él sabe su camino y por lo tanto, con la fuerza de esta fe puede anular su voluntad frente a la de Él, recibiendo con amor todo lo que debe pasar en este mundo.

Todo es bueno

Cuando el hombre se fortalece en la creencia que "Todo es para bien", en realidad todo le irá bien. Tal como ha dicho un gran Justo: **"Porque en verdad, si todos hubieran obedecido a los Justos que enseñan a creer siempre que todo lo que el Creador**

hace es para bien, y que se debe alabarle y agradecerle en cada situación sea como sea, ciertamente que se desvanecerían todas las angustias y todos los exilios, y entonces la completa Redención ya habría llegado al mundo".

Incluso el hombre que todavía no logró cumplir la Ley Divina y sus Preceptos, y según ella tendría que sufrir aflicciones, si cree que "Todo es para bien" y agradece al Creador por todo, es suficiente para que se le anulen la mayoría de los castigos y de los sufrimientos. Esto es debido a que en su simple fe él cumple el objetivo de la Creación, y así mitiga una gran parte de la Ira Divina. Porque la esencia de la Ira Divina que hay en el mundo, y por la que llegan todos los castigos y sufrimientos, es por la fe deficiente que es el aspecto de la idolatría. Cuando desaparece este tipo de idolatría del mundo, entonces también desaparece la Ira Divina.

Con mayor razón, el hombre que se esfuerza para cumplir con los Preceptos Divinos, aunque todavía fracasa al tratar de hacerlo, si sólo mantiene esta virtud de aceptar todo con amor, ciertamente que tendrá una vida muy dulce.

El maestro, autor de este libro, se encontró con un caso que demuestra esto en forma extraordinaria. Al terminar una de sus lecciones, se le aproximó un hombre que parecía estar lejos de observar los Preceptos. Le contó al maestro que llegó a su lección después de escuchar un CD suyo sobre el agradecimiento y la fe que "Todo es para bien". Le contó que ya un tiempo antes de recibir ese CD empezó a vivir de esa forma, a agradecerle al Creador por cada cosa y observó cómo siempre todo le salía bien, por eso, cuando escuchó el CD que habla de ese tema, quiso encontrar al maestro y atestiguar sobre la veracidad de las cosas.

"¿Cómo llegaste a esta creencia?", le preguntó el maestro. Contó el hombre que un día leyó en la Biblia el libro de Job. Llegó a la parte donde la esposa de Job trata de persuadirlo a no creer en el Creador que le trae tantos sufrimientos, y la respuesta de Job fue (Job 2:10): **"Tú hablas como una de las impías. ¿Hemos de recibir acaso el bien de Dios y no hemos**

de recibir el mal?". Estas palabras le penetraron en el corazón, y lo estimuló a entender que ésta es ciertamente la verdad absoluta; el hombre tiene que recibir el mal con amor. Él adoptó que desde ese momento agradecería todo y aceptaría todo con alegría, sea lo que sea. ¡Y he aquí, que maravilla! ¡Su vida cambio totalmente para bien! Desde que comenzó a hablar cada día con el Creador y agradecerle, consultarle y pedirle todo lo necesario en su propia lengua, ve todo el tiempo milagros y prodigios – ve cómo el Creador lo supervisa y le convierte todo para bien, tiene éxito en todos sus asuntos y ocupaciones. En resumen, él vive una feliz vida de fe.

¡¿Cómo no estar alegre?!

Este hombre vino a la lección con su hermano – un hombre muy religioso y observante. Este se acercó también al maestro, y contrariamente a su hermano "alejado" de la Ley Divina, quien contó que está alegre y que le va bien en la vida, comenzó a quejarse que la suya está llena de sufrimientos y preocupaciones, y no tiene éxito. Él contó que sobrelleva todo solamente gracias a su hermano que lo apoya, lo alienta, y que le recuerda que "Todo es para bien". Quería preguntarle sobre una queja que tiene sobre la conducta del Creador: "Estimado maestro, yo no lo entiendo... ¿Ésta es la Ley Divina y su recompensa? ¿Por qué yo – que cumplo los Preceptos Divinos – tengo una vida amarga, sin felicidad ni éxito; y mi hermano que no cumple casi nada, está alegre y tiene buena vida?".

Le contestó el maestro: "Hay una regla espiritual que dice:'No hay tribulaciones sin transgresiones'. Aparentemente, hay sobre ti Juicios estrictos y debes arrepentirte y retornar al Creador".

"¡¿De que tengo que arrepentirme?!", preguntó el hermano. "Yo observo las festividades, practico la caridad, estudio la Ley Divina y mando a mis hijos para que la estudien, vivo la vida con modestia y observo todos los Preceptos, tanto los fáciles como los difíciles. ¿Qué hago que no está bien? Yo entiendo que no hay sobre la Tierra un hombre que haga siempre el bien y nunca peque pero, ¿por qué semejantes aflicciones? ¿Debido a qué y por qué?".

Le contestó el maestro: "La razón por la cual el Juicio Divino se ejerce contra ti es completamente distinta de lo que crees. Tú piensas, que el Juicio llega al hombre sólo cuando traspasa un Precepto o una Ley. Pero tú no sabes que el hombre es demandado esencialmente porque no da las gracias; porque no acepta la Supervisión del Creador con amor y con fe; porque está triste y nunca está satisfecho. Todas estas reclamaciones son de mucho peso en el Cielo, pues la fe es la satisfacción del Creador. Él no tiene satisfacción de los Preceptos cumplidos por el hombre si no lo llevan a vivir con fe y aceptar todo lo que le sucede con alegría.

Y tú mismo trajiste la evidencia cuando dijiste que tu hermano transgrede muchos Preceptos y a pesar de todo su vida es muy linda y alegre. Debes saber que esto es sólo debido a que él cree en el Creador y Le agradece todo, y por eso no hay Juicios estrictos sobre él y no le llegan sufrimientos. Pero tú, tienes una vida difícil porque realmente no crees en Él, no Le agradeces todas las cosas, y por eso te llegan castigos.

¡Debes entender muy bien! La mayoría de los sufrimientos son debidos generalmente a que no se agradece por todo. Pero tu hermano, que si lo hace, está más cerca de la finalidad que tú, y el Creador siente mucho más placer de él tal cómo es, sólo debido a que cree en Él".

"¿¡Qué?!", se sublevó el hermano religioso. "¿¡Él está más cerca de la finalidad que yo?! ¿Qué hace él? ¡No cumple casi nada!".

Le dijo el maestro: "Ven y te mostraré lo que escribe uno de los grandes Sabios, que demuestra que tu hermano cumple muchas cosas". Abrió un libro y empezó a leer un comentario sobre "Éxodo", el segundo libro del Pentateuco: "... y el objetivo de todos los Preceptos, es que creamos en nuestro Dios, y que Le agradezcamos a Él que nos creó. Y ésta es la intención de la Creación y no hay otra razón. **No tiene el Creador otra voluntad**

salvo que el hombre sepa esto, y que Le agradezca". La explicación es que el reconocimiento en el Creador, la creencia en Su Liderazgo y el agradecimiento que llega después, ésa es la finalidad de la creación del universo, **y si no fuera por eso, no tendría el Creador ninguna voluntad en Sus criaturas...**

Nueva claridad

El hermano religioso estaba asombrado, se le aclaró que estaba mucho más lejos de su meta que su hermano a quien siempre menospreció. Le golpeó el conocimiento que no tiene ninguna ventaja sobre él al cumplir los Preceptos, si no lo llevan a la fe que todo proviene del Creador, y que "Todo es para bien".

El maestro continuó: "Ahora entiendes que tu hermano, que siempre te pareció estar lejos del cumplimiento de la Ley Divina, está en verdad más cerca de su cumplimiento que tú. Porque él cree que "Todo es para bien", acepta todo lo que el Creador le hace con amor, conversa con Él sobre cada cosa y le da las gracias por todo, que como vimos, ésa es Su Voluntad en la creación del mundo. Mientras que tú eres en efecto "religioso" pero no vives la fe y la Supervisión Divina. Cada vez que algo no se realiza según tu voluntad, no estás contento. Te quejas y te culpas. Excepto decir "Bendito sea Su Nombre" por costumbre, nunca estás verdaderamente satisfecho con lo que te pasa. No conversas con el Creador, no Le participas en todo lo que te sucede y por supuesto no Le agradeces. Por eso, no cumples la finalidad de la Creación con la observación de los Preceptos, y esto despierta el estricto Juicio Divino sobre ti, **más que cualquier otra transgresión".**

El interés del hermano religioso creció muchísimo. Un nuevo mundo se reveló frente a él, un mundo que estuvo frente a sus ojos todo el tiempo y simplemente no lo vio. Preguntó al maestro: "Pero cumplir los Preceptos es parte de la Voluntad Divina. Yo entiendo que cuando mi hermano conversa con el Creador y Le agradece, hace algo muy importante, ¿pero qué con todos los Preceptos? ¿Cómo se puede ignorar que no cumple con la Voluntad del Creador en todo lo que ha ordenado?".

Le dijo el maestro: "El Creador tiene mucha paciencia, en vista que tu hermano se acercó al más profundo y verdadero punto de la fe, que es la finalidad de toda la Ley Divina y los Preceptos, ciertamente llegará también a su cumplimiento, por esto al Creador le vale la pena esperar. El Creador no viene con quejas a Sus criaturas, y no espera de un hombre alejado de Él que se transforme en "Moisés", el gran Justo, en un solo día. Todavía verás que se acercará como es debido a la práctica de los Preceptos con mucha alegría y amor. En vista que conversa con el Creador y lo hace partícipe de lo que sucede en su vida, todo desde el punto de vista que "Todo es para bien" y no por miedo o cálculos sobre el Mundo Venidero, de por sí llegará a cumplir la Ley Divina completamente, se arrepentirá y retornará al Creador desde el amor.

Pero tú, que ya cumples los Preceptos, podrías fácilmente conectarte con la fe, porque ésta es la meta de toda la Ley Divina y sus Preceptos. Mientras tanto, hay sobre ti una gran exigencia – ¿Por qué no te diriges en la práctica de los Preceptos hacia la fe? ¿Por qué no conversas con el Creador sobre cada cosa? Te pareces a un hombre que recibió un automóvil de su lugar de trabajo para viajar a un determinado destino, y no llego a él. Tú recibiste la Ley Divina con la cual podrías llegar al objetivo – que es la fe – y no llegaste. Tu hermano se parece al hombre que ha llegado a su destino sin un vehículo, porque llegó directamente a la fe. Cuando también él reciba el automóvil – la Ley Divina y los Preceptos – logrará que su fe sólo vaya hacia adelante y crezca.

Por lo tanto, el Creador te mandó los sufrimientos para estimularte al ver el error en el que vives. Si desde ahora empiezas a trabajar sobre la creencia que "Todo es para bien", agradecerás al Creador cada día sobre todo, conversarás con Él y Le participarás en todo lo que te sucede, entonces con certeza verás cómo se mitigarán completamente todos los Juicios que hay sobre ti, y vivirás una vida llena de alegría".

Este hecho real debe estimular a cada uno de nosotros a cambiar toda concepción de vida, y entender que lo esencial es la fe. No se puede medir a ningún hombre para saber su verdadero valor, porque es imposible saber su nivel de fe. Por supuesto que no satisface solamente tener simple fe sin el cumplimiento de la Ley Divina. Porque la fe tiene niveles sin fin; y hay comprensiones de la fe, que sin cumplir la Ley Divina y los Preceptos no se puede llegar a ellas. El mismo Creador que ordenó creer en Él, ordenó también cumplir los Preceptos. El mensaje principal de este hecho es que el hombre observante debe poner todo el énfasis en su trabajo sobre la fe, y que su intención en cada Precepto y estudio de la Ley Divina sea llegar, por medio de ellos, a la fe completa. Si no hace esto, resulta que el hombre no utiliza las herramientas que le dio el Creador con Su Misericordia para la meta adecuada, sino para otra.

Está Quien lo sabe todo

El Creador dirige a cada uno en cada momento de su vida por el curso correcto por el que debe marchar, y donde, a pesar suyo, hay también cosas que no son de su voluntad. Por ejemplo, es posible que en un momento de su vida deberá el hombre tener contactos con ciertas personas que lo afligen y que ciertamente se hubiera alegrado de no conocer nunca. Sin embargo, el Creador quiere que tenga esas relaciones, debido a que tiene que hacer una cierta "corrección" con ellos. Hay lugares en los que tendrá que pasar o permanecer en ellos también en contra de su voluntad, sin que pueda entender por qué llegó allí – porque tiene lo que corregir en esos lugares. Y así todo tipo de pruebas – físicas, espirituales o financieras que él debe pasar a pesar suyo, porque son parte del curso por el que el Creador quiere que marche, incluso aunque no le parezca.

Todas esas pruebas y dificultades le llegan al hombre sorpresivamente, sin consideración por sus planes. Y debido a que el hombre mismo no sabe cuáles serán las correcciones que tendrá que hacer en su vida, se confunde con cada cosa que no le va como lo ha planeado y le parece que su vida está complicada.

Pero si se fortaleciera a creer que los acontecimientos de su vida no son casuales sino según los planes del Creador, entonces sabría que no hay ningún error o confusión en su vida sino que está pasando en ese momento una prueba, y que todo va exactamente según la planificación del Todopoderoso para acercarlo a Él. Como resultado, aceptaría todo lo que le sucede con la convicción que "Todo es para bien".

"A pesar tuyo – vives"

Un hombre que está pasando una prueba debe reforzarse en comprender que a pesar suyo debe pasar esta prueba, y la única forma de hacerlo es fortalecerse en la fe que "Todo es para bien". Es decir, estar alegre con lo suyo, y tratar de buscar cuál es el mensaje que el Creador le manda.

Pero, también, si no logra entender el mensaje, debe recibir todo con amor y estar alegre con lo suyo, y eso mismo es un servicio al Creador, tal como dijeron los grandes Sabios: "Debe el hombre bendecir el mal con completo conocimiento y con buena voluntad, de la misma manera que bendice el bien con alegría. Porque el mal para los servidores del Creador, es su alegría y su bien, puesto que aceptan con amor lo que el Creador les decretó. Encontramos, que en su aceptación del mal él sirve al Creador, lo que es su alegría".

Ésta es una regla en la vida: hay cosas, que el hombre debe pasar – quiera o no quiera – sin poder escaparse de ellas, y toda su elección es sólo *cómo* las pasará. Si lo hará con la creencia que "Todo es para bien" – será dichoso y feliz, porque verá cómo se le transforman para bien. Pero si él vive sin esa creencia, entonces sólo estará amargado, insatisfecho y quebrado; se quejará, se culpará a sí mismo y a los otros y toda su vida será amarguras y oscuridad. Probablemente también se traerá sobre sí mismo otras calamidades...

Los sufrimientos no existen

Debemos saber que los únicos sufrimientos que hay en el mundo provienen de la falta de fe. Quien sabe que todo está bajo la Supervisión Divina no siente ningún sufrimiento o pesar. Todo el tiempo que el hombre se mantiene en la creencia que "Todo es para bien" y Le agradece al Creador por todo, también por las cosas que no son buenas, una gran felicidad fluye sobre él, se llena con una alegría interior y todo se le transforma en bien. Encontramos, que en verdad, el único castigo que hay en este mundo es cuando se le quita al hombre la fe.

Por lo tanto, cuando sentimos que no nos va bien, pidamos al Creador que nos devuelva la fe que "Todo es para bien". Luego, empezaremos a agradecer todo, incluso aunque todavía no sentimos que las cosas son buenas, porque por medio del agradecimiento, nos iluminará de nuevo la luz de la fe y nos llegará la alegría.

El verdadero reposo

En el primer libro del Pentateuco se elogia a una de las Doce Tribus de Israel, la tribu de Isajar, en los siguientes términos (Génesis 49:15): "Aunque ve que el reposo es bueno y que la tierra es agradable, ofrece su hombro a la carga y se somete al trabajo". Aprendemos aquí una gran lección – ¿cuándo logra el hombre el verdadero buen reposo? Cuando "ofrece su hombro a la carga", es decir cuando puede soportar todo lo que le sucede, sin ninguna inquietud.

Pero, ¿cuándo puede el hombre soportar todo?, ¡sólo cuando cree que los acontecimientos de su vida son supervisados desde lo Alto y para bien! Sólo entonces podrá soportarlo todo, y sólo así tendrá reposo. Porque el único reposo de todas las preocupaciones y sufrimientos de este mundo es solamente la fe.

Sin la simple fe que "Todo es para bien", este mundo es el infierno mismo, y todavía peor, porque el Juicio de los malvados en el infierno está limitado a doce meses, pero en este mundo hay gente que tiene un infierno continuo de decenas de años. ¿Y cuál es su infierno? La sensación de amargura e insatisfacción que está incubada siempre dentro de sus corazones. **Porque no existe un sufrimiento más grande que el estar amargado e insatisfecho.** Y, usualmente, esto está acompañado con otras formas de infierno – disputas y conflictos, ira, preocupaciones y presiones, envidia, venganza, tristeza y depresión, abatimiento; todo eso debido al escepticismo, porque no se recibe con fe completa que todo lo que sucede proviene del Creador. Pero quien posee la fe y cree que todo proviene del Todopoderoso, su vida es un paraíso.

La alegría es el comienzo del libre albedrío

En cada momento de su vida, el hombre tiene frente a él el libre albedrío. La mayoría de la gente piensa que su elección siempre empieza con las consideraciones pertinentes – ¿cuál es la cosa adecuada para hacer?, ¿cómo hacerla?, etc. Pero en verdad, el libre albedrío empieza antes – con la elección de estar contento con lo que se tiene o no.

Encontramos entonces que el libre albedrío se divide en dos etapas: a) la elección de estar alegre o no; b) la elección pertinente. Solamente si el hombre eligió correctamente en la primera etapa y está alegre, sólo entonces puede pasar a la segunda etapa que es elegir en forma aplicable – con todas las dudas que tiene – qué hacer y cómo hacerlo, si es la cosa adecuada, o tal vez será mejor hacer algo distinto. Sin embargo, si elige bien en su primera elección y está alegre, entonces casi no tendrá ninguna duda, y la elección de lo que debe hacer le será muy fácil.

Pero si en su primera elección no eligió correctamente y no está contento con lo suyo, entonces no puede acercarse a la segunda etapa, porque por medio de la tristeza el hombre pierde completamente la capacidad del libre albedrío. Ésa es la causa que cuando el hombre está triste, no tiene la capacidad de pensar correctamente y tomar adecuadas decisiones; hasta ni tiene la fuerza para moverse y actuar. Además, por la tristeza el Creador lo abandona, y por supuesto que sin Su ayuda no podrá hacer nada.

Alegría cotidiana

Por lo tanto, el hombre debe siempre estar satisfecho con el curso que lleva su vida, y estar alegre con lo que hace; porque con esto estará seguro que por lo menos cumple con la primera etapa de su libre albedrío. Vemos a muchas personas insatisfechas con su vida sin una razón especial y si les preguntaras por qué no lo están, no sabrían contestarte. Simplemente sienten una sensación de pérdida constante, no están seguros si **eligieron** el camino correcto.

Sin embargo, a la luz de lo que recién explicamos, está claro que debido a que no están satisfechos, en cada momento de sus vidas no eligen correctamente. La sensación de que quizás no hacen lo correcto, es un gran error que se debe rectificar antes de toda otra acción. Incluso cuando le está claro al hombre que debe hacer cambios espirituales o materiales, lo que supuestamente es una causa real para estar insatisfecho, también entonces su libre albedrío comienza necesariamente a estar contento con lo suyo. Por esto, el Creador está con él y puede pensar con claridad, tomar decisiones y adoptar cambios en su vida. Con mayor razón, cuando el hombre no sabe lo qué tiene que cambiar y qué es lo bueno para él, debe estar entonces contento con la realidad en la que vive y al menos estará seguro que cumple con la primera etapa de su libre albedrío adecuadamente.

Por lo tanto, en cada cosa que hace el hombre, como cuando cuida a sus hijos, arregla sus asuntos, o también cuando reza, estudia la Ley Divina, cumple uno de los Preceptos o hace beneficencia, hará todo con alegría. No dejará que su Mala Inclinación le dé una sensación de pérdida, como si tuviera que hacer otra cosa. Porque ésta es la conducta de la Mala Inclinación, confundir al hombre en todo lo que trata de hacer para que jamás esté satisfecho. Pero éste no es el camino. Lo principal de todo es que el hombre esté complacido con lo suyo, y haga todo con alegría. Si después entiende que tiene que hacer otra cosa – la hará, pero también con alegría.

En resumen, cuando la vida se desarrolla sin obstáculos especiales, ciertamente que debemos creer que "Todo es para bien". Así estaremos alegres y podremos buscar hasta encontrar la misión en lo que hacemos. Pero, si cuando no tenemos problemas especiales no estamos contentos, ¿cómo podremos alegrarnos cuando nos llegan imprevistos e insólitos obstáculos, a los que es imposible sobreponerse sin fortalecerse en reconocer que "Todo es para bien?".

Aspiraciones

Cuando el hombre tiene problemas y quiere hacer algunos cambios en su vida, como el trabajo que no le satisface, o su departamento que es pequeño, y no está en sus manos poder hacerlo, es una señal que la Voluntad del Creador es que por el momento esta sea tu realidad. Debe aceptar la Voluntad Divina con alegría, sabiendo que "Todo es para bien". No necesitas dejar de lado tus deseos de cambio, sino mientras tanto aceptar la realidad con amor y establecer un determinado tiempo cada día – poco o mucho – para rezar a Quien en Cuya mano está cambiar cada cosa, pidiéndole el cambio requerido y el resto del día estarás alegre. El hombre debe creer que a cada cosa le está determinado su tiempo y este llegará según la Voluntad del Creador.

Incluso en los temas espirituales, cuando el hombre desea estudiar más la Ley Divina y no puede; o quiere corregir una mala cualidad de su carácter o sobreponerse a un mal apetito – y no lo logra, tiene que continuar deseando el cambio y hacer todo lo que está en su poder – aprender sobre ese tema y rezar. Pero hasta que merezca que el Creador cumpla su deseo, debe recibir su realidad con amor. Esto le aliviará mucho, y también le reducirá los daños que esas faltas o defectos le producen.

Es necesario saber que la falta de éxito en el servicio al Creador es también un tipo de sufrimiento, porque ciertamente es muy agradable estar libre de apetitos, ser dueño de perfectas cualidades de carácter, ser perseverante en el estudio espiritual, etc. Esa falta de éxito puede ser debida a las siguientes razones:

a) Es posible que los sufrimientos le llegan desde lo Alto para expiar por todo el tiempo que estuvo alejado del servicio al Creador, o no se esforzó lo suficiente para ello.

b) Es posible que la demora desde lo Alto se deba a que el hombre no tiene todavía los instrumentos necesarios para recibir el determinado nivel espiritual que pide, pues si lo recibiera inmediatamente lo llevaría a la arrogancia y lo dañaría.

Por lo tanto, en cualquier caso, tiene el hombre que aceptar la espera con amor, rechazar su razonamiento completamente, y creer que "Todo es para bien". Y mientras tanto, seguirá rezando y retornando al buen camino hasta que tenga el privilegio y los instrumentos adecuados para lograr éxito en el servicio al Creador.

¿Gran maestro espiritual o un simple empleado?

Un historia verdadera cuenta sobre un famoso maestro espiritual contemporáneo, que por diferentes razones fue obligado a dejar sus estudios sagrados e ir a trabajar como... ¡un simple empleado de banco! Se da por entendido que precedieron circunstancias que aparentemente le empujaron a esto, finalmente se encontró un claro día sentado tras del escritorio de un banco, en lugar de estar estudiando la Ley Divina como le gustaría.

Este erudito estaba sentado detrás del escritorio en el banco, y pensaba: "¿Cómo llegué a este lugar? ¿Qué hago acá? ¿Por qué no estoy en el seminario estudiando?". De pronto llegó a la conclusión que esto seguramente no es casual, sino que tiene una misión y una corrección espiritual en ese lugar y debe aceptarlo con amor. No dejó que la tristeza y la desesperación se apoderaran de él, ni tampoco intentó desembarazarse y escaparse de la realidad. No tuvo ningún enojo o rencor hacia el Creador ni se culpó. Por el contrario, tomó el camino más práctico posible, durante la pausa del mediodía en lugar de almorzar, con lágrimas en los ojos rezaba y suplicaba en un cuarto lateral al Todopoderoso, que lo devuelva al seminario. Sin embargo, durante el resto del día estaba alegre y trabajaba con toda fidelidad.

Finalmente llegaron los resultados. No llevó ni una semana ni dos, pero después de un tiempo se encontró sentado estudiando en el querido seminario sirviendo al Creador.

Conductor veterano

Cuando el hombre vive con la fe que todo está bajo la Divina Supervisión y que "Todo es para bien", y no sospecha que el Creador lo llevará por mal camino, se parece al hombre que está viajando en un autobús confiando en el conductor que sabe cómo manejarlo y adónde se dirige. Por cierto está cómodamente sentado en su asiento, mira el paisaje que desfila frente a sus ojos y goza de cada momento.

Por el contrario, el hombre al que le falta fe se parece al viajero nervioso que piensa que él mismo es el conductor. Piensa que sabe el camino y trata de dirigir el autobús desde su asiento. Está todo el tiempo frustrado y amargado debido a que el conductor no viaja en la dirección que él quiere, también está preocupado y molesto por la forma que conduce, una vez se molesta porque viaja demasiado rápido, otra vez porque viaja demasiado lento, ahora el conductor dobla violentamente, ahora el autobús salta... La verdad es que él no sabe por completo adónde viaja, no sabe nada de su vida, sólo vive con pesar y con preocupaciones, y todo debido a que no confía en el conductor.

Todo el tiempo que el hombre piensa que dirige el curso de su vida, no puede desechar sus deseos ni tampoco puede aceptar su camino con amor. Cada vez que sus cosas no se desarrollan como él quiere, se pone nervioso, se persigue a sí mismo, se desespera, se deprime, etc. En general, hay muchas personas que simplemente no están dispuestas a aceptar el hecho que en este mundo es necesario pasar "correcciones". Ellos sólo se quejan y lloran todo el tiempo, y la existencia en este mundo les es insoportable.

Pero ésta es una realidad a la que es imposible escapar – nunca la vida se desarrolla exactamente como deseamos, hay sorpresas y cambios inesperados en nuestros planes. Desde el Cielo estamos dirigidos adonde debemos corregir nuestros errores. Por lo tanto, en lugar de rezongar y lamentarnos nuevamente cada vez que encontramos obstáculos en nuestros planes y de vivir amargados con la sensación de constante enojo, debemos fortalecernos en la creencia que "Así el Creador quiere", y que "Todo es para bien". En cada cosa debemos buscar al Creador y el mensaje que nos quiere trasmitir. En otras palabras, debemos contemplar la Inteligencia Divina que existe en cada cosa.

La paciencia es recompensada

Un hombre poseedor de fe que ve que las cosas no le salen bien, ¿qué dice? "¡Así el Creador quiere! ¡Todo es para bien!", y hace lo que puede con alegría y de todo corazón, sin abandonar por eso sus deseos ni el esfuerzo para lograr lo deseado. Y tanto más, está alegre cuando le va bien. Si el hombre siente que no está contento, debe trabajar sobre estas dos creencias porque sólo el que es poseedor de fe está siempre satisfecho con su vida y vive el paraíso ya en este mundo. Y por el contrario – el único infierno en la vida es la sensación de amargura y la insatisfacción.

Vemos entonces que la falta de fe del hombre es en sí misma su castigo...

Se cuenta sobre un sencillo hombre que casi toda su vida fue comerciante y nunca consiguió dedicarse al estudio de la Ley Divina y los Preceptos. Pero a pesar de todo, nunca abandonó su anhelo de hacerlo, y en todas sus transacciones comerciales no dejo de desear cuándo podría llegar al estudio espiritual con profundidad.

A los ochenta años tuvo un sueño. Soñó que llegaba hasta él un Justo manteniendo en su mano un cáliz y le daba de beber. Cuando despertó de su sueño, descubrió que la Ley Divina completa estaba clara y evidente frente a sus ojos, ¡y hasta los ochenta y dos años alcanzó a escribir unos cuarenta libros!

Una mente libre

Cuando el hombre está alegre, está preparado para el tercer nivel de la fe. Porque por medio de la alegría su mente está libre para buscar y entender correctamente el mensaje del Creador – qué es lo que le insinúa, y adonde Él lo dirige. También su corazón está abierto para rezarle al Creador que le ilumine para saber qué tiene qué hacer ahora, y qué cambios debe realizar en su vida.

Estos detalles – cómo entender los mensajes del Creador, cómo despertar, cómo corregir lo que se debe – todos pertenecen al tercer nivel de la fe, al cual es imposible llegar sin haber cumplido bien el segundo nivel.

¡Por lo tanto, es importante recordar!: antes que el hombre pase al tercer nivel y empiece a pensar qué tiene que hacer en este mundo, debe estudiar y fijar bien dentro de su corazón la creencia que "Todo es para bien". Si le llegará una prueba – la recibirá con amor, y sólo después podrá acercarse al próximo nivel: entender cuál es Su mensaje.

Es muy importante acordarse de esta regla. Porque mientras no sintamos que poseemos de verdad la fe que "Todo es para bien", nos está prohibido empezar a usar nuestro razonamiento y pensar cuál es el mensaje que manda el Creador. Si tratamos de entender Su mensaje sin esa creencia que nos lleva a la alegría, solamente nos deterioraremos más. Únicamente cuando el hombre está alegre y libre de presiones y preocupaciones, sólo entonces puede su cerebro funcionar libremente y llegar a la verdadera claridad mental.

Subir de nivel

La conclusión que sacamos de lo antedicho es, que cuando el hombre posee el segundo nivel de la fe – es decir que vive con la creencia que "Todo es para bien" y Le agradece y ensalza al Creador – por supuesto vive una vida muy hermosa, tranquila y agradable.

Aparentemente, parecería que es suficiente con adquirir el nivel intermedio de la fe, entonces ¿por qué seguir adelante?, ¿qué falta? Debemos saber que si el hombre no aprovechara los acontecimientos que el Creador le trae con el fin de conocerlo y conectarse con Él, ni meditara y no tratara de entender lo que Él le insinúa, no podría sostenerse en el segundo nivel. Si le llegara una prueba difícil, no la resistiría y decaería su fe que "Todo es para bien". De por sí, inmediatamente decaería también su alegría y su agradecimiento. Porque la creencia que "Todo es para bien" pertenece principalmente al hombre que relaciona todo con la eterna finalidad, **pues la esencia de lo bueno que se extrae de todos los sufrimientos es merecer por medio de ellos acercarse al Creador y conectarse con Él,** que es el objetivo de todo lo que le pasa al hombre.

Por lo tanto, el tercer nivel es necesario porque es la perfección de la fe. Por medio de él, el hombre logrará llegar a su propósito, a su misión en este mundo y a cumplir su corrección.

El Nivel Superior de la Fe – *"¿Qué quiere el Creador de mí?"*

El tercer nivel es la firme creencia que en todo lo que le sucede al hombre hay un mensaje que pertenece a su finalidad – a su conexión con el Creador.

Por supuesto, que cada cosa que el Creador hace tiene un objetivo, y éste es el motivo por el cual el hombre creyente debe buscar qué es lo que el Creador quiere de él. Esto es obligatorio incluso según el sentido común, el Creador no le trae al hombre tal y tales acontecimientos sin alguna especifica razón, sino para enseñarle algo o para estimularlo a corregir una cosa determinada, o arrepentirse de un pecado o una falta, o fortalecerse en el cumplimiento de un Precepto, o para despertarlo pues está espiritualmente dormido o, por el contrario, porque se conduce con una grandeza que no es adecuada a su verdadero nivel espiritual y debe ser limitado, etc. Cada uno debe esforzarse según su nivel para entender cuál es el mensaje del Creador y corregir lo que haga falta.

El mensaje general que conecta entre todas las cosas que nos ocurren en la vida es la fe, debido a que la esencia de la Voluntad del Creador es aproximar al hombre a ella. Por lo tanto, en todo lo que nos pasa, el Creador nos dirige a estudiar la fe, y debemos buscar y contemplar la Inteligencia Divina que existe en cada cosa, con el objeto que ella nos ilumine para acercarnos a Él.

Muy profundo y muy amplio es el tema de la búsqueda del mensaje del Creador. Todo este libro se ocupa de esta búsqueda. Pero el primer fundamento que debe el hombre poner en su corazón para lograr este nivel que es la perfección de la fe, es el fundamento siguiente: "No hay tribulaciones sin transgresiones".

¿Por qué tengo sufrimientos?

El hombre que tiene todo tipo de tribulaciones debe antes que nada examinarse a sí mismo, si está satisfecho consigo mismo y si está satisfecho con lo suyo. Porque cada hombre está obligado a ver el bien que posee, su belleza, sus puntos buenos, los Preceptos que cumple, sus buenas cualidades, su misericordia, **su buena voluntad**, que está lleno de buenos deseos y que en verdad no quiere hacer nada mal, sino cumplir con la Voluntad del Creador. Él debe simplemente amarse a sí mismo, estar contento consigo mismo, mirarse afirmativamente y juzgarse en forma completamente positiva.

¡El hombre que no ve su propia belleza no podrá creer en el Creador!

El Creador le dice a cada una de sus criaturas: *"¡Mi querido hijo! Por ahora, a pesar que tienes mucho para corregir, estoy satisfecho contigo así como eres; Yo me glorifico contigo, estoy contento contigo y sólo deseo beneficiarte más y más.*

Yo te amo, ¿por qué entonces no te amas a ti mismo?

Yo estoy contento contigo, ¿por qué entonces no estás contento contigo mismo?

Yo me glorifico en ti, ¿por qué entonces no ves tu propia gloria?

Yo te espero pacientemente y no te persigo, ¿por qué entonces te persigues a ti mismo? ¿Por qué no tienes la creencia que Yo te amo?

Ciertamente crees que Yo soy todopoderoso y que te puedo ayudar fácilmente en todo lo que necesitas. ¿Por qué entonces estás desesperado? Piensas que es demasiado difícil para Mí salvarte en la situación en que te encuentras? Yo deseo que estés alegre por todo lo que te he ayudado hasta hoy, deseo que reflexiones sobre esto y luego me pidas que te siga ayudando más adelante".

De hecho, la primera cosa sobre la que se juzga al hombre es sobre su fe, porque la tristeza, el perseguirse a sí mismo, la angustia y la amargura son todas falta de fe. Ciertamente si creyéramos con fe completa que el Creador está siempre presente y oye nuestras plegarias, no sentiríamos ninguna tristeza, pereza o pesadez en nuestra plegaria y rezaríamos como se debe, prolongando nuestros ruegos pidiéndole al Creador que nos ayude en todas nuestras necesidades.

Porque tener fe significa "estar contento con lo suyo", y como aprendimos, la fe es plegaria. Si el hombre no está contento con lo que tiene y no se ocupa de rezar, éste es el primer juicio que se le hace. Por lo tanto, al hombre que no tiene alegría le está prohibido juzgar sus acciones o arrepentirse, porque en el estado en que está, sólo llegará a culparse, perseguirse y caerá en una terrible tristeza que lo llevará a dejar de creer que el Creador lo ama.

Todo el trabajo de este hombre debe ser sobre la alegría. Es decir, que debe buscar en sí mismo buenas calificaciones y concentrarse únicamente en la belleza y el bien que hay en él. Sólo entonces, cuando esté satisfecho consigo mismo y tenga buena disposición, podrá creer en el Creador. De por sí, su arrepentimiento será fácil, y podrá ocuparse en su examen de conciencia y confesar lo que debe, ya que cree que el Creador le ama, que es todopoderoso y Él fácilmente le ayudará a cambiar y rectificar lo que haga falta.

El gran peligro

Hay que saber que no existe nada que trae tantos estrictos Juicios sobre el hombre como la tristeza y la amargura. Como vemos en el Pentateuco en la sección de las reprimendas, que todas las terribles maldiciones escritas llegan por la falta de alegría, como está escrito (Deuteronomio 28:47): "Por no haber servido al Eterno, tu Dios, con alegría y con regocijo de corazón".

El reproche es aún más grande cuando el hombre cumple con la Ley Divina, pero evita la alegría que debe sentir al cumplir los Preceptos y el amor a Quien los ordenó, lo cual es una parte integral y muy importante del servicio al Creador; quien evita esta alegría merece ser castigado según lo que está escrito en el mencionado versículo.

El Creador es justo, Él se comporta con el hombre con misericordia, no con estricta justicia. Pero cuando el hombre está insatisfecho, demuestra que no cree que la Supervisión Divina sea justa y compasiva, cree que el Creador se comporta con él injustamente, sin rectitud y no con la verdad. Esto inmediatamente despierta el atributo del Juicio estricto que es celoso del honor del Creador, porque no existe una mayor profanación del Nombre de Dios que esta.

Al Creador no le gusta ser deudor de nadie, por consiguiente, inmediatamente se abren y se examinan los libros de ese hombre para ver si son justos sus reclamos, y si en verdad no está siendo tratado correctamente. Por supuesto, se descubre la verdad, que él es el deudor, y que según sus méritos y sus deudas el Creador se portó con él hasta ahora muy lejos de lo que debía según Su Ley, con benevolencia y misericordia. Por lo tanto, el atributo del Juicio estricto demanda que se haga justicia con él.

Si ese hombre no se hubiera quejado y se hubiera sentido satisfecho con lo suyo, entonces no hubiera sido examinada la Misericordia del Creador para con él. Pero en su insatisfacción, su tristeza y amargura, supuestamente reclama juicio, y entonces el atributo del Juicio estricto determina que sea juzgado rigurosamente. Pobre del hombre con el cual el Creador se conduce según todo el rigor de la Ley, como está escrito (Salmos 143:2): "No entres en Juicio con Tu siervo, porque ante Ti ningún hombre viviente puede justificarse".

No hay tribulaciones sin transgresiones

Sobre la base que "No hay tribulaciones sin transgresiones" depende y reposa toda la fe y el mundo entero. ¡El hombre no tiene parte en la Ley Divina hasta que cree que todas las cosas y hechos que le suceden son milagros! No son resultado de la naturaleza ni de las costumbres, tanto en general como en particular. Sólo si cumple los Preceptos, gozará de su recompensa, pero si los transgrediera, sufrirá su castigo; todo está decretado desde lo Alto. En otras palabras, sólo quien vive con la creencia de que todos los sucesos del hombre provienen por Decreto del Creador según sus acciones, y que no existen tribulaciones sin transgresiones, vive la verdadera fe.

Existen dos posibilidades para explicar el error de quien dice que cree en la Supervisión Individual del Creador pero no atribuye sus tribulaciones, hasta la más pequeña, a sus transgresiones:

a) La primera es el pensamiento erróneo que el Creador castiga a sus criaturas sin causa. ¡Como si Él hubiera creado el mundo para atormentar a sus criaturas! Por supuesto que esto lo comprende bien todo hombre razonable, que es una perversión pensar una cosa así del Creador, el Bueno y Benefactor. Como ya lo dijo el Rey David (Salmos 145:17): "Justo es el Eterno en todos Sus caminos, y benevolente en todas Sus obras", y también (íd. 92:16): "... el Eterno es recto. Es mi Roca en la que no hay injusticia". Vemos que hasta las más viles criaturas hacen todo para beneficiar a sus descendientes, ¿será entonces posible pensar que el Creador es peor que ellos? Está bien claro que la fe del quien siente esto está muy corrompida.

b) La segunda posibilidad es la falta de creencia en la Supervisión Individual que se manifiesta en atribuir los sufrimientos a la naturaleza o al azar, también el inculparse a uno mismo o a otras personas, lo que es una completa herejía.

La conclusión que sacamos es, que el hombre que cree en la Divina Supervisión Individual, es decir que todo proviene del Creador, debe creer que cada pesar y privación que tiene también provienen de Él, y obligadamente tienen una causa. De por sí, él debe llegar a la conclusión que sus pecados y transgresiones son con justicia la causa de sus sufrimientos, y que la intención del Creador con las tribulaciones que le trae es para su bien. ¿Y cuál es ese bien? Estimularlo para que corrija sus acciones y que enderece su camino para merecer la buena finalidad y la vida feliz.

Vemos que el hombre que vive según el fundamento que "No hay tribulaciones sin transgresiones", incluso hasta lo que está en contra de su voluntad, lo acerca al Creador. Este hombre busca cómo conocer y conectarse con el Todopoderoso por medio de cada cosa que le sucede, y trata de entender por medio de sus sufrimientos cómo el Creador desea acercarlo. Esto significa poseer la fe completa.

Temor a Dios

El titulo "Temeroso de Dios" se puede aplicar sólo al hombre que se hace examen de conciencia cada día, confiesa al Creador sus transgresiones, Le pide perdón y se esfuerza en rectificar sus acciones. El hombre que no hace esto demuestra que vive con la sensación de que es el dueño de sí mismo y no tiene a Quién informar de sus acciones. Ese hombre siente que puede hacer lo que quiere porque no hay Quien lo castigue, lo que demuestra que incluso está alejado del más bajo y básico grado del temor a Dios llamado "Temor al castigo".

Si poseyera el más simple "Temor al castigo" tendría miedo de ser castigado por sus faltas. Seguramente se haría examen de conciencia cada día, confesaría al Creador sus pecados, y pediría perdón por cada transgresión o falta que comete. También, pediría y suplicaría ser salvado de pecar o transgredir en el futuro.

En verdad, el que no examina su conciencia cada día, está lejos de la mínima rectitud y decencia. Incluso según el criterio de este mundo, cuando un hombre ofende a otro o lo daña, debe dirigirse a él y pedirle disculpas. Y si es obligatorio debido a la virtud de la honradez portarse así respecto a otras personas, con mayor razón es obligatorio comportarse así cuando aflige al Creador que le dio la vida, que lo anima y lo beneficia en cada momento.

Y por supuesto que este hombre está lejos del segundo grado llamado "Temor al pecado", que significa saber que la transgresión es muy perniciosa y hacer todo lo posible para no pecar. Tanto más que está lejos del grado superior llamado "Temor a la grandeza del Creador", que significa avergonzarse de transgredir e incluso cometer la más pequeña falta contra el Rey del Universo.

Encontramos entonces, que la esencia del temor a Dios empieza cuando el hombre cree en la recompensa y castigo que hay en este mundo. Es decir, que cree que todo lo que le sucede – sus éxitos, o sus sufrimientos – todos provienen del Creador, que lo recompensa o lo castiga según sus acciones, y por consiguiente realiza un examen de conciencia cada día. Esto es posible sólo cuando se vive desde la base que "No hay tribulaciones sin transgresiones".

Todo hombre desea que todo le vaya como se debe, triunfar en la vida, que todo este bien, etc., y cuando sabe que si pecará será castigado ya en este mundo, ciertamente se despierta en él temor al Creador que lo estimula a examinarse a sí mismo cada día y rectificar sus acciones, para que no le lleguen sufrimientos. Cuando ve que fracasó y transgredió, se arrepiente y confiesa al Creador sus pecados, y tanto más cuando ya le llegaron tribulaciones es estimulado a arrepentirse para que le abandonen. También teme que si no retornará al Creador será castigado todavía más, porque cuando el hombre no se despierta por las tribulaciones, ellas se intensifican más y más.

Todo el tiempo que el hombre atribuye sus sufrimientos a algo de este mundo y no a sus transgresiones, es señal que está completamente lejos del temor a Dios, y está muy claro que vive sin rendir cuentas de sus acciones al Creador. Y no sólo que no se despierta con todo lo que le sucede para retornar de su mal camino, sino que cae más y más profundamente en un sueño espiritual, en apatía y en oscuridad.

Sólo por el fundamento que "No hay tribulaciones sin transgresiones" podrá haber temor a Dios; porque el hombre sabe claramente: hay sufrimientos en el mundo, hay castigos, está la vara, y se despierta en él el "Temor al castigo". Desde ahí el hombre empieza a subir los grados del temor hasta que logra llegar al "Temor a la grandeza del Creador". Todo el miedo que tenemos de todo tipo de aflicciones es sólo debido a que el temor se "viste" en estas aflicciones para despertar en el hombre el "Temor al castigo" y eventualmente llevarlo al puro y lúcido temor al Creador.

¿Debido a qué llegan los sufrimientos?

Éste es el lugar para volver a lo que ya mencionamos más arriba sobre la tristeza bajo el título: "¿Por qué tengo sufrimientos?". El primer pecado por el que el hombre es juzgado, es el pecado de la tristeza. La razón por la que nos adelantamos a escribir sobre ese tema al comienzo del capítulo, es porque si empezábamos con el fundamento que "No hay tribulaciones sin transgresiones", mucha gente se asustaría y caería en la depresión o la tristeza, y no continuaría leyendo hasta donde escribimos que el hombre debe estar contento consigo mismo, *inclusive* siendo como es.

Por lo tanto, recordemos bien que antes de empezar a investigar y buscar la causa por la que nos llegaron sufrimientos, la primera cosa que hay que examinar es donde fracasamos con lamentaciones inútiles y falta de gratitud, y luego trabajar sobre la alegría y el agradecimiento al Creador. Sólo cuando el hombre está verdaderamente contento consigo mismo -- contento de cada punto bueno que puede encontrarse, contento con lo suyo y agradece al Creador y Lo glorifica, sintiendo que en verdad todo lo que tiene es un regalo misericordioso – sólo entonces puede empezar su autocrítica, como enseguida aclararemos.

Las causas comunes de los sufrimientos son:

a) "Entre una persona y otra" – los sufrimientos más grandes que se prolongan por mucho tiempo llegan generalmente por las transgresiones entre una persona y su prójimo. Cada pesar, incluso el más pequeño, que le hace un hombre a otro, es un grave pecado que no puede ser expiado hasta que sea perdonado por el hombre que fue dañado. Y durante todo el tiempo que no es perdonado, hay un estricto Juicio en el Cielo sobre el ofensor. Por eso, nada de lo que se hace ayuda contra esas tribulaciones, incluso el arrepentimiento. También si ese hombre es un perfecto justo respecto al Creador, no le servirá de nada hasta que no se concilie con el hombre ofendido. Sólo entonces el pecado podrá ser expiado, y los sufrimientos lo dejarán.

b) El cumplimiento de los Preceptos – los sufrimientos pueden insinuarle al hombre que transgrede los Preceptos Negativos, es decir que hace cosas prohibidas por el Creador; o que no cumple los Preceptos Positivos, que son las cosas que el Creador nos ordena hacer.

c) **Orgullo** – de hecho, cada pecado o transgresión son consecuencia del orgullo, tal como está escrito (Deuteronomio 8:14): "Cuando tu corazón se vuelva arrogante te olvidarás del Eterno, tu Dios". Por lo tanto, todos los sufrimientos les llegan al hombre para insinuarle que no vive con la convicción que "No hay más nada fuera de Él", y que él mismo no es nada sin el Creador. Todas las caídas del hombre provienen de su orgullo, como está escrito (Proverbios 16:18): "La soberbia precede a la ruina; la arrogancia a la caída".

Vemos que antes de cada crisis o fracaso que le llega al hombre, predominó en él el orgullo. Y si meditara sobre esto, vería esta regla en todo lo que le sucede.

El hecho que los sufrimientos le llegan al hombre para romper su orgullo es un gran favor, puesto que el orgulloso no puede acercarse al Creador. Y como han enseñado los Sabios, sobre cada hombre arrogante dice el Creador – "Yo y él no podemos vivir juntos en este mundo", como está escrito (Salmos 101:5): "... al que es altanero de ojos y arrogante de corazón, Yo no lo toleraré". Es decir, que donde existe el orgullo, el Creador supuestamente abandona y no supervisa ni ayuda a esa persona. De por sí, el hombre se derrumba porque, ¿quién puede prosperar sin que el Creador esté con él?

Dado que la finalidad del hombre es la fe, y el orgullo es todo lo contrario a la fe, el Creador abandona al orgulloso. Y debemos saber que no hay orgullo más grande que la tristeza, porque ella es el resultado de que el hombre piensa que merece tal y cual cosa y que se le debe algo. Por lo tanto, el Creador abandona también al que está triste...

Medida por medida

Para poder interpretar los insinuaciones del Creador, y entender debido a qué transgresión nos llegaron las tribulaciones, debemos saber que el Creador conduce el universo "medida por medida", es decir que los sufrimientos están orientados en una forma que según ella podamos saber cuál fue nuestra falta. Por ejemplo, si se refiere la falta a un Precepto Divino que se relaciona con la mano izquierda, entonces es muy probable que suframos de la mano izquierda, etc.

Algunos ejemplos

El Creador con frecuencia emplea el método de "medida por medida" para enseñarle a una persona la causa por la que sufre. Por ejemplo, un conductor de taxi que ocultó las ganancias a sus supervisores, se encuentra de pronto con dos llantas desinfladas y una multa que se apresura el día siguiente por la mañana a arreglar y pagar, haciéndole perder la suma exacta que había ganado trabajando ilegalmente. Otro ejemplo: un empleador que injustamente acusó a un empleado de robo, fue poco después acusado por las autoridades fiscales de engaño en el pago de impuesto sobre sus ingresos.

El modo de obrar del Todopoderoso de "medida por medida" no es un castigo; es un método Divino de educación. En la medida que el hombre se conduce – con esa misma medida el Creador se conduce con él.

Sansón, el gran héroe, fue detrás de sus *ojos* y eligió a la filistea Dalila – una adoradora de ídolos, hija de una nación enemiga y una persona de carácter traidor – y por eso sus *ojos* fueron arrancados por filisteos (véase Jueces, cap. 16); Absalón, hijo del Rey David que se rebeló contra su padre, se enorgulleció de su *cabellera*. Un día, montando en su mula, su pelo se enredó en las ramas de un roble, la mula siguió andando, y Absalón quedó colgado de su *cabellera* hasta su muerte (véase Samuel II, cap. 18); Miriam, la hermana de Moisés, se escondió junto al Nilo y *esperó* allí durante una hora supervisando a su pequeño hermano que fue colocado en una cesta de mimbre y echado al río para tratar de salvarlo de los egipcios, hasta que la hija del Faraón lo descubrió (véase Éxodo 2:4). Años después, en el desierto, cuando Miriam estuvo enferma, todo el pueblo de Israel le *esperó* siete días hasta que se curó (véase Números, cap. 12).

Enseñaron los Sabios que hay ciertas enfermedades como la Difteria, que llegan por la maledicencia. Empiezan en los intestinos y culminan en un crecimiento fatal que bloquea la garganta. Así también el hombre empieza su pecado con un mal sentimiento en su interior que sube y se materializa en su boca en forma de una calumnia.

Otro ejemplo más. Se cuenta de un gran Sabio, al que le fermentaron cuatrocientos toneles de vino:

> Cuando llegaron sus colegas a visitarlo, le dijeron: "Parece que tú debes investigarte a ti mismo y buscar la transgresión por la cual el Creador fermentó tu vino".

> Les respondió el Sabio: "¡¿Acaso soy sospechoso ante vuestros ojos de pecar?!".

> Le contestaron: "¿Acaso el Creador es sospechoso de castigar sin causa?".

> Les dijo: "El que sabe de una transgresión que he cometido – que me lo diga".

> Le dijeron: "Escuchamos que su señoría no da su parte de las ramillas de la vid a su siervo".

> "¡Ese siervo me roba en todo!", proclamó el Sabio. "Por lo menos las ramillas de la vid no comparto con él".

> Los Sabios dijeron: "Aún así, tú sabes lo que dice la gente – 'También el que roba a un ladrón prueba el gusto del robo...'".

"Estoy de acuerdo", les dijo, "acepto todo lo que me dijeron. Me arrepentiré frente el Creador y le devolveré a mi siervo su legítima parte de las ramillas de la vid".

En el momento que el Sabio aceptó corregir sus acciones, aunque todavía no lo había hecho, sucedió algo completamente antinatural, el precio del vinagre encareció súbitamente y llegó al mismo precio del vino así que no tuvo ninguna pérdida. La aceptación de la Justicia Divina invirtió la situación del Juicio severo por una Compasión milagrosa.

El Sabio transgredió con las ramillas de la vid, y fue castigado posteriormente por vía de su vino. Con tales mensajes de "medida por medida", el Creador nos ayuda a entender lo que tenemos que corregir.

"Pensamiento", "Habla" y "Acción"

Enseñó uno de los grandes Justos que cuando el hombre sufre por causa de sus hijos, indica un defecto en la parte del alma que corresponde al "Pensamiento" y es castigado por medio de sus hijos, medida por medida, porque los descendientes del hombre se forman de la esperma que se origina en el cerebro.

Si sufre por su esposa, esto indica un defecto en la parte de su alma que corresponde al "Habla" y es castigado, medida por medida, por medio de su esposa que también corresponde a la categoría del "Habla".

Cuando el hombre tiene pesar por dificultades económicas, indica un defecto en la parte del alma que corresponde a la "Acción" y es castigado, medida por medida, por medio de problemas financieros, para insinuarle que corrija sus acciones.

Hijos del Creador

Respecto a las tribulaciones que tiene el hombre con sus hijos, debe saber que debido a que el hombre es llamado hijo del Creador, entonces Él le insinúa por medio de sus hijos exactamente lo que piensa de él. Por ejemplo, si su hijo lo desobedece, es señal que él desobedece al Creador. Y si su hijo se insolenta con él, debe examinar en qué se conduce con insolencia frente del Todopoderoso, etc. También deberá arrepentirse por cada pesar que afligió a sus padres, porque muchas veces la historia se repite con él, y sus hijos le hacen exactamente lo que él hizo a sus progenitores.

"Una ayuda frente a él"

La relación entre el Creador y el ser humano es también paralela a la relación entre marido y esposa. Por lo tanto, por medio de su esposa y su comportamiento hacia él, el hombre podrá entender cómo él mismo se comporta con el Creador. Tal como se explica el versículo que describe la creación de la mujer (Génesis 2:18): "Le haré una ayuda frente a él", si se lo merece – su esposa será su ayuda; y si no se lo merece – lo enfrentará y estará en su contra. La explicación es que cuando el hombre es puro en sus acciones, entonces su esposa es agradable y le ayuda, pero cuando sus acciones no son buenas, ella se opone a él.

También hay que saber, que la esposa es él espejo del hombre, y según su comportamiento, sus cualidades de carácter y su temor a Dios, puede verse a sí mismo como en un espejo.

Por ejemplo, si ella es irascible, es señal que él también lo es, e incluso si le parece que él tiene un carácter muy tranquilo, debe buscar en sí mismo y encontrará que tiene mucho enojo que no le era conocido. Por lo tanto, se le demuestra al hombre por medio de su esposa como con un vidrio de aumento, su verdadera intimidad. O por ejemplo, si ve el hombre a su esposa despreciar algún Precepto, es señal que él tiene debilidad en su cumplimiento. Es posible también que, en realidad, él sí cumple el Precepto, pero sólo exteriormente sin corazón, y por esto la luz espiritual del Precepto no ilumina a su esposa. Y así en el resto de todos los asuntos, en cada tema que sea, cada uno debe meditar sobre esto y ver cómo son las cosas de su vida.

Otro punto más, muchos de los sufrimientos que tocan el bienestar doméstico, vienen para insinuarle al hombre un defecto en su fe, o insinuarle sobre su arrogancia, impudicia o la impureza de sus ojos por mirar a otras mujeres, etc.

"El camino de los malvados prospera"

Este atributo y conducta del Creador, que castiga al hombre para insinuarle lo que tiene que corregir, es sólo para aquella persona a quien el Creador compadece; sólo a él estimula por medio de tribulaciones. Como comentaron los Sabios: "A quien el Creador quiere, lo oprimirá con sufrimientos, como está escrito (Isaías 53:10): 'Y el Eterno quiso oprimirlo con padecimientos'".

Pero hay hombres que se hundieron tan profundamente en su perversidad que el Creador no trata más de estimularlos por medio de tribulaciones, porque Él sabe que no les ayudarán. Por eso, en lugar de castigarlos sin beneficio, les da su recompensa ya en este mundo, y los castigará en el Mundo Venidero. Ésta es la razón por la que existen malvados muy prósperos que no tienen sufrimientos, como está escrito (Jeremías 12:1): "... el camino de los malvados prospera". Pero, sin embargo, en el Mundo Venidero van a ser castigados por su perfidia, y serán privados de todo lo bueno guardado a la gente justa para toda la eternidad.

Sufrimientos de amor

Tribulaciones de amor son otro tipo de sufrimiento designado a los Justos para aumentar su recompensa. Si le llegan al hombre sufrimientos, debe examinar sus acciones, como está escrito (Lamentaciones 3:40): "Examinaremos nuestros caminos y los investigaremos, y retornaremos al Eterno". Si examinamos nuestras acciones y no encontramos ninguna razón para los sufrimientos, los atribuiremos a la supresión del estudio y trabajo espiritual, tal como que está escrito (Salmos 94:12): "Feliz es el hombre a quien Tú castigarás, oh Eterno, y le enseñarás Tu Ley". Y si tampoco nos encontramos culpables de esto, entonces es sabido que son sufrimientos de amor, como está escrito (Proverbios 3:12): "… el Eterno reprende a quien ama".

La explicación es, que cuando el Creador desea agregar al Justo una recompensa, entonces le trae tribulaciones, y así se complementa en el Justo también el premio por los sufrimientos mismos, y también la recompensa por servir a Dios a pesar de todas sus dificultades. Éste es un servicio que tiene un enorme valor. De por sí, puede el Justo rechazar estos sufrimientos muy fácilmente debido a que ellos llegan solamente para aumentar su recompensa, y puede decir: "No quiero estos sufrimientos ni su recompensa", y ellos desaparecerán.

El camino medio

En efecto, la mayoría de la gente no pertenece ni al grupo de los Justos ni al grupo de los malvados, y como han dicho los Sabios: "No está en nuestras manos ni la tranquilidad de los malvados y ni los sufrimientos de los Justos". Y se entiende por lo que escribimos arriba, que no se puede atribuir el sufrimiento del hombre a sufrimientos de amor sólo si examinó sus acciones y considera que no posee ningún pecado, ni tampoco por haber suprimido el estudio y el trabajo espiritual. ¿Y quién es el que puede decir sobre sí mismo que está en ese grado espiritual?

Por lo tanto, el hombre debe saber que todas las tribulaciones que le llegan, se deben a una transgresión. Si retorna al Creador, los sufrimientos lo dejarán. Y éste es el proceso: el hombre debe buscar por causa de qué pecado le llegaron los sufrimientos, pues, como se ha dicho, "No hay tribulaciones sin transgresiones", y lo hará meditando en qué forma fue castigado, pues debe ser medida por medida con su transgresión. Cuando lo descubra, debe confesar frente al Creador su mala acción, arrepentirse, pedirle disculpas y corregir sus acciones. Después deberá aceptar que no volverá más a hacer lo que hizo, y ciertamente que se anulará el castigo que ha recibido. Porque el Creador no quiere el castigo sino que el hombre se despierte, retorne a Él, y así logrará su salvación, como está escrito (Ezequiel 18:23): " '¿Acaso me complazco Yo de la muerte del malvado?' – dice Dios el Eterno – 'por el contrario, deseo que retorne de sus caminos y viva' ". La única causa por la que llegan al hombre sufrimientos es para estimularlo a examinar sus acciones y retornar al Creador, y de ningún modo como un castigo o venganza.

Actitud positiva

Los sufrimientos – si ya les llegaron al hombre – son un gran bien, porque todo el tiempo que el hombre ha hecho una transgresión, ella le oculta la Luz del Creador y abruma su alma. Pero por medio de las tribulaciones que le llegan se despierta para retornar a Él, y entonces Su Luz lo ilumina y su vida se transforma en bella y dulce.

Cuando al hombre al que le llegaron tribulaciones no logra entender lo que el Creador quiere de él, debe hablar sobre eso mismo con el Todopoderoso y pedirle que le muestre por qué les llegaron. Él debe suplicar mucho y decir: *"Amo del Universo, por favor, compadécete de mí, que merezca saber por qué pecado me castigas, ya que mi voluntad es corregir lo pervertido..."*. Y de este modo debe seguir hasta que Él le muestre lo que debe rectificar.

Sin embargo, si después de todo esto el hombre todavía no logra entender por lo qué tiene que arrepentirse, debe fortalecerse en la creencia que ciertamente no existen tribulaciones sin transgresiones, y que no hay ninguna equivocación o azar en lo que sufre. Se dirigirá al Creador y le dirá: *"Rey del Universo, seguramente no hay ninguna equivocación o azar en lo que sufro, y yo creo con completa fe que estos sufrimientos provienen de Ti debido a mis transgresiones. Pero, a pesar mío, no logro entender por qué me llegaron, y qué debo corregir. Por favor Creador, frente a Ti todo está claro y evidente, sólo Tú sabes por qué causa me mandaste estas tribulaciones, por favor perdóname por el pecado que me causó todo esto y ayúdame a lograr corregirlo mientras vivo..."*.

Si también después de todo eso sigue sufriendo, debe el hombre dejar de lado su razonamiento y creer que "Todo es para bien", aceptando todo con amor y sumisión. Y dirá en su corazón: "¿No es suficiente que enoje al Creador hasta obligarle a mandarme sufrimientos, y ahora vengo con quejas a Él? Es posible que estos sufrimientos me hayan llegado por causa de transgresiones que tuve en encarnaciones anteriores. Por lo tanto, los aceptaré con amor y sumisión, y serán la expiación de mis pecados".

¡Cuando el hombre cumple también el tercer nivel de la fe, demuestra que posee la fe con perfección!

Impedimentos

El hombre que quiere andar por el sendero de la fe que aprendimos, debe saber que existen dos obstáculos esenciales que pueden privarle triunfar en las pruebas que le llegan:

a) El primer obstáculo es que piensa: "No puedo aprobarlo", que significa que el hombre no cree que podrá lograr pasar la prueba con éxito porque no tiene conocimiento de su poder, y piensa que es demasiado difícil para él.

Para sobreponernos a este impedimento, debemos saber claramente que el Creador no le da al hombre una prueba que no pueda afrontar. Es decir, que cuando el Creador nos da una prueba o dificultad, está todo determinado exactamente por Su Supervisión Individual según la fuerza y capacidad específica de cada uno de nosotros. ¡Si no tuviéramos el poder para afrontar esta prueba, **el Creador no nos probaría**!

b) El segundo obstáculo es que piensa: "No tengo ganas", o "Dejadme vivir en paz", que significa que el hombre no está dispuesto para la dificultad y la labor para afrontar la prueba. Él sólo quiere que le dejen tranquilo, vivir en paz y en calma sin correcciones espirituales, sin arrepentimiento, sin los altos y bajos de la vida. En otras palabras, él quiere vivir sin ninguna conexión con su finalidad, no le interesa conseguir el verdadero éxito en este mundo, no se pregunta qué es lo que el Creador del Universo quiere de él y qué pasará con él en el Mundo Venidero. Él sólo quiere una cosa – no tener sufrimientos y tribulaciones...

Para sobreponernos a este impedimento, debemos saber claramente que la Voluntad del Creador es que recibamos lo que nos llega y que afrontemos esta prueba con todos sus detalles. También debemos saber, que esta prueba está dirigida desde lo Alto por el Creador que sabe cuál es nuestra corrección de alma y misión en este mundo. Solamente si afrontaremos esta prueba, podremos llegar a la paz, a la tranquilidad y al verdadero reposo. Pero, si tratamos de escaparnos y escurrirnos de ella, esta se transformará en mucho más difícil. Porque el Creador no es indulgente, Él no deja al hombre hasta que le trae a su nivel espiritual y a su entera corrección, incluso si será necesario traerlo de vuelta a este mundo en una nueva encarnación.

Ésta es la regla – hay cosas en la vida que si el hombre quiere o no, está obligado a experimentar. Su voluntad de vivir en paz es una imaginación, pues como dijeron los Sabios: "A pesar tuyo – vives...", es decir, con todo lo que se desprende de esto: altos y bajos, dificultades, pruebas, y "... a pesar tuyo – morirás, y a pesar tuyo estás destinado a rendir cuentas frente al Rey de todos reyes, el Creador" – Él es el que juzgará si nos esforzamos en nuestra corrección espiritual, que significa que examinamos los acontecimientos de nuestra vida para acceder por medio de ellos a la verdad.

El hombre no tiene la posibilidad de determinar que él está "fuera de juego" – si está aquí en este mundo es porque tiene lo que corregir. Nada le ayudará, él está obligado a corregirlo. Su libre albedrío es sólo: o recibirlo con amor – y entonces disfrutar de los frutos de su trabajo en este mundo y tener una recompensa esperándolo en el Mundo Venidero; o, contrariamente, tratar de escapar de las pruebas, resistirlas, rezongar y murmurar – y entonces sufrir...

Si el hombre trabaja y triunfa *con fe* en las pruebas que debe pasar, se merecerá una gran elevación y muchos más altos niveles espirituales con cada buena acción, con cada Precepto que cumplirá u otro servicio al Creador, y también tendrá una real satisfacción en su vida. Pero si se debilitara en la corrección de su alma, sus tribulaciones sólo se intensificarán. Por eso, debemos fortalecernos y esforzarnos a afrontar las pruebas con éxito, lo que significa mantenernos en la fe, la plegaria y en el temor al Creador.

En los próximos capítulos aclararemos cómo debe el hombre aplicar los principios de la fe en su vida cotidiana.

Capítulo Tercero
Exámenes de Fe

E ste mundo es una "Escuela de fe". Toda la finalidad de la vida del hombre es aprender la fe, y por lo tanto, todos los sucesos que nos ocurren en nuestra vida cotidiana son exámenes de fe. En este capítulo traeremos ejemplos de incidentes comunes que parecen casuales y naturales pero, en verdad, son dirigidos por la Divina Supervisión – en todos los detalles – para el examen de la fe. Aprendamos, con la ayuda del Creador, cómo aprobar esos exámenes con éxito. La calificación del hombre demuestra su grado de fe, y qué tipo de vida tendrá en este mundo y en el venidero.

¡Pare al costado de la ruta!

Un hombre que es detenido por un policía de tránsito, con justicia o no, está pasando una prueba de fe, y debe conducirse según las "Tres Reglas de la Fe" que aprendimos:

a) **Creerá que "Así el Creador quiere"**, y de por sí, no culpará a nadie; no a sí mismo y no al otro conductor por el cual se vio envuelto en esta infracción de tránsito: no a su esposa que lo apremió a viajar rápido, ni tampoco al policía que lo molesta, porque incluso si lo detuvieron injustamente y no según las leyes de este mundo, según las Leyes del Creador, todo es verdaderamente justo.

b) **Creerá que "Todo es para bien"**, dejando de lado su razonamiento. Debe ignorar lo que su mente entiende y determina que lo que le pasa no es bueno. Él debe alegrarse y agradecer al Creador que le mandó a este policía, y creer que seguramente se oculta en este acontecimiento una salvación que es para su bien eterno.

c) **Creerá que cada cosa tiene una causa y finalidad,** que no hay tribulaciones sin transgresiones, y que este policía es sólo la vara del Creador que le fue enviado para estimularlo a arrepentirse por alguna falla o pecado. Aunque existe una causa natural por la que fue detenido, ésta es sólo una causa desencadenada desde lo Alto según lo que le fue decretado en el Tribunal Celestial. Por esto, examinará sus actos y buscará el motivo de lo que le ocurre.

Habla con el Creador

Por lo tanto, antes de empezar a hablar con el policía, examinará sus actos, se arrepentirá interiormente, y Le dirá al Creador: *"Señor del Universo, ante Ti todo está al descubierto; Tú sabes por qué transgresión me mandaste esta prueba. Por favor, ayúdame a triunfar en este examen y pasarlo con fe. Ten la bondad de perdonarme, y ayúdame a saber lo que quieres de mí. Por mi parte, me comprometo a donar una determinada cantidad para caridad... Por favor, no me castigues por medio de este policía, apiádate de mí; dame las buenas condiciones para que logre reparar la transgresión por la cual debo ser castigado".*

Y, por supuesto, no se quejará y no se enojará con el policía, no lo adulará, de ninguna manera discutirá con él, y por supuesto no lo insultará o humillará.

Si se comporta así, su calificación en el examen de la fe será muy buena y disfrutará de su recompensa en el Mundo Venidero. Obviamente saldrá sin daño de su encuentro con el policía, pero incluso si es dañado, lo recibirá con amor y con la creencia de que todo es para bien, y que esto no le causará ningún pesar ni tristeza. Encontramos, que gracias a la fe podrá el hombre lograr una buena vida ya en este mundo.

Contrariamente, el hombre al que le falta fe, cree que el policía es quien determina el castigo que recibirá, como si fuera un acto natural y no un Decreto Divino. Por eso, enseguida adula al policía y se complica todavía más, pues esto es un principio en la conducta del Creador, quien no confía en Él sino en alguna otra persona o cosa, le retira Su Supervisión y lo deja en las manos de lo que confía.

Por lo tanto, cuando adula al policía, en la mayoría de los casos, el policía se vuelve más cruel. Y cuando este no lo complace, empieza a maldecir y despreciarlo... Y entonces el resultado es claro: enojo, amargura, frustración, etc. Muchas veces el policía ofendido le agrega una multa mayor, busca más cosas para reportar y, lo peor de todo, es muy probable que al hombre se le sume otro grave pecado, el de "Entre una persona y otra", porque generalmente la ofensa al policía es injustificada, y tendrá que pagar por ese pecado si no se arrepiente. Es importante acentuar que el arrepentimiento por pecados de "Entre una persona y otra" no es fácil, porque además de tener que pedir disculpas al Creador por haber transgredido su Precepto y afligido a otro hombre, también tendrá que buscar al policía ofendido y apaciguarlo hasta que le perdone completamente. Sin el perdón de la persona ofendida, no le servirá al hombre el arrepentimiento y el retorno al Creador, porque Él no perdona en lugar del hombre ofendido.

De esto debemos entender cuánto cuidado se necesita en los asuntos de "Entre una persona y otra". Pues durante el tiempo en que hay en el mundo gente ofendida que no le perdona al hombre su ofensa, existe sobre él un Juicio muy grave, que es la causa de la mayoría de sus angustias. Aunque en los asuntos entre el hombre y el Creador, Él contiene su ira y perdona más fácilmente; también, existen tiempos especiales de Misericordia en el cual todos los pecados del hombre se perdonan, pero todo esto no es suficiente para expiar los pecados de "Entre una persona y otra". El Creador no puede perdonar la ofensa del hombre ofendido, hasta que ese hombre mismo se concilia y perdona de todo corazón.

Encontramos, que quien quiere corregir sus transgresiones de "Entre una persona y otra", debe acordarse de toda la gente que ofendió, encontrarlos y apaciguarlos... Brevemente, es casi imposible corregir un pecado de este tipo, y por eso, hay que cuidarse desde un principio para no ofender a nadie.

Por supuesto, que ese tipo de comportamiento es resultado de la falte de fe, pues el hombre se comporta según el principio de "Con mi propia fuerza y el poder de mi mano" (Deuteronomio 8:17). Al comienzo piensa: "Yo sé cómo calmar al policía", pero cuando no tiene éxito, trata de usar la fuerza o intimidarlo. La calificación de este hombre en la prueba de la fe es muy baja y su resultado verá en este mundo y en el venidero. Ya en el mundo presente su vida estará llena de angustia, sufrimientos y penas; andará todo el día enojado, enfurruñado y amargado por causa del policía. Todo debido a su falta de fe, por ver al policía como una existencia independiente, lo que en verdad es falso, pues "No hay más nada fuera de Él".

La caridad previene penalidades

Aquí es el lugar apropiado para hacer notar, que muchas de las multas y pérdidas económicas que les llegan al hombre, provienen de su falta de caridad.

Enseñaron los Sabios que el sustento del hombre está determinado en el comienzo del año, y así también sus privaciones y pérdidas. Si se lo merecerá – dará a la caridad el dinero que le fue decretado perder, y si no lo merecerá – lo perderá por medio de multas, impuestos, doctores, deterioros, etc. En otras palabras, la caridad previene penalidades. El relato siguiente nos lo demostrará:

Se cuenta sobre un gran Sabio que tuvo un sueño a comienzo del año, en el cual se le reveló que los hijos de su hermana estaban destinados a perder ese año la suma exacta de setecientos dinares.

¿Qué hizo el Sabio? Durante todo el año visitó a sus sobrinos una y otra vez, y les pidió caridad con todo tipo de excusas y convencimientos, una vez para esta causa y otra vez para otra, hasta que recolectó casi toda la suma excepto diecisiete dinares que no logró llevarse.

El día de fin de año al anochecer, llegó a la casa de los sobrinos un recaudador del emperador, y en su mano una orden para cobrarles diecisiete dinares. Después que le dieron el dinero y el recaudador se fue, se quedaron los sobrinos del Sabio con el temor de que la oficina de impuestos había puesto sus ojos sobre su dinero, y volverían ahora a recolectar más y más. Cuando contaron su pesar a su tío, este los tranquilizó y les dijo: "¡No tengan miedo! Los diecisiete dinares que pagaron son suficientes, y no tendrán que pagar más".

"¿Y cómo lo sabes?", preguntaron escépticos los sobrinos, "¿Acaso tienes contactos con los recaudadores de impuestos, o acaso eres un profeta?".

Les contestó el Sabio: "No tengo ningún contacto con los recaudadores de impuestos del emperador, y no soy un profeta ni un hijo de profeta. Pero contactos con el Encargado Superior – el Creador del Universo – sí que tengo. Ya en el principio del año me fue mostrado exactamente cuánto dinero perderían, y recolecté casi toda la suma para caridad. Quedaron solamente esos diecisiete dinares que no logré recolectar, y los recaudadores de impuestos vinieron a completar el trabajo.

Deben saber bien, que si no les hubiera recolectado el dinero para caridad, tendrían que haber pagado todos lo setecientos dinares obligatoriamente, no para bien y con mucha pena por el dinero que se hubiera llevado el fisco. Pero ahora ustedes tuvieron el mérito de donar el dinero para objetivos importantes, y ganaron mucho más con los privilegios y la recompensa por la caridad que hicieron. Es también muy probable que se enriquecerán, porque cada uno que abre su mano para hacer caridad, está bendecido en todo lo que hace".

Se lamentaron los sobrinos por su gran esfuerzo y le dijeron: "¡Querido tío! Por qué no nos contaste desde el principio que así fue decretado desde lo Alto? Lástima que te cansaste una vez tras otra para venir y convencernos de hacer caridad. Nos hubieras advertido que nos fue decretado perder los setecientos dinares, y hubiéramos dado toda la suma de una vez al comienzo del año".

"Yo quise que lograran hacer caridad por la caridad en sí, sin ningún interés personal y no para salvarse de un Decreto Celestial", les respondió el Sabio.

Los sobrinos le agradecieron, y debido a que así eran las cosas y que aceptaron que cada año se le decreta al hombre cuánto perderá, desde aquel momento ellos buscaron todas las posibilidades y oportunidades para hacer cuanta más caridad posible, entendiendo el gran poder de este elevado Precepto.

Hemos visto que muchas veces el hombre tiene que pagar multas solamente para completar la suma que le fue decretada perder en ese año. Porque hay una contabilidad en el Cielo que se preocupa de que el hombre pierda la suma entera que le fue decretada. Pero, si lo mereciera y se hubiera adelantado y dado ese dinero en caridad, se hubiera salvado de toda pena en forma de pago de multas, y lo más importante – lograría cumplir el gran Precepto de la caridad, que ciertamente lo salvaría de muchas penas y tribulaciones.

Expiación de pecados

Además de lo que al hombre le fue decretado perder según el Tribunal Celestial en el comienzo del año, hay veces que le llegan pérdidas adicionales para expiar sus pecados. Aquí también tiene la alternativa: dar su dinero en caridad por su libre albedrío con alegría, y merecer así la expiación de los pecados y la recompensa por el cumplimiento del Precepto de la caridad; o poder perder su dinero a pesar suyo con aflicción, y esa será su expiación. De aquí debe el hombre aprender a no cerrar su mano a la caridad. Al contrario, debe buscar caminos y subterfugios para donar grandes sumas en cada oportunidad, porque es muy probable que ese mismo dinero que da, le fue decretado perder. En lugar de perderlo en desarreglos, impuestos, multas y en aflicciones, logrará el mérito de cumplir el gran Precepto de sostener a los servidores del Creador y a los pobres, y de difundir la conciencia de la fe auténtica en el Creador alrededor del mundo – mediante la difusión de artículos, libros, y CDs sobre este tema – y sus pecados serán expiados.

Por lo tanto, cuando el hombre comete una infracción de tránsito y es detenido por un policía, inmediatamente debe hacer el cálculo, si no dio el diezmo de su dinero ese mes para caridad, o si generalmente no dona lo suficiente, y entonces determinará donar una gran suma y declarará: "Yo me comprometo a dar tal y tal suma para caridad".

Es una gran acción comprometerse a donar dinero para caridad. Incluso si el hombre no fue juzgado en el Cielo por la falta de caridad y fue detenido por otra razón, el mérito de comprometerse a hacerlo inclina a la Justicia del Tribunal Celestial en su favor. El hecho de ser declarado inocente por la Corte Divina, se expresa en este mundo en forma de que todo se le transforma para bien: el hombre se salva de multas, de mostrar sus licencias, de juicios y de otras condenas. Gracias a la caridad, toda situación puede ser cambiada para bien.

El acusador se transforma en defensor

El hombre que es procesado en un tribunal está en una prueba de fe, y debe conducirse según sus tres reglas. Debe saber que hay un Juicio estricto sobre él en el Cielo, y por eso no hay ninguna diferencia si es absuelto y según las leyes del país es inocente, o es culpable sin esperanza de ser declarado inocente. De cualquier manera, debe arrepentirse y retornar al Creador pues se le está insinuando claramente desde lo Alto que está bajo un Juicio estricto.

El hombre debe saber, que también el resultado del juicio en la Tierra está determinado en el Cielo. Cuando se enfrente a un juez de carne y hueso, en ese mismo momento será siendo juzgado por el Tribunal Celestial según sus méritos y deudas. El veredicto decidido en el Cielo será puesto en el corazón del juez del tribunal humano, para su bien o para su mal...

El hombre creyente, aunque antes de presentarse al tribunal hace esfuerzos materiales como tomar los servicios de un buen abogado, sabe claramente que al Tribunal Celestial no se le puede engañar; ningún artificio del abogado defensor cambiará el Veredicto Celestial; y según lo que sentenciarán desde lo Alto, ese será el veredicto en la Tierra. Por lo tanto, la esencia de su esfuerzo es frente al Creador, porque Él es Quien determina cuáles serán los resultados del juicio.

Aunque este hombre sabe que según las leyes del país no tiene ninguna esperanza de ser declarado inocente, no se asusta sino que se dirige al Creador y se confiesa frente a Él, pide perdón, se arrepiente, se compromete a corregir sus acciones y nunca repetirlas, y luego adopta la decisión de cambiar para bien. En resumen, él tratará de retornar al Creador de la mejor manera posible, porque sabe que solamente esto le ayudará en su juicio.

Por el contrario, incluso si sabe que según la ley del país debe ser declarado inocente en el juicio, el hombre creyente no confiará en esto, sino que se arrepentirá cuanto le es posible, pues no sabe si en el Tribunal Celestial será declarado inocente. Porque, si allí es culpado, obligatoriamente será culpado en el tribunal humano, aunque sea inocente según las leyes del país. Por lo tanto, se arrepentirá de todas maneras, y tendrá la esperanza que en el verdadero Juicio, en el Cielo, saldrá inocente.

Por supuesto, que si se esforzó lo más posible para arrepentirse, incluso si no sale completamente limpio en el juicio humano, le ayudará de una manera u otra a mitigar su veredicto y a aliviar la forma en que pasará lo que le fue ordenado. Pero debe también prepararse mentalmente a la posibilidad de no salir inocente, pues quién sabe si su arrepentimiento es suficiente para eximirlo completamente del Juicio Divino.

Por lo tanto, si no fue declarado completamente inocente, su prueba de fe es no atribuir esto a causas naturales como su falta de esfuerzo o la incapacidad del abogado, ni por la crueldad o insensibilidad del juez, sino solamente porque no se arrepintió y no retornó lo suficiente al Creador. Y ahora, deberá aceptar el veredicto con amor y verlo como la expiación de sus pecados, y empezará a esforzarse en su arrepentimiento y plegarias, hasta lograr salir de su angustia completamente.

Cuando un hombre logra arrepentirse como se debe, verá con sus propios ojos cómo el Creador transforma al juez o al acusador mismo a ser su defensor y declararlo inocente.

El hombre que se conduce en la forma mencionada, logra la calificación "excelente" en el examen de la fe, y ya en este mundo gozará de sus frutos:

a) Se salvará de castigos.

b) Se arrepentirá y fortalecerá su fe en el Creador, lo que lo aproximará a Él.

c) Se salvará de maledicencia, de enojo, frustración, amargura, resentimiento, de hablar mal de los demás, y logrará la alegría y la fe.

Todo esto lo logra ya en este mundo, y por supuesto también tiene una gran recompensa esperándolo en el Mundo Venidero, donde también logrará un gran acercamiento al Creador, por su éxito en la prueba de la fe durante su vida en este mundo lleno de ocultaciones y confusiones.

Contrariamente, el hombre falto de fe piensa que el juez es quien determina su veredicto, y por lo tanto está lleno de miedos, mentiras y quejas contra él y los testigos. Toda su confianza está sobre su esfuerzo y su inteligencia o la de su abogado. Es muy probable que su abogado mismo sea la causa de su condena en el juicio, puesto que si confía en él únicamente, el Creador lo condenará por su medio a propósito; pues existe una regla espiritual que dice que cuando el hombre pone su confianza en un ser humano y no en el Creador, ¡entonces Él lo condenará a propósito a través de ese hombre en quien confía! Tal hombre fracasó en el examen de la fe. No sólo perdió la alegría del acercamiento al Creador, sino que también su vida está llena de sufrimiento debido a su falta de fe.

Hubo muchos casos de personas que se enfrentaron con un juicio difícil, y aceptaron conducirse según las reglas mencionadas. Ellas se arrepintieron, rezaron y le pidieron al Creador que les anulara el edicto. Finalmente, el juez mismo tomó el rol del defensor y fueron declarados inocentes en el juicio.

Los funcionarios

Todo tipo de autoridades, como policías, jueces, maestros, oficiales del ejército, jefes, y todo tipo de responsables y conductores, deben saber que están viviendo una prueba muy grande. Si lograran aprobarla – podrán lograr grandes niveles espirituales y una gran recompensa, cumplirán su misión, e incluso llegarán a corregir todo su pasado y encarnaciones anteriores. Pero si no la aprobaran – tendrán grandes daños y muchísimos pecados, cuya expiación es muy difícil.

Y esto por tres razones principales:

a) Un hombre que no posee un cargo público, tiene generalmente contacto sólo con una limitada cantidad de gente, principalmente con su familia, sus colegas de trabajo o de estudio. Por lo tanto, él no puede dañar sino a un limitado número de personas. Pero el que posee un cargo que le hace tener contacto con muchísima gente cuyas vidas están influenciadas directamente por sus decisiones y su comportamiento, por un lado, si lograra cumplir su cargo con fe, tendrá el mérito de ayudar a mucha gente, será bendecido en todas las áreas de su vida, y tendrá una recompensa en el Mundo Venidero. Pero por otro lado, si no aprendiera a utilizar el dominio que tiene en sus manos con fe, afligirá a la gente que está bajo su responsabilidad, y hará muchas transgresiones de "Entre una persona y otra". Y como ya fue mencionado, eso es muy difícil de corregir, porque deberá encontrarlos a todos y conciliarse con cada una de las personas a las cuales ofendió, lo que es casi imposible de hacer. Encontramos entonces, que este hombre se prepara con sus propias manos grandes problemas, así que no deberá asombrarse si recibe golpes de todos lados y su vida se transforma en una pesadilla.

b) Un hombre que tiene un cargo responsable posee una gran obligación sobre sus hombros, puesto que el éxito de la vida de los que están bajo su responsabilidad depende en gran medida de su comportamiento. Por ejemplo: la conducta de un maestro con su alumno influye a lo largo de toda su vida, para bien o para mal; un funcionario de un ministerio puede con una breve decisión ayudar u obstaculizar; el veredicto de un juez puede determinar la vida o la muerte; un policía puede dañar sin razón o salvar vidas, etc.

c) Un hombre con cargo de responsabilidad debe corregir los rasgos de su carácter mucho más que un hombre común, porque tiene muchas y más variadas pruebas, que sin buenas cualidades no podrá superar. En cada momento tiene este hombre el libre albedrío de beneficiar a la gente o causarle mal, conducirse con misericordia o con crueldad; dar beneficios o impedirlos; dar una condena grave o leve, e incluso perdonar el castigo completamente. También tiene la elección de conducirse con cortesía y respeto con quien está frente a él, o por el contrario, despreciarlo, ignorarlo o avergonzarlo. Por eso, este hombre debe, más que cualquier otro, conducirse con temor al Creador, buscar siempre cuál es Su Voluntad en cada decisión suya, y tener presente que el Creador lo juzgará por cada cosa que decida.

Ésta es la regla: cuando el hombre tiene un cargo de autoridad, debe verlo como una misión Divina en la cual él es sólo un emisario del Creador. Por consiguiente, debe hacer el bien a la gente, y con eso cumple su rol. Pero si se enorgullece por su cargo y piensa que él es el dueño de los que están bajo su responsabilidad, fracasará y será castigado por eso.

¡Acuérdate! Tú eres sólo como la mano larga del Creador. Puedes elegir ser una mano acariciante o una mano que golpea; ser Su respaldo o Su vara. Y debido a que el Creador causa un mal acto mediante un deudor y un buen acto mediante una persona recta, entonces debes saber que cuando afliges a alguien, es señal que eres un deudor y fuiste elegido para ser la vara. Y cuando beneficias a alguien, es señal de que eres justo y fuiste elegido para ser el respaldo.

Por lo tanto, el hombre poseedor de un cargo público, más que cualquier otro, no debe dejar pasar ni un día sin tener una hora entera de examen de conciencia frente al Creador, en la cual se arrepentirá, y entonces siempre será recto y será elegido para ser el respaldo de los demás.

Este hombre debe hacer todo lo que está en su poder para cumplir su cargo en forma positiva. No será cruel, no ignorará las emociones de la gente y no despreciará a nadie. Por el contrario, debe aprovechar el mando que recibió sobre las personas para ayudarles y beneficiarlos. Y cuando necesita, en ejercicio de su cargo, corregirlas e incluso castigarlas, debe hacerlo con gran misericordia y explicarles sus consideraciones educativas, y con eso los apaciguará.

¡Debemos saber! Según las Leyes del Creador, el hecho de poseer un cargo no nos da el derecho de cometer transgresiones de "Entre una persona y otra". Si un hombre en el mundo se afligiera gratuitamente por nosotros, entonces incluso si nos arrepintiéramos y pidiéramos al Creador miles de disculpas, todo el tiempo que no nos reconciliemos con el hombre que afligimos, habrá una gran acusación sobre nosotros en el Cielo.

Contrariamente, si beneficiáramos a alguien y le ayudáramos a mejorar sus acciones, entonces nuestra recompensa será infinita, porque esto influirá sobre todas las futuras generaciones de esa persona durante toda la eternidad. Debemos recordar muy bien la siguiente regla de los Sabios – "Hay encima de ti un Ojo que ve, un Oído que oye, y todos tus actos están inscriptos en Su libro".

Crueldad frente misericordia

La prueba más grande del hombre dueño de un cargo público, es con respecto a su instinto de crueldad. En cada hombre existe este instinto que se complace en satisfacer, pero mientras no posee un cargo autoritario, su instinto de crueldad está dormido. Pero en el momento que recibe un cargo y llega a una posición de fuerza, se imagina que le está permitido conducirse según su voluntad, y puede complacerse en satisfacer su crueldad. Éste es su examen de fe – seguir detrás de su crueldad o detrás de su atributo de misericordia. Porque así como existen muchos funcionarios crueles, por el contrario existen también muchos funcionarios que se conducen con una gran compasión, e inmediatamente logran una recompensa muy grande por sus acciones.

Los Sabios enseñaron que "En el porvenir, el Creador demandará de los jinetes por la injuria a sus caballos". Entonces, con mayor razón la ofensa a los seres humanos. Por lo tanto, el funcionario debe rezar más que cualquier otra persona para lograr destruir el instinto de crueldad que posee y conducirse con misericordia.

Honores

Otra prueba difícil es la prueba de honores. Generalmente, complace al hombre dueño de un cargo que la gente lo necesite, lo lisonjee, etc. Pero, él debe destruir esa imagen y no buscar honores y adulación pues ése es un placer ilusorio. Y como enseñaron los Sabios: "¿Cuál es el honorable? – el que respeta a los demás", cuyo significado es que el verdadero honor del hombre es únicamente cuando respeta a todos, y no cuando lo honran a él. Con mayor razón, si aprovechara su posición para recibir beneficios o sobornos para satisfacer sus apetitos o toda otra cosa contra la moral.

Un hombre que siente auto-importancia y arrogancia, ciertamente caerá en desgracia, porque "La soberbia precede a la ruina". Al comienzo, él goza de los honores y empieza a pensar que es importante, y ésta es la causa por la que después recibe golpes – en su casa, donde lo desprecian por todo el orgullo que colectó durante el día; en su lugar de trabajo, por medio de la presión de sus jefes, o por sus subordinados que se rebelan contra él; y así más desprecios parecidos, y todo debido a su arrogancia.

Humillaciones

Otra prueba es cuando el hombre sufre injurias, insultos o humillaciones en el marco de su trabajo. También en estos casos el hombre se enfrenta con un examen de fe. Incluso si según las leyes de este mundo pareciera que lo desdeñan injustamente, según las Leyes del Creador todo es justo y con justicia. Ciertamente no hay ningún equívoco en el Cielo, y el hombre se merece sufrir esas humillaciones. La simple explicación es que el Creador tiene una cuenta con él que debe pagar, y Él sólo usa al ofensor para castigarlo.

Se cuenta sobre un gran Justo que preguntó una vez a sus discípulos: "¿De qué manera quieren ustedes expiar sus pecados?, ¿quieren sufrir pobreza?". "No", le contestaron. "¿Enfermedades?". "No". "¿Conflicto con vecinos?". "No". "¿Exilio?". "No".

Les dijo: "Entonces, reciban todos los desdenes que les llegan con amor, y esa será vuestra expiación de pecados".

Por lo tanto, hay que recibir todo con amor y arrepentirse. El hombre no debe pensar que le está permitido devolver insultos, o usar su autoridad para vengarse del que lo desdeña o lo maldice. Porque si aflige al hombre que lo enfrenta, él deberá presentar una rendición de cuentas adicional al Creador. Y desde el Cielo le dirán: "¡¿No es suficiente que ignoraste los sufrimientos que te fueron mandados, ni te estimularon para arrepentirte, sino que agregas otro pecado sobre tu delito, y cometes la transgresión de 'Entre una persona y otra'?! Deberías entender que esas humillaciones provienen del Creador, y tu problema es con Él, no con el hombre que te desdeña y no tienes ningún permiso para afligirlo".

Esto aprendemos del Rey David. Cuando escapó de Jerusalén como consecuencia de la rebelión de su hijo Absalón, lo enfrentó Simí hijo de Guerá, lo insultó e injurió con enérgicas maldiciones, humillándolo frente a todo el pueblo, tal como está escrito (Samuel II, 16:5-7): "Y he aquí, sale de allí un hombre de la familia de la casa de Saúl, y su nombre es Simí hijo de Guerá, y sale maldiciendo. Él arrojaba piedras a David, y a todos sus servidores, a pesar de que todo el pueblo y todos los guerreros estaban a la derecha y a la izquierda del rey. Y al maldecirlo, así decía Simí: '¡Sal, sal de aquí, hombre sanguinario y vil!'".

Cuando quiso Abisai, el general del ejército del Rey David, castigar al desvergonzado Simí y matarlo, como está escrito (íd. versículo 9): "Abisai, hijo de Seruiá, dijo al rey: '¿Cómo se atreve este perro muerto a maldecir a mi señor, el rey? ¡Déjame pasar y le cortaré la cabeza!'", el Rey David no lo permitió, a pesar que tenía la posibilidad y el permiso para castigarlo, ya que todos sus valientes guerreros estaban con él, y ¿quién les objetaría que se vengaran del hombre que despreció al rey?

Pero el Rey David no vio ni escuchó frente a él a un hombre maldiciéndolo, él sólo sabía que eso provino del Creador y sólo de Él, y por eso les dijo: "¿Qué tengo que ver yo con ustedes, hijos de Seruiá? Si él maldice, es porque el Eterno le ha dicho: '¡Maldice a David!'. ¿Y quién podrá entonces preguntarle por qué lo hiciste?...". "Déjenlo que maldiga, porque así el Eterno se lo ha dicho".

¡Y así abandonó el Rey David la ciudad real con humillaciones e insultos sin responder ni una palabra! Como está escrito (íd. versículo 13): "... y como David y sus hombres siguieron por el camino, Simí iba por la ladera de la montaña, enfrente de él; andando y maldiciendo, arrojando piedras y esparciendo polvo contra él".

En el momento que el Rey David dijo estas palabras: "El Eterno le ha dicho: '¡Maldice a David!'", fue gratificado con uno de los más elevados niveles espirituales que existen.

Por lo tanto, el hombre al que le llegan tribulaciones en el marco de su trabajo, las debe aceptar con amor como expiación de sus pecados, y no vengarse del hombre que lo humilla. Sino por el contrario, debe sobreponerse y comportarse con misericordia, porque el hecho de que ese hombre peca contra él no le permite a él también pecar.

Un funcionario poseedor de fe

Existe una gran diferencia entre la manera que el poseedor de fe y el que la carece cumplen con sus cargos. El dueño de la fe sabe que hay sobre él "Un Ojo que ve y un Oído que oye", y que debe pensar en la Voluntad del Creador en cada movimiento que hace, porque si no se comporta correctamente tendrá que pagar su culpa.

Contrariamente, el que no posee la fe piensa que debido al poder que tiene en sus manos puede hacer lo que quiere, como encarnizarse con la gente o aprovecharse de su condición para su propio bien y su gozo personal.

Traeremos algunos ejemplos de las pruebas que los funcionarios deben pasar. Y cada uno podrá entender de ellas sobre su propio tipo de cargo, cuál es su propia prueba y cómo podrá superarla con éxito.

El empleado público

Un empleado que tiene que servir al público tiene un muy importante cargo y está pasando una prueba de fe. Debe creer que desde el Cielo fue ubicado en ese cargo porque tiene una corrección que hacer con las personas a las que hizo daño, o a las que indujo a cometer alguna falta. ¿Y cuál es su corrección? – beneficiarlas en la presente encarnación. Por eso mismo fue ubicado en tal posición, para tener la oportunidad de reencontrarse con todas esas almas. Este hombre necesita saber que con muchas de las personas que están esperando turno cada día para que les atienda, está relacionado o tiene una deuda con ellos desde una pasada encarnación. Si les trata con benevolencia, completará su corrección espiritual con ellos.

Por lo tanto, debe utilizar su cargo para ayudar a quien se dirige a él y conducirse con respeto y paciencia con todos. Y no es necesario decir que no despreciará ni será cruel con ningún hombre. Incluso si algunas veces los que se dirigen a él lo desprecian o lo dañan, debe creer que todo eso proviene del Cielo. Ésta es su prueba de fe: tener paciencia y arrepentirse por las transgresiones por los cuales se merece las tribulaciones.

Calculen la cantidad de personas que el funcionario público atiende cada día. Si en verdad aprovechara su cargo para ayudarlos y beneficiarlos, lograría cumplir su corrección del alma, haría muchos actos bondadosos y recibiría abundancia de bendiciones, pues "Aquel que es amado 'Abajo', es sabido que es amado 'Arriba'".

Pero si no cumpliera su cargo con fe y no se esforzara bastante según su poder para ayudar a los que se dirigen a él, o aún peor, si se comportara cruelmente con ellos, ignorándolos, despreciándolos u ofendiéndoles, no sólo que no rectificaría lo que vino a corregir en este mundo, sino que arruinaría todo aún más. Se le agregarían nuevas correcciones y grandes problemas, ya que se encontraría en un embrollo del que no podría liberarse debido a la cantidad de personas que están enfadadas con él.

El policía

El cargo de los policías es muy importante: mantener el orden y prevenir daños a las personas. Como enseñaron los Sabios, se debe rezar por el bienestar del reino, porque si no fuera por el temor a la autoridad, el hombre se "tragaría" vivo a su semejante... Es decir, que sin las leyes y su imposición, el mundo volvería al caos. Pero así como es grande la importancia y responsabilidad de este cargo, así es también grande la prueba.

La prueba principal del policía es no llegar a actos de crueldad y prepotencia. Él necesita saber que desde el Cielo recibió este cargo para que pueda corregir su crueldad y su apetito de dominio. Él debe ser inteligente para usar el dominio que tiene en sus manos según la Voluntad del Creador, sólo para imponer el orden y educar a las personas, sin ser cruel con ellas o ultrajarlas.

Por ejemplo: un policía que detuvo a un hombre que transgredió una ley de tráfico. En lugar de dirigirse a él con grosería y atacarlo, causando con esto un comportamiento parecido de la otra parte, le debe hablar suavemente y con cortesía, pues "La lengua suave puede hasta romper un hueso" (Proverbios 25:15).

Se dirigirá al chofer con afabilidad y le dirá: "Buen día, ¿cómo estás? Mira, yo no tengo nada personal contra ti, sólo que transgrediste la ley – pasaste la velocidad permitida y mi deber es protegerte a ti y a los otros conductores. Debes saber que no sólo arriesgas tu vida y la de los que están en tu coche, sino que también arriesgas la vida de los otros conductores y de los peatones. Debes ser justo contigo mismo, confesar la verdad y aceptar la ley con amor".

También, si de acuerdo a la ley, el policía tiene la posibilidad de multarlo rigurosamente e incluso revocarle el permiso de conducir, tratará de comportarse con misericordia y ser lo más considerado posible. Más aún, no dar la multa más alta que determina la ley. Los policías que reciben un porcentaje por las multas que dan, deben saber que está prohibido que eso influya en su juicio. Es importante que sepan que toda su manutención ya está determinada desde el comienzo del año, así que no perderán nada por no dar multas excesivas o por perdonar cuando se debe, pues el Creador tiene muchos caminos para darles lo que les ordenó recibir y no necesita ayuda...

El juez

El juez tiene un muy importante rol por la misma razón anterior: sin el sistema de leyes no podría haber una vida normal sobre la Tierra. Así que debido a la gran responsabilidad y la fuerte influencia que tiene, se entiende que está bajo un peligro muy grande.

Los jueces deben saber que el Creador es el Supremo Juez del Universo. Ellos deben rezar y suplicar mucho para que Él les ayude a no fracasar y errar, pues la vida de la gente depende de sus juicios. Con mayor razón, deben tener cuidado de no conducirse con precipitación o crueldad, solamente usarán el poder que tienen en sus manos, para educar y ayudar al hombre que está frente a ellos a mejorar sus actos. Por lo tanto, también cuando el juez deba dar un castigo, tiene que tener un mensaje educativo, de manera que ayude al hombre a mejorar sus acciones.

El inspector de tránsito

Cada hombre debe hacer todo lo posible para que otros no se irriten con él. Los inspectores de tránsito, aunque su cargo es muy importante para el orden en las calles de la ciudad, evitar embotellamientos y molestias en el tráfico y otros actos semejantes, deben tratar de cumplir su cargo con el máximo de consideración y decencia. Porque incluso cumpliendo su cargo según la fría ley, pueden ser dañados por el enfado de la gente, y con mayor razón si ponen multas sin causa. Por ejemplo, un hombre estaciona por un instante en un lugar que no molesta a nadie y ellos no lo consideran; o aquellos que acechan al hombre que sale de su automóvil y le colocan inmediatamente la multa en la ventanilla, en lugar de hacerles una advertencia, etc.

En conclusión, el hombre que vive según la fe, sabe que hay Juicio y hay un Juez, que sobre todos sus actos tendrá que dar cuentas, y va ser castigado por cada transgresión que inflige. Por otro lado sabe, que la medida de beneficio del Creador es muy grande, y por cada buena acción que haga se merecerá una gran recompensa y logrará cumplir su misión en este mundo. Por lo tanto, debe pensar sus palabras antes de pronunciarlas y no ir detrás de los que se conducen con grosería, crueldad, desprecio o bufonería, sino dirigir su corazón al Cielo, y hacer sus actos con fe y bondad. Este hombre será feliz en este mundo y heredará el bien en el Mundo Venidero.

El Liberador de prisioneros

Un hombre detenido en la cárcel está ante una prueba de fe. Tiene que saber que está en prisión sólo y únicamente por un Decreto del Creador para expiar sus pecados. Por lo tanto, no debe culpar por su situación ni al juez, ni al acusador, ni al que lo denunció, etc.

Hay prisioneros, que supuestamente son absueltos incluso según las leyes del país. Generalmente, esta gente está llena de rencor y amargura por la injusticia que sufrieron. Pero en verdad, si hubieran sido honestos consigo mismos y reconocieran la verdad, entenderían muy dentro de su corazón debido a qué pecados el Creador los está castigando de esta manera. Ellos confesarían claramente que no hay acá ningún error y no han sido detenidos gratuitamente. En el Tribunal Celestial conocen todos sus actos, y les dictaminaron estar en prisión con justicia.

Por lo tanto, deben aceptar su veredicto y castigo con amor, y arrepentirse.

Aun si el hombre recibe una sentencia del tribunal humano que tiene que cumplir, debe saber que "El arrepentimiento, la plegaria y la caridad anulan lo malo del Decreto". Por lo tanto, él debe fijarse un tiempo cada día para hablar con el Creador, arrepentirse y rezar para que lo saque de la cárcel.

Este hombre debe confesar sus pecados, arrepentirse y pedir disculpas por ellos, aceptar corregir sus actos y nunca repetirlos. Él debe rezar mucho al Creador para que lo compadezca y que se conduzca misericordiosamente con él, que le tenga paciencia hasta que se merezca retornar a Él completamente. Debe pedirle al Creador que lo ayude a superar su Mala Inclinación, y que le de la fuerza, la inteligencia y el consejo para conducirse de ahora en adelante según Su Voluntad. También debe suplicarle al Creador que lo aleje de todos los malos amigos y mala gente que no se conducen por el recto camino y lo instigan. De esta manera, aumentará sus plegarias con sus propias palabras y en su idioma.

Nota: Este tema de aumento de plegarias y súplicas es relevante en la mayoría de los ejemplos mencionados en este capítulo, porque en toda aflicción, el hombre debe rezar mucho y arrepentirse para despertar hacia él la Compasión Divina.

Bailar y regocijarse en la cárcel

Un hombre que está pasando este tipo de prueba – aunque indudablemente es muy difícil – debe saber que si se esforzara a aceptar todo con amor, verá cómo todo se le transforma para bien. Y esto se aprende en la bíblica historia de José el Justo, el hijo de Jacob, que fue encarcelado injustamente, y a pesar de todo aceptó el veredicto con amor y con gran alegría hasta que "llegó a ser un hombre próspero" (Génesis 39:2); los Sabios explicaron que todo el tiempo que estuvo en la cárcel, tenía la costumbre de bailar y cantar a pesar de su situación...

Así, gracias a su fe, creyendo que todo es para bien y alegrándose, logró agradar al director del presidio hasta tal punto que lo nombró encargado de todos los prisioneros de la cárcel, tal como está escrito (íd. 23): "No se ocupaba el carcelero de la cárcel en cosa alguna que hacía José, porque el Eterno estaba con él y lo que hacía – el Eterno lo prosperaba", que significa que José tenía mano libre en la cárcel. Y cuando llegó a su fin el tiempo que le fue decretado en el Cielo de estar en prisión, *inmediatamente* fue elevado al grado de grandeza que merecía, como está escrito (íd. 41:14): "... y le hicieron salir *rápidamente* del calabozo; y se afeitó, cambió sus vestimentas y se presentó ante el Faraón". E inmediatamente, ¡el Faraón lo nombró gobernador de todo el reino de Egipto, que era el imperio más grande en esos tiempos!

Ven y comprueba la fuerza de la fe: he aquí que José, de cualquier manera, tenía que estar preso en la cárcel el tiempo que le fue decretado. Si no hubiera recibido este encarcelamiento con fe y hubiera empezado a protestar y quejarse de que no era culpable, llegando a la depresión, el Creador lo hubiera abandonado y José no hubiera agradado al director de la cárcel. Y quién sabe si no le hubieran prolongado el encarcelamiento o hasta hubieran abusado de él o asesinado en la cárcel. En resumen, José podría haber tenido grandes aflicciones y sufrimientos en la prisión, y por supuesto no hubiera logrado el grado de grandeza que mereció.

Es sabido de muchos Justos que fueron obligados a pasar un tiempo en la cárcel, por varias razones. Ellos aprovecharon el tiempo y las condiciones para el servicio al Creador sin pausa, e incluso lograron escribir allí libros importantes.

Estos hechos pueden fortalecer al hombre en todo tipo de situaciones en las cuales se encuentra en un exilio u otro. Debe saber que todo es el Decreto del Creador, y todo el resto son sólo causas dispuestas por Él. Debe aceptarlo todo con amor, saber ciertamente que de todo saldrá sólo el bien, como está escrito (Jueces 14:14): "... de lo duro salió dulzura". Y como explica el sagrado libro del *Zohar*, que si los hijos de Israel hubieran aceptado con amor el Decreto que les fue dispuesto por el pecado de los espías – detenerse en el desierto cuarenta años más – y si hubieran ido por el desierto con alegría y con fe, no protestando y quejándose todo el tiempo como realmente sucedió, entonces hubieran recibido al final de los cuarenta años el mérito de entrar con Moisés a la Tierra Prometida, y así hubiera llegado la Redención completa del mundo.

No hay que olvidarse que los ejemplos traídos son de Justos íntegros, como José que fue inocente, que también frente al Creador fue un gran Justo, y no obstante aceptó todo con amor. Con mayor razón el hombre que no es tan recto y también no completamente inocente, debe aceptar de ese modo todo lo que le es decretado.

"El Eterno reprende a quien ama" (Proverbios 3:12)

El hombre encarcelado debe saber que el Creador lo ama, que escucha sus plegarias en cada lugar y en cada momento, y que siempre desea su arrepentimiento. Si se arrepentirá cada día, aprenderá la fe y hará caridad, por cierto el Creador lo hará agraciado con los carceleros y lo salvará, como pasó con José el Justo. El hombre debe creer que el Creador es el único Liberador de los prisioneros y que tiene muchos caminos para sacarlo de su encierro.

Es importante aclarar, que hay una gran acusación en el Cielo sobre el prisionero que no aprovecha su tiempo en la cárcel para el estudio espiritual, la plegaria y el arrepentimiento. Porque el hombre prisionero tiene todas las condiciones para hacerlo: tiene mucho tiempo libre, no tiene que ocuparse de su manutención y el sustento. Y todo esto está bien dirigido y programado desde lo Alto, dándole las condiciones óptimas para que pueda arrepentirse y retornar al Creador.

Según el sentido común y, con mayor razón, según la fe, debe el preso ser disciplinado, aceptar la autoridad de los carceleros y ser bueno con todos los otros prisioneros. El hombre dueño de fe que va por el sendero del arrepentimiento, ciertamente cuida todos los Preceptos relacionados con el tema de "Entre una persona y otra", lo que hace que sea amado, tanto por sus compañeros como por los carceleros, porque se comporta con cortesía y los respeta a todos.

Todo el buen comportamiento y la buena conducta finalmente se juntan, para que el hombre sea declarado inocente en el Tribunal Celestial y ser liberado rápidamente de la cárcel. No sólo eso, sino también pasa el tiempo que está detenido en la prisión fácil y agradablemente, hasta el punto que ni siente que está en la cárcel. Como fue atestiguado por no pocas personas que estuvieron presas por distintas razones y que justamente allí tuvieron el mérito de esforzarse en el cumplimiento de la Ley Divina y los Preceptos, lo que les alivió el tiempo pasado en la cárcel, y principalmente les ayudó a cambiar para bien, que es un beneficio que los acompañará durante toda la vida.

No existe un hombre verdaderamente libre, salvo el que conoce y se dirige por el sendero de la fe. Muchas veces, hombres que no están encarcelados son verdaderamente prisioneros en la cárcel de los apetitos, en una obsesiva persecución de sustento, en la prisión de las angustias, de la turbación, etc. Por el contrario, existe el que está preso en la cárcel, pero es un verdadero hombre libre debido a que logró conocer al Creador, y encuentra cómodo sentarse y ocuparse en servir a Él, como quiere y en cada lugar que sea. Tal hombre no ve ninguna diferencia en estar sentado en su casa, en la casa de estudios, o en la cárcel.

"De tus heridas, Yo te sanaré" (Jeremías 30:17)

Un hombre que sufre una enfermedad, está en una prueba de fe. Debe actuar según las "Tres Reglas de la Fe":

a) Debe saber que el Creador lo enfermó, y no debe atribuir la enfermedad a causas naturales o a errores que cometió.

b) Debe saber que es para su bien eterno, y debe agradecer al Creador.

c) Debe auto-examinarse y buscar por qué transgresión le llegó esa enfermedad y arrepentirse. Sólo después, lo apropiado es que rece al Creador para que lo cure.

Permiso para curar

Al parecer la medicina es una ciencia como todas las ciencias naturales; serios y leales investigadores invierten muchas horas y dinero haciendo experimentos y pruebas, asistiéndose con los más perfeccionados equipos. Y cuando descubren cuales son los causantes de una determinada enfermedad y cómo se la puede tratar, entonces desarrollan medicamentos y nuevas terapias para tratarla.

Supuestamente, esto es algo bueno y lógico. El Creador le dio al hombre la inteligencia para investigar la naturaleza del universo, y perfeccionar y mejorar la vida. Es la obligación del hombre utilizar su inteligencia para estos u otros buenos objetivos que traigan bienestar y alegría al mundo. Esto se manifiesta en muchos campos que todos aprovechamos, como la electricidad, distintos instrumentos, tecnologías avanzadas, etc. Entonces, también en materia de medicina, es necesario que el hombre utilice la mente y la inteligencia que le regaló el Creador para mejorar la vida, y traer curación y alivio a los dolores de los seres humanos y sus enfermedades.

Este punto de vista se refuerza cuando aprendemos la enseñanza de los Sabios que enseñan que el Creador le ha dado al médico el permiso para curar. Y en verdad, muchos grandes Sabios y Justos se ocuparon de la medicina.

La conclusión de todo esto, como hemos mencionado antes, es que la medicina es una ciencia como todas las otras ciencias. Y cuanto más investigue el hombre esta ciencia, logrará descubrir remedios y medicamentos para tratar las enfermedades, heridas y otros impedimentos en la salud del hombre.

El hombre supervisado por el Creador

Pero, todo esto sería correcto, si se hablara solamente sobre la medicina del cuerpo, como el de las bestias o animales. Pero debido a que hablamos del ser humano dueño del libre albedrío, entonces por el contrario, es debido saber – ¡en la medicina no existe la naturaleza y no hay ninguna ley! ¡Existe sólo la Divina Supervisión!

Esto es por la simple razón, que debido a que toda la finalidad de la creación del mundo es sólo para el hombre dueño de libre albedrío, entonces se entiende que sobre él especialmente, existe una exacta Supervisión Individual sobre cada detalle de su vida, incluso sobre su estado de salud.

Aunque toda la naturaleza se conduce por Su poder, cuanto más alejadas están las cosas del hombre y no se relacionan con él directamente, así la Supervisión del Creador es menos reconocible. Por lo tanto en general, la naturaleza se conduce con determinados y claros senderos, especialmente los átomos, los cuerpos celestes, etc., excepto en raros y excepcionales acontecimientos en los que el Creador decide cambiarlos. Tal como está escrito (Salmos 148:6): "Él los estableció eternamente y por siempre. Él les impuso una Ley que no será transgredida".

Encontramos, que la esencia de la Supervisión Divina se manifiesta en todas las cosas relacionadas en forma directa con el hombre, como: sustento, hijos, medicina, etc. Allí está la prueba, y allí se le puede insinuar y estimular para que vea sus errores y sus faltas espirituales.

Al hombre su cuerpo le es valioso

En todo lo relacionado con el hombre, la Supervisión Individual actúa especialmente sobre su estado de salud. Las enfermedades físicas y mentales y sus dolores, sirven al Creador sobre todo para insinuarle al hombre que debe rectificarse, y esto por varias razones:

La primera – en todas las otras insinuaciones y pruebas, como cuando el Creador le insinúa al hombre por medio de su dinero, puede reaccionar con indiferencia y no ser estimulado. Pero cuando las cosas llegan a su cuerpo y a su mente, no puede ignorarlas. Esto lo vemos en el Libro de Job. Cuando el Ángel Acusador pidió al Creador probar a Job con sufrimientos, al principio Él le permitió mandarle todo tipo de penas externas, pero no tocarlo ni física ni mentalmente. Y así hizo el Ángel.

Y he aquí, que todo el tiempo que el Ángel Acusador no dañó a Job física y mentalmente, incluso cuando dañó sus bienes, y aun cuando hizo morir a sus hijos, Job se sobrepuso a las pruebas. Hasta que el Ángel Acusador reclamó (Job 2:4–5): "¡Piel por piel! Todo lo que el hombre posee lo dará por su vida. Pero extiende Tu mano ahora y tócale sus huesos y su carne, y seguramente Te blasfemará en Tu propio rostro". Vemos que mientras no se daña la salud del hombre, la prueba es superable, y por eso pidió permiso para dañar a Job mismo. Entonces, cuando Job fue dañado por el atributo del Juicio estricto y fue castigado con la tiña, no pudo superar la prueba, y se enfureció por la conducta del Creador.

Vemos aquí que los sufrimientos del cuerpo y de la mente son los más duros para el hombre. Y esto no necesita explicación. Se sabe que en el momento en que el hombre está enfermo, no siente ningún deseo de vivir. Incluso todo el dinero y todas las riquezas que posee no le ayudan para nada, y no le dan ninguna alegría. Tanto más, aumentan la sensación de su desgracia, pues tiene riquezas y no las puede gozar. Y particularmente si tiene sufrimientos mentales, aunque su estado físico esté bien, siente que la muerte es preferible a la vida. Por lo tanto, lo que la gente acostumbra decir "Lo esencial, es la buena salud", está por sí mismo bien entendido, porque el estado de salud del hombre es el mejor estímulo del Creador.

Se cuenta que un renombrado Justo llegó a la casa de un hombre ateo incurablemente enfermo, a cuyo lado estaba el médico:

El Justo preguntó sobre el estado del enfermo, le respondió el doctor que estaba en una situación crítica pues sus vasos sanguíneos estaban completamente destruidos y, según su diagnóstico, le quedaban sólo unas cuantas horas de vida.

El Justo pidió permiso para quedarse junto al enfermo inconsciente unos momentos, y se acercó a su lecho. Sorpresivamente, abrió el enfermo sus ojos y pidió un poco de sopa, poco a poco se fortaleció recuperando la salud. El médico que no podía creer lo que veían sus ojos, le dijo al Justo: "¡No es posible lo que estoy viendo! ¡Yo sé con completa certeza que este enfermo tiene todas sus venas completamente destruidas! No existe ninguna posibilidad que viva en estas condiciones, ¿¡Qué le hiciste!?".

Le contestó el Justo: "Por cierto eres un médico especialista, tu diagnóstico es correcto. Yo también se que todas sus venas están completamente destruidas, Pero debes saber que la enfermedad del hombre es sólo un reflejo de su estado espiritual.

Por lo tanto, el hecho que este hombre negó toda su vida la existencia del Creador, el Dador de vida, y transgredió Sus prohibiciones tantas veces, le causo una grave enfermedad hasta tal punto que sus venas, de las cuales depende la función del cuerpo humano y su vida, fueron completamente afectadas. Pero, siempre hay esperanza, pues, como está escrito (Isaías 55:7): "Deje el malvado su camino, y el hombre inicuo sus pensamientos; y vuélvase al Eterno, que tendrá de Él misericordia, a nuestro Dios, que será amplio en perdonar".

Entonces, ahora le hablé a su alma, le conté sobre la grandeza del Todopoderoso y Su gran Misericordia, y este hombre aceptó arrepentirse con todo su corazón. Por eso mismo volvió la vitalidad a sus vasos sanguíneos y su cuerpo comenzó a recuperarse hasta sanar".

Los Cálculos Divinos

El Creador conduce el mundo según los actos del hombre, y como enseña el sagrado libro del *Zohar*, el Creador creó el universo para hacer conocer a los seres humanos Su fuerza y Su poder, y mostrarles cómo conduce el mundo según su comportamiento – a veces por medio del atributo del Juicio estricto y a veces por el atributo de la Misericordia Divina. Cuando sus actos son buenos, se mitigan entonces los Juicios estrictos y se despiertan en el universo la Benevolencia y la Compasión del Creador, y viceversa. Pues en la medida que el hombre se conduce – con esa misma medida el Creador se conduce con él.

Entonces, debido a que todas las enfermedades del hombre son causa directa de sus malas acciones y pecados, está bien entendido que la ciencia de la medicina – tan exacta, perfeccionada y profundizada – no puede tener en cuenta los detalles que dependen de los cálculos Divinos, como los méritos y deudas del enfermo, si se arrepintió o no, qué le fue decretado por el Tribunal Celestial, etc. Por cierto que no está en poder de ningún hombre – aun cuan inteligente y capaz sea – refutar los Decretos del Creador. Si el Todopoderoso decretó que alguien sufrirá una determinada enfermedad por un determinado tiempo, no le ayudará ningún remedio o tratamiento. Y por el contrario – si se mitigara el Veredicto y fuera abolido el Decreto, entonces el enfermo se sanará aunque contradiga todo lo que la medicina conoce.

Para ilustrar lo precedente, reflexionaremos sobre este caso: dos hermanos gemelos nacieron con las mismas cualidades naturales, crecieron en el mismo ambiente, comieron la misma comida, etc. Probablemente en los primeros años de sus vidas el estado de salud de ambos es parecido, aunque tampoco esto es seguro, pero al crecer y empezar a aparecer en cada uno de ellos las debilidades, los dolores y sufrimientos que tienen los adultos, se verá que cada uno de ellos tiene su propio "paquete" de problemas. De esto se deduce con clara evidencia, que el estado de salud del hombre depende de sus acciones y no de cualidades naturales, porque si dependiera de ello, el estado de salud de los gemelos debería ser muy parecido e incluso idéntico.

Milagros y prodigios

Este principio, que "no existe ningún elemento natural en la salud del hombre", es más válido aun viendo sin ninguna duda cómo en el momento en que el hombre corrige lo necesario en el plano espiritual, enseguida cambia su estado de un extremo al otro sin la intervención de ningún elemento natural, y desaparece la enfermedad. Si la curación dependiera de la naturaleza, mismo después que el hombre se arrepintió y su Veredicto Divino cambió, todavía debería esperar el proceso natural de su curación, y posiblemente se ayudaría con medicamentos. También, según la naturaleza, existen situaciones en las que ya se le causó al hombre un daño irreversible y es imposible ayudarlo.

Esto no contradice el Precepto Divino que nos ordena hacer todo lo posible para cuidar nuestra salud, lo que incluye una comida sana, ejercicios necesarios, evitar el consumo de sustancias tóxicas, etc. Pero lo que debemos recordar siempre, es que el Creador es el Dueño de todo, también de la naturaleza.

Y esto es algo que el maestro, autor de este libro, vio con sus propios ojos en cientos de casos, acompañando enfermos y encaminándolos, siendo testigo del cambio inmediato y radical de la naturaleza inmediatamente después del proceso de arrepentimiento del enfermo; en casos personales que él mismo vivió, vio cómo la naturaleza cambia enseguida y completamente después que el enfermo entiende y realiza lo que debe corregir.

Contaremos un caso que le sucedió al autor en un día de fiesta:

Tuvo una grave infección en uno de sus dientes y sufrió dolores terribles. Dijo el maestro a su familia, "¡Necesito un tratamiento urgente para mi diente!". "¡¿Qué?!" – se asombraron – "¿Vas a ir al dentista en pleno día de fiesta?". "Sí", les dijo, "Es necesario hacer urgentemente un profundo tratamiento. Estoy sufriendo fuertes dolores, ¿les parece apropiado quedarse sufriendo en pleno día festivo? ¡Yo voy a hacer un profundo tratamiento con el Médico más grande que existe, el Creador Mismo!".

Fue el maestro a un campo cercano y comenzó a hablar con el Creador, pidiéndole que le muestre debido a qué transgresión se le produjo esa infección en el diente. Se examinó a sí mismo, analizó sus acciones, y no abandonó su búsqueda hasta que encontró la causa por la que fue castigado. Se arrepintió inmediatamente – ¡y enseguida desapareció la inflamación, calmaron y pasaron los dolores! Sin antibiótico y sin tener que esperar que la inflamación baje lentamente, sin ninguna intervención de la naturaleza. Enseguida después que corrigió lo que debía, desapareció también el estimulante de corrección.

¡No existe la naturaleza!

Con esto quisiéramos fortalecer a todos los enfermos – ¡No existe ninguna naturaleza! El que transita por el sendero de la plegaria y el arrepentimiento verá milagros con sus propios ojos. Debemos entender muy bien – cuando el Creador desea sanar a alguien, Él no necesita ninguna ayuda.

La esencia del error de los alejados de la fe, es que creen que el mundo se conduce por medio de la naturaleza, de los astros, etc. Por lo tanto, cada uno de ellos llega a un error distinto: hay quien piensa que la naturaleza dirige el mundo entero; hay quien cree en el Creador pero piensa que debe haber un mediador, como en el caso del "Becerro de Oro" que quisieron hacer de él un intermediario entre ellos y el Creador, y como dijeron: "Para que vaya delante nuestro" (Éxodos 32:1).

Y en esto se equivocan muchos **y hacen de la causa un intermediario** entre ellos y el Creador. Por ejemplo, aunque crean en el Todopoderoso, también creen que la causa del sustento son los negocios y los transforman en lo esencial, como si el Creador no tuviera el poder de dar sustento sin tal causa; o, por ejemplo, creen que la causa de la curación son las drogas y los medicamentos y hacen de ellos lo esencial, como si el Creador no pudiera curar sin ellos.

¡Pero no es así! **El Creador es la Causa de todas las causas, el Motivo de todos los motivos, y no necesita ninguna ayuda. Debemos creer sólo en Él y no hacer de las causas lo esencial.**

Milagros revelados

Para reforzar este punto traeremos como ejemplo un hecho presenciado por muchos testigos, y que demuestra el concepto antedicho:

> Hace más de 200 años, en un pequeño pueblo de Ucrania llamado Breslev, vivía un gran Justo y maestro espiritual, y muchas personas llegaban a él para aprender.
>
> Un discípulo del Justo sufría una grave dolencia en su mano, hasta tal punto que le era imposible moverla. La mano estaba sujeta a su cuello con un pañuelo como se acostumbraba, pues le era imposible moverla por el dolor que sentía. Le dijeron al Justo que el hombre necesitaba tomar todo tipo de

medicamentos, lo que no podía permitirse por ser muy pobre.

El discípulo enfermo fue invitado a una comida junto al Justo y otras personas. Mientras comían, preguntó el Justo a los que estaban sentados a su alrededor, si les parecía que ese hombre tenía fe, y ellos le respondieron que sí. El Justo siguió hablando del tema y luego repitió su pregunta, y volvieron a contestarle: "Sí".

Imprevistamente el gran Justo ordenó al hombre enfermo: "¡Saca tu mano del pañuelo y bájala!". El hombre se asustó muchísimo igual que el resto de los sorprendidos presentes. "¿Qué es lo que está diciendo el Justo? Este hombre hacia ya mucho tiempo que tenía su mano enferma, hasta el extremo que ya no la podía bajar, ¡¿y ahora de repente bajarla?!".

No obstante, inmediatamente después que el Justo lo ordenó, que era como un decreto, le sacaron al hombre el pañuelo que le mantenía la mano fija a su cuello, y enseguida bajó su mano. Esto era un milagro revelado a todos - su mano se curó al instante, el hombre volvió a usarla pues se puso sana y fuerte como la mano de todo hombre, por el resto de su vida".

Mucha gente estuvo presente en la comida del gran Justo y atestiguaron ese hecho, que demuestra cómo la curación no depende de lo natural. Según la naturaleza, no existe ninguna forma de revivir a aquellas células y músculos enfermos en un instante. Podríamos entender que es posible la curación por medio de medicamentos a lo largo de un tiempo pero, ¡¿curarlas en el momento?!, ¿quién lo puede hacer? Sólo el Creador por Sí Mismo, el Médico de toda criatura. Por el poder de la fe de ese hombre enfermo, se curó su mano completamente sin ninguna causa – ¡inmediatamente!

Hay más hechos como el anterior, relacionados con grandes Justos, que levantaron de sus sillas de ruedas a hombres inválidos durante muchos años, frente a numerosos testigos. ¿Cómo puede ser que de repente se revivieron todas las células y los nervios que estaban completamente atrofiados? Sólo por el Resucitador de los muertos Mismo. Por la fuerza de la fe y por la fuerza de la plegaria del Justo, el Creador revivió las células y los nervios de esos hombres enfermos hasta la completa curación.

Por supuesto que hablamos de *verdaderos* Justos y frente a numerosos testigos *confiables*. Justos que durante toda su vida escaparon de la publicidad, no como todo tipo de impostores que se encuentran hoy en día y hacen todo tipo de trucos y engaños para recibir fama o dinero, o para promocionar a su religión o culto...

El profesor de Annopol

El hombre debe saber que el Creador es el que cura toda carne, Él y sólo Él. Esta historia sucedió cuando un hombre se acercó al famoso Justo de Nesjiz, y le contó que sufría una grave enfermedad:

Le preguntó el Justo: "¿Y al profesor de Annopol ya visitaste?". "No, no lo visité", le contestó, "La verdad es que jamás escuché hablar de él". "Entonces, viaja a él", le dijo el Justo, "ciertamente podrá encontrar una cura a tu enfermedad".

Aceptó el hombre el consejo del Justo y salió a un largo y agotador viaje, hasta que llegó a la ciudad de Annopol. Cuando bajó del carro que le llevaba, preguntó al primer hombre que encontró, dónde vivía el famoso profesor. "¿De qué profesor estás hablando?", preguntó el hombre. "Hablo del conocido e importante profesor que vive en esta ciudad", le respondió. "No tenemos en nuestra ciudad ni un médico ni un simple enfermero, ¡y con mayor razón no tenemos un profesor famoso!". "Entonces," – preguntó el asombrado visitante – "¿cómo se curan ustedes?". Le respondió: "Muy simple, cuando un hombre tiene cualquier enfermedad que sea, se arrepiente, se dirige al Creador con plegarias, y Le pide que lo cure – y así se sana".

Decepcionado volvió el hombre enfermo a Nesjiz a visitar al Justo y le dijo: "Su señoría, lamento decirle que no hay ni un médico ni un enfermero en Annopol... ¿Por qué entonces me mandó allí en vano?". Le preguntó el Justo: "¿Y cómo la gente de Annopol se cura sin tener ni un médico en su ciudad?". Le contestó el hombre: "Cuando les llega un dolor o alguna enfermedad, se arrepienten, rezan al Creador, y así se curan". "Ése es precisamente el gran Profesor a Quien yo te mande", dijo el Justo, "¡Ese mismo es el Profesor de Annopol!".

El Creador es el Profesor que está en todo lugar. Él es el Experto en curar cada enfermedad, incluso sólo por medio de pan y agua, como está escrito (Éxodo 23:25): "... y Él bendecirá tu pan y tus aguas, y quitará las enfermedades de dentro de ti".

El hijo de un gran Sabio contó que su madre casi nunca pidió ayuda a médicos en la crianza de sus hijos. Cuando alguien de la familia se enfermaba, el Sabio le indicaba repartir 18 kilogramos de pan entre los pobres, mientras él mismo subía a rezar en el desván, y la enfermedad desaparecía.

Sólo Él sabe

Enseñaron los Sabios: "En el momento en que se mandan al hombre enfermedades o sufrimientos, se establece que lo abandonen en un determinado día, en una determinada hora, por medio de tal hombre y por medio de tal medicamento". Entonces, en vista de que se necesitan todas esas condiciones para curar al hombre enfermo, ¿cómo el médico puede curar a alguien? Él no sabe si le llegó al enfermo el día y la hora de sanarse; no sabe cuál es el medicamento decretado desde lo Alto para su curación; tampoco sabe cuál es el médico elegido para que lo ayude... Aún más, ¿cómo puede el hombre enfermo que no sabe lo que le fue decretado ir a cualquier médico y entregarse a sus manos?

Se entiende de lo anterior, que dirigirse al médico es como un tipo de adivinanza, una apuesta – quizá se darán todas las condiciones que fueron determinadas en el Cielo para la curación del enfermo...

"Rescate del alma"

Sin embargo, existe una forma mediante la cual el hombre puede anular el Decreto Divino que limita su curación a "un cierto día, hora, persona y medicamento". Una vez que es anulado, entonces cualquier doctor con cualquier tratamiento estándar podrá efectuar una cura eficaz.

Hay tres pasos para la rescisión del Decreto – el arrepentimiento, pedir la plegaria de los Justos, y hacer un "Rescate del alma".

¿Qué es este "Rescate del alma"? Es una suma de dinero para caridad, que sirve para mitigar Juicios severos, contra la persona. Hay que dar ese dinero a un verdadero Justo que ha recibido en herencia de los Justos antepasados la exacta versión de la plegaria del "Rescate", y luego ese dinero se usará para la caridad.

Como escribe el gran Justo de Breslev: "Cuando se realiza un 'Rescate del alma', se suavizan y se mitigan los Juicios estrictos y el Decreto Celestial se anula. Entonces, ya puede un médico curar al enfermo por medio de medicamentos, ahora que no se necesita más un específico doctor en un determinado momento con una determinada droga. Encontramos que ningún médico puede realmente curar, a menos que la persona realice el "Rescate" necesario para mitigar los graves Juicios, y entonces recibe el médico el permiso para curar".

En consecuencia, después que el hombre dona dinero a los Justos para un "Rescate del alma", puede su esfuerzo, mediante los médicos, ayudar a su curación. Y, como se ha mencionado anteriormente, es necesario realizar el "Rescate" sólo por medio de los Justos que han heredado la fórmula exacta y están destinados a conducirlo en forma precisa. **No se debe ser tacaño** y se debe dar lo que se crea necesario para que todos los Juicios estrictos sean mitigados.

El "Rescate del alma" es extremadamente eficaz. Con nuestros propios oídos escuchamos, y con nuestros propios ojos vemos muchos milagros de gente que se curó de graves enfermedades y que fueron salvados de distintos Decretos por medio del "Rescate".

Un hombre enfermo preguntó al maestro, autor de este libro, si debía ir al médico. Le contestó el maestro: "¿Por qué te apuras en ir al doctor, acaso él te enfermó? El Creador te enfermó, ve a Él y pídele que te muestre en tu examen de conciencia debido a qué transgresión te mandó esta enfermedad, arrepiéntete, y también realiza un "Rescate del alma".

Solamente después de hacer todo lo que está en tu poder para anular el Decreto de raíz, después de pedir al Médico Supremo que te cure, recién entonces puedes ir también al médico como refuerzo, para que la curación tenga en que manifestarse. Pero ir al médico sin hacer un previo esfuerzo espiritual demuestra la carencia de fe.

Debes saber, que si te fue decretado tantos años de vida, el médico no podrá agregarte más; máximo, podrá reducirlos. Pero el Creador – que es la Fuente de la vida – Él te podrá agregar más años de los que te fue determinado. Por lo tanto, lo esencial de tu esfuerzo debe dirigirse a "Quien te da la vida".

Agradece al Creador – y cúrate

El verdadero medicamento confirmado y verificado para la curación, es la fe. Por esto, el hombre enfermo debe agradecer al

Creador que lo enfermó, porque seguro es para su eterno bien. Y cuando agradezca mucho por su enfermedad podrá curarse más fácilmente, pues el agradecimiento es la expresión más alta de la fe; es lo que demuestra que el hombre sabe que todo lo que le sucede está bajo la Supervisión del Creador, y es para su bien.

Un alumno principiante del maestro, autor de este libro, que recién comenzaba a acercarse al camino de la fe, hacía tiempo que estaba muy enfermo y sufría mucho. Todo lo que hizo para curarse no le ayudó, tampoco el arrepentimiento y la plegaria. Un día, escuchó una clase sobre el agradecimiento al Creador, donde se le esclareció que todo es para bien, y que el hombre debe agradecer por todas sus faltas y sufrimientos de todo corazón.

Ese discípulo empezó a dedicar una hora entera cada día únicamente al agradecimiento. Le agradeció al Creador por haberlo enfermado y por todos los años de sufrimientos, porque ciertamente el Misericordioso lo hizo todo para su completo bien, le expió de sus pecados, y así logró estimularse para el arrepentimiento. Así lo hizo cada día durante una hora entera, y sólo Le agradeció al Creador haberlo enfermado y ni pidió curación. ¡En dos semanas se le pasó la enfermedad completamente! Sin medicamentos, sin remedios. La enfermedad que lo atormentó durante tantos años y que nada le ayudó a sanar – ¡el agradecimiento le ayudó a curar! Porque el agradecimiento al Creador es la cúspide de la fe. Y, como se ha dicho anteriormente, la falta de fe es el factor principal de todas las graves enfermedades. Cuando la rectificamos – nos sanamos.

Porque en verdad, los únicos sufrimientos existen cuando al hombre le falta la fe. Todo el tiempo en que el hombre cree con fe completa que todo proviene de Él y que todo es para bien – no siente ningún sufrimiento. Por esto, el hombre enfermo debe pedir del Creador que le ayude a creer que todo es para bien, agradecer con todo el corazón, y entonces si existen Juicios estrictos sobre él, se mitigaran, no tendrá tribulaciones – ¡y verá cómo su vida cambia dramáticamente para bien!

Lo esencial es la fe

Hay graves enfermedades que llegan sólo por la falta de fe, como enseñó uno de los grandes Justos: "Lo esencial es la fe". Por lo tanto, debe cada uno buscarla en sí mismo y fortalecerse en ella. Porque existen personas que sufren de enfermedades y reciben golpes extraordinarios, y esto es sólo por la pérdida de la fe, como está escrito (Deuteronomio 28:59): "Entonces hará el Eterno que los golpes que recibas sean extraordinarios... golpes grandes y *fieles*, y enfermedades malignas y *fieles*". La palabra "fieles" enseña que estas calamidades llegan por una alteración en la fe. A estos golpes extraordinarios no le ayudan ni las medicinas, **ni la plegaria, ni los méritos de los antepasados**".

¡De esto deducimos que la falta de fe es el mayor pecado que existe! Por esto su castigo es el más duro, enfermedades graves e incurables, que sólo el arrepentimiento y duro trabajo sobre la fe podrán ayudar a curarlas. Por lo tanto, en estos casos difíciles, **lo principal del arrepentimiento debe ser por la falta de fe, aprender la fe, y rezar por la fe.**

Hombres benevolentes

Toda persona que se ocupa de la medicina debe saber que su ocupación es muy noble. En general, el que emprende una carrera médica, lo hace por benevolencia y amor a las criaturas. El atributo de la misericordia, la conmiseración, la voluntad de ayudar a la gente y de dar a los otros, son el empuje principal para estudiar medicina.

Pero, estas personas deben cuidarse mucho de no caer en la trampa del orgullo, y saber siempre que son sólo emisarios. Sólo el Creador es el que determina quién vivirá y quién morirá; y sólo Él es el que determina cuantos sufrimientos debe el enfermo tener y pasar, si se sanará o no, etc.

Por lo tanto, el médico debe rezar cada día antes de empezar su trabajo, pedirle al Creador que le ayude a ser un buen emisario y no tener ningún inconveniente en sus manos; que Él le dé el consejo correcto para conducirse en cada caso que tenga que atender. Debe rezar para que el Creador le elija ser emisario de vida, que nadie tenga por él ningún daño ni aflicción, y con mayor razón, no causar ninguna muerte. Debe pedir al Creador la paciencia y el amor para cada uno que se dirige a él, y poder lograr alentar, fortalecer y esperanzar a cada enfermo y a su familia.

¡No existe desesperación alguna!

Como mencionamos anteriormente, le fue dado al médico un permiso Divino para curar. ¡Este permiso lo recibió para sanar y no para desesperar! Hay muchos casos en los cuales el médico atemoriza al enfermo y a su familia, y les da un diagnóstico muy penoso; los desespera y no le da al enfermo ninguna probabilidad y esperanza de vida, incluso le avisa cuánto tiempo le queda por vivir, etc. ¡Éste es un terrible error!

Es bien sabido que todas las investigaciones médicas admiten que la alegría es una condición esencial en la curación del enfermo y le fortalece todos los sistemas del cuerpo, incluso existe un método que últimamente fue publicado donde se trata a los enfermos graves solamente mediante la alegría.

Debemos saber muy bien que es este un gran Precepto, estar constantemente alegre, y fortalecernos con todo nuestro esfuerzo a alejar la tristeza y la melancolía. De hecho, *Todas las enfermedades del hombre, llegan por el deterioro de la alegría*. De por sí, cuando el hombre enfermo es fuerte en su fe y en su esperanza, tiene muchas más posibilidades de curarse.

Por lo tanto, no sólo le está prohibido al médico desesperar al enfermo, sino que por el contrario, una de sus más importantes funciones es alentar al hombre enfermo, alegrarlo y afirmar en él la esperanza y la fe. Debido a que el enfermo confía en la opinión del médico, entonces hay una gran autoridad en las palabras de aliento del doctor más que las de cualquier otra persona. Y muchas veces la ayuda y el apoyo espiritual son más útiles para la curación que la ayuda física.

Los pronósticos

El reclamo popular que el médico está obligado a avisar cuál es el "verdadero" estado al enfermo o a su familia para no ilusionarlos, es completamente incorrecto. Incluso si le fue decretado al enfermo morir, debe morirse con esperanza; hasta el último momento debe vivir con fe y mantenerse esperanzado. Y con mayor razón, si existe según la medicina la probabilidad que viva, ciertamente sólo la alegría y la esperanza le podrán dar al enfermo la fuerza para sanarse, y entonces todos los tratamientos y medicamentos le ayudarán.

Por esto, los médicos que desmoralizan, intimidan, no dan ninguna esperanza al enfermo, e incluso le dicen que tiene un tiempo de vida limitado, hacen una cosa terrible. Le corrompen su espíritu y le llevan a la desesperación total, lo que ciertamente reduce sus posibilidades de vivir.

Uno de los favores que el Creador nos hizo es que ocultó el día de nuestra muerte. Si lo supiéramos, nos podría influir negativamente de muchas maneras. Entonces, si el Creador ocultó este detalle, ¿cómo puede un ser humano de sangre y hueso jactarse de revelarlo? Y especialmente que no revela nada, como se ve en muchos casos en que se descubre que el diagnóstico fue completamente equivocado.

Encontramos entonces que si le es decretado al enfermo morir, los médicos le pueden quitar la posibilidad de morir con esperanza y fe; le llevan a morir con amargura, desesperanza, confusión, enojo al Creador, y mucho más. Y por el contrario si existe la posibilidad de vivir, eso depende de la creencia del enfermo, pero cuando ellos lo alejan de la fe, con esto lo sentencian con sus propias manos a la muerte.

Pensemos un momento – ¿quién puede afirmar que el estado de un paciente no puede cambiar repentina y dramáticamente? ¿Acaso el médico es Dios que sabe lo que le fue decretado al enfermo, hasta el punto de estar seguro que sus chequeos y evaluaciones son absolutos? Sólo en la mano del Creador está cambiarlo todo. Los resultados de los chequeos no determinan lo que fue decretado en el Cielo. Ya se ha visto con certeza que el diagnóstico del médico no es absoluto. Como es sabido, existen un sinnúmero de casos de enfermos que vivieron en contra de todas las predicciones que les habían dado.

El más pequeño compromiso de cumplir un cierto Precepto, la más débil voluntad de hacer una buena acción, o incluso un pensamiento de arrepentimiento por sus malas acciones, puede cambiar el estado del paciente. Por lo tanto es posible que le hicieran chequeos en un determinado día cuando su situación era verdaderamente grave, y hasta la llegada de los resultados todo su estado se transforma para bien, así que esos controles no serían ya relevantes.

A veces, los familiares del enfermo presionan al médico para saber el pronóstico "real", entonces puede el médico dar su opinión según su parecer superficialmente, clasificar sus palabras y decir que verdaderamente no se puede saber con certeza su estado. Y aunque según las leyes de la naturaleza la situación parece grave, esto es solamente mientras el Creador no interviene, pues todo está en Su mano. Él puede decidir dar salud y vida contra la ley natural, sin ninguna ayuda de esfuerzo humano.

El mejor consejo

El médico creyente sabe, que el estado del enfermo puede cambiar de un extremo al otro instantáneamente. Suficiente si ese hombre o su familia dieran su nombre a un Justo para que rece por él, o él mismo se arrepintiera y retornara al Creador – entonces sanaría. Y también por el contrario, aunque los chequeos dieran buenos resultados, si el enfermo perdiera la fe o hiciera malas acciones, entonces su estado se agravaría.

¡Por lo tanto, el médico debe abstenerse de dar pronósticos dramáticos! Porque de cualquier manera, incluso si sus predicciones son completamente exactas, es posible que el Creador decidiera en este caso restablecer al enfermo, y entonces el médico quedaría en una situación vergonzosa. Incluso si su predicción se cumpliera, ¿cuál fue la utilidad?, ¿por qué intimidó al enfermo y lo debilitó? Por eso será juzgado en el Cielo, porque ayudó a agravar todavía más la enfermedad mediante el miedo que le causó al paciente. Porque quien teme a algo – eso mismo le llega, como está escrito (Job 3:25): "... lo que temía, me ha acontecido".

Por lo tanto, el mensaje al médico es – ¡No digas nada absoluto! Incluso aunque te presionen, dirás que es todavía temprano para dar un pronóstico, o un pretexto semejante. Y con mayor razón, no te apures por propia iniciativa a dar predicciones.

Hay situaciones, en las que el médico quiere influir sobre el enfermo para que acepte su opinión y su recomendación de tratamiento, una cirugía o el uso de determinadas drogas, etc. En estos casos la Mala Inclinación se manifiesta en el médico para obligar y forzar al enfermo a aceptar su opinión. ¡Esto es un error! Porque incluso si su consejo es verdaderamente bueno, debe dejar el libre albedrío en la mano del enfermo, y tanto más cuando no se sabe en forma absoluta si lo indicado es eficiente o no.

¿Deseas ser medico? ¿Ayudar a la gente? Haz lo tuyo. Tal como dijo el Creador a su profeta (Ezequiel 3:17): "... te he designado centinela" – dice lo tuyo y no intervengas más que esto. Déjale al enfermo la opción de la fe y de su libre albedrío. Y si el enfermo no hará lo que le recomiendas, no es tu problema. Por esto no agregues descripciones y "colores" a tu opinión. Si te parece que la situación es grave, dile: "La situación parece grave, y yo recomiendo un determinado tratamiento". Sin agregados. Y lo que el Creador quiera, pondrá en el corazón del enfermo. Si el Creador desea que acepte la opinión, la aceptará; y en caso contrario – no.

Ésta es la regla – sólo el Creador decide qué pasará con cada uno de los enfermos; el rol del médico es sólo ser un emisario de la Supervisión Divina y de Su Misericordia, debe tener la esperanza de merecer que le llegue al enfermo el bien a través de él; y en su contacto con los enfermos debe fortalecerles su espíritu, y no destruirlo.

Así debe el médico decirle al enfermo: "Nosotros haremos lo que está a nuestro alcance. Pero debes saber que no depende de nosotros, y necesitamos reforzar nuestra confianza en el Creador. Sean los resultados de los chequeos los que sean, puede haber buenas sorpresas. Nada es definitivo y absoluto pues el Creador puede cambiar cada situación inmediatamente. Entonces, fortalécete con fe, arrepentimiento, plegaria y caridad, y también nosotros nos fortaleceremos en la creencia de que el Creador nos dará el mejor consejo para conducirnos contigo, que tengamos éxito en todo lo que hagamos, y que tengas una completa curación".

Y lo principal – nunca tener miedo

Como hemos dicho, el mensaje a los médicos es que sepan cuál es su lugar y no traten de ser los sustitutos del Creador.

Y el mensaje al enfermo es, que no tenga miedo de los médicos y en lo que ellos determinan en forma definitiva, como si ellos fueran los que deciden lo que pasará. Sino que debes saber que todo está únicamente en las manos del Creador, y fortalecerte.

Debemos saber que la medicina misma es como un tipo de fe, porque vemos que la gente cree en ella, pero esta creencia es el principio de la herejía. El hombre teme abandonar la confianza en los médicos y sus remedios, como si fuera que su vida está en sus manos y no en las del Creador... Por lo tanto, el hombre enfermo al que intimidan y atemorizan que si no acepta el tratamiento que le proponen – pobre de él, no debe asustarse. El miedo significa la pérdida de la fe en el Creador y el retorno a las leyes de la naturaleza, como si no hubiera ya lo que hacer.

El Libro de los Salmos

La fuerza de los Salmos del Rey David es enorme para implantar dentro del corazón del enfermo la confianza de que el Creador lo curará. Esta misma confianza es la razón de su curación. Las historias de milagros que existen sobre el recitado del los Salmos son innumerables.

Una de las historias es la de un niño cuyo buen amigo enfermó, y a quien los médicos no le daban esperanza de vida. ¿Qué hizo? Tomó el libro de los Salmos, y empezó a recitarlo con emoción para la curación de su amigo. Después de ocuparse mucho tiempo con la lectura, corrió a la casa de su amigo, y preguntó: "¿Ya mejoró su estado?". "No", le contestaron con tristeza. Volvió el niño al libro, y siguió recitando los Salmos con fe completa y esperanza. Después de un tiempo, dejó de lado el libro y corrió nuevamente a ver a su amigo. Cuando vio que las caras de los familiares seguían estando tristes, volvió otra vez al libro de los Salmos. ¡Así repitió esto una vez tras otra a lo largo de toda la noche! Hasta que al amanecer le anunciaron la noticia esperada, que el estado de su amigo mejoró, y que estaba descansando...

El libro "Los Nombres de los Justos"

Está escrito (El Libro de los Atributos, tema "Justos" II, 20): "Por medio de la mención de los nombres de los Justos, se puede modificar la obra de la Creación, es decir, cambiar la naturaleza".

El nombre de una persona contiene su esencia específica, por lo tanto, al mencionar los nombres de los Justos se evocan sus buenas cualidades, acciones, rectitud, y sus enormes meritos. El libro "Los Nombres de los Justos" contiene una lista de la mayoría de los Justos desde la creación del mundo.

Cierta vez, una mujer se dirigió al maestro, autor de este libro, llevando sus radiografías que mostraban un tumor en la matriz. La mujer contó al maestro, que los médicos dijeron que necesitaba operarse, y que luego ya no podría tener más hijos. El maestro le aconsejó leer cada día el libro de "Los Nombres de los

Justos". Después de un tiempo, hizo la mujer nuevos exámenes, e increíblemente – las radiografías mostraron que el tumor había desaparecido como si nunca hubiera existido, y más adelante tuvo también el mérito de engendrar hijos.

El libro "Recolección de Plegarias"

El libro "Recolección de Plegarias" es un libro antiguo escrito hace unos 200 años e incluye rezos personales y súplicas de lo más profundo del corazón sobre todo tema existente, para toda situación y necesidad.

Un hombre que sufría de dolores de espalda durante un largo período, al extremo que no podía levantar ningún peso, incluso el más liviano, fue a ver a uno de los Justos contemporáneos para preguntarle qué hacer. Le aconsejó el Justo rezar todas las plegarias sobre curación que hay en el libro "Recolección de Plegarias". El hombre acató el consejo y empezó leyéndolas según el orden. Después de poco tiempo desaparecieron todos los dolores que los médicos desesperaron de curar.

¡Todo se transformará para bien!

Es muy importante saber – ¡El Creador es todopoderoso! Y cada Decreto puede ser transformado con plegarias, arrepentimiento y caridad, como dijo el Rey Ezequías: "Incluso cuando una filosa espada está colocada sobre el cuello del hombre – no se evite a sí mismo la Misericordia". "La Misericordia" significa plegaria, y especialmente la plegaria del enfermo que es la más efectiva, como comentaron los Sabios sobre el versículo (Génesis 21:17): "Pero Dios escuchó la voz del muchacho..." – aprendemos entonces que la plegaria de una persona sobre sí misma es más eficaz que las plegarias de los otros por él, y es la primera en aceptarse. Como vemos en el versículo antedicho, que aunque la madre del muchacho también lloró, el Creador escuchó antes la voz de su hijo que la suya.

Por lo tanto, aunque el "Rescate del alma" y las plegarias de los Justos son muy importantes, no existe algo tan poderoso y útil como la plegaria del enfermo mismo. Lo esencial de todo, es que hable con el Creador en su propia lengua. Se dirigirá al Creador con súplicas, Le contará todo lo que le pasa, se arrepentirá y pedirá curación; debe prolongar mucho estos ruegos, incluso horas enteras, en las cuales detallará es su propio idioma todas sus necesidades físicas y espirituales. Y como dijo el Rey David (Salmos 30:3): "¡Oh Eterno, Dios mío! Clamé a Ti, y Tú me curaste".

Uno de los discípulos del maestro, autor de este libro, tuvo un grave accidente. En su espalda se abrió una honda herida, que dejó al descubierto su columna vertebral, casi hasta los riñones. Los médicos no podían curar la herida por distintas complicaciones e infecciones, y se desesperaron. Cuando llegó el maestro a visitarlo y le contó la situación, así le dijo el maestro: "Hasta hoy, poco te aislaste con el Creador en una diaria plegaria personal, aparentemente el Creador quiere más de ti. Si deseas vivir, empieza desde ahora a aislarte en plegaria por lo menos dos horas por día".

El alumno obedeció al maestro. Cada noche se acercó con la silla de ruedas al balcón del hospital, y durante unas cuantas horas pidió al Creador, en su propia lengua, que sus tejidos sean reconstituidos en el lugar descubierto. Poco a poco, ante el asombro de los médicos, empezó a formarse un nuevo tejido en su espalda, hasta que la herida cicatrizó y se sanó completamente.

Un gran Justo solía decir: "Cuando los médicos desesperan al hombre diciéndole que no hay curación para su enfermedad, y, a pesar de eso, **él se fortalece y pone toda su confianza en el Creador** – entonces se le abren las puertas de la curación y de la salvación"...

La explicación de esto es que durante el tiempo que los médicos no desesperan al enfermo, le es difícil confiar únicamente en el Creador, y pone sus esperanzas en los médicos y en los medicamentos. Por eso, no debe el hombre enfermo esperar que los médicos lo desesperen, sino que debe esforzarse desde el principio en confiar exclusivamente en el Todopoderoso.

Cada minuto es importante

El hombre enfermo debe aprovechar la situación en que se encuentra para examinar sus acciones. Hay enfermos que están acostados muchas horas, en los hospitales o en sus casas, sin hacer nada. Ellos deben saber, que todo esto es dirigido desde lo Alto para que aprovechen esa situación, en la que no están atareados y ocupados en la carrera de la vida, usando el tiempo libre para hacer examen de conciencia. Más aún, cuando por la enfermedad se debilitan los apetitos y el hombre tiene la posibilidad de reflexionar sobre la vida en forma objetiva. ¡Qué terrible es el fenómeno por el que se le pone al enfermo un aparato de televisión frente a sus ojos! Desvía así sus pensamientos y no se le da la posibilidad de hacer lo que él realmente debe hacer – ocuparse con el arrepentimiento, la plegaria y el examen de conciencia.

¡Que tengas éxito!

El hombre que se enfermó y se conduce según las reglas de la fe, logra una buena calificación en el Cielo y en este mundo. Logra arrepentirse de todos sus pecados al darse cuenta de ellos por el estímulo de su enfermedad; sale reforzado en su fe y conoce mejor al Creador; ciertamente logra una rápida convalecencia y una significativa elevación espiritual. Él merece el bien en este mundo y en el Mundo Venidero.

Contrariamente, al que le falta fe, cae en el miedo, la tristeza, la desesperación y malos pensamientos sobre el Creador, como: ¿Por qué merezco esto?, ¿qué hice?... Un hombre como este no logra sacar ningún provecho de la enfermedad, y sus pesares y sufrimientos son muy grandes. Seguramente pone toda su confianza en los doctores y medicinas, y puede así recibir grandes desilusiones.

El hombre debe saber, que cuando logra triunfar en el examen de la fe, le da satisfacción al Creador, dado que por la fe creó el mundo. Con esto el hombre cumple la misión por la cual llegó aquí; y por su intermedio logrará fácilmente la completa curación y un buena calificación en la prueba de la fe.

Salud mental

El alma y la fe poseen el mismo aspecto. Por consiguiente, la salud emocional, que es la salud mental del hombre, está directamente relacionada con su nivel de fe. De esto se desprende que cada perturbación emocional es el resultado de falta de fe; cada confusión mental resulta de una fe confusa; cada deterioro emocional es el resultado del deterioro de la fe; cada debilidad del espíritu es debilidad de la fe. Ésta es una regla básica para toda enfermedad mental.

No nos referimos a deficiencias mentales de nacimiento como el síndrome de Down, el autismo, etc. Esas son el resultado de consideraciones Divinas y reencarnaciones de alma, ninguna de las cuales somos capaces de entender. Pero, cuando vemos que una persona nace sana, pero a una edad posterior sucumbe a miedos, angustias, sentimiento de persecución, depresión, y hasta esquizofrenia, o cualquier otra dificultad mental o emocional, la raíz del problema es la alteración de fe. Pero he aquí las buenas noticias: si una persona emocionalmente desequilibrada aprendiera sobre la fe y rezaría para vivir según la fe, se sanaría de su enfermedad. Cuanto más lograra rectificar y fortalecer su fe – podría corregir su espíritu, y disfrutar de la salud mental y emocional.

Cada persona – incluso la considerada "normal" – sufre de problemas emocionales en un cierto grado. Sumado a la tristeza, miedos, ansiedad y depresión, la gente siente aburrimiento, insatisfacción, cólera, preocupaciones, nerviosismo, fluctuaciones extremas de humor, etc., pero sin embargo, la fe cura todos estos problemas.

¿De qué hay que temer?

Mucha gente sufre de angustia. Tienen miedo de otra gente, de sus jefes, del servicio de recaudación de impuestos, de accidentes, de terroristas, de motoristas, etc. Hay quienes se angustian por cada pequeño dolor que sienten y empiezan a imaginar que sufren una grave enfermedad. Todos esos miedos son expresiones de falta de fe, especialmente la falta de fe que "Todo es para bien". Un hombre que posee fe, no teme a nada, ya que él sabe que está bajo las manos del Creador, y que todo lo que Él hace es para su bien. Entonces, ¿de qué hay que temer? ¿Acaso han visto a un hombre al que le espera un hermoso regalo y se preocupa por eso?

Según la fe, cada cosa que ocurre es según el Juicio Divino, no hay reglas naturales, y todo es para bien. Por lo tanto, el hombre que dedica una hora por día a la autoevaluación, al arrepentimiento y a la plegaria personal, no tiene que tener ningún miedo. Si una persona hace todo lo posible para mejorarse, ¿por qué debería el Creador castigarle? Y también si algo le ocurre, es sólo para bien, para estimularlo a entender y ver sus errores, que sin esto, no los hubiera visto. El hombre que cada día cumple una hora entera de "Aislamiento" con el Creador – pierde todos los miedos, pues confía que el Creador no lo castigará gratuitamente; también sabe que los miedos mismos son mandados desde lo Alto para estimularlo a arrepentirse. Por lo tanto, si el hombre se arrepiente por sí mismo, no hay ninguna razón de intimidarlo y estimularlo.

Estar contento

Debemos saber que también la severidad y la meticulosidad exagerada en la observancia de la Ley Divina y los Preceptos, es una enajenación. Por lo tanto, el hombre no debe ser demasiado meticuloso consigo mismo. No debe preocuparse si cumplió perfectamente o no con un Precepto, sólo debe hacer lo suyo con honestidad y con simplicidad de pensamiento e intención, según sus fuerzas. Debemos recordar que la Ley del Creador no fue dada a ángeles, sino a seres humanos con limitaciones humanas. Aquellos que se exigen conducta angelical son candidatos a la frustración, al rigor, y a la tristeza, que resultan de un sentimiento de arrogancia por el cual piensan que deben hacer todo a la perfección. Una persona honesta consigo misma está contenta con lo que puede hacer, sin llegar a rigores extremos.

Fe en los Sabios

Enseñó el gran Justo de Breslev: "El que no obedece a los verdaderos Sabios, los Dueños del verdadero Conocimiento, puede volverse loco. Una persona actúa locamente sólo porque no cumple los consejos de los Sabios. Si los obedeciera, podría actuar normalmente. Su estado mental podría racionalizar su necesidad de hacer tonterías como andar harapiento o revolverse en la basura u otras tonterías y locuras semejantes. Pero cuando un hombre que llegó a ser dueño del verdadero Conocimiento le dice no hacer ciertas cosas -- si sólo aceptara su opinión, ciertamente se acabarían todas sus locas acciones. Encontramos, que la principal causa de la locura es debida a que el hombre no quiere escuchar y obedecer a los Sabios, y esto debe ser bien entendido".

Aprendemos entonces, que cada uno debe obedecer a los dueños del verdadero Conocimiento, es decir a los que poseen la inteligencia de la fe a la perfección, estudiar sus palabras y rezar para llegar a cumplirlas. La creencia en sus palabras junto con la fe en el Creador es la clave del estado mental del hombre. Y, principalmente, debemos obedecer y creer que el Creador nos supervisa y nos ama; que "Todo es para bien" y que "¡No existe ningún mal en el mundo!"; que el Creador no viene a nosotros con quejas; no espera que lleguemos al auténtico arrepentimiento en un sólo día, sino que vayamos paso a paso y que progresemos según nuestro propio ritmo. A decir verdad, todo este libro es una guía a la inteligencia de la fe, y por lo tanto, es un remedio para la salud mental.

El estudio de la Ley Divina

Por medio del estudio intensivo de la Ley Divina, que contiene las Leyes de la vida, códigos morales y la Sabiduría Divina, el hombre logra salvarse de la locura, como a continuación explicaremos. Debemos saber que la Mala Inclinación quiere transformar al hombre en un verdadero loco, y como han dicho los Sabios: "Un hombre no peca a menos que un espíritu de locura penetre en su cerebro".

Pero, ¿cómo le llega al hombre y lo vuelve loco de pronto? El camino de la Mala Inclinación es disfrazarse primero de Preceptos y engañar al hombre como si cumpliera uno de ellos. Después lo engaña y lo seduce todavía más, hasta que llega a cometer alevosamente graves pecados. Éste es en efecto, el aspecto de su locura – se confunde y pierde la razón hasta llegar a decir que el mal es bien y viceversa. No obstante, todavía hay en él unas chispas de razonamiento y conocimiento que, incluso con su estupidez y falta de razón, todavía entiende y sabe que hay ciertas cosas que no debe hacer, y a pesar de todo las hace.

Para curar al hombre de las locuras de la Mala Inclinación, se necesita derrotar primero su perfidia, para que no haga lo que él mismo entiende y sabe que es malo y una completa transgresión. También se le debe expulsar el mal espíritu, la tontería, que se disfraza de Preceptos, lo engaña y lo convence a cumplirlos como si lo fueran. Todo esto se logra a la perfección sólo por medio del estudio reforzado de la Ley Divina que incluye esas dos acciones espirituales, y que dirige al hombre a comportarse como realmente debe ser, dándole una clara y recta visión de fe sobre el mundo y la Creación entera.

Pensamientos

El cerebro es la morada del alma. Por lo tanto, el hombre debe cuidarse de todo tipo de malos y pecaminosos pensamientos, pues estos contaminan el cerebro y lo enloquecen. Hay una correlación muy fuerte entre la santidad personal y la salud mental. Lo contrario es, tristemente, también verdad, que cuanto más una persona sucumbe a la lujuria y a los pensamientos lascivos, menos sano es.

Dijeron los Sabios: "Más graves son los pensamientos de pecado que el acto mismo". El desenfreno sexual, que se manifiesta en la emisión de semen en vano, especialmente por medio de malos pensamientos y deseos de apetito sexual, arruina el cerebro aún más que el hecho mismo.

La locura comienza por medio de los dos intermediarios del pecado – los ojos. Muchos de los jóvenes que salen de sus cabales y llegan a una grave enfermedad, se debe a que observan a las mujeres, leen todo tipo de diarios y revistas, miran películas basura, etc., hasta que empiezan a quemarse en sus apetitos con completa locura. Por supuesto que no encuentran desahogo al apetito que los conmociona, hasta que sus propios cerebros se "queman" y sus mentes se lesionan.

A veces lo que les da el último empuje a su locura es el uso de todo tipo de drogas alucinantes. Aunque hay personas que están hundidas en este apetito y parecería que sus mentes no están completamente turbias, seguro están confundidas y asustadas; no tienen descanso, están hundidos en la tristeza, la desesperación y el enojo, lo cual es también un tipo de locura, aunque todavía se comporten, más o menos, como la gente común.

Por lo tanto, el consejo principal para salvarse de esta locura es, como hemos dicho, el aprendizaje de la Ley Divina, de la fe auténtica, y empezar desde ahora a proteger los ojos de todo tipo de libros contaminados, películas, revistas, sitios Web, y especialmente no dejar vagar a la mente por los apetitos, malos pensamientos y locuras. Quien que no logra detener sus pensamientos, conviene que los enfoque incluso en asuntos materiales, como trabajo, arte, etc. Y, como es sabido, ésta es una de las medicinas para los insanos − darles una ocupación a sus cerebros, para no permitir a sus pensamientos vagar y volar sin control.

Como mencionamos, uno de los más graves problemas del loco es que no reconoce su locura. Por eso, ante todo, debe dejar de lado su orgullo y confesar la verdad, que su mente esta enredada y confundida; anular su mente frente a los dueños del verdadero Conocimiento, es decir, los Justos que enseñan la auténtica inteligencia de la fe. También, debe rezar y pedir del Creador la curación de su alma y de su espíritu; pedir perdón por lo que dañó su cerebro, que es la morada del alma; y pedir también tener completa fe en los Justos, los Sabios y en los auténticos Guías de la generación, obedecerles sin desviarse de lo que dicen ni a izquierda ni a derecha.

Otra cosa más y muy importante, debe el hombre rezar mucho para tener alegría, que es el buen espíritu, pues por medio de ella podrá eliminar todos los malos espíritus, de impudicia, tristeza y orgullo; rezará para merecer estar siempre alegre, cantando y entonando melodías de alegría que son la gran curación para todas las enfermedades y, especialmente, las de la mente. Debido a que en nuestra generación se multiplicaron ese tipo de enfermedades, el consejo de la alegría es relevante para todos; y seguramente quien aumente sus plegarias sobre la alegría, logrará el buen espíritu y la clara fe.

El sustento

El sustento del hombre depende de su grado de confianza en el Creador, la cual se logra por medio de la fe. Por eso el hombre que tiene dificultades con su sustento, debe trabajar esencialmente sobre su fe y confianza en el Todopoderoso.

Según la fe, el Creador alimenta a todas las criaturas, desde las más pequeñas hasta las más grandes, y con mayor razón − al hombre. Dijeron los Sabios: "Quien da vida − da también la manutención", que significa que quien cree que el Creador da la vida, debe también creer que todo el tiempo que Él quiere que una persona viva – le dará también *con qué* vivir. Pero, si no es Su Voluntad, Él no necesita sacarle al hombre su manutención para que muera, sino que puede tomar su alma de cualquier manera.

Por lo tanto, el que posee completa fe, sabe que el Creador lo supervisa también en el sustento. Esto se llama poseer una completa confianza en el Creador. Por supuesto que este tipo de hombre no tiene ninguna preocupación por su sustento, pues sabe que no es su rol inquietarse por eso, sino que es el del Creador y ciertamente Él lo cumple con fidelidad.

La señal evidente de la persona que posee esa confianza, es que jamás piensa ni se preocupa por el dinero. Si le falta sustento, cree que su falta proviene del Creador y no culpa de esto a nadie, ni a sí mismo.

Cuando perdemos dinero de cualquier forma, ya sea por robo, pérdida, o deterioro de un aparato valioso, debemos creer que esto proviene directamente del Creador (Primera Regla – *"Así el Creador quiere"*); debemos creer que es para nuestro bien (Segunda Regla – *"Todo es para bien"*); debemos examinar nuestros actos para considerar lo que tenemos que corregir (Tercera Regla – *"¿Qué quiere el Creador de mí?"*), ya que "No hay tribulaciones sin transgresiones", y existen determinadas transgresiones que causan la falta de sustento, como se explica largamente en el libro "En el Jardín de la Riqueza", de este mismo autor.

Traeremos algunos ejemplos de "El Libro de los Atributos":

- "Al que se le perdió alguna cosa, es sabido que cayó su fe".

- "Al que mezcla con agua las bebidas que vende, le llegan ladrones".

- "Por ocuparse en cosas vanas y escuchar tonterías (como ciertos programas de TV o al leer todo tipo de publicaciones, etc.) le llegan ladrones".

• "Por medio de la mentira llegan ladrones".

Vemos que cuando al que sabe que el Creador es el único Sostenedor le llega una reducción o falta de sustento, se conduce por el camino de la fe para completar sus privaciones. Se arrepiente por las transgresiones que causan la reducción del sustento, reza por la Misericordia del Creador, pide que lo sostenga y que complete su falta, como está explicado largamente en el libro mencionado arriba; y entonces logra pasar esta difícil situación en paz. Y lo principal – logra el mérito de recibir el conocimiento de la confianza en el Creador, que lo acompañará toda su vida.

"Con el sudor de tu rostro..."

Pero el hombre carente de fe atribuye su falta de sustento a todo tipo de causas – se culpa a sí mismo o a otros, piensa que le hicieron mal de ojo o un embrujo, o lo atribuye a su falta de suerte, o piensa que el Creador no lo ama, etc. Piensa en cada posible designio que existe para justificar su privación – excepto en el único consejo que verdaderamente le podrá ayudar – la plegaria. Día y noche hace cálculos y planes, como: tomar prestado dinero, o mudarse al exterior, o aumentar su trabajo "desde la salida del sol hasta la salida del alma", y como dijo un famoso Sabio, el que trabaja horas extraordinarias persigue la maldición Divina (Génesis 3:19): "Con el sudor de tu rostro comerás pan". Este hombre desgraciado no tiene reposo en este mundo ni en el Mundo Venidero.

"No hurtarás"

A veces la fe del hombre decae tanto, que piensa cómo ganar el sustento en forma prohibida: fraudes, mentiras, robos... Por supuesto, que cada hombre razonable que posee un mínimo de fe, cree que el Creador es Quien da el sustento, y por lo tanto, cada dinero que tiene que llegar a su mano, le llegará de una manera completamente permitida. Debemos saber con claridad, que el dinero que nos llega en forma prohibida, no contiene ninguna bendición y daña también lo ganado honestamente, como una manzana podrida arruina a las otras que están en el canasto. Ese tipo de dinero sólo trae un diluvio de angustias y de sufrimientos.

Confianza en el Creador

Como fue dicho, el consejo esencial para problemas de sustento, es adquirir la confianza en el Creador. Por eso, un camino comprobado para obtener sustento fácilmente, es aprender el capítulo titulado "El Pórtico de la Confianza" de la clásica obra de ética "Los Deberes del Corazón", donde se explica qué es la confianza en el Creador, y cuándo y cómo debe ser complementada para obtener las cosas que necesitamos.

La manera más eficaz para aprenderlo es la siguiente:

a) Aprender un pequeño párrafo cada día, no más de quince líneas. Luego, repasarlo tres veces más.

b) Al día siguiente, aprender el siguiente párrafo de quince líneas, y examinarlo tres veces más.

c) Una vez terminado el capítulo en la manera explicada, repetir ese proceso entero una vez tras otra, hasta interiorizarse y adquirir los principios de la confianza en el Creador, que es el principal instrumento para conseguir el sustento.

Además, después de cada estudio, se debe rezar sobre nuestra necesidad, y así se cumplirá lo que dijeron los Sabios: "Todo aquel que asocia el Nombre del Creador con su pesar, su sustento se multiplica".

Aquellos que desean solucionar sus problemas financieros de una vez para siempre, deberían resolver el problema de raíz y no pedir en absoluto el sustento en sus rezos; en cambio, deberían pedir al Creador que les de fe y confianza. ¿Por qué?

Cuando una persona reza por el dinero, el rezo sirve como una solución provisoria, como un remiendo en un rasgado pantalón vaquero. Los rezos por el dinero no solucionarán las dificultades financieras principales de una persona. A menos que una persona refuerce su confianza en el Todopoderoso, una vez que la crisis financiera actual se calma, una nueva aparecerá. Pero, reforzándose la fe y la confianza en el Creador, ¡los problemas económicos se terminarán! El Creador quiere que aprendamos a confiar solamente en Él. Si podemos hacerlo por nosotros mismos, Él no tiene que estimularnos con tribulaciones financieras.

Un hombre cuya situación es muy apretada y está hundido en deudas, debe practicar mucho lo que llamamos "Aislamiento", es decir realizar una plegaria personal con el Creador por lo menos una hora cada día, donde se arrepentirá por la transgresión por cuya causa se endeudó. Debe pedir al Creador que le de fe y confianza, hasta lograr construirse a sí mismo herramientas de confianza, por las cuales podrá recibir sustento en abundancia por medio de su plegaria.

Si logramos la fe y la confianza, tendremos el instrumento que por su intermedio nos llegará fácilmente un sustento agradable y suficiente para toda nuestra vida.

Preocupación versus fe

Debemos recordar esta regla – la preocupación y la fe no van juntas.

Una vez se acercó al maestro, autor de este libro, un hombre estudioso de la Ley Divina, y le contó sobre las dificultades de sustento que tenía.

Le dijo el maestro: "¡Reza por la fe!, ¡Te falta fe!".

Se sorprendió el hombre y dijo: "¡¿Yo falto de fe?! ¡Yo tengo fe! Es que estoy preocupado por el porvenir de mis niños, los pagos, las deudas...".

Le dijo el maestro: "¡Que tus oídos escuchen lo que habla tu boca! ¡¿Tú dices que tienes fe, y al mismo tiempo dices que te preocupas?! Es una contradicción. Si tienes fe, ¿cómo es posible que estés preocupado? ¡Un hombre que tiene completa fe cree que el Creador lo sostiene, y por lo tanto, no tiene ninguna preocupación! ¿En tu vida viste a un niño que se preocupe de dónde le llegará su sustento? Claro que no. ¡Cada niño sabe que no es su rol mantenerse, sino que es el rol de su padre, y confía en que él lo haga! De esta misma manera el hombre verdaderamente creyente sabe que no es su rol mantenerse sino que es el rol de su Padre en el Cielo, que seguramente le traerá sustento"...

"Lo que *tú* debes saber, es que tu rol es *únicamente* servir al Creador y arrepentirte por lo que debes. La preocupación por el sustento déjasela a Él. Habla con el Creador y dile: "*Señor del Universo, no tengo ninguna otra dirección excepto Tú, porque Tú eres Quien da el sustento, ¡nadie más!; ciertamente que mi manutención no está en mis manos, y por esto no es mi preocupación pensar de dónde vendrá, y tampoco me debe interesar. Por favor, haz lo que es bueno a Tus ojos, y sólo ayúdame a creer que ésta es la verdad, tener confianza en Ti, aceptar Tu conducción con alegría y fe, y siempre buscar cómo puedo acercarme a Ti*".

Cuando creemos con completa fe, que el Creador es el *único* destinatario que tenemos para dirigirnos por nuestro sustento, enseguida sentiremos la seguridad que Él no nos abandonará. Debemos estar convencidos que todo el sustento que hemos conseguido hasta hoy, llegó del Creador, y de por sí, debemos tener la fe que Él continuará manteniéndonos siempre.

"Aquel que confía en el Eterno – le rodea bondad"

El Creador alimenta y mantiene al hombre, sin ninguna relación con su esfuerzo o rectitud. Piensen en el ejemplo de un pequeño niño y su padre. ¿Acaso cuando el hijo no se comporta como se debe, su padre deja de sostenerlo?, ¿de alimentarlo?, ¿de vestirlo? ¡Por supuesto que no! Y si así es con los seres de sangre y hueso, con mayor razón con el Creador, que está lleno de misericordia y bondad, que sostiene a Sus criaturas y les provee de todas sus necesidades, sin ninguna relación con su rectitud.

Por lo tanto, quien tiene dificultades con su sustento, debe examinar sus actos, quizá tiene en sus manos unas de las transgresiones que los Sabios señalan que dañan directamente el sustento, como el hurto, robo, enojo, tristeza, inquietud, derrame de esperma en vano, impedimento de embarazo sin una verdadera y autorizada causa, y más – estas son muy graves transgresiones y son el resultado de una gran falta de fe. Si una persona es culpable de una o varias, debe confesarlo frente al Creador, pedir Su disculpa y rectificar sus acciones; y principalmente – debe rezar por la fe y el temor a Dios.

Si no se encuentra culpable de realizar una de las mencionadas transgresiones, debe saber que le insinúan desde el Cielo falta de fe y confianza en general. Por lo tanto, debe empezar y centralizar todos sus esfuerzos para trabajar sobre la fe de todas maneras: aprender mucho sobre ella; rezar mucho pidiéndole al Creador conseguirla; hacer cada día un examen de conciencia si su fe es defectuosa, y arrepentirse por su falta.

El sustento es el examen principal de la fe del hombre. En esto, es imposible engañar o falsificar – o se cree que el Creador mantiene al hombre, y no se siente ninguna preocupación; o se siente preocupación con esfuerzos e inquietudes, lo que significa un alejamiento de la fe.

Se cuenta sobre un famoso devoto llamado Isaac, que durante muchos años trabajó como contable de un importante comercio en Varsovia, la capital de Polonia. Con ese cargo se mantenía beneficiosamente, y podía ocuparse del servicio al Creador con tranquilidad y seguridad.

Pero cuando llegó la época de crisis económica en Polonia antes de la Segunda Guerra Mundial, el piadoso Isaac fue despedido de su empleo. Eso les tomó a su familia y a él por sorpresa, pero él no perdió la calma. Cuando vio que la situación no le posibilitaba conseguir otro sustento, se sentó en la casa de estudios y se sumergió en el estudio de la Ley Divina y la plegaria con mucha constancia. Su cálculo fue el siguiente: visto que es el rol del Creador sostenerlo, el suyo es servir al Creador. Entonces, si el Creador no lo sostiene, es debido a que él no cumple con su rol como es debido, y debe entonces esforzarse en cumplir mejor su parte – estudiar más, rezar más, creer más, y confiar en Él más.

A medida que la situación económica se hizo más grave, así él se esforzó con más dedicación y con más fuerza al servicio del Creador, mientras se apoyaba con gran confianza en que el Todopoderoso lo sustentaría. Y así fue, que en toda esa época en la cual todos sufrían la grave crisis económica, recibieron él y toda su familia su alimento por un camino sobrenatural por medio de fuentes inesperadas.

En uno de esos días, cuando Isaac estaba sentado sólo en la casa de estudios, entró un hombre desconocido, un forastero, que se acercó a él y le dio una limosna importante para su sustento.

Isaac el piadoso no se conmovió y no se sorprendió, cortésmente agradeció al hombre, lo bendijo, y volvió al estudio. El hombre se dispuso a irse, pero de pronto se volvió, parose frente a Isaac, y le dijo: "Una pregunta no me deja tranquilo. Está escrito (Salmos 37:25): "He sido joven y también envejecí, y jamás he visto a un justo abandonado y su simiente mendigando pan". Entonces, ¿cómo es posible que un

justo como tú, que se ocupa día y noche al servicio de
Dios, necesita mendigar pan de otros?".

El piadoso Isaac consideró la pregunta durante
un momento, y contestó: "Sal ahora al mercado, ve
al negocio de un rico comerciante y mira a su hijo
parado en la entrada proclamando su mercancía,
persuadiendo a los paseantes a entrar en su negocio
y ver su buena mercadería. El muchacho se esfuerza
mucho, hasta que consigue seducir a alguien a
comprar la mercadería de su padre – ¿acaso no es él
simiente de ese hombre mendigando pan?

Mientras yo estoy sentado aquí solo, en la casa
del estudio, ocupándome del servicio al Creador,
¿acaso yo te llamé aquí? ¿O acaso te pedí alguna
vez sustento? Ni te conozco... Tú mismo, por propia
voluntad, llegaste aquí y me diste mi alimento"...

Enseñaron los Sabios, que cuando se cree que el Creador es el
que sustenta, se gana una parte en el Mundo Venidero. También,
dijeron que todo el que recita el "Salmo de alabanza de David"
(Salmos 145) tres veces por día, puede estar seguro que merecerá
tener parte en el Mundo Venidero. La razón es que en este salmo
se manifiesta la fe y la confianza en el Creador, que Él es el
que alimenta y sostiene, como está escrito: "Abres Tu mano y
satisfaces a todo lo viviente según su necesidad". Por lo tanto,
debemos entender que mientras la fe y la confianza realzan
nuestros ingresos, la preocupación los hace perder.

En "El Libro de los Atributos" se encuentran más enseñanzas
de los Sabios sobre la relación entre la fe y el sustento. Por ejemplo,
una persona con verdadera fe está destinada a enriquecerse; la fe
invoca el sustento; la alegría constante, que es una manifestación
de fe, propicia el éxito; quien asocia el Nombre del Creador con
su pesar multiplica su sustento, y también le llega fácilmente
como el vuelo de un pájaro; quien no tiene sustento, debe
ocuparse con el servicio al Creador, luego rezar por el sustento,
y seguramente su plegaria será recibida; mediante la herejía se

llega a la pobreza; la tristeza (que llega de la falta de fe) causa la pérdida del sustento; y más...

Por consiguiente, nuestros esfuerzos principales deben ser sobre la fe. Por medio de esto mereceremos sobreponernos a todas nuestras privaciones.

El deudor

La persona que debe dinero tiene una prueba de fe.

Es importante saber que existen determinadas transgresiones cuyo castigo es que el hombre siempre sea un deudor. Incluso, todo subterfugio posible y acciones que realice no le ayudarán, y seguirá siendo siempre un deudor. A veces esas transgresiones causan que también otros sean deudores.

Hubo ciertos períodos en los cuales se propagaron deudores por el mundo, y a esto se debe que esas transgresiones se intensificaron en él.

Por lo tanto, el hombre que contrae deudas económicas puede acusarse a sí mismo, a otros, o a distintos factores como la causa de sus deudas; o, puede vivir según las reglas de la fe, con el entendimiento que "No hay tribulaciones sin transgresiones"; es decir, atribuir sus deudas económicas a sus malas acciones, y tomar conciencia que la única forma para salir de ellas es por medio del arrepentimiento y la rectificación de conducta, sin caer en la tristeza.

Negocios

La vida de un hombre de negocios que no tiene fe, no es vida.

Cierta vez, un hombre de negocios se presentó al maestro, autor de este libro, y se quejó de sus problemas financieros.

Le dijo el maestro: "Todo lo que sufres por tus negocios es debido a que piensas que *tú* eres el dueño de tus actividades comerciales. Por eso mismo estás tenso y preocupado, como si todo el peso y la responsabilidad estuvieran sobre tus hombros.

Como tú confías en tu inteligencia, tus sentidos, y tu conocimiento en los negocios, te desilusionas por cada transacción que no se realiza como deseas; también te sientes lastimado cuando descubres que ciertas personas en las que confiaste son estafadores y traidores".

El maestro hizo una pausa para que el hombre pudiera reflexionar sobre sus palabras, y prosiguió: "Si sólo supieras que el Creador es el *verdadero* Dueño de tus negocios, el Gran Jefe, y que tú eres sólo *Su* empleado, habrías hecho tu trabajo en la mejor forma como todo trabajador leal, y toda tu preocupación disminuiría".

"Pero... ¿Cómo hago para hacer del Creador mi Jefe?", preguntó el comerciante.

"Muy simple", contestó el maestro, "Cada vez que vas a completar una transacción, te diriges al Creador y Le dices: *'Creador del Universo, yo deseo conducir Tu negocio de la mejor forma, pero como está escrito (Samuel I, 16:7): 'El hombre ve el exterior, mientras que el Eterno ve el corazón', yo no tengo ninguna posibilidad de saber si la persona que está frente mío es recta o un charlatán, o si esta transacción es ventajosa o no... ¡Pero yo confío sólo en Ti! Por eso, si es Tu voluntad que yo realice este negocio – haz Tú que se materialice; pero si Tú no quieres que se lleve a cabo por una causa cualquiera – haz Tú que no se realice'"*.

Siguió el maestro diciendo: "Y así debes conducirte en cada operación que realices, antes de emplear a un trabajador, o de despedir a otro, aconséjate con tu Jefe, el Creador. Si tienes la voluntad de ampliar tus negocios o reducirlos – reza, y ciertamente triunfarás".

El hombre de negocios que reza para fortalecer su fe, puede conducir sus negocios fácilmente, sin caer en la ilusión de "Con mi propia fuerza y el poder de mi mano", sin ninguna tensión nerviosa y ansiedad. En cada caso se aconseja con su Consejero financiero – el Creador – que ciertamente sabe todo, es recto y fiel, y es el Único en Quien se puede confiar. Entonces, este hombre conduce todos sus negocios con seguridad, sin asustarse de nada.

En pocas palabras, existen sólo dos posibilidades: o que el hombre ponga al Creador como el Jefe Ejecutivo de sus negocios – y entonces tendrá una vida tranquila, y podrá realizar grandes transacciones con facilidad y sin ningún miedo; o, que siga pensando que es el dueño de sus transacciones – y entonces le esperarán presiones, nervios, fracasos, desilusiones y depresiones.

Refinanciamiento continuo

Un mal hábito difundido en nuestra época es el del refinanciamiento continuo. Es una traicionera seguridad en la que cae todo hombre ávido en hacer circular el dinero. Este tipo de hombre no hace los cálculos correctos, y no presta atención que sus gastos son mayores que sus ganancias. Solamente está deslumbrado por el dinero en efectivo que llega a sus manos, al final se derrumba y contrae enormes deudas.

Por supuesto que lo anterior es el resultado de una alteración en su fe, pues el hombre no calcula sus actos rectamente y no deja que las cosas se dirijan según lo que el Creador desea y le da, sea poco o sea mucho. Porque el hombre creyente sabe, que si el Creador quisiera que invierta una gran suma de dinero, Él se la hubiera hecho llegar. ¿Acaso, le falta dinero al Creador que necesita financiación? ¿O acaso Él necesita un préstamo en el mercado negro?

Si el Creador nos da una suma más pequeña, es señal que
Él desea que conduzcamos nuestros negocios en pequeña
escala, esto será bendecido y de ahí en adelante podremos seguir
haciendo otros negocios. Pero quien no posee fe, piensa que sólo
podrá ganar por medio de grandes inversiones, y por lo tanto,
cae en grandes peligros, invierte dinero que no es suyo en un
negocio que no es seguro que prospere, y también si prosperara
– es dudoso que pueda pagar las deudas en que incurrió para
efectuarlo.

El más grande y difundido error en los negocios es, que
el hombre quiere hacer girar grandes sumas de dinero y así le
parece que gana más. Pero en verdad, si hiciera un cálculo exacto
de la circulación anual de su dinero, cuánto invirtió, cuánto ganó,
y cuánto dinero le quedó en las manos, finalmente vería con
claridad que no ganó mucho. Porque el hombre puede ganar sólo
lo que le fue asignado en el Cielo, y no interesa cuantos miles de
millones giren en sus manos. Nunca podrá ganar ni una moneda
más de lo que le fue determinado en el comienzo del año.

El único camino para aumentar las ganancias de lo que nos
fue determinado en el comienzo del año, es por medio de muchas
plegarias, mucha caridad y la donación del diezmo de nuestras
entradas. Sólo entonces es posible que nos sean agregadas
ganancias sobre lo determinado.

Si el único problema del hombre fuera que no ganó lo
que imaginó, eso sería un consuelo parcial; pero el problema
es, que cuando el hombre invierte en un importante negocio
grandes sumas que no tiene y necesita financiamiento, mantiene
empleados sobrantes, invierte en publicidad, etc., entonces gasta
su presupuesto anual e incluso llega a extralimitarse y contraer
grandes pérdidas.

Porque respecto a lo que el hombre debe ganar en todo lo
largo del año, está todo decretado desde lo Alto, pero respecto a
lo que debe perder, puede elegir perder más y más, sin límites.
Es decir que la ganancia tiene un límite y la pérdida no la tiene,
y si el hombre hubiera conducido sus negocios en una escala

más pequeña según sus verdaderas posibilidades, sólo hubiera perdido esas sumas en empleados suplementarios, publicidad, intereses del financiamiento y cosas semejantes, y en el cálculo final ganaría más, porque ganaría la cantidad completa que le fue determinada. Vemos, que cuando hizo negocios en gran escala, se endeudó, y perdió inútilmente el dinero que le fue decretado a comienzos del año, y mucho más. Incluso hay hombres de negocios que se encuentran de pronto con deudas millonarias.

Tu Contable

El que posee la fe cumple el versículo (Proverbios 28:20): "El hombre creyente está colmado de bendiciones, pero el que se apura a enriquecerse no saldrá limpio". Él cree en la bendición del Creador, y por esto está contento con lo suyo y no se apura en enriquecerse. Cuando quiere invertir su dinero, aunque consulta con expertos como su director de banco o un economista, se acuerda siempre que el Creador es el Único que decide de donde le llegará su sustento. Antes de terminar una transacción comercial, reza de esta manera: *"Amo del Universo, Te agradezco por todo el sustento que me diste hasta hoy. Condúceme con un buen consejo cómo invertir mi dinero en forma que tenga ganancias, para poder hacer caridad y beneficencia".* Y cuando piensa en invertir en algo determinado, le reza así al Creador: *"Señor del Universo, me preparo a invertir en este negocio, por favor, dame completa confianza en Ti, que todo lo que me darás – ganancias o pérdidas – lo aceptaré con amor".*

Sobre este tipo de hombre fue dicho (Jeremías 17:7): "Bendito es el hombre que confía en el Eterno, y cuya confianza es el Eterno mismo"; y también (Salmos 32:10): "Aquel que confía en el Eterno, le rodea bondad". Por el contrario, el hombre que tiene su fe debilitada y confía en el experto o en el economista con ojos cerrados, realiza la transacción con demasiada precipitación, como si el experto fuera quien le distribuye el sustento. Sobre este tipo de hombre se ha dicho (Jeremías 17:5): "Maldito es el hombre que confía en el hombre"; o que confía en sí mismo, en su inteligencia y buena suerte, pues podrá decepcionarse. Porque quien confía en algo o alguien salvo el Creador, cae por medio de eso mismo.

Un buen comerciante

Hay un fundamento de la fe, que es la base de todo asunto de negocios, comercio y sustento – la creencia que todo el sustento del hombre está determinado en el comienzo del año.

La expresión práctica de la fe, es la confianza en el Creador. Es decir, saber que el rol del Creador es sustentar a Sus criaturas, y que Él lo cumple lealmente. Por lo tanto, todo lo que nos fue determinado nos llegará sin duda, y esto no depende de nuestro esfuerzo ni de nuestra inteligencia o rectitud. De ninguna manera puede alguien tocar lo que nos merecemos, o sustraer lo que nos fue decretado desde el Cielo, tal como dijeron los Sabios: "No hay un hombre que pueda tocar lo que está dispuesto para su prójimo".

Cuando entendemos este fundamento, y lo creemos con fe completa y simple, *sólo* entonces podemos tratar todos nuestros asuntos financieros, y pasar todas las pruebas de fe con éxito, tranquilidad y alegría, sin llegar al enojo, la impaciencia, el hurto y el fraude.

En la práctica, un hombre que posee confianza en el Creador, jamás piensa en el dinero. Toda su relación con el tema del sustento concluye en tres palabras: **"El Creador sustenta"**. Punto.

Lo que te fue determinado – te llegará

Todo negocio es una serie de pruebas de fe. En cada momento el comerciante atraviesa la siguiente prueba: cree que todo su sustento está determinado desde lo Alto, y entonces esta calmo y alegre conduciendo todos sus negocios con tranquilidad, honradez y rectitud; o por el contrario, piensa que todo su sustento depende de su esfuerzo, y entonces está nervioso y tenso, haciendo muchos esfuerzos y subterfugios e incluso fraudes.

Todo reposa sobre la simple fe de que todo sustento está fijado desde el Cielo con exactitud. El único libre albedrío que tiene el hombre, es sólo elegir el canal por donde le llegará su prosperidad: si por un "canal de oro" – es decir por caminos de rectitud, con alegría y tranquilidad, o por un "canal de alcantarilla" – por medio de nervios, intrigas, y todo tipo de caminos engañosos.

No existen tres posibilidades, sólo dos, o crees que recibirás lo que te fue determinado, en el tiempo fijado y momento; y si no es de este lugar – será de otro lugar; y si no es hoy, será mañana. Y el resultado será que estarás en calma, vivarás una buena vida, y ciertamente no te complicarás con transgresiones, engaños y hurtos. O que tú no creas, y entonces el resultado es que estarás tenso y nervioso, tu vida será un infierno, y te complicarás con malos negocios y deudas. Hay personas que llegaron incluso a la cárcel como consecuencia de negocios precipitados. Y si todavía no llegaste a esto, de cualquier manera tu vida estará llena de agitación e inquietudes, y seguro que llegarás a transgresiones de fraudes y hurtos.

¡Es debido acordarse! Todo le está fijado al hombre con gran precisión, y de cualquier manera, con rectitud o no, eso no beneficiará al hombre ni con una moneda más de lo que le fue determinado. Encontramos, que tanto el comerciante que hizo un negocio honestamente, como el comerciante que tomó dinero en forma fraudulenta, recibieron justamente lo que les fue determinado; pero la diferencia es, que el que recibió su dinero con rectitud – lo gozará, y el que lo tomó fraudulentamente – ese mismo dinero lo dañará y sólo le hará sufrir...

El que roba, se roba a sí mismo

Sobre este tema existe una historia sorprendente y maravillosa:

Hace muchos años había un gran Justo, que tenía un discípulo llamado Josecito, al que su Mala Inclinación le indujo a robar.

Josecito no pudo sobreponerse a la atracción de robar, y por la noche, cuando todos dormían, salió de su casa dirigiéndose a la lujosa mansión de Sara, la rica dama, que estaba ubicada en el extremo de la ciudad.

Sara era la hija única de un muy rico comerciante, que no hacía mucho tiempo había fallecido y, debido a que no tuvo más hijos, dejó todos sus bienes a su hija.

Josecito llegó a la entrada de la propiedad, y he aquí, el portal estaba abierto, el guardián estaba sumergido en un sueño profundo, y los mastines movían alegremente sus colas... Josecito siguió su camino sin interrupción a través del lujoso jardín y llegó a la mansión; también acá estaba todo listo y dispuesto para él, la puerta no estaba cerrada, y parecía que la tierra se hubiera tragado a los sirvientes...

Cuando Josecito entró silenciosamente en la casa, se detuvo un momento para observar toda la abundancia y la riqueza – las alfombras valiosas, las pinturas singulares, los cubiertos de oro y los lujosos candelabros. Después, siguió su camino, pasando el lujoso salón y dirigiéndose al escritorio, ahí – sabía de sus pasadas visitas al padre de la señora Sara – estaba la caja de caudales. Para su gran alegría, encontró la caja abierta completamente, y adentro, ordenados y acomodados unos al lado de los otros – ¡paquetes de dinero, lingotes de oro, joyas caras y piedras preciosas!

Josecito no pudo dejar de impresionarse de que las cosas le fueran tan fácilmente – el guardián durmiendo, los mastines no ladran, la mansión abierta, todos los sirvientes desaparecidos, la caja de caudales abierta – Josecito comenzó a sentir que tenía – si se puede decir – la ayuda del Cielo...

Josecito comenzó a pensar: "¿Qué es esto que me hace el Creador? ¿Por qué todo me va tan fácilmente? Parece como si todas estas riquezas fueran mías, y todo lo que tengo que hacer es simplemente tomarlas sin ningún obstáculo; qué extraño"...

Se detuvo a mirar toda la abundancia que tenía frente a sus ojos, y poco a poco empezó su corazón a palpitar con fuerza por la transgresión que estaba por cometer. Después de todo, él era un buen hombre, con una verdadera voluntad de servir al Creador, es sólo que tenía ese mal apetito que no podía superar...

Empezó a pensar: "En verdad, toda la manutención del hombre le está determinada en el comienzo del año... ¿Por qué tengo que tocar los bienes de otros?".

Aun le parecía que los gruesos fajos de dinero y los brillantes lingotes de oro lo estaban llamando: "¡Josecito! Somos tuyos, llévanos... ¡Josecito!".

Y así, permaneció parado y vacilando, y poco a poco la fe volvió a iluminar su corazón.

"Ciertamente si toda esta abundancia es verdaderamente mía, llegará a mis manos en forma completamente permitida", pensó. "Entonces, ¿por qué tomarla en forma prohibida, transgrediendo la Voluntad del Creador?".

De pronto el corazón de Josecito se animó y se lleno con un gran temor a Dios. Percibió el gran peligro en que se encontraba, y enseguida gritó desde el fondo de su corazón: "¡¡*Señor del Universo, sálvame!!*". Entonces, giró rápidamente sobre sus talones y escapó de la mansión sin llevarse nada.

Al día siguiente al anochecer, después de haber pasado un largo día de arrepentimiento, vergüenza y llanto frente al Creador para que le perdone su voluntad de robar, le llegó un emisario con un mensaje de su maestro, el gran Justo, que lo llamaba inmediatamente.

Con pies temblorosos fue Josecito y entró en el cuarto de su maestro, lleno de miedo y vergüenza. Estaba completamente seguro, que el Justo vio, con su Inspiración Divina, todas sus acciones.

"Josecito", le dijo el Justo, "Siéntate por favor, ¿cómo estás?".

"Gracias a Dios", contestó Josecito, esperando con temor la continuación de sus palabras.

"Josecito", Dijo el maestro, "Se dirigió a mí la dama Sara, ¿tú sabes quién es ella?".

" S...si, p...p...por supuesto, su señoría", tartamudeó Josecito. ¡Ya está! Ahora estaba seguro que la dama lo vio en medio de la noche en su casa, y se lo contó a su maestro. ¿Dónde se podría esconder? ¿Cómo podría mirar a su maestro a los ojos? ¡Ay! que vergüenza, ¡ay! que bochorno...

Continuó el Justo, "Como sabes, Sara es única hija, y antes de fallecer, su padre me pidió supervisar todos sus asuntos, que me preocupara por ella y la cuidase...", acá hizo el maestro una pausa y clavó una mirada penetrante en Josecito que empezó a temblar.

Luego, continuó y dijo: "Sara se dirigió a mí esta mañana, y me pidió que le encuentre un novio. Su voluntad es que sea alguien que se ocupe del estudio y del servicio a Dios. Ella no quiere que dirija sus negocios y propiedades, sino que estudie sin ninguna interrupción, y que no tenga nada que ver con las cosas materiales de este mundo... Ella misma es suficientemente hábil para dirigirlo todo, es una verdadera mujer virtuosa, experimentada en los negocios de su padre".

El Justo le sonrió a Josecito y continuó: "Y he aquí, al comienzo, no pude pensar en ningún candidato. Pero de pronto el Creador me sugirió que ha llegado el momento que te cases, y enseguida me iluminó con la certeza que son ustedes la pareja perfecta... Si aceptas, ve inmediatamente a prepararte para la boda. Mi voluntad es realizarla sin mucha demora, antes de las próximas fiestas".

Josecito salió completamente asombrado del cuarto de su maestro a la calle llena de sol, sintiendo su cabeza agitada. Se sentó en un banco lateral, y los últimos acontecimientos pasaron frente sus ojos; su corazón se expandió y se impresionó por la maravillosa Supervisión Divina y la Misericordia del Creador. Casi se desmayó pensando lo que hubiera pasado si no triunfaba en la prueba... ¡Si realizaba el robo, de hecho hubiera robado su propio dinero, y con esto perdía todo un buen futuro! En vez de tener una buena esposa, vivir bien y ocuparse en el servicio al Creador, en el estudio y la plegaria – como era su verdadera buena voluntad – él tendría ahora que esconder su fortuna, escaparse al extranjero, y ciertamente que hubiera también abandonado el camino de la fe...

Josecito agradeció con lágrimas al Creador por Su Misericordia y Su ayuda para hacerlo triunfar en la prueba de su vida. Él también le hizo ver con sus propios ojos como la abundancia le está preparada al hombre, y que toda la prueba consiste en armarse de paciencia y recibirla en su momento y en su tiempo, en forma permitida – y así verdaderamente podrá ser gozada. Josecito entendió ahora, que si el hombre tratara de precipitarse a los acontecimientos y la tomara en forma prohibida – entonces seguro que no la gozaría. Una mejor lección de fe y de Supervisión Divina no podría recibir en ningún lado...

Ciertamente, no todos tienen el mérito de ver en forma tan clara cómo su dinero le está dispuesto, y cómo todo su libre albedrío es sólo cómo lo recibirá. Pero en verdad, así es en todas las pruebas de sustento que tenemos – nuestro dinero nos está dispuesto previamente, y desde el Cielo estamos puestos a prueba: si tratáramos de precipitarnos a los acontecimientos, como tomar prestado dinero, entonces nos tensaríamos, nos pelearíamos con la gente e incluso podríamos llegar a engañar, robar, hurtar y explotar a los demás. O, por el contrario, si esperáramos con paciencia, lo recibiríamos por el buen camino.

Debemos saber, que incluso si Josecito no se hubiera casado con Sara, dado que ese dinero le fue dispuesto – lo hubiera recibido de cualquier otra manera, por ejemplo la dama hubiera decidido dar su dinero para mantener a uno de los discípulos del Justo, o hubiera realizado un negocio con ella, etc., porque el Creador tiene muchos caminos para sustentar sus criaturas.

Cada cosa a su tiempo

Un comerciante dueño de fe debe saber, que existe una Supervisión Individual sobre cada objeto en venta – es decir, cuándo y a quién se venderá. El Creador supervisa con completa Supervisión cada artículo o mercadería, y crea las causas para que llegue a quien es debido. La causa es que en todas las cosas que existen en el mundo hay chispas espirituales, y tienen su momento en el que llegarán a un determinado hombre, que tiene la misma raíz espiritual que las chispas que hay en ese objeto. Por lo tanto, cada artículo tiene un determinado comprador cuyas chispas le pertenecen.

Encontramos entonces, que cada transacción que se ejecuta es sólo debida a que el Creador lo determinó. Cuando llega el momento y la hora establecida para que una mercadería pase a las manos de un determinado hombre, para la perfección de su alma mediante las chispas espirituales que hay en ella, entonces el Creador supervisa y crea las causas para que esa persona llegue al lugar donde está ese objeto y se le despierte el deseo de comprarlo.

Por eso está bien claro, que cuando un hombre no tiene una relación espiritual con un determinado objeto o mercadería, y simplemente no está interesado en comprarlo, el comerciante que trata de persuadirlo para que lo compre está precipitándose a los acontecimientos, y esta venta sólo podrá traerle malos resultados como, por ejemplo, que el cliente se lamente por haber comprado un objeto que no necesitaba sólo porque fue presionado, es posible que se enfade con el comerciante, e incluso lo maldiga.

Todo el que se ocupa de negocios puede atestiguar que a veces una mercadería que estaba seguro le sería arrebatada, se llenó de polvo en los estantes. Y por el contrario, una mercadería que no esperó que tuviera salida, la vendió rápidamente y a un buen precio. Hay veces que una transacción se demora en forma incomprensible, hasta el momento en que sus chispas llegan a quien pertenece, y entonces todo se arregla y se materializa. Hay también muchos otros casos, en que el observador verá que la única explicación es la exacta Supervisión de cuándo y cómo el objeto o la mercadería cambiará de dueños.

Negociación con fe

Lo que entendemos de lo anterior, es que cuando el hombre es dueño de fe, está contento con lo suyo, y todas sus negociaciones se realizan por medio de la verdad y la fe. Él puede contestar positivamente a la primera pregunta que, como enseñaron los grandes Sabios, se le hace al hombre después de morir: "¿Negociaste durante tu vida con fe?". "Con fe" significa que el hombre es fiel a su palabra sin cambiar la verdad, y el significado de la pregunta es realmente si él utilizó durante su vida al comerciar el atributo de la verdad, sin ninguna mentira y engaño.

Un comerciante dueño de fe no alabará su mercadería más de lo debido, porque sabe que cada mercadería está destinada a un determinado hombre que querrá comprarla sin que se la adornen con mentiras. Nunca engañará y lisonjeará al comprador, pues sabe que no es el cliente quien lo sustenta sino solamente el Creador.

El comerciante poseedor de fe no se asusta y no se desilusiona por ninguna cosa, también cuando el comprador decide no comprarle, no le importa. Él sabe que el Creador es el que le da sustento, y es probable que esta vez lo alimente de otra forma, y tal vez no a través de su negocio o comercio. Un comerciante como este, logra una buena calificación por su fe, y tiene una vida buena y tranquila ya en este mundo. Él aprobará el Juicio en el Mundo Venidero por su honestidad y decencia, su cortesía y sus buenas cualidades, y por no haber afligido a otros.

Contrariamente, un comerciante al que le falta fe, piensa que el comprador es el que le da su sustento, por eso lisonjea a sus clientes y se muestra servil frente a ellos. Y debido a que piensa que todo su comercio depende de su esfuerzo, confía en su inteligencia, en subterfugios, se permite mentir, engañar, denigrar a sus competidores (transgrediendo así el pecado de la maledicencia y la difamación), y prometer cosas maravillosas que no existen.

Cuando este tipo de comerciante tiene éxito en su comercio, se llena de auto estima y orgullo, pues está seguro que su inteligencia y su talento en los negocios fueron la causa de su triunfo. Y, si vende su mercadería a más de su valor, se alaba a sí mismo diciendo que sabe ganar dinero. Por supuesto que esa misma ganancia es su pérdida, porque debido a que engañó al comprador y tiene en su bolsillo dinero impuro, esto lo derrumbará espiritual y materialmente. Sobre esto se debe rezar: *"Creador, el Misericordioso, susténtame en forma permitida y no en forma prohibida"*. De todos modos hubiera ganado la misma suma que le fue determinada en el Cielo, incluso si hubiera vendido la mercadería a su verdadero precio, el más bajo, la diferencia le llegaría de otro lado.

Y cuando este tipo de comerciante no logra vender, se lamenta, se enerva, insulta y blasfema, se queja y se amarga, su vida no es vida, y su calificación de la fe es muy baja...

La libre elección

Supuestamente hay lugar aquí para plantear una pregunta – vemos con nuestros propios ojos no una vez ni dos, que un comerciante sagaz logra "persuadir" a un cliente inocente para que compre su mercadería, entonces ¿dónde está la Supervisión Individual?; o vemos que fulano estafó a mengano en una suma enorme de dinero, y está completamente claro que ganó el dinero sólo por medio del fraude – entonces, ¿cómo se puede decir que hay acá una Divina Supervisión?

La respuesta está en la siguiente enseñanza de los Sabios: "En el camino que el hombre quiere andar – por ese lo conducen desde lo Alto", lo que significa que es obligatorio que la Supervisión Divina sea ocultada, para que la libre elección quede en las manos del hombre.

Por esto, cuando el hombre elige vivir con fe y simplicidad, le llegará su sustento sin ningún esfuerzo y convencimientos, servilismo y lisonjas, y por supuesto sin mentiras y engaños. En otras palabras, él recibirá su sustento sin ningún pesar.

Pero, si él elige conducirse con "Mi propia fuerza y el poder de mi mano", atribuye su éxito a sus esfuerzos, talento, etc., entonces desde el Cielo le dejan lugar para errar, que crea que *él mismo* logró vender su mercadería sólo gracias a su facilidad de palabra, y por supuesto, acompañado todo con mucha tensión y pesar. Sobre eso hay que pedir en plegaria: "*Creador, el Misericordioso, susténtanos con tranquilidad y no con angustia*".

En verdad recibe sólo lo que le fue fijado, y por supuesto lo recibirá de una u otra manera en el tiempo y momento en que el Creador lo hubiera determinado, y como está escrito (Salmos 145:15): "Los ojos de todos Te esperan, y Tú les das su sustento a su debido tiempo...".

Incluso en el caso que el comerciante eligiera ganar su dinero engañosamente, el Creador le dejará prosperar, según la enseñanza antedicha de los Sabios, y en vista de la regla espiritual que "Se causa un castigo mediante un deudor", y siendo él un estafador – es elegido para ser la vara que castigue a alguien a quien se le decretó ser engañado, y luego él mismo será castigado por eso. En verdad, si él hubiera andado por el camino recto, ciertamente llegaría toda esa suma a sus manos, ni una moneda menos – y en forma totalmente honesta...

Precipitar el curso de los acontecimientos

Los resultados de precipitar el momento de las cosas son varios. Por ejemplo, como se ha mencionado anteriormente, es posible que el comerciante con su persuasión, precipite al cliente a comprar un objeto que no le corresponde, el cual no consigue usar porque por ejemplo se arruina, y entonces vendrá con quejas al comerciante. El resultado es que el comerciante perdió en esta transacción sólo porque precipitó el curso de los acontecimientos. Agregado a esto, él afligió a su prójimo, arruinó su prestigio, y como se entiende, el deterioro de la fe le trajo estas pérdidas.

Es también posible que el objeto *sí* le perteneciera a ese cliente, sólo que debería llegar a sus manos más tarde. El comerciante que precipitó el momento, recibió el dinero demasiado temprano y lo utilizó. El resultado es que gastó el dinero que debería llegarle en otra ocasión, cuando verdaderamente le fuera necesario.

Hay un sin fin de casos más, a veces el hombre precipita tanto el curso de los acontecimientos, que puede llegar a robar una enorme suma de dinero, pero en efecto – ese fue todo el dinero que le fue ordenado a él y a sus descendientes para toda la vida, y ahora lo está gastando todo sin dejarse nada, con esto se decreta a sí mismo y a su familia la sentencia de muerte. Existen más combinaciones que el ser humano ni puede imaginar, pero una cosa es evidente, que toda manera de precipitar los acontecimientos, desde el más simple convencimiento hasta el fraude y el hurto, engendran sólo angustias y confusiones, como han dichos los Sabios con sencillez: "El que precipita el curso de los acontecimientos – es rechazado por ellos...".

Ésta es la regla principal que todo depende de ella, y que debe cada uno recordar: Lo que te está decretado – te llegará de una manera u otra.

Crees en esto y confías en el Creador que todo está en Sus manos, Le dejas decidir cómo te mantendrás y así estarás tranquilo, apacible y alegre, entonces no engañarás ni robarás; o no crees en esto, y corres, te esfuerzas, trabajas duro, precipitas el tiempo y toda tu vida es un infierno, y entonces probablemente te toparás con innumerables obstáculos, como robar y engañar.

Las apuestas

Las apuestas son una terrible calamidad, y el que es atraído por ellas se adicta aún más que el que se adicta a las drogas. Generalmente, causan el colapso del hombre y lo llevan a un estado deplorable; es innecesario decir que el hombre creyente no debe tener nada que ver con ellas.

Las apuestas derivan del amor al dinero, sacan al hombre de sus cabales, y lo alejan completamente de la verdad y de la fe en la Divina Supervisión. Ellas parecen ser un camino fácil para ganar grandes sumas de dinero, pero en verdad, es una senda muy difícil, que lleva al hombre y a toda su familia a una vida amarga e insoportable.

Las apuestas marean al hombre, pues la Mala Inclinación siempre se preocupa que algunos ganen sumas enormes de dinero, y así quien los ve se "come el corazón" de envidia y se imagina que la próxima vez él será el gran ganador. El hombre se marea y gasta en pocas horas grandes sumas, con las cuales podría hacer muchas cosas positivas.

El apostador causa una terrible aflicción a toda su familia y especialmente a su esposa e hijos, quienes ven desesperadamente cómo toda esa abundancia se pierde, en lugar de llegarle a ellos que verdaderamente la necesitan.

Según la Ley Divina y las más básicas leyes morales, todo dinero que se gana mediante las apuestas es un hurto, pues es una ganancia a cuenta de la perdida de otros, lo que no trae ninguna bendición. No hay gozo en el dinero que llega por un sucio camino, sólo sufrimiento.

El apostador siempre pierde

Ya que le es decretado al hombre al comienzo del año exactamente cuánto ganará y cuánto perderá a lo largo de ese año, entonces incluso si hace todos los esfuerzos posibles, y aunque apostara con grandes probabilidades y cálculos sofisticados, nunca podrá ganar más de lo que le fue determinado en el Cielo.

¡Pero atención! – lo anterior es con respecto a lo que le fue decretado al hombre ganar, pero con respecto a lo que le fue decretado perder – sí es posible que pierda aún más de lo que le fue fijado, e incluso es posible que pierda toda su fortuna hasta quedarse con enormes deudas.

Entonces, una de dos – si el apostador malgasta su dinero en las apuestas, es posible que pierda todos sus bienes y todavía más; y si gana, nunca podrá gozar más de lo que le fue decretado, en especial porque ese dinero no contiene ninguna bendición. Es decir que de todas maneras él sólo pierde, y entonces para qué le ayudaron todas las apuestas... ¿Acaso podrá cambiar lo que le fue decretado desde lo Alto? Lo mejor es que espere y reciba lo que es suyo en su momento, con rectitud y dignidad.

El apostador es cruel

Debemos saber, que no somos los dueños de nuestro dinero, sino que fue depositado en nuestras manos por el Creador, para que lo usemos según Su Voluntad. La mayoría del dinero que el Todopoderoso da a un hombre con esposa e hijos es sólo para sostenerlos. Si este no tuviera familia, tampoco tendría todo ese dinero – y entonces, ¿quién le permitió usar el dinero que le fue dado por el Creador para ellos y apostarlo? Vemos entonces, que el hombre que apuesta hurta lo que pertenece a su familia, usando con frivolidad y con sus quimeras lo que le fue dado para usar inteligentemente para el bienestar de ellos.

No existe alguien tan cruel con su esposa e hijos como el apostador, porque no importa si gana o pierde, de todas maneras les causa angustia; si pierde – entonces perdió el dinero de su familia y deberá rendir cuentas al Creador por toda la aflicción que les causó, y mientras tanto también les llegarán todo tipo de sufrimientos por esa culpa. Y aun si gana en sus apuestas – no le ayuda en nada pues recibe solamente lo que le fue decretado, sólo que ese dinero ya no tiene ninguna bendición, debido a que lo recibió por medio de un camino impropio. Sus familiares sufren por sus pérdidas, y se avergüenzan porque el sustento les llega por medio de las apuestas.

El apostador goza a cuenta del pesar de los otros

Es un hecho, las apuestas son terriblemente inmorales. En la mayoría de los casos, la ganancia de las apuestas es a cuenta de otro, y a decir verdad, no sólo su prójimo sufre porque, como se ha dicho anteriormente, el apostador pierde el dinero de su familia, y a veces pierde también el dinero de otra gente de la que tomó prestado, o a la que robó. ¿Cómo le sería posible a un hombre moralmente sano, gozar de este tipo de dinero ensuciado con la sangre de los demás?

Con mayor razón, los dueños de las distintas casas de apuestas son realmente asesinos del espíritu. Todas sus enormes ganancias son a cuenta de la terrible aflicción de los que fueron seducidos a apostar en sus casas de juego, y especialmente de sus familiares. Y no sólo eso, sino que les "ayudan" con préstamos para que puedan seguir apostando después que su dinero se terminó, y con esto los arruinan a ellos y a su familia.

La conclusión obvia y natural es que ningún hombre con ética, y ciertamente ningún hombre creyente, tienen algo que ver con las apuestas.

En el caso que el hombre posea una fuerte pasión por las apuestas, debe pedirle al Creador, que le saque el apetito de dinero que lo atrae a las apuestas, su enfermizo amor al dinero que le hace desear tener más y más aunque no tenga problemas de sustento. También debe rezar muchísimo para obtener la fe, porque la raíz de su apetito por el dinero y las apuestas es la herejía, es decir, que no cree que todo su sustento está fijado desde el Cielo, y aún peor, ¡él cree con falsa fe que podrá, a través de las apuestas, ganar grandes sumas sin la ayuda del Creador! ¿Qué podemos deducir, que piensa que el Creador le quiere dar dinero mediante sus apuestas? – ¡es ridículo! Cada hombre debe saber que el Creador tiene muchos caminos para sostenerlo y no necesita su ayuda, y ciertamente no por el mal camino de las apuestas.

Billetes de lotería

Según la Ley Divina, aunque esto tampoco corresponde completamente a su espíritu, la única forma de apuestas que podría ser considerada como permitida es la lotería, pues la ganancia no es a cuenta de la perdida de otros.

Si el hombre desea esforzarse en esa dirección, la única forma permitida según el punto de vista de la fe, es que compre un sólo billete. La razón es que solamente el Creador es el que determina quién ganará el premio, y así, si es Su Voluntad sustentar al hombre de esta forma, Él causará que la suerte caiga en su billete, sin la "ayuda" de más billetes.

Por lo tanto, un hombre que adquiere más de un billete de lotería, demuestra que no posee la fe que el Creador es el que determina quién ganará, y confía en los pronósticos y las probabilidades. Y no sólo eso, sino que este hombre gasta el dinero que fue depositado en sus manos en tonterías y vanidades, en contra de Su Voluntad, y deberá rendir cuentas por eso.

Ésta es su prueba de fe: si gana con su único billete – estará alegre pues sabe que el Creador determina su subsistencia, y si no gana – tendrá la creencia que así Él lo quiere, y que es para su propio bien no haber ganado, y por lo tanto, no tendrá ninguna pena. En tal caso logrará una buena calificación en su prueba de fe.

Pero el que se conduce en forma contraria, sólo gasta su dinero inútilmente, se llena de vanas esperanzas, desilusiones, herejías, confusiones, y su calificación en la prueba de la fe es muy baja.

Una prueba difícil

El hombre que repentinamente gana una gran suma de dinero, ya sea por ganar la lotería, o por alguna otra razón como una herencia, o al hacer una gran transacción, está en una prueba de fe – un examen muy difícil. Y la realidad ya probó que la mayoría de esos ganadores, lograron grandes sumas de dinero, pero perdieron sus propias vidas...

¿Cuál es la causa? – que en ·la mayoría de los casos la gente no posee las herramientas espirituales y mentales para mantenerse tal cual es cuando en sus manos cae una riqueza excepcional, a la cual no están acostumbrados. Por lo tanto, se llenan de arrogancia y, de repente, el esposo no quiere más vivir con su esposa, o la esposa no quiere más a su marido. Sus pensamientos se confunden con todas las "nuevas y grandes posibilidades que les esperan" y así se complican con malas inversiones, caen en las trampas de impostores, abogados, "nuevos" familiares y todo tipo de confusiones, y tienen así grandes aflicciones. Sólo cuando el hombre posee la completa fe, entonces posee las herramientas para recibir una riqueza tan grande, y como sabe que el dinero no es de él – no se enorgullece. Ese hombre sabe bien que el dinero le fue depositado por el Creador para que lo use adecuadamente según Su Voluntad, que sólo Él es el que enriquece y empobrece, y que así como lo enriqueció, con la misma rapidez puede sacarle toda su fortuna, si no se comporta como es debido. Por lo tanto, ese hombre no se conduce con imprudencia y con apuro, sino que piensa y calcula juiciosamente cómo invertir el dinero que le llegó, y confía en el Creador para que lo guíe en todo lo que hace.

Él da un diezmo de su dinero para caridad*, e invierte en negocios mientras consulta con el Creador y le reza para que lo dirija en cada paso; también invierte sólo una parte de la suma y no corre tras las riquezas (véase subtítulo "Negocios"); también invierte en establecimientos de estudios de la Ley Divina y beneficencia – que son inversiones eternas. Este hombre logrará una excelente calificación en el examen de la fe, y no se dañará por la repentina ganancia que le llegó, ni material ni espiritualmente.

Al contrario, el que no tiene fe, piensa que el dinero es suyo y que lo puede usar como desea, sin dar cuentas a nadie. Él empieza a confundirse sobre cómo y dónde invertirá el dinero de tal forma que no lo pueda perder. Se enorgullece, siente que su esposa ya no es para él, después de todo – él es rico... Pierde a sus amigos, empieza a temer de todos los que lo rodean sospechando que quieren explotarlo para gozar de su ganancia; está lleno de miedos, inquietudes y todo tipo de sufrimientos y confusiones. En muchos de los casos llega a perder todo su dinero y todavía se queda con grandes deudas que, si no fuera por esa ganancia, nunca llegaría a semejantes situaciones. Este hombre ha fracasado en el examen de la fe, y su vida se destruye precisamente por medio de esa gran ganancia, que esperó le resuelva todos sus problemas.

---

* Quien desea cumplir de la mejor manera el precepto de "Y amarás al Señor... con todos tus recursos", es conveniente que entregue la quinta parte de su ganancias, es decir el veinte por ciento.

Felicidad o riqueza

El hombre creyente sabe que su buena vida no depende de cuánto dinero posee, sino de cuánto logra cumplir la Voluntad del Creador, y esencialmente, de cuánta fe tiene. Él sabe que la única solución a sus problemas es el arrepentimiento, la plegaria y la caridad – y por supuesto, mucho trabajo para adquirir la fe. Le está bien claro que si el Creador le da tribulaciones en forma de falta de sustento, toda suma de dinero que ganara, no le ayudaría para escaparse de ellas, y sólo las cambiaría por otro tipo de sufrimientos, probablemente todavía más duros.

¡Sólo el arrepentimiento y el retorno al Creador le podrán ayudar al hombre a eliminar sus sufrimientos, pues "No hay tribulaciones sin transgresiones"! De por sí, todo el tiempo que no se arrepintió, aunque tuviera todo el dinero del mundo, estuviera sano completamente y no le faltara nada, siempre tendrá sufrimientos. Lo que no pasaría si tuviera el mérito de arrepentirse, entonces su vida sería placentera y feliz, aunque no tuviera ni siquiera una moneda usada en el bolsillo. Como se cuenta del gran Maestro de Kivlitch, que siempre tenía una extraordinaria alegría aunque vivía en una gran pobreza. Una vez le dijo su amigo, que era un hombre de fortuna, que lo envidiaba mucho, pues aunque siempre les compraba a su esposa e hijos todo lo que deseaban y trataba de satisfacerlos todo el tiempo, siempre había peleas en su casa y nunca estaban satisfechos. Pero a pesar de su pobreza, ¡en el hogar del maestro estaban todos siempre contentos y felices!

Por lo tanto, debemos estar contentos con lo nuestro, y no aspirar a enriquecernos, pues "El que aumenta sus bienes, aumenta sus preocupaciones", y ciertamente no aumenta la felicidad, la salud o toda otra cosa buena. Como los Sabios ya lo han definido: "¿Quién es el rico?, el que está contento con lo suyo" – ésta es la pura verdad. Y si en verdad le falta algo al hombre, debe simplemente pedirle al Creador con misericordia y con súplicas, y logrará lo que desea.

"Paz en el hogar" – el examen principal

El examen principal de la fe del hombre es en su propia casa, con su pareja e hijos.

Hay veces en que el hombre sufre desprecios de parte de sus familiares, a veces no le obedecen, a veces algún familiar tiene problemas de salud o de educación, a veces hay dificultades de sustento... La única forma de sobreponerse a los problemas, es por medio de la fe.

Es debido saber que la relación matrimonial, con todas las dificultades que la acompañan, obliga al hombre a vivir con mucha más fe, que en las relaciones de fuera del hogar y sus dificultades, pues el matrimonio es una relación obligatoria y no existe ninguna manera de desligarse de ella.

Por eso, la esencia de la rectificación del hombre empieza sólo cuando contrae matrimonio. Pues durante todo el tiempo que el hombre no está casado, se puede arreglar sin que necesite *verdaderamente* trabajar profundamente sobre su fe. Pero cuando se casa, recibe la verdadera medida de su nivel de fe, lo que lo obliga a empezar a trabajar en ella.

Por ejemplo, un hombre soltero que no se entiende con una determinada persona, puede simplemente alejarse o ignorarla, ¿acaso alguien lo obliga a tener una relación con ella? De por sí, él no tiene ningún trabajo sobre su fe, y ninguna medida para saber su grado de fe. Pero el hombre casado no puede abandonar su casa ni escapar de las pruebas que le llegan de sus familiares. Él debe quedarse donde está, sobreponerse a esas pruebas y, a pesar suyo, ver el grado exacto de su fe y trabajar en ella.

Si un hombre soltero es agraviado, puede devolver el agravio en forma violenta sin que esto aflija a su vida privada. E incluso si no es un tipo de persona que devuelve y contesta a los que lo ofenden, es sólo porque le es cómodo presentarse a los que lo rodean como una persona de buen carácter. Pero la persona casada cuya pareja la desdeña, o uno de sus hijos no le obedece, responde exactamente según los rasgos de su carácter. Si es una persona irascible, no puede esconder su ira, y por supuesto que cada reacción en su casa que no responde a su deseo, recibe su enojo. Entonces este hombre entiende que sin un verdadero trabajo sobre su fe, nunca tendrá paz en su hogar.

El soltero no necesita estar en la constante situación de dar al otro, de entenderlo, de escucharlo, mientras que el casado siempre debe dar, influir, escuchar y entender. Y para hacer todo esto, debe tener su espíritu calmo y entero, lo cual es imposible sin la fe.

El soltero puede presentarse como un ser alegre y sociable, pero cuando está casado se revela su verdadera alegría cuando necesita alegrar a su familia y a hacerle la vida placentera... Y por supuesto, es imposible ser una persona verdaderamente alegre sin fe.

En general, las relaciones del ser humano con la sociedad que lo rodea están fundadas en el principio de "toma y da", en actos y disfraces cuyo fin es recibir honores, aprecio, posición, sustento, etc. Pero en su propia casa, el hombre se saca todas sus máscaras y se conduce precisamente como es. Si no posee fe, esto resaltará mucho en su conducta, dejará una marca en su felicidad doméstica, y lo obligará a empezar a trabajar sobre la fe.

La paz en el hogar depende del nivel de la fe

Ésta es la regla – toda la paz doméstica del hombre depende de su fe, y por lo tanto, sólo cuando contrae matrimonio, puede verdaderamente empezar a trabajar sobre su fe con profundidad.

Por eso, la pareja debe aprender a ver todo lo que sucede en su hogar con fe, saber que en cualquier cuestión problemática que se le presenta – con los hijos o parientes, o con el sustento, está en una prueba de fe, y debe conducirse según las tres reglas de la misma. Debe entender muy bien que existe un solo consejo para cada problema de su vida que es: ir sólo por el camino de la fe con sumisión, arrepentimiento y mucha plegaria.

Contento con lo suyo

Se cuenta de un hombre que llegó hasta un gran sabio y le dijo: "No me gusta mi esposa, no es bella". Le preguntó el sabio: "¿Cuál es su nombre?". "Ana", le contestó. Dijo el sabio: "¡Que se embellezca Ana!", y así fue que Ana embelleció. Después de un tiempo, volvió otra vez el hombre al sabio y reclamó de nuevo que no estaba satisfecho de su esposa. Le contó que desde que su esposa embelleció, comenzó a enorgullecerse frente él. Dijo el sabio: "¡Que vuelva Ana a su fealdad!", y así fue...

¿Qué podemos aprender de esta historia? ¿Qué nos enseña que el hombre quiso de vuelta la fealdad de su esposa? La enseñanza es que el Creador sabe perfectamente lo que es bueno para cada uno, y que debemos creer que todo lo que Él hace es para nuestro bien; esto se llama tener fe en la Supervisión Individual de Dios. Todo el que logra esta creencia, está siempre contento con lo que tiene, pues sabe que todas sus privaciones están bajo la Supervisión Divina para su eterno bien, es decir, para corregir su alma, y conseguir la meta para la cual llegó a este mundo.

De por sí, está bien entendido que el marido y la esposa que poseen fe están contentos con lo suyo – es decir, el esposo esta contentó con su mujer, y la esposa está contenta con su marido, con todos sus defectos. Ellos saben muy bien que el Creador los supervisa, y les dio a cada uno la mejor pareja posible según la corrección que deben efectuar – es decir, que solamente mediante los defectos de cada uno de ellos, podrán cumplir su misión de vida.

Contrariamente, cuando le falta al hombre fe, entonces tiene muchas quejas. La mujer culpa a su esposo de todas sus aflicciones y el hombre está lleno de reclamos y críticas a su esposa, y piensa que ella es la causa de todos sus sufrimientos. Por supuesto que sus vidas y las vidas de sus hijos no son vida, y las calificaciones que reciben en los exámenes de fe son las más bajas posibles.

Encontramos, que de la paz que tiene el hombre en su hogar dependen su sustento, la educación de sus hijos, su alegría, bienestar, espiritualidad; todo depende de la fe.

¡Afuera de casa!

En esta sección describiremos una prueba de fe, que una gran parte de los lectores nunca experimentará. Sin embargo, esta sección no debe saltearse pues aprenderemos algunos de los más importantes fundamentos para la vida en general, y para la felicidad doméstica en particular. Todo matrimonio debe saber estos fundamentos, también deben aprenderlos aquellos que todavía no se han casado, y así prepararse para la vida conyugal.

Como se ha dicho anteriormente, la mayoría de las pruebas de fe que tiene el hombre son en su propia casa. Y es debido saber, que cuando el hombre no trabaja sobre sí mismo para superarlas con fe, entonces puede llegar a casos muy extremos, como aprenderemos ahora.

Existe un grave fenómeno que apareció en nuestra generación, en el que la esposa echa a su marido de la casa, y a veces incluso usa el brazo de la ley, para hacerlo por medio de una orden de alejamiento. Está bien claro que un acto así no llega en un momento, sino que fue precedido de muchos conflictos y peleas entre la pareja. Está bien claro que si la pareja hubiera trabajado sobre su fe, no hubiera llegado a tal situación, sino que se hubieran dado cuenta mucho tiempo antes qué es lo que el Creador les insinúa y qué es lo que deben corregir.

El marido expulsado de su casa por su mujer, debe saber que incluso si le parece que esto es injusto, de parte del Todopoderoso todo es justo.

Pues, ¿quién realmente lo expulsó de su casa, sino el Creador Mismo? Si el hombre no se conduce adecuadamente y causa perjuicios a sus familiares y a sí mismo, es preferible que salga de su casa para dejar de hacer daño. Sin embargo, aunque le parezca que se comporta adecuadamente, el Creador no hace nada sin razón y ciertamente existe una causa para su expulsión.

Por ello, lo que debe este marido hacer es utilizar las "Tres Reglas de la Fe":

a) *"Así el Creador quiere"*: Debe creer con absoluta fe que el Creador es el que lo ha expulsado de su hogar, sin asumir ninguna otra consideración como la auto-culpabilidad o acusar a los demás, como a su suegro y a su suegra que apoyan a su mujer, a las amigas divorciadas que la alientan a poner fin a su vida conyugal, a los policías que aceptan sus denuncias desmedidas (según su opinión), al juez que tomó partido por su esposa, etc. O, llegar a pensamientos de furia, ideas de venganza, tristeza, desesperación y auto-compasión. Estos proceden solamente de la falta de fe, pues demuestra que él reniega de la Divina Supervisión Individual. Si tuviera fe, pensaría sólo una y única cosa, ¡ésta es la Voluntad del Creador!

b) *"Todo es para bien"*: Debe creer con absoluta fe que el hecho que el Creador lo haya expulsado de su hogar, es para su propio bien y el de su esposa e hijos. Por cierto es una gran acción salvar a alguien del torbellino en que se encuentra y concederle un cierto tiempo para reflexionar y reparar lo que es necesario. Pero la realidad nos demuestra que ni él ni su esposa lograron corregirse a sí mismos en todo el tiempo que vivieron juntos. Es evidente que este hombre no presta atención a las insinuaciones que el Creador le dirige a través de las denuncias de su mujer, que las peleas y las tensiones en su vida no lo despiertan, que no se conduce en su hogar con fe, y que su hogar está lleno de conflictos, disputas y penas. En resumen, él y su mujer se encuentran en un torbellino del cual no pueden salir, y puesto que es imposible resolver este problema sin la separación, el Creador del Universo los aleja momentáneamente para darles la oportunidad de trabajar sobre ellos mismos, y no llegar al divorcio.

Sacar una mujer de su hogar es inmoral, tanto más cuando hay niños pequeños que dependen de ella, entonces el Creador, para su bien y para el bien de todos los interesados, expulsa al marido de la casa, dándole a su mujer el respiro y la calma necesarios para una introspección y un examen de conciencia, para recibir asesoramiento, y para comprender y corregir su vida; lo que por supuesto es un gran favor.

c) *"¿Qué quiere el Creador de mí?"*: Ahora que el marido queda liberado de la tensión mental en la que se encontraba en su casa, de los conflictos constantes con su familiares, y de las pruebas y dificultades que tenia con su esposa, las cuales llegaban a menudo juntamente con otros problemas como las deudas, etc., puede finalmente trabajar sobre sí mismo, reconocer sus errores, buscar la raíz del problema y cómo ayudar a las personas de su casa. Puede ahora rezar por lo que hace falta y reparar concretamente lo que es necesario. Asimismo, su mujer efectuará el examen de conciencia necesario, y ciertamente si él se arrepintiera verdaderamente, entonces Quien realmente lo expulsó de su casa, Él mismo lo autorizará a volver.

Cada uno debe aprender de lo que precede, la importancia de resolver los problemas en el primer momento en que se presentan, y que el menor obstáculo en la paz del hogar debe ser tratado de raíz según las "Tres Reglas de la Fe", sin esperar una terrible y dolorosa prueba. Es cierto que si el marido despierta suficientemente pronto, puede arrepentirse sin tener que salir de su casa y ahorrarse, así como su mujer y sus hijos, el dolor y daños espirituales.

Estar atento a las insinuaciones

Se comprende que en general, le es muy difícil al marido expulsado aceptar la realidad con fe, porque si llegó a tal situación, es un signo evidente que está alejado de ella. Está bien claro que nunca ha prestado atención a las insinuaciones que el Creador le ha mandado, pues se negaba a reconocer sus errores, defectos y faltas, es entonces indudable que no pueda aceptar esta gran humillación y admitir la verdad...

El camino del Creador es siempre insinuar al hombre suavemente al principio. Pero si el hombre no se despierta, las insinuaciones pasan a ser más acentuadas, y si ello no es suficiente, Él lo sacude todavía más duramente. Ciertamente que este hombre expulsado de su casa, ha recibido muchas alusiones e incluso fuertes bofetadas antes su expulsión; si sólo hubiera tratado de mirar con fe las crisis, disputas y denuncias, si hubiera tratado de buscar qué es lo que el Creador le sugería por medio de las palabras de su mujer, y hubiera tratado de comprenderla y descubrir la raíz del problema, ciertamente que no hubiera llegado a esta difícil situación.

En lugar de eso, ese hombre sólo rechazó las reclamaciones y réplicas de su esposa, sin pensar un instante que quizás debía corregir algo en sí mismo. Por consiguiente, también ahora le resulta difícil aceptar con fe la dolorosa crisis de su expulsión.

"¡Conmigo está todo bien!"

A veces, al marido le parece que se comporta perfectamente bien, está seguro que participa lo mejor posible en la casa, y por lo tanto, le resulta difícil aceptar las quejas de su mujer. Este hombre debe saber – no tiene ningún sentido lo que crees que realizas en la casa, pues a pesar de todo, tu esposa está insatisfecha. Punto. ¡Es tu responsabilidad cambiar esto, pues el rol de complacer a tu esposa es tuyo!

¿A qué se parece esto? A un mecánico que jura que reparó el motor del automóvil lo mejor posible y que cambió todas las piezas... Sin embargo, el motor no funciona. ¿Acaso puede disculparse diciendo que hizo todo lo necesario? La realidad demuestra que no ha reparado el motor como se debe, como en el dicho popular: "La cirugía ha sido un éxito, sólo que el enfermo murió". Aquí también, el marido debe saber que el Todopoderoso dirige el mundo bajo Su Supervisión, y con Justicia. Si su esposa no está satisfecha, ciertamente existe algo que deberá cambiar, e incluso si la acusa, esto no es lo que resolverá el problema, sino que sólo lo agravará más.

La falta de fe – la única dificultad

Un hombre privado de fe que atraviesa este tipo de crisis, tropieza con todo tipo de obstáculos. Al mismo tiempo acusa a su mujer, vive con rabia, piensa en la venganza; o, su corazón se quiebra por dentro porque la extraña, se llena repentinamente de amor por ella o extraña a sus niños, se siente totalmente desgraciado, despreciable y quebrado. Pero si poseyera fe, comprendería que precisamente por el contrario, es bueno estar alejado de ellos por el momento, y puesto que ama tanto a su mujer, por esa misma causa debe aprovechar este respiro que le ha concedido el Creador, para aprender cómo no ofenderla en el futuro, cómo escucharla sin críticas, y cómo respetarla y alegrarla.

Y si ama tanto a sus hijos, por eso debe reforzar su trabajo sobre sí mismo con buena voluntad y energía, para que cuando retorne a su hogar, no repita los mismos errores que destruyen la paz hogareña, debilitan la fuerza espiritual, y anulan la seguridad en sí mismos de sus hijos, que es tan necesaria para triunfar en la vida.

Malos consejos

A menudo, todo tipo de "asesores" se suman a esta "fiesta": familiares, amigos, conocidos; todos tienen una idea clara y cortante de la manera en cómo se debe comportar en tal situación. Uno lo aconseja divorciarse de su mujer; otro lo alienta a que cese de apoyarla; su madre le dice: "Eres demasiado bueno, ella explota tu buen corazón". Todos estos malos "asesoramientos" sólo conducen a la destrucción definitiva del hogar, el cual se podría salvar, si tuviera fe.

Por el contrario, el verdadero consejo consiste ahora en "comportarse como un caballero" – hacer el bien a su mujer sin esperar retribución por esto; enviarle dinero; alentar a sus hijos y garantizar que no les falte nada; pedirles obedecer a su madre... Con mayor razón, ¡no debe afligir a su esposa o usar a sus niños como un arma contra ella!

Un nuevo comienzo

Debemos saber que, en verdad, si un hombre ya llegó a esta grave situación, es solamente por los grandes errores que ha cometido. Pero ahora, después de lo que ha pasado, si así lo desea, puede comenzar a andar por el camino de la fe, pasar la prueba con éxito y corregir todo. Si se fortalece con fe y sin confusión, verá la Supervisión Divina con toda claridad, y cómo esta nueva situación es completamente para su bien.

Un regalo maravilloso

Como ya hemos dicho, el esposo dispone ahora de tiempo libre y la calma para reflexionar y corregir lo que es necesario.

En ocasiones, las deudas son las que han provocado las tensiones en el seno de la pareja, arruinando la paz doméstica. Ahora, se pueden tratar radicalmente esos problemas lejos de los conflictos familiares.

A veces son algunos de los malos rasgos del carácter del hombre los que destruyen la paz del hogar, como la ira, la pereza, la avaricia, la ingratitud. Ahora, tiene todo el tiempo libre para trabajar sobre sí y corregir su carácter.

Más aún, si tiene graves problemas, como la adicción a las drogas, el alcoholismo, las apuestas y la violencia, ahora que está libre, puede ocuparse de su problema de raíz. Se deduce que, gracias a la fe, no sólo no se asusta, sino por el contrario, ve la situación como una oportunidad ideal para corregirse. En consecuencia, hará todo lo posible y se fortalecerá en la plegaria para que el Todopoderoso le ayude a rectificar todo.

Cuando el Creador vea que realiza sus deberes, y obviamente su esposa también vea que él trabaja sobre sí mismo y que está cambiando, esto le dará esperanzas. Entonces, no sólo no tendrá más necesidad de esforzarse para volver a su casa, sino que su mujer misma le pedirá que retorne. Y cuando vuelva, después de haber trabajado sobre sí mismo y realizado todas las correcciones necesarias, la relación con su mujer será totalmente distinta, mejor, sin comparación con la del pasado.

Encontramos, que esta crisis fue en realidad un regalo del Creador; una magnífica oportunidad para empezar un nuevo capítulo en su vida. Este regalo se puede recibir sólo por medio de la fe.

Una precipitación Satánica

Es muy importante que el marido no trate de precipitar el curso de los acontecimientos intentando volver a casa, sino que crea con fe completa que el Creador sabe cuál es el momento adecuado para su retorno. Debe esperar la Salvación Divina con paciencia, hasta el momento favorable para retornar a su hogar con acuerdo completo y la buena voluntad de cada uno. Mientras, debe hacer lo suyo y aprovechar el tiempo como se debe.

Al marido, aunque reclame que su presencia en el hogar es indispensable a fin de tratar tal o cual problema urgente, como las deudas o pago de facturas, le está prohibido el retorno, y debe resolver esas cosas a distancia. Dado que incluso a las parejas que viven en paz doméstica, les es muy difícil afrontar la tensión provocada por las deudas sin discordia, con mayor razón los que no poseen paz en el hogar no tienen la oportunidad de corregir lo que es necesario en tal situación. De hecho, el Creador ha visto que no podría tratar sus problemas como es debido -- con la plegaria, el examen de conciencia, el arrepentimiento y otros esfuerzos necesarios, a menos que esté un cierto tiempo fuera de su casa, en un lugar tranquilo.

¡Todo depende del marido!

Un esposo que posee fe no acusa a nadie de sus problemas matrimoniales. Incluso si considera que otros son responsables de la crisis, él acepta su cuota de responsabilidad y corrige lo necesario.

Porque en efecto, si su mujer se hubiera sentido satisfecha, es decir que él hubiera sabido cómo alegrarla, escucharla, comprenderla, aliviar sus tensiones, alentarla, consolarla, estar atento a sus peticiones, o en otras palabras, si su esposa hubiera sentido que él es su mejor amigo, entonces ella no hubiera tenido la necesidad de buscar a alguien para contarle sus penas y problemas matrimoniales, y no hubiera escuchado los consejos de ninguna persona. Ella habría tenido confianza sólo en su esposo, y entonces, no hubieran llegado a esta situación que ha obligado a sus padres o a quien sea, a darle consejos.

Es necesario comprender muy bien – la mujer necesita sentir que tiene a su lado al *mejor* amigo del mundo, que es a la vez un padre, una madre y su mejor amiga. Debe sentir con plena confianza, que tiene quien la escucha, comprende y la justifica en toda ocasión. No como esos maridos que cuando sus mujeres abren su corazón, se comportan como acusadores, la reprenden, la culpan de todo e incluso la desprecian por sus sentimientos en lugar de apoyarla, justificarla y de estar siempre a su lado.

Hombre, debes saber – todo el tiempo que tu esposa siente la necesidad de contar lo que tiene en su corazón a sus amigas, es un signo de que ella no puede contarte todo; si tu esposa necesita el apoyo de sus padres, es signo que no recibe de ti el apoyo y el amor que necesita; toda vez que tu esposa pasa horas hablando por teléfono, es un indicio que no tiene tu oído atento cuando lo necesita.

Como resultado de lo que hemos aprendido, que *todo* depende del marido, es posible que algunos lectores tengan pensamientos depresivos o auto-acusaciones, pero este no es el camino. Aunque verdaderamente el esposo se comportó hasta hoy en forma equivocada, la tristeza, la desesperanza, la auto-persecución, no pueden ayudar. La senda recta es aprender lo que se debe corregir, empezar una nueva página y actuar para reparar los errores. Por supuesto, se debe rezar mucho y pedirle al Creador ayuda en cada paso que se tome.

Proyecto de recuperación

Presentaremos ahora un plan de trabajo para la prueba que acabamos de mencionar. Con este podrá el lector aprender cómo conducirse en las demás pruebas de la vida, y cómo enfrentarlas con fe para superarlas con éxito.

Al comenzar a trabajar sobre sí mismo, es necesario antes todo que el hombre cambie su mala conducta inmediatamente. Si hasta hoy era avaro, tacaño y cruel, entonces debe esforzarse a ser en lo sucesivo bueno, darle a su mujer sin límites, enviarle dinero y regalos, y si puede hablar con ella, hacerlo y prometerle ocuparse de todos sus problemas materiales y espirituales, y darle la confianza que él es el que toma entera responsabilidad sobre todo. Debe hablar también con sus hijos y tranquilizarlos que no los ha abandonado; debe explicarles que viajó para ocuparse de algunos asuntos importantes, que es para bien de todos ausentarse de casa. Les pedirá que acaten las órdenes de su madre y la ayuden. En otras palabras, desde ahora debe comenzar a "convertirse en una persona" en todo el sentido de la palabra.

Presentaremos las etapas de su trabajo sobre sí mismo:

a) **Fe** – la primera etapa consiste en rezar mucho para poder aceptar lo que le ocurre con la fe que todo lo que le pasa proviene del Creador, sin enfrentarse con ninguna persona ni con sí mismo. Hasta que no crea con fe completa que "Así el Creador quiere", sin tristeza y sin acusaciones, no puede empezar su trabajo. Solamente cuando acepte la realidad con la creencia que ésta es la Voluntad Divina, con alegría y reflexión, sólo entonces podrá pasar a las etapas siguientes.

b) Estudio – debe aprender muy bien las reglas de la paz doméstica, tales como figuran en este libro, y con más profundidad en el libro "En el Jardín de la Paz" de este mismo autor, escuchar los CDs sobre este tema, y así podrá entender qué errores cometió durante su vida conyugal. Es necesario que estudie honestamente, con el fin de saber lo que debe corregir y sobre qué debe orar, y no para caer en auto-acusaciones y tristeza.

c) Examen de conciencia y arrepentimiento – debe dedicar cada día tiempo para rezar por su problema, pedirle al Creador que le perdone por haber hecho sufrir a su mujer y a sus hijos, detallando cómo la afligió según lo que ha aprendido, y repetir sus rezos pidiéndole al Todopoderoso que inspire en el corazón de su mujer un completo perdón.

d) Introspección – debe profundizar intensivamente sobre los temas en los cuales fracasó; deberá insistir en estudiarlos y, particularmente, esforzarse en rezar sobre cada tema hasta que penetre en su corazón, para poder corregir y conducirse como es debido.

Por ejemplo: una de los fundamentos de la paz en el hogar consiste en *nunca* criticar a la esposa. Es un problema que para ser resuelto requiere muchas plegarias, ya que es una propensión natural y cruel en el hombre criticar a su entorno por sus errores o deficiencias. El marido incluso cree que es su obligación criticar a su mujer para que se corrija, pero en verdad, la crítica no ayuda en nada a la corrección, sino que le destruye la confianza en sí misma y la lleva a la conclusión que su marido la aborrece; piensa que su esposo ya no la ama y que ella no es la mujer perfecta – que éste es su objetivo e ideal, ser perfecta a los ojos de su marido.

Por lo tanto, es necesario multiplicar las plegarias al Creador, y decirle:

"Señor del Universo, Te doy las gracias por haberme alejado de mi casa para trabajar sobre mí mismo y reparar mis errores.

Por favor Creador del Mundo, ayúdame a superar las pruebas que me traes. Tú me has enseñado que está prohibido formular la menor crítica a la esposa, pero con gran dolor, me es muy difícil obedecer esto. Cada vez que veo a mi mujer cometer un error, o cada cosa contraria a mi voluntad o a mi entendimiento, enseguida mi corazón se llena de orgullo, lo que me lleva a criticarla. Así me siento superior a ella, que yo soy el "bueno" y que ella es la "mala", lo cual me hace conducir con crueldad y criticarla. Hay incluso algunas veces que la critico sin darme cuenta y me justifico pensando que hago lo correcto.

"Te pido por favor, Rey Misericordioso, ten piedad de mí, de mi mujer y de mis hijos. Dame la sabiduría, la comprensión y el conocimiento para saber muy bien que estas críticas son destructivas y que no mejoran nada. Que cada crítica dirigida a mi esposa es una humillación, y con esto le arruino la confianza en sí misma y su imagen positiva, lo que causa llantos, gritos y disputas. Ello destruye la paz del hogar y lastima a nuestros hijos más que cualquier otra cosa. Dueño del Mundo, Ten piedad de mí y dame la fuerza mental e intelectual para no criticar sobre ningún asunto y de ningún modo, en ningún momento y lugar, sea lo que sea – ya que esa no es la senda para corregir sino para destruir.

"Creador del Universo, Te ruego que tengas piedad de mí. ¡Dame por favor el conocimiento perfecto que mi esposa es mi espejo, y que todas las deficiencias que veo en ella son las mías! Incluso en lo que ella realmente debe cambiar, yo no puedo estimularla por medio de críticas y reproches, sino sólo por medio de darle más y más amor y respeto. Ayúdame a buscar la raíz de mi defecto y rezar para rectificarlo. Déjame creer con fe completa que cuanto más la ame y respete, mi esposa cambiará para bien, lo que sólo será posible si no le haré ninguna crítica, sino que por el contrario, la alabaré y le diré más y más palabras de amor.

"Por favor, ayúdame a controlar mi Mala Inclinación que me impulsa a la crítica. Saca de mí la crueldad de ver las faltas y

los defectos de mi esposa y criticarla por ellos. Por el contrario, dame el conocimiento, la misericordia y buenos ojos para ver su belleza, sus buenas acciones. Ayúdame a apreciarla, respetarla, alentarla, alabarla y glorificarla. Que siempre, en toda ocasión, me controle y me esfuerce en callarme y multiplique mis plegarias. Dame preferir caer en un horno de fuego en lugar de humillar mi esposa".

De este modo, el marido debe rezar mucho por cada punto y cada cosa que debe obtener, pues sin ello no puede existir la paz doméstica.

e) Paciencia – debe el marido cumplir las recomendaciones recordadas arriba durante un largo período y, entre tanto, beneficiar a su esposa sin esperar aun la menor gratitud de su parte. Debe tratar de no volver a su casa, sólo esperar el momento en que el Creador lo retornará. Y éste es el punto esencial de su prueba: creer que sólo el Creador es el que decide cuándo volverá a su hogar, y por lo tanto, abstenerse de toda iniciativa práctica con respecto a eso. Incluso si ve que, a pesar de todos sus esfuerzos para hacerle bien, su esposa reacciona cada vez peor, no debe desanimarse, sólo seguir cumpliendo sus deberes con fe, seguir rezando y beneficiarla más. Si en verdad actúa como es necesario, verá que su esposa misma le pedirá retornar al hogar, gozarán de paz y su vida será una vida nueva, como si fueran recién casados...

Para concluir esta sección, es importante volver y subrayar algunos puntos aprendidos que afectan a todas las situaciones de la vida:

a) Hay que tratar los problemas cuándo están todavía en una primera etapa de su desarrollo, y no esperar la crisis.

b) La única vía para tratar los problemas es la aplicación de las "Tres Reglas de la Fe", y sobre todo la parte dedicada al arrepentimiento.

c) Gracias a la fe, se ve que incluso la mayor de las crisis – es para bien.

El divorcio

Cada persona que desea llegar a la auténtica paz conyugal, debe leer esta sección. Y con mayor razón, quien piensa en el divorcio, o quien empezó a gestionarlo, e incluso quien ya se haya divorciado, necesita leerlo y asimilarlo para saber cómo continuar su vida desde este punto y en adelante.

Cuando le preguntaron a uno de los sabios de esta generación cómo explica la cantidad de divorcios que hay hoy, contestó que según parece, ésta es una generación consentida que no sabe que la vida conyugal requiere mucho trabajo y esfuerzo. Por eso, después de cada pequeña disputa la pareja corre a divorciarse.

Siguió diciendo el sabio: "También nosotros tuvimos muchos inconvenientes, disputas, malentendidos, como toda pareja joven, pero nunca se nos ocurrió divorciarnos por eso. Estábamos dispuestos a invertir todas nuestras fuerzas y todos los medios para tener éxito en nuestra vida conyugal. Y gracias a Dios, pudimos sobreponernos a todo. Logramos criar una buena generación y casar hijos, nietos y hoy tenemos también bisnietos. Tenemos muchas satisfacciones de todos ellos, pero si no hubiéramos estado dispuestos a sufrir las dificultades y no nos hubiéramos esforzado a estabilizar nuestra vida conyugal, hubiéramos perdido todo esta felicidad".

De lo precedente debemos aprender a corregir la falsa y preconcebida idea, que la paz en el hogar es fácil de obtener y llega sola. Por lo tanto, cuando vemos parejas que viven en armonía, pensamos que desde un principio vivieron así, pero esto no es completamente cierto. Inclusive hombres justos y personas con grandes cualidades tuvieron dificultades en su vida de casados, hasta conflictos y discusiones, y también ellos debieron aprender a veces a renunciar y "bajar la cabeza" para conseguir la paz y la felicidad en sus hogares.

La conclusión es, que cuando la pareja entiende que el matrimonio no empieza y termina en la ceremonia del casamiento, y están dispuestos a aprender y trabajar sobre sí mismos, no hay ninguna razón para llegar al divorcio. Todo problema sólo empieza cuando uno de los miembros de la pareja o los dos, no están dispuestos a escuchar lo que tienen que corregir, a esforzarse y a trabajar por la paz doméstica.

El ojo de la fe

Puesto que la finalidad de la creación del hombre es la fe, y el Creador del Universo quiere que cada uno llegue a esta meta, Él le da al hombre, en el curso de su vida, ejercicios y exámenes de fe, de los cuales la prueba principal se encuentra en el hogar. Esto explica por qué las experiencias esenciales del hombre ocurren en su casa. Por lo tanto, quien reciba una correcta orientación de fe, la estudie y la trabaje – la ganará, y también la verdadera paz del hogar.

Encontramos, que la raíz de todos los casos de divorcios es la falta de fe. El hombre tiene problemas y sufrimientos dentro de su casa, y en lugar de resolverlos en forma conveniente por medio del arrepentimiento, la plegaria, y una orientación adecuada hacia la paz conyugal, piensa que si se divorcia, resolverá todos sus problemas y se le terminarán los sufrimientos. Pero, en realidad, lo que hace es cambiar sus sufrimientos por otros nuevos, pues cambia las tribulaciones de sus problemas conyugales por los sufrimientos del divorcio, que son incluso más difíciles de soportar y de resolver.

Si le llegan al hombre tribulaciones según el Juicio Celeste, mientras no se arrepienta, todo lo que haga no le ayudará para escaparse de ellos. También todos los consejos y la más justa orientación no le ayudarán durante todo el tiempo que no se arrepienta, pues no tiene derecho, por sus transgresiones, a gozar de paz conyugal. Y seguramente que no le ayudará divorciarse.

Del Creador nadie puede escapar, y si se divorcia – seguro que sus sufrimientos sólo se agravarán más, como dijo un gran

Justo, que cuando el hombre no está dispuesto a sufrir un poco, deberá sufrir mucho...

La orientación adecuada

Debemos saber, que todo el tiempo que la pareja está casada, es posible, por medio de una orientación adecuada, resolver los problemas conyugales, aunque sean estos muy difíciles.

Sobre la fuerza de la adecuada orientación por el camino de la fe, pueden dar crédito miles de parejas que sufrieron falta de paz conyugal, y parte de ellas ya tenían fecha de divorcio. Desde el Cielo merecieron recibir la orientación adecuada sobre el tema por medio de grabaciones del autor de este libro, y todas sus vidas cambiaron para bien de un extremo a otro, y lograron gozar de una verdadera paz hogareña.

La fuerza de esta orientación es tan fuerte, que cada vez que llegan al autor de este libro parejas que se quieren divorciar, este no les deja contar nada de las penas, conflictos, errores y reproches que tienen uno contra el otro, sino que les pide primero que escuchen sus clases grabadas sobre el tema de "Paz en el hogar" y que estudien su libro "En el Jardín de la Paz", y sólo después, si todavía tienen problemas, pueden volver a él.

Y la realidad es que nadie volvió jamás, porque después que el hombre recibe la orientación adecuada para la paz conyugal, es decir cómo arrepentirse, y cuáles son las reglas del bienestar doméstico, él entiende muy bien que todos sus reproches no tenían fundamento; comprende cuáles fueron sus errores, cuál es su trabajo en esta vida, y ya no necesita pedir orientación, pues ya tiene perfecta paz conyugal. Todas estas mismas personas dicen en voz alta: "lástima que no recibimos estos consejos hace varios años atrás; nos hubiéramos ahorrado penas, discusiones y grandes sufrimientos...".

Heridas del corazón

Los miembros de una pareja que piensan en el divorcio, deben saber a lo que se exponen y en qué grave problema se están envolviendo. Por eso, traeremos algunos ejemplos de los problemas y penas que sufren los que se divorcian.

Están los que después del divorcio no pueden olvidar a su expareja y sobreponerse a la nostalgia. No pueden seguir adelante, ni comenzar una nueva relación. Muchas veces los miembros de la pareja ya divorciada, descubren que la soledad es mucho más dura que los problemas que tuvieron en la vida de casados.

Tenemos acá la declaración de una mujer divorciada: "Esperé este divorcio cómo se espera la liberación, pero una vez que lo conseguí sentí un dolor muy grande; un vacío como si me hubieran amputado un miembro...". Y así es, los Sabios designan el divorcio como un "acto de amputación", es decir el acto que amputa el alma de la pareja, que son en realidad una sola alma, en dos partes – y eso duele...

Además, la situación de soledad no siempre termina pronto. A los divorciados no los están esperando en fila para casarse con ellos. No les es fácil encontrar una buena nueva pareja, especialmente si tienen hijos, deudas, pensiones alimenticias.

Está claro que los miembros de una pareja que han pasado tantos sufrimientos con el divorcio, aunque no lo quieran reconocer, se arrepienten del apresurado paso que han tomado.

Elimina la ira de tu corazón

Existen también casos contrarios. Sus corazones están heridos y doloridos, y ellos no pueden perdonar la humillación que pasaron y perdonar; están llenos de cólera y odio hacia su pareja anterior.

Y es bien sabido que todo el tiempo que uno de los miembros de la pareja tiene dolor, ira u otro mal sentimiento, entonces ni este ni el otro viven en paz. Uno por la ira y el dolor que lo acosa, y el otro por el juicio riguroso que pende sobre su cabeza, por el acoso de su antiguo cónyuge. Y por eso el conflicto entre ellos no les dará calma, hasta que se reconcilien. Entonces, ¿qué utilidad tuvo el divorcio? Lo que debieron hacer como pareja casada, es decir, reconciliarse y perdonarse el uno al otro, deben de cualquier manera hacerlo después del divorcio...

Con mayor razón, siendo una pareja casada, es más fácil hacer las paces, pues tienen el interés de poder seguir su vida común – y para lo cual hay condiciones simples como demostrar cariño, dar regalos, etc. – pero cuando están divorciados, la única razón para la reconciliación es no conservar el rencor entre ellos, y las condiciones para esto son duras, y en muchos casos quedan heridas abiertas.

¿El fin de las disputas o sólo el comienzo?

Debemos saber que la "solución" de divorcio – que se cree traerá el fin a todas las disputas – de ninguna manera es el fin del conflicto, sino sólo el comienzo de uno más largo y grave, el cual continua toda la vida.

Especialmente cuando la pareja tiene un hijo, y con más razón si tienen varios, entonces aparecen un sin fin de nuevos problemas que no existirían si no se hubieran divorciado.

Todos los eventos familiares se transforman en pesadillas. Cada cumpleaños, festividades, casamientos, son ocasiones de disputas como: decidir dónde se hará la fiesta, a quién se invitará, y de manifestaciones como: "¡Si él viene yo no voy!", "¡Cuídate de traerla a 'ella' contigo!". Este tipo de conflictos es habitual en estas circunstancias. Todos los que estuvieron envueltos en esas situaciones, reaccionan según el dolor y la rabia que guardan en sus corazones, lo que va acompañado de un aluvión hirviente de cólera, amenazas, maldiciones e insultos. Cada uno se empecina tercamente en su posición, y siente que la otra parte lo hace a propósito para molestar, y quiere vengarse.

Cuando los miembros de una pareja divorciada deben encontrarse de vez en cuando, reaparecen y afloran los recuerdos, y las heridas se abren. Tanto más si se ve a la ex-pareja con una nueva familia, entonces aparecen la envidia y los sentimientos de odio y venganza.

La relación con los hijos en muy complicada, y despierta siempre muchas discusiones y reproches, por ejemplo: "¿Por qué él no visita a sus hijos, no le importa de ellos?", o por el contrario: "¡Visita demasiado a los niños y los predispone en mi contra!".

Hay muchos casos en que, por venganza, uno de los padres no permite a la ex-pareja el encuentro con los hijos; o debe acortar la visita a pocas horas por semana, y esto también en presencia de una asistente social. Y no hay que olvidarse de la pensión alimenticia, de juicios, reclamos, y más y más problemas...

Cuando existen ciertos problemas con los hijos, como el caso de un niño que tiene dificultades de estudio, o problemas psicológicos, sociales o físicos, les es muy difícil a los padres separados enfrentarlos y resolverlos. Las acusaciones son recíprocas y cada uno responsabiliza al otro. Si hubieran estado juntos, hubieran resuelto los problemas fácilmente, unidos y con sus fuerzas conjuntas. Resumiendo, la solución que pensaron que les haría más fácil la vida, se descubre como algo que sólo les dificulta y les complica la vida sin fin.

La verdadera solución

Por lo tanto, en lugar de buscar una solución como el divorcio, que realmente no es ninguna solución sino un paso apresurado que conduce al hombre a una serie de problemas duros y pesados, cuyas consecuencias son muchas y desagradables, debe la pareja hacer un verdadero y responsable examen de conciencia – ¿acaso desean sacrificar a sus hijos en nombre de su orgullo, o reconocer la verdad que no saben cómo vivir juntos, y estar dispuestos a recibir una orientación? Por supuesto que deben recibir una conducción adecuada para resolver sus problemas. Deben saber que la experiencia demuestra, que por medio de una simple orientación y algunos verdaderos consejos, se podrían evitar muchos casos de divorcio, y muchos sufrimientos. Se debe saber que esto ya permitió a muchas parejas vivir una vida calma y feliz.

Falta de conocimiento

En la mayoría de los casos de divorcio, salvo excepciones, se debe a que el marido desconoce las reglas de la "Paz en el hogar". Por ejemplo, incluso un marido que no exagera sus actos – no golpea, no levanta la voz, ayuda en la casa, hace las compras, y aparentemente se conduce muy bien – pero que critica a su esposa y le hace reproches constantemente, es suficiente para que ella odie la vida junto a él, incluso hay casos en que ella considera la muerte mejor que este tipo de vida.

Para el que comprende un poco la naturaleza de la mujer, todo esto está claro como el agua. Entiende que ésta es la primera regla para el bienestar conyugal, que no es posible haber paz sin ella. Pero quien no conoce esta ley, aunque realice todas las buenas acciones, nunca tendrá paz en el hogar. No hay mujer en el mundo que esté dispuesta a sufrir reproches de ninguna manera y de ninguna forma. Por eso, está completamente prohibido hacerle ninguna crítica, inclusive la más justa.

Tanto más, cuando el marido tampoco entiende a su esposa, no presta atención a sus quejas, no sabe cómo tranquilizarla, no la aprecia y no la respeta. Y si además la humilla y la hace sufrir, seguro que esta infeliz esposa no desea vivir junto a él. He aquí que todas las esperanzas de la mujer cuando contrajo matrimonio fueron encontrar a alguien que le alumbrara la vida, la alegrara, la escuchara y la respetara, y si no recibe nada de esto, sino todo lo contrario, no tiene ningún sentido ni razón seguir casada.

Por lo tanto una mujer que vive con esa dura sensación, incluso teniendo hijos de ese hombre y habiendo pasado momentos agradables juntos, aun teniendo mucho miedo al divorcio – no está dispuesta a seguir sufriendo los reproches y la crueldad de su esposo, y exige el divorcio vehementemente.

¿Y el marido?, él no entiende qué le pasa a su esposa. No entiende qué hizo para que ella quiera divorciarse. Esta falta de entendimiento proviene de que no conoce la naturaleza femenina y las reglas para la paz conyugal. Por lo tanto necesita recibir urgente una orientación.

La lujuria

Muchos de los casos de divorcio se deben a la lujuria del hombre, que le incita a abandonar a su esposa e hijos por una mujer extraña. Su Mala Inclinación le hace creer que no hay nada mejor que vivir con la otra mujer; está seguro que si irá tras ella se sentirá en el paraíso. Pero, lo que no sabe, es que si se tienta y va tras ella, descubrirá que recibirá el infierno mismo en lugar del "paraíso" que tanto esperaba.

Todo el tiempo que el hombre está casado y se relaciona con una mujer extraña, seguro que su vida será terrible – disputas en casa, hijos afectados, porque su conducta despierta una gran Ira Divina, pues el Todopoderoso odia la lujuria, tal como ordenó explícitamente en los Diez Mandamientos (Éxodo 20:13, Deuteronomio 5:17): "No cometerás adulterio". Por consiguiente, por el grave pecado que comete contra el Creador, su mujer y sus hijos, Juicios y castigos caerán día y noche sobre su cuerpo, su alma y sus bienes.

E incluso si se divorcia y se casa con esa mujer, descubrirá que toda la simpatía, dulzura y comprensión que ella le demostraba, desaparecerán, porque ahora que no tiene competidora, se mostrará como es – una mujer como todas, que exige respeto y atención, que también se queja, grita, desprecia, y necesita que su marido la escuche todo el tiempo para sacarse lo que tiene en el corazón... Y debido a que él no supo vivir con su primera esposa y pensó que las dificultades y sufrimientos que tuvo son debidos a ella, tampoco ahora sabrá cómo vivir con su esposa.

Y tanto más que ahora se le ha retirado toda la ayuda del Creador, porque ha retirado toda ayuda, debido a que la aflicción de su primera mujer provoca la Ira Divina, no le dejará ni un minuto de calma y tranquilidad, ni en este mundo ni en el venidero. En otras palabras, él que pasó de algo que le parecía malo a algo peor.

Debemos saber que no es necesario llegar a tal grado de adulterio para comprometer toda paz conyugal; sino que ésa es la sentencia a todo tipo de relaciones, incluso las más "ligeras" que el hombre tiene con otras mujeres además de su esposa, por ejemplo con "amigas", relaciones afectuosas con compañeras de trabajo, etc. – todo esto daña mucho la vida conyugal, la cual debe basarse en una fidelidad absoluta. En el momento que la exclusividad de uno de la pareja se altera – todo se derrumba...

¿Quién es el perturbador?

A veces el divorcio es causado por una persona intrigante de la familia que se entromete y provoca crisis en la pareja, pero en verdad, no es importante la causa que lo provocó, porque en última instancia, salvo en casos excepcionales – *todo depende del marido*. Si él hubiera vivido con la creencia que "No hay tribulaciones sin transgresiones", si hubiera hecho arrepentimiento frente el Creador, y hubiera estudiado las reglas de la "Paz en el hogar" – seguro tendría la tranquilidad conyugal. Y a esas mismas personas que fueron la "causa" de la grave crisis hogareña, el Creador las transformaría en ayuda y soporte, o los alejaría de su hogar, y por fin tendría la paz conyugal, por mérito de su arrepentimiento.

Crisis emocional

El divorcio es una crisis emocional muy grande, una herida difícil de cicatrizar. Sentimientos heridos, quemante sensación de fracaso, y una gran decepción por las esperanzas destruidas llenan el corazón, envuelven y se arrastran con la persona a cada lugar que va. Más de una vez nos encontramos con gente divorciada que, después de algunos años, todavía arrastran su dolor a todos lados, todavía no les cicatrizó la herida que les dejó la difícil experiencia pasada.

Verdaderamente es una gran desgracia, cuando la relación más profunda que tiene el alma se corta y se rompe.

Todavía no es tarde

Como resultado de todo lo dicho, está bien claro que cada hombre debe hacer todo lo posible, incluso renunciar a muchas cosas, para no llegar al divorcio.

A quien no le llegó este libro a tiempo, y ya se equivocó y llego al divorció, no significa que su situación es irreparable y no hay modo de empezar de nuevo, **¡sino que también tiene un camino de trabajo para rectificar todo y empezar una nueva vida!**

¡Debes saber! – quizás tú te desesperaste de esta vida, **pero el Creador no se desesperó de ti; Él tiene un muy buen y bello programa para ti** – si te conduces con fe.

Aquí una regla que no se debe olvidar nunca – *"¡Si tú crees que se puede destruir, cree también que se puede reparar!"*.

Es cierto, hasta hoy erraste, destruiste y te destruiste – pero ahora te encuentras después del hecho, te despertaste y entendiste tu error – olvida el pasado, comienza de nuevo. Aprende desde ahora a vivir con fe, prepárate para una nueva vida, y para el nuevo camino que te está esperando.

Mirar hacia adelante

La persona divorciada debe mirar hacia adelante. Si no lo hace y no acepta esta realidad, no podrá afrontar la vida; no podrá reconstruirse nuevamente. Porque a pesar de que pasó una dura crisis, y aunque todavía tiene problemas relacionados con su pasado que necesita superar, debe aceptar lo que ya pasó con fe, y empezar a pensar qué es lo que el Creador quiere de él de ahora en adelante. Debe saber que el Creador tiene la esperanza que siga con la misión por la que vive en este mundo.

Ésta es una regla de la fe que se aplica en todas las situaciones de la vida: "Lo que pasó – pasó". No tenemos ninguna influencia en el pasado, sólo en lo que vendrá más adelante – en cómo seguir desde este determinado punto con fe, según la Voluntad del Creador.

Perdón y disculpa

Una de las primeras cosas que toda pareja divorciada debe hacer, es perdonar y disculpar uno al otro de corazón. Durante el tiempo que queda en sus corazones resentimiento o amargura hacia el otro, y tanto más si sienten odio y cólera en sus corazones, nunca conseguirán reconstruir sus vidas por la gran acusación Celeste que existe sobre ellos, pues las transgresiones de "Entre una persona y otra" son aun más graves que "Entre una persona y el Creador".

Por eso, cada uno de los integrantes de la ex-pareja debe hacer lo máximo para hacer las paces con el otro, y perdonar por completo por todo. Deben no ser obstinados en su enojo aunque tengan razón, porque ese mal sentimiento que llevan en su corazón, no sólo daña al otro, sino también a ellos mismos – y no les dejarán construir sus vidas nuevamente ni tener éxito en ellas.

Y si el lector preguntara: "¡¿Por qué el ofendido debe ser castigado si no ha perdonado, después de todo, él es la parte lastimada?!". La respuesta es, que cuando una persona no perdona, es esta una gran falta de fe, que lo aparta de la Luz Divina. Y debido a que está desconectado de la Supervisión del Creador, no podrá tener una buena vida.

Cada uno debe creer que todas las tribulaciones y pesares que sufre, les llegan bajo la Supervisión Individual del Creador según los cálculos Divinos: sea para estimular su arrepentimiento, sea para expiar sus pecados. Y como consecuencia, necesita perdonar completamente a quien lo lastimó.

¡Recuerda! Quien te lastimó, no es más que un pobre ser que fue elegido por sus pecados para ser la vara del Creador. El pesar que sufres es una cuenta que tiene el Creador contigo, y que te mereces por tus transgresiones, pero esto que te llega por medio de una determinada persona – es una cuenta distinta que tiene el Creador con esa persona. Por lo tanto, si no estás dispuesto a perdonar, esto demuestra que piensas que esos sufrimientos no vienen desde lo Alto sino de tu pareja. ¡Ésta es una gran herejía! Debes fortalecerte en la fe – y perdonar.

Sacar conclusiones

La persona que se divorció debe aceptar la realidad de que todo lo que le sucedió estuvo bajo la Supervisión Individual, recibirlo con amor, verlo como la expiación de sus pecados, y empezar de nuevo. Debe reflexionar tranquilamente y preguntarse: "Ahora que ya me divorcié, ¿qué quiere el Creador de mí? – ¿que me derrumbe?, ¿que cargue con sentimientos de odio, de desesperación, de auto-culpabilidad?, ¿que siga arrastrando toda mi vida lo que ya pasó y terminó?; ¿o, quizás Él quiere que olvide todo, y que Le rece para que me ayude a empezar una etapa nueva?".

Después de aceptar la realidad que "Lo que pasó – pasó", recién entonces se puede empezar el proceso de hacer un examen de conciencia, sacando conclusiones del pasado para el futuro. Este examen de conciencia debe ser auténtico – desde el punto de querer la verdad, sin ningún interés o esperanza de volver precisamente a su anterior pareja – sólo con la voluntad de arrepentirse frente al Creador y rectificarse.

Después de entender cuáles fueron los errores cometidos, se debe comenzar el proceso del arrepentimiento, que significa:

a) Confesarse frente al Todopoderoso.

b) Pedirle perdón por haber actuado contra Su Voluntad. Pedir también que inspire perdón en el corazón herido de su pareja.

c) Se comprometerá que en el futuro no repetirá las mismas acciones, y que se conducirá según el camino de la Ley Divina, la fe, y el buen razonamiento.

De todos modos, si este arrepentimiento no le ayudara para devolverle su anterior pareja, le ayudará para el futuro.

Luego rezará: "¡Señor del Universo! Si todavía tenemos, yo y mi ex-mujer, la misión de estar juntos, ayúdanos a que cada uno de nosotros pueda corregir lo necesario, y podamos volver a casarnos nuevamente y vivir en paz y amor. Pues todo está en Tus manos – Tú tienes muchos caminos para hacer las paces entre un hombre y su mujer. Pero, si terminó la corrección espiritual entre nosotros, compadécete por favor y ayúdanos para que cada uno encuentre una nueva pareja, y que esta vez logremos vivir una vida de fe, que a través de ella logremos felicidad, paz y calma".

¿Qué será de los niños?

Existen algunos problemas muy graves en la vida de los divorciados. Uno de los más difundidos es cuando los hijos están a cargo de uno de los integrantes de la pareja que no los atiende correctamente, ya sea materialmente, como negligencia o abusos, o desde el punto de vista espiritual, como abandono del camino recto, y los hijos reciben una educación contraria a la opinión de la ex-pareja.

Al parecer – no hay una pena más grande que esa, y es comprensible que la persona que no tiene los hijos a su cuidado esté completamente destrozada y decaída. ¡Pero este no es el camino! No es esta la verdad. Incluso cuando una persona tiene una gran pena, le está prohibido dejar que esta destruya su vida, porque es completamente inútil.

Sobre este tema contaremos un caso impresionante que sucedió en uno de los pueblos de Ucrania en el siglo XVIII:

Una nueva ley del despiadado zar Nicolás I de Rusia, decretó raptar en forma brutal a muchos niños pequeños de sus familias, ¡obligándolos a servir al ejército ruso durante no menos de veinticinco años!

Niños de cinco años, que no conocían nada más que el delantal de su madre, fueron sacados por la fuerza de sus casas, y llevados a campamentos en condiciones muy difíciles, bajo el control de crueles militares. En la mayoría de los casos, nunca volvieron a encontrarse con sus padres, y perdieron completamente su identidad.

Por supuesto, los padres de los niños hicieron todo lo posible para mandarlos a otro lugar o esconderlos de los soldados del zar. Pero estos irrumpían de tanto en tanto en los pueblos para atrapar a los niños. Los asustados pequeños eran arrancados violentamente de los brazos de sus padres quienes gritaban pidiendo clemencia infructuosamente, y eran encerrados cruelmente en carros especialmente preparados para eso. Los gritos y los golpes de los niños en las paredes del carro, y las súplicas y llantos de los padres, eran ignorados por los helados corazones de los soldados. Quien veía esta escena se le contraía el corazón de dolor.

En una de esas irrupciones corrió una mujer – a la que le recién le habían raptado a su pequeño hijo – al lugar de culto de la comunidad, comenzó a gritar con todas sus fuerzas y terribles lloros hasta que, por todo su dolor y sus alaridos, cayó muerta...

Por supuesto, se produjo un gran alboroto en todo el pueblo y alrededores. Cuando llegó esta historia al Justo de la ciudad Nemirov, que se sabía rezaba mucho para conseguir la abolición de ese decreto, dijo: "Si esa pobre mujer se hubiera acercado a mí, le hubiera aconsejado que se fortaleciera y rezara cada día en horas fijas al Creador, para lograr la vuelta de su hijo. Si lo hubiera hecho, lograría no sólo la vuelta de su hijo, sino también la de tantos y tantos otros niños, todo por el mérito de sus puras plegarias...

Vemos como hasta en casos de crisis duras y dolorosas, como la de niños inocentes que fueron raptados para el servicio del ejército ruso, es necesario hacer todo lo posible para guardar la claridad mental, y creer que no hay calamidad que no tenga solución por medio de la plegaria. Porque por la perseverancia y persistencia de la plegaria día a día, se puede cambiar todo Decreto; lograr más éxitos, y hasta ayudar también a los demás.

La vida sigue

Ésta es una regla concerniente a todas las penas – por difícil que sea – nada justifica que el hombre destruya su vida. ¿Qué utilidad tiene eso?, como en el antedicho caso. ¿En qué le ayudó a esa mujer su histeria que le produjo la muerte? Ahora por supuesto no puede ayudar a su hijo. E incluso si el niño volviera a su casa, ya no tendría una madre que lo atienda... Por lo tanto, un progenitor cuyos hijos están viviendo con el otro, debería consagrar tódos los días media hora para rezar y pedir por su problema, y después debería estar alegre todo el día sin pensar en él. Sólo esto promete la continuación de una vida normal, y la dicha necesaria.

Por lo tanto, los padres cuyos hijos no están bajo su autoridad y no reciben el cuidado adecuado, aunque tengan razón en su inquietud y en su pena, deben decidir: "Yo hago todo lo que está en mis manos para ayudar a mis hijos: económicamente, con voluntad, con fatigas. Trato de mantener la relación lo más posible normal con ellos. No hago más de lo que pueda hacer en forma sana, sin nervios y sin tristeza, salvo la plegaria". Deben determinar una hora fija cada día para rezar unos diez minutos por el éxito de los hijos. Fuera de esto hay que dejar de pensar en ese asunto completamente. Con mayor razón no se debe comenzar una lucha, involucrar abogados, etc., porque esto sólo le hará daño a él y a todos los que están envueltos en esta situación.

Hay que saber que éste es el mejor consejo – determinar un tiempo fijo cada día para rezar por los hijos, y esto los beneficiará más que cualquier otra cosa. El autor de este libro conoce muchas personas que provienen de hogares destruidos en los que los padres se han divorciado, y ellos resultaron personas exitosas y muy importantes, gracias a los rezos de uno de los padres.

La regla es: "Por medio de la plegaria todo es posible", por lo tanto, hay que consignar a los hijos en las manos del Creador, y decirle así:

"¡Señor del Universo! También si mis hijos estuvieran bajo mi autoridad, debería aumentar mis rezos y mis peticiones de compasión para que crezcan como se debe. Pero ahora que no están en mis manos, los pongo en las Tuyas, y tengo la fe que también en el lugar donde se encuentran, los estás cuidando para bien. Por favor, ten piedad de ellos y guíalos por el buen camino, aléjalos de malas compañías y bríndales bueno amigos. Acerca mis hijos a Ti, inspírales a la simpatía y a la compasión frente a Tus ojos y a los ojos de toda persona. Llena sus corazones de fe pura y simple, y que crezcan virtuosos y rectos".

Vemos que la fe es el remedio a toda pena, ya sea antes de un Decreto o después. ¡Dichoso es quien anda y vive su vida con fe completa!

Educación de los hijos – ejemplo personal

El ejemplo personal es indispensable en la educación de los hijos.

Se cuenta de una pareja que fue a ver a un gran sabio y le pidió que bendiga a sus hijos que sean justos. Les dijo el sabio: "¿Por qué vinieron recién ahora?, debieron venir veinte años atrás. La pareja pensó que el Sabio se había equivocado pues creía que sus hijos eran mayores, y por eso ya era tarde para bendecirlos, entonces le dijeron: "maestro, nuestros hijos son todavía muy pequeños, por favor, bendícelos que crezcan en la santidad y la pureza, que tengan buenas cualidades y que amen la Ley Divina".

Sonrió el sabio y dijo: "Yo sé que vuestros hijos son pequeños. Mi intención era, que si hubieran venido a mí hace veinte años, los hubiera bendecido a ustedes, y los hubiera guiado cómo educarse a *ustedes mismos*. Entonces de por sí tendrían el mérito de tener hijos justos. Porque la educación de los hijos depende principalmente de la *educación de los padres*. Padres que no son educados, no pueden dar ejemplo propio de buenos rasgos, y por lo tanto, no pueden esperar que sus hijos lo sean.

Por eso, antes que el hombre piense en la educación de sus hijos, debe primero educarse a sí mismo, como dijeron los Sabios: "Primero 'adórnate' a ti". Es decir, que el hombre debe primero educarse y corregirse a sí mismo, adornarse con virtudes, y luego podrá dedicarse a la educación de sus hijos con afabilidad y amor, como está escrito (Proverbios 3:17): "Sus caminos son caminos agradables y todas sus sendas de paz".

Educación es amor

Dijeron los Sabios: "Ama a los seres y acércalos al buen camino" – el camino para acercar a la gente a la senda recta, es por medio del amor. Por lo tanto también para acercar a los hijos al buen camino es solamente por medio del amor.

Cuando un niño recibe de sus padres amor, crece seguro de sí mismo, se ama y cree en sí mismo. Esto es el fundamento de todas las buenas cualidades, pues cuando el espíritu está sano y alegre, hay fuerza para dar, renunciar, entender al prójimo, etc. La persona que no tiene esas fuerzas espirituales, recibidas por medio del amor de sus padres, no se comportará en forma respetuosa y virtuosa con los demás. Por eso, el amor que los padres dan a sus hijos, es la fuerza principal para su éxito en todos los aspectos de la vida, durante toda la vida.

Educación con fe

Lo principal en la educación es el ejemplo personal, cuyo significado son los buenos rasgos de personalidad, los cuales son el resultado de la fe; y puesto que la base de la educación es el amor – lo que es posible sólo cuando el hombre está contento con lo suyo, pues si no lo está y no ama su existencia, no puede dar a sus hijos amor a la vida – está claro, que lo esencial en la educación de los hijos depende de la fe de sus padres. De aquí, que lo principal en el trabajo personal de los padres sobre sí mismos debe ser sobre su fe. De esta manera lograrán también educar a sus hijos como es debido, e inculcarán dentro ellos la fe.

Mejor deja y no hagas nada

Hay un error deplorable y muy difundido, de los padres que creen que educación consiste en criticar al niño y censurarle cada equivocación que comete. Según su falsa concepción, es muy importante conducirse duramente con el hijo y avergonzarlo "para ponerlo en su lugar", "para que comprenda su error", "para que aprenda la lección", "para que no repita su error"; también lo comparan con otros niños – "¿por qué no eres como ellos?". Los resultados de este tipo de "educación" son muy malos. El niño pierde toda su auto-imagen positiva, el potencial de ser bueno, y a tal punto, que hay niños que quieren morir a temprana edad, porque no tienen más fuerzas para vivir. No hay palabras para describir el enorme daño de estos errores en la educación de los hijos.

Este comportamiento proviene en una gran parte porque los padres quieren que sus hijos se comporten como adultos, educados e inteligentes. Ellos se olvidan que son sólo niños, y que su comportamiento infantil con todos sus errores, destrozos y tonterías, es algo normal y sano. Si sólo recordaran que fueron también niños una vez, seguro desviarían su mirada de muchas travesuras de sus hijos, dejándoles vivir su infancia con alegría.

El que sabe educar – es decir amar, alegrar, inculcar buena voluntad, confianza en sí mismo, el deseo y el amor para mejorarse, hacer buenas acciones – *que eduque*. Pero si no sabe hacerlo y toda su concepción de la educación se concentra en reprender, humillar, gritar, o golpear a sus hijos, entonces mejor que deje y no haga nada – *¡que no eduque!* Porque el daño que producirá el no educarlo, es mínimo en relación a una mala educación.

Es un principio duro – si tú no sabes educar en forma correcta – ¡no eduques completamente!, ¡siéntate y no hagas nada, es preferible! Mejor que el joven crezca sin educación pero tendrá un espíritu sano, y a medida que crezca aprenderá por sí mismo lo que es bueno y lo que es malo, en lugar de que reciba una "educación" que no es educación sino una destrucción del espíritu, y crecerá siendo una persona con problemas mentales que no podrá vivir según el buen camino.

La plegaria sobre los hijos

Debemos saber: el éxito en la educación de los hijos depende de la plegaria de los padres, aun más que de sus esfuerzos. Es decir, que aunque los padres dan buen ejemplo y educan a los hijos con el amor debido, todavía deben multiplicar sus rezos por sus niños. Porque este mundo está lleno de peligros, y sólo la oración es la defensa contra ellos; ella inspira en el niño el temor al Creador que es necesario para conducirse por el buen camino.

Tratamiento de raíz

Hay muchos ejemplos de exámenes de fe relacionados con los hijos: un niño que no obedece a sus padres; un niño que es cruel con sus hermanos; un rebelde que no quiere ningún vestido que le proponen; que acapara todos los juegos que hay en la casa; y todo lo que según los padres es ineducable y malo. En cada una de estas circunstancias los padres deben saber que se encuentran en un examen de fe.

Para tener éxito en la educación de los niños, debe el padre conducirse según las "Tres Reglas de la Fe", y saber que el Creador dirige este mundo según el principio de "medida por medida", es decir que les muestra a los padres lo que deben corregir. Por ejemplo, cuando el hijo no obedece al padre, se debe a que el padre no obedece al Creador, o porque no obedeció a sus propios padres en su infancia; si el niño es cruel con los demás, esto demuestra la crueldad del padre.

En la práctica, el padre debe tomar conciencia de los defectos que ve en sus hijos y educarse a sí mismo. Y cuando él corrige su falta, al mismo tiempo la corrige también en su hijo, como está escrito (Deuteronomio 30:6): "Y circuncidará el Eterno, tu Dios, tu corazón y el corazón de tu descendencia". Encontramos que cuando un hombre se arrepiente, este acto influye inmediatamente sobre sus hijos.

Sólo cuando un hombre corrige dentro de sí su defecto, el que le hace sufrir por parte de sus hijos, esto se llama "tratamiento de raíz". Sólo entonces podrá rezar por sus hijos y, por supuesto, el problema no resurgirá. Por el contrario, si se conduce con el error de "Con mi propia fuerza y el poder de mi mano" y todo tipo de artificios, y no hace un tratamiento profundo, sino que trata de solucionar el problema de sus hijos por la fuerza, él seguirá sufriendo; y su pesar sólo aumentará.

También en casos especialmente difíciles, como cuando uno de los niños es cruel con su hermano, lo que le es difícil a un padre aceptar con fe pues eso le toca directamente, y él desea también defender al atacado – es necesario creer que "Así el

Creador quiere". Debe recordar que "No hay tribulaciones sin transgresiones", y aunque es difícil aceptar esto, debe anular su voluntad frente a la Voluntad del Creador y creer que es para bien, sin enojarse. La única solución en casos difíciles como estos, es hacer un "tratamiento de raíz" – es decir dedicar todos los días tiempo para rezarle al Creador y pedirle que le muestre cuál es la razón de la crueldad de su hijo – ¿quizá él mismo es cruel? Y debe rezar por su hijo, que sea un buen niño, que el Creador le de la inteligencia suficiente para conducirse bien, y que triunfe en la vida. Es esto una regla y una ley – cada mal que se hace hay luego que pagar, y por lo tanto, cada cosa mala que el niño hace, sufrirá por ella a lo largo de su vida. Por eso, es necesario rezar que no haga daño a nadie.

El dolor del extravío

Hay situaciones muy dolorosas para los padres cuando sus hijos o hijas se extravían del camino recto hasta llegar a actos terribles, como cuando el hijo se relaciona con una mala persona, o se droga, o se rodea de malas compañías, u otras situaciones graves similares. Estos padres están completamente destrozados y abatidos. También ellos deben saber que están pasando un examen de fe. Deben comprender muy bien, que aunque realmente es esta una experiencia difícil, ¿qué solución se encuentra en la tristeza, la desesperación, las discusiones y las acusaciones mutuas? Esto sólo lleva a la amargura y el dolor, que finalmente daña la salud de ellos y de sus otros hijos.

En la mayoría de los casos estos hijos que tomaron el mal camino, fueron víctimas en su infancia de crueles golpes o humillaciones. Y es evidente que no ayudará agregarles más presiones de enojo y amenazas. El mejor camino es justamente brindarles mucho amor y calidez. Y si los padres se fortalecieran en su creencia en el Creador que "Todo es para bien", procedieran según las reglas que aprendimos, repararan lo que es necesario, e invirtieran todas sus fuerzas, energías y dolor en plegarias, para que el Creador se compadezca y salve a sus hijos, lograrían verlos volviendo al camino recto. Padres como estos consiguen una muy buena calificación en el examen de la fe. Y si siguieran trabajando y rezando también después que la situación mejora, conseguirían que esos hijos llegaran a grandes logros en sus vidas.

Por otro lado, quien no mira con los ojos de la fe los problemas que tiene, sólo se desmorona más y más hacia la desesperación y la cólera; no sólo que así no resuelve nada, sino que la situación puede empeorarse. Este tipo de hombre fracasa en el examen de la fe, y a pesar que es esta una experiencia difícil, la desesperación no es el medio que le librará de ella. Quien dice que es una persona creyente debe creer que el Creador es Todopoderoso, y puede salvarlo fácilmente de la situación en la que se encuentra, si sólo se dirige a Él con la plegaria.

Plegaria, ejemplo personal y arrepentimiento

Aprendimos que hay dos métodos para educar a los hijos:

a) General: los padres deben invertir cada día un determinado tiempo para rezar por sus hijos, y pedirle al Creador que los conduzca por el buen camino – que aleje de ellos a los malos amigos, que les de sabiduría, comprensión y conocimiento, para andar por la senda buena y correcta; que les abra el corazón hacia la fe y la virtud. Y al mismo tiempo los padres trabajarán sobre ellos mismos, y corregirán sus rasgos para poder ser un buen ejemplo para sus niños. Todo esto es importante en la educación de los hijos, incluso si no hay problemas especiales en su educación.

b) Particular: el segundo paso es necesario cuando hay un problema fuera de lo común, y la plegaria no es suficiente. En tal caso tienen los padres que comenzar un trabajo personal para arrepentirse por una transgresión o defecto que les sugiere la conducta de sus hijos. Así, se aseguran que el problema será solucionado, porque ellos hacen lo que es debido.

Vemos, que sólo por medio de la fe pueden los padres educar a sus niños como se debe. Porque ellos ven en todas las situaciones de la vida al Creador, el mensaje que les insinúa, y entienden que toda la educación de los hijos depende de la plegaria y el arrepentimiento.

Compañero del alma

Una de las pruebas de la vida que muchos encuentran difícil, se refiere a la pareja de toda persona. Es una prueba que comienza con la búsqueda de pareja y continúa a todo lo largo de la vida conyugal.

En el examen de fe de encontrar pareja, existen varios puntos en los cuales uno debe fortalecerse especialmente. Una de las más grandes dificultades es la larga espera hasta la felicidad de encontrar nuestra pareja. Es necesario saber que el Creador Supervisa al hombre de la forma mejor y más precisa para la corrección de su alma, y todo el tiempo que no le da pareja, es señal que permanecer soltero es la mejor situación para él en ese momento. Es esta una gran regla para cualquier privación que tiene el hombre – debe creer que precisamente la carencia que tiene es su perfección; que ésa es la mejor situación por la cual puede acercarse a Él en ese especifico momento.

Lo que debe hacer quien se encuentra en tal situación, es aprovechar esa época de espera para cumplir su presente misión de trabajo espiritual y multiplicar sus rezos para encontrar pareja. Toda plegaria que reza, influirá directamente en su futura vida conyugal. Por lo tanto, debe orar por cada detalle y detalle, es decir no pedir en forma general casarse, sino rezar para poder vivir con su futura pareja en paz, estar de acuerdo en todos los temas y en el servicio al Creador; que ninguno de los dos sea estéril; que haya paz entre sus familias, y más y más detalles según las reglas de la paz conyugal.

Quien medita bien sobre la razón por la cual ha venido a este mundo y sobre su objetivo final, no se siente presionado por casarse. Su vida está llena de contenido y de trabajo para alcanzar y adquirir el atributo de la fe, y toda su voluntad de formar pareja es porque sabe que a la perfección de la fe se llega sólo después de casarse; que las pruebas principales que esperan al hombre para perfeccionar su fe se manifiestan en la vida conyugal. Por lo tanto, él confía en el Creador que sabe exactamente cuál es el momento adecuado para ello, y está satisfecho en cualquier situación que se encuentra. Este hombre recibe una excelente calificación en la prueba de fe, pues acepta la demora en encontrar su pareja con amor y alegría. Su vida es hermosa ya en este mundo, tendrá el mérito de conseguir una buena pareja y una gran recompensa en el Mundo Venidero.

Por el contrario, quien no tiene fe, culpa la demora en encontrar pareja a todo tipo de causas naturales. Emprende una cantidad de acciones esforzadas o se desespera completamente. Él no sabe que cuando llegue el momento de casarse, el Creador le mandará a su pareja incluso hasta la puerta de su propia casa si es necesario, y se encontrará en su boda ni un segundo después del tiempo que le fue determinado desde el Cielo. Ese tipo de persona fracasa en el examen de fe, pierde su confianza en sí mismo, se culpabiliza y se hunde en la tristeza. El consejo es que rece mucho por la fe, y que pida: *"¡Creador del Universo, dame fe! Déjame creer que Tú decides cuándo me casaré, y que no me olvidaste; déjame creer que Tú me amas, y que toda esta demora es sólo para mi bien..."*.

Otra prueba más es la elección de la pareja. Toda persona que tiene sentido común sabe, que no hay forma de saber quién es su verdadera pareja según el Cielo, y que no se puede conocer de verdad las cualidades y el carácter del candidato que está frente él, hasta que no se casan. Por eso, no se apoya sobre las muchas investigaciones y aclaraciones, sino que confía en el Creador y le dice: *"Amo del Universo, está claro y sabido que no hay ninguna posibilidad de saber verdaderamente quién es mi pareja. Por favor, compadécete de mí, ayúdame a encontrar a la persona más adecuada para mí, y a casarme sin demoras ni problemas"*.

En conclusión – lo principal es confiar en el Creador y aumentar las plegarias. Y por supuesto quien lo haga, se evitará muchas penas y angustias, y tendrá el mérito de casarse y vivir una buena y hermosa vida conyugal.

Vida social

El hombre en su vida social debe pasar por muchas pruebas; en su lugar de trabajo – con sus colegas y jefes; en el internado y en la escuela – con sus compañeros y maestros; en casa – con sus padres y hermanos, etc. Las pruebas son en todos los dominios: ya sea por dinero – cuando le substraen algo que le pertenece, o cuando utilizan algo suyo sin su permiso; ya sea por su rango – cuando le rebajan su status o no lo promueven, o hablan en su contra, o lo desprecian.

El hombre debe utilizar las "Tres Reglas de la Fe" en cada prueba; debe creer que todo lo que le sucede proviene del Creador, y saber que toda persona es Su vara para estimularlo a perfeccionar su fe. Quien logra vivir con esa creencia, tiene vida pacífica, serena y alegre, tiene una buena relación con todos, y ciertamente tendrá una buena calificación en el Mundo Venidero.

Por otro lado, la pobre persona a la que le falta fe, se ofende, se resiente, y vive con un pesar tan grande que no puede consolarse. Todo el tiempo está pensando cómo vengarse y cómo defenderse de quien lo ofendió. En un momento piensa actuar en su contra de tal forma, y enseguida de otra. Está temeroso, piensa que lo persiguen. No tiene calma mental y está lleno de pena, tristeza, ira, rabia, amarguras y ansiedades. No puede estabilizarse en ningún lugar pues siempre cree que en otro lado le irá mejor. Todo esto por una sola causa – siempre piensa que la gente lo ofende.

Al hombre creyente – cuando le llega alguna pena, busca lo que tiene que corregir en sí mismo, pues atribuye su sufrimiento a sus pecados y su fe deficiente. Él sabe que si se dirige al Creador y pide Su ayuda, Él le ayudará a corregir todo. Por el contrario, el que no tiene fe, cuando le llega un sufrimiento, se lo imputa a otros, y piensa que es la otra persona la que tiene que corregirse, como si él ya hubiera llegado a la perfección. Por eso, su pena es doble, pues no está en sus manos corregir al otro, y como ignora que todo depende de su propio trabajo, se queda con su pena y sus reproches hacia el prójimo.

Debemos entender muy bien – **¡para cualquier sufrimiento que nos llega de los demás, la fe es el único consuelo!** Debemos saber que "No hay más nada fuera de Él", y despertarnos rápidamente para buscar la razón y las alusiones en todo lo que nos sucede. Y si actuamos según las "Tres Reglas de la Fe", y rezamos por todo, seguro que triunfaremos en nuestra vida social.

Verdadera confianza

El Creador conduce al hombre según su fe. Si el hombre cree que el Creador es el Médico, el Sustentador, el Casamentero, y que todo proviene de Él – **entonces Él lo supervisa con Completa Supervisión.** Pero si el hombre cree que todo depende de sí mismo, ésta es la causa de su fracaso, porque entonces el Creador le quita Su Supervisión, debido a que "En el camino que el hombre quiere andar – por este lo conducen desde lo Alto", como podemos aprender del relato siguiente:

> Cierta vez, un discípulo de un gran Justo quiso hacerle un regalo, un vino muy bueno de un lejano país. Y así lo hizo, viajó especialmente y se demoró en ese lugar dos meses, el tiempo necesario para la fermentación del vino. Controló cada paso de la fabricación del mismo, sin abandonar por un momento su atención; él mismo exprimió las uvas, y controló con sus propios ojos que todo responda a las exigencias más estrictas de producción, y de la mejor forma, desde el momento que compró las uvas hasta su prensado. Todavía se demoró unas dos semanas más, hasta el fin del proceso y el envase en toneles.

Debido al mal estado de las rutas en esa época del año, le fue terriblemente difícil el viaje de vuelta y le produjo un enorme esfuerzo. Viajó por atajos con peligro de su vida, sin dejar de vigilar al vino cada instante, día y noche, con fuertes lluvias, tormentas y grandes nevadas, por malos caminos y luchando contra los elementos. Por fin, con sus piernas enterradas en el barro y con sus últimas fuerzas, llegó a su ciudad. Se apuró para comunicarse con su amado maestro y entregarle con sus propias manos ese vino especial, que tan duro trabajo le costó lograr.

De pronto, en el mismo momento que paró la carreta que llevaba los toneles de vino frente a la casa del Justo, pasó un policía que, al ver los envases en la carreta, comenzó a gritar que estaba entrando licor en la ciudad, lo que estaba prohibido por la ley. No ayudaron todas las explicaciones que los barriles contenían vino y no licores, el policía ordenó volcar todo el contenido. Cuando el policía se dio cuenta que realmente era vino, ya era demasiado tarde... todo ese vino especial se perdió...

El discípulo quedó muy afectado porque todo su gran esfuerzo y su dura vuelta fueron en vano. Se presentó al Justo llorando y con la cabeza baja, y le preguntó: "Dime maestro, ¿por qué causa tuve que recibir semejante castigo, que después de tantos sacrificios para que su señoría reciba el mejor y puro vino, todo fue para nada?".

Le contestó el Justo: "Eso te pasó pues creías que *tú* eras el guardián del vino, y que estaba sólo en tus propias manos cuidarlo. Pero realmente, no está en las manos de ningún hombre cuidar una cosa. Por haberte sacrificado tanto por el vino, llegaste a pensar que sólo tú podías hacerlo. Te olvidaste que el Creador es el Único que puede cuidar de las cosas, pues está todo en Sus manos.

Por supuesto que debías tratar de cuidar el vino según tus posibilidades, pero tu ansiedad por conservarlo tan estrictamente debía manifestarse en rezos. Debías dirigirte al Creador desde el fondo de tu corazón y decirle: *'Señor del Universo, mi más grande deseo es hacer llegar a mi maestro el vino en la mejor forma posible. Y Tú sabes que soy de carne y hueso, y todo lo que está en mis manos hice. Por favor, Se misericordioso y haz Tu parte, cuida y haz llegar el vino a las manos del maestro sin ningún defecto, pues así está escrito (Salmos 127:1): 'Si el Eterno no protegerá a una ciudad, es en vano la vigilancia de su sereno'; si no cuidas Tú del vino, no tienen valor mis esfuerzos de custodia, y sería como que no he hecho nada'"*.

Es esta una enseñanza para todas las situaciones de nuestra vida que nos preocupan – debemos saber que más allá de un básico esfuerzo, no tenemos control sobre nada. Debemos concentrar toda la energía de nuestra ansiedad y preocupación en la plegaria.

Cuida de mis hijos

Por ejemplo, hay padres que tienen miedo y se preocupan todo el tiempo por sus hijos. Se imaginan que una u otra cosa les puede pasar, que se caerán, serán atropellados o raptados, y no pueden dejar de mirarlos y protegerlos. Además que sus vidas no son vida, perjudican también a sus hijos: se les enseña la herejía que toda su protección depende de sus padres, y no del Creador que los cuida en todo momento. Esas inquietudes de los padres no aportan a la protección de los hijos, sólo pueden dañarlos más.

El consejo a estos preocupados padres, es que introduzcan en sus corazones la creencia en la Supervisión Individual; que sepan que además de la protección indispensable que deben tratar de dar a sus hijos, todo el calor de su amor y preocupación por ellos, deben utilizar en la plegaria; y deben confiar y apoyarse en el Creador con completa confianza.

Protégeme en las carreteras

Hay muchas personas que tienen miedo en las carreteras. En cada viaje sufren temor y preocupación, y molestan al conductor; o en el caso que ellos mismos sean los que manejan, no sienten confianza en sí mismos. Ellos deben saber, que en las rutas no todo depende del conductor, sino también de otros factores no relacionados con ellos, como los otros conductores que viajan por la ruta y las condiciones del camino. También si su manera de conducir es perfecta, ellos no tienen control sobre los otros vehículos, con los cuales pueden chocar. Hay muy buenos conductores que han hecho tontos errores que les produjo un accidente. Y por otro lado, hay muchos malos conductores cuyos vehículos nunca tuvieron ni una raspadura.

La deducción es que sólo el Creador puede proteger al hombre en las carreteras, y todos los miedos y preocupaciones los debe colocar desde lo más profundo del corazón en la plegaria al Creador, para que le proteja a él y a todos los conductores de todo tipo de accidentes y obstáculos en los caminos.

Entre las nubes

Están los que temen volar en avión, y sólo la confianza en el Creador puede ayudarlos a superar sus miedos. Porque naturalmente es terrible la idea de estar suspendido a semejantes alturas entre el cielo y la tierra. Pero cuando el hombre tiene fe y confianza en el Creador, no tiene ningún temor; debido que sabe que todo está en Sus manos, y no depende de ninguna causa natural.

Es importante saber que hay transgresiones principales que ocasionan temores: la maledicencia dicha o recibida, y todo lo relacionado con la lujuria. Y ni hablar de mirar películas o leer libros de terror y horror – que producen espanto con fantasías atemorizantes...

Por supuesto que estos son ejemplos aislados, y cada uno debe aprender de ellos para toda cuestión y situación, en que sienta miedo o se angustie.

Confía en Él y no temerás

El hombre necesita que toda su confianza esté en el Creador, y en nada más. En el momento en que confía en personas o alguna otra cosa y no en el Creador, entonces Él pone esa cosa o persona en su contra. Por ejemplo: si una persona cree que para entrar en un determinado lugar depende de la voluntad del guardián, y por lo tanto pone todo su esfuerzo en halagarlo; y si no le escucha, lo amenaza para que le deje entrar, entonces el Creador endurece el corazón del guardián para que no le permita la entrada. Pero si el hombre cree que el Creador es Quien lo determina, Le pide que le permita entrar, y trata de hacerlo. Si el guardián le deja ingresar, señal que es la Voluntad del Creador; y si no, señal que Él no desea que entre. Y entonces, el hombre acepta Su Voluntad.

Lo mismo sucede cuando una persona tiene una cita con un funcionario de la oficina de empleos, o con su jefe o el director de un banco para pedir un préstamo; si cree que todo depende del hombre con quien debe encontrarse – casi seguro que el Todopoderoso le cerrará el corazón para que no le ayude. El hombre debe creer que *todo* depende sólo de la Voluntad del Creador. Debe rezar antes de la cita y estar preparado moralmente para recibir también una respuesta negativa. **Pues la fe significa que yo deseo lo que el Creador desea, y no hago ninguna diferencia entre una respuesta negativa o positiva.** El hombre creyente confía que está en buenas manos y que el Creador decidirá lo mejor para él. Y como dice el refrán popular: "Cuando Dios cierra una puerta, abre otras diez en su lugar".

Ejemplo de esto es el siguiente relato:

Cierta vez, hace muchos años, un famoso Sabio iba por un largo camino. Todo lo que tenia consigo era un burro – para cabalgarlo, un gallo – para despertarlo, y una vela – para alumbrarlo en la oscuridad de la noche.

La noche cayó y el Sabio llegó a una ciudad amurallada. Quería entrar para descansar del viaje y pasar la noche, entonces comenzó a rodear la muralla para llegar a los portones de la misma, pero estos estaban cerrados. De pronto vio a los guardianes, que le notificaron que los portones se cerraban a la puesta del sol pues esa zona es muy peligrosa, llena de banditos, asesinos y animales de presa, y no le está permitido a ninguna persona atravesar la muralla. No trató el Sabio de convencer a los guardias, ni despertar su compasión, y tampoco trató de utilizar su renombre y su importancia; huelga decir que tampoco trató por la fuerza o amenazas. Aceptó con fe la realidad que el Creador le impedía entrar a la ciudad y dijo: "Todo lo que el Creador hace – lo hace para bien".

Se preparó el Sabio para pasar la noche solo en el campo, sin miedo. Encendió su vela, pero de pronto se levantó viento y la apagó. El Sabio se quedó en la oscuridad. Enseguida dijo: "Todo lo que el Creador hace – lo hace para bien". Abruptamente, llegó un gato y se comió el gallo. Dijo el Sabio: "Todo lo que el Creador hace – lo hace para bien". De pronto vino un león y devoró al burro. Dijo: "¡Todo lo que el Creador hace – lo hace para bien!".

Esa noche, mientras el Sabio estaba solo en el frío, oscuro y abandonado campo, llegaron tropas enemigas y se llevaron a toda la población de la ciudad en cautiverio; dijo el Sabio: "Es lo que dije: 'Todo lo que el Creador hace – lo hace para bien'. Si me hubieran dejado dormir en la ciudad, las tropas me hubieran capturado a mí también; si la vela hubiera estado encendida, me hubieran visto; y si el burro hubiera rebuznado o el gallo cantado, las tropas les hubieran escuchado, y entonces habrían llegado a mí...".

Lo que hizo el Sabio es lo que aprendimos en el primer capítulo – **"Anteponer la fe al razonamiento"**. Porque en verdad, según la razón, lo que le pasó no era nada bueno. Por supuesto hubiera sido mejor poder dormir en un cálido hotel de la ciudad, y mejor si hubiera tenido la vela para alumbrarse en la oscuridad, el gallo para despertarse, y mucho mejor si hubiera tenido el burro para movilizarse; pero el Sabio **dejó de lado su razón** y prefirió la fe. ¿Y qué dice la fe? "Todo es para bien" – **incluso cuando _no_ se vea así**. Cuando el hombre se conduce verdaderamente de esta manera, verá cómo todo lo que le pasa realmente es para bien, como aprendimos en este relato.

Servir al Creador correctamente

Muchas personas creen erróneamente, que cumplir algún Precepto justifica la ira y la tristeza; e incluso justifica llegar a ofender a otro ser humano. Esto es solamente un artificio de la Mala Inclinación, que se disfraza de Preceptos, para impulsar al hombre a cometer las peores transgresiones.

Se debe entender bien, que como está prohibido robar dinero para dar caridad, o cumplir con este dinero otro Mandamiento, también está prohibido encolerizarse o entristecerse por algún Precepto. El enojo es aun peor que el robo, y como lo dijeron los Sabios: "Todo el que se enoja – es como si practicara la idolatría"; y han dicho todavía más: "Todo aquel que admite la idolatría, es como si renegara de toda la Ley del Creador". Mientras que el robar, siendo tan grave, no es comparable con la idolatría.

También la tristeza es un grave defecto. Proviene directamente del "Lado del Mal", y el Creador la odia. Entonces, ¿cómo sería posible hacer lo que el Creador odia, para cumplir uno de Sus Preceptos? A lo mismo nos referimos cuando se hace sufrir a alguien, se comete el pecado de "Entre una persona y otra", que es todavía más grave que las transgresiones de "Entre una persona y el Creador", y es muy difícil de corregir.

Estos errores provienen de la falta de fe, cuando el hombre no cree que también los impedimentos en lo espiritual son la Voluntad del Creador, que lo está probando si se encoleriza o no, si ofende a los demás o no, si piensa que todo depende de sí mismo y trata de someter la realidad a su voluntad.

El único camino para superar esos obstáculos es la plegaria, nada más. Porque no sólo las cosas materiales están en las manos del Creador, sino *todo* – también lo espiritual, y también cuando se trata de cumplir Sus Preceptos. Hay que saber esto muy bien, pues justo en eso está el gran peligro de caer en la trampa de la Mala Inclinación, que lleva al hombre al orgullo y a creer en su propia fuerza.

El zapatero piadoso

Para ilustrar lo precedente, he aquí una historia real:

En una noche de festividad, alrededor de la mesa de un gran Justo, estaban sus discípulos devotamente sentados y emocionados. Con gran entusiasmo y alegría acompañaban la cena festiva, las sabias palabras del gran maestro espiritual.

De pronto, los alumnos se dieron cuenta, que el Justo callaba y cerraba los ojos como si estuviera viendo un acontecimiento misterioso. Los discípulos también callaron, esperando a su maestro. Por fin una sonrisa apareció en los labios del gran Justo. Su rostro demostraba que sentía un gran placer por lo que había visto. Le preguntaron los alumnos: "Dinos por favor qué has visto y cuál es la causa de tu sonrisa y de tu alegría". Sonrío el maestro y les dijo: "Ustedes creen que no existe una cena festiva como la nuestra, ¿no es cierto? Sin embargo, sepan que nuestra comida, con toda su santidad, está todavía muy lejos de la del zapatero, que despierta un gran estruendo en el Cielo y da una gran satisfacción al Creador". "¡¿Qué?!", se sorprendieron los discípulos, "¡¿El zapatero?! Nosotros no despreciamos a nadie... Por supuesto que todo el que prepara una cena por la festividad del Creador, hace algo muy importante. Pero, el zapatero es un hombre simple; ¿qué tiene de especial su cena que supera la de nuestro gran maestro?".

"Acérquense a su casa y compruébenlo con sus propios ojos", les dijo el Justo. Y así hicieron. Cuando llegaron a la casa del zapatero, se pararon junto a su ventana y en silencio observaron el interior. A sus ojos se reveló el siguiente espectáculo:

El zapatero – que todavía no había empezado la cena festiva – estaba parado con una bandeja de comida frente a su esposa y le decía: "Querida esposa, mi reina, vamos a hacer la comida en honor a la festividad, es sólo una vez al año, es una gran noche que no debemos perder".

La esposa del zapatero estaba parada junto a él, hirviendo de rabia, arrancó la bandeja de sus manos y gritó: "¡No! ¡¡Tú no harás ninguna cena festiva!!".

"Querida esposa", le dijo el zapatero con dulzura y gentilmente, sin ningún rencor, "Te escucho, quiero que sepas que no hay otra mujer en el mundo como tú, y yo Le agradezco todos los días al Creador haberme casado contigo, por favor, ven y celebremos la cena juntos, es una lástima perderla. Lo hacemos en honor del Todopoderoso, es una gran bendición".

"¡Te dije, no hay ninguna cena aquí este año!", gritaba la esposa con rabia mientras devolvía la bandeja de comida a la cocina".

El zapatero rezó en silencio: *"Señor del Universo, sea Tu Nombre glorificado. Te agradezco por Tus impedimentos, pues todo proviene de Ti. Por favor, compadécete de mí, haz que logre hacer Tu cena festiva. Yo sé que Tú eres Quien me evita hacerla, no mi esposa. Perdóname, excúsame, Dueño del Universo".*

La esposa volvió de la cocina y le gritó: *"¿Por qué me miras de tal modo? ¡Siempre me haces sufrir!; ¡Qué error cometí cuando me casé contigo!".*

El zapatero se dirigió a su mujer amorosamente: *"Querida esposa, no tienes idea cuánto te quiero; tú eres lo mejor que me ha pasado en la vida. ¿Qué te hace sufrir?, dime. Haré todo lo posible para alegrarte; te compraré lo que desees. Vamos a celebrar la festividad, por favor. Permíteme empezar la cena. Ven mi alma, ven, la haremos juntos y nos alegraremos con la celebración...".*

El zapatero fue a la cocina a traer nuevamente la bandeja mientras rezaba:

"Dios Todopoderoso, ayúdame a entender por qué me pones a prueba, yo sé que lo más importante de esta experiencia es si caeré en la herejía de pensar que es mi esposa quien me retrasa, y en consecuencia utilizaría la fuerza, o la ofendería o me encolerizaría. Ayúdame a creer que no hay nadie más que Tú, y que no es mi esposa la que me impide cumplir con la festividad, sino Tú".

"Por favor ayúdame a no enojarme, ayúdame a sobreponerme a la ira, saber que aunque no podré hacer Tu cena, lo más importante es no apenar a mi esposa y no enojarme. Ayúdame a fortalecerme con alegría, incluso si no podré hacer lo que deseo. Ayúdame a saber que lo que quieres de mí es que me mantenga en la fe que todo proviene de Ti; ayúdame a estar siempre alegre, y a hacer Tu voluntad sin enojarme o entristecerme...".

El zapatero trajo de nuevo la bandeja, y la colocó sobre la mesa. Inmediatamente la esposa la tomó y de nuevo la devolvió a la cocina gritando: "¡Te dije que te olvides de esto, malvado! ¡Ya verás! Tú no cesas de hacerme sufrir".

Otra vez el zapatero empezó a apaciguar a su esposa, hablándole a su corazón: "Cómo te entiendo, querida esposa. Yo comprendo tu gran pesar; te quiero tanto. Cuánto lamento el dolor que sufres por mí. Yo soy el culpable de tus penas. Te prometo ser bueno contigo desde ahora. Ven siéntate conmigo a cenar". Y luego rezó: "*Señor del Universo, dame la razón y el conocimiento que nada existe más que Tú, y es Tu voluntad que yo pase esta prueba de fe. Pensé que mi tarea era hacer la cena festiva; pero veo que Tú quieres de mí otra cosa: enfrentarme a esta prueba, que no me enoje y no me apene. Ten piedad de mí, que sepa que más importante que hacer la cena es no encolerizarme; que lo esencial es no profanar la fe y enojarme; no cometer el pecado de "Entre una persona y otra", pues si ofendo a mi mujer, ningún arrepentimiento me ayudará hasta que ella me perdone de corazón. Apiádate de mí. Dame las palabras de reconciliación para con mi esposa, que ablanden su corazón, y calmen su pena y su ira. Ayúdame a alegrarla y a lograr hacer la comida*".

¡Y así se prolongó este espectáculo durante seis horas! El zapatero tranquilizando a su esposa con palabras de amor, rezando al Creador y suplicando, y su mujer gritándole y menospreciándole. De pronto, cerca de la madrugada, sin ninguna explicación y sin ninguna causa visible, ¡el humor de su esposa cambió de un extremo al otro! ¡Se puso alegre y contenta, y comenzó a apurar a su marido para empezar la cena! El zapatero se sentó para la comida festiva, mientras su esposa traía los manjares con amor y gran alegría.

Los discípulos que observaron toda la escena conteniendo la respiración, respiraron ampliamente. Está bien lo que termina bien, todo se transformó para bien. Verdaderamente no creyeron que todo se arreglaría así. Estaban seguros que en un determinado momento, el zapatero perdería la paciencia. Pero ahora comprendieron que el piadoso zapatero les dio una lección de fe. Ellos también entendieron que la cena festiva del simple zapatero, aunque fue realizada a la velocidad de un rayo al llegar la madrugada, era muy superior a su propia cena, efectuada con calma y serenidad...

Una buena obra o Precepto que se cumple sin ninguna traba ni impedimento, tiene por supuesto mucho menos valor que lo que cumplimos después de sobreponernos a grandes obstáculos. No hay nada más grande que cuando una persona logra, por medio de la plegaria y el arrepentimiento, superar un impedimento para cumplir un Precepto Divino, no por medio de la fuerza y la agresión, sino por el contrario, con comprensión y sosiego hacia la otra parte, demostrándole amor y respeto. Esa noche logró el zapatero el mérito de subir un nivel muy alto en el servicio al Creador, lo que no hubiera podido lograr por medio de ningún trabajo, en el que todo se desarrolla en orden y sin obstáculos.

Cumplir un Precepto a través de una transgresión

De la historia anterior aprendemos otra regla importante: cuando una persona encuentra un obstáculo en el cumplimiento de un Precepto, y no existe la posibilidad de superarlo amablemente, nos encontramos entre la espada y la pared, no hay nada que hacer, sólo seguir deseándolo y dirigirse con plegarias y súplicas a Quien verdaderamente lo impide, el Creador por Sí Mismo.

Enojarse, entristecerse u ofender a otra persona, aunque sea para cumplir el Precepto más importante, ¡está completamente prohibido! Cumplir un Precepto de esa manera es llamado, según los Sabios, "Cumplimiento de un precepto a través de una transgresión".

El problema es que el hombre no tiene conciencia que lastimar y entristecer al prójimo es algo muy malo, y por eso, antepone su voluntad de cumplir un Precepto ante algo mucho más grave. Él decide que el cumplimiento del Precepto es más importante que los sentimientos de la otra persona. ¿Quién le ha dado el permiso para decidir eso y cumplir con el Precepto a cuenta de la pena del prójimo?

Cuando el obstáculo viene de parte de una persona y no existe la posibilidad de superarlo amablemente, no hay nada que hacer, sólo seguir deseando cumplir el Precepto y dirigirse con plegarias y súplicas a Quien verdaderamente lo impide, el Creador Mismo.

El hombre tampoco ve la ira y la tristeza como una transgresión muy grave, piensa que existen situaciones en las que está permitido encolerizarse o entristecerse. Éste es un gran error, pues la ira y la tristeza no sólo son graves transgresiones, sino que es negar completamente la Ley Divina y la fe.

Las muchas pruebas

Hasta aquí estudiamos algunos ejemplos de las principales pruebas de fe. Lo aprendido puede ser aplicado en todos los aspectos de nuestra vida, por ejemplo:

Compra o venta de una vivienda – en verdad, no es este un proceso simple, incluso cuando todo va sin problemas, el hombre necesita mucha paciencia, la cual depende de su fe. Además, hay veces que se presentan dificultades y obstáculos que pueden afectarlo mucho, si no recibe todo con fe. Por ejemplo, cuando está dispuesto a firmar un contrato y a último momento el negocio se anula, lo que le produce pérdidas económicas porque ya alquiló o compró otra casa. O compró un departamento y no recibe el dinero que debían pagarle, y entonces no puede pagar el que compró. Y muchas experiencias difíciles más, que pueden causarle grandes tribulaciones.

El hombre debe creer en tales casos que "Así el Creador quiere", sin acusar ni enojarse con la otra parte que lo ha desilusionado. Creerá que "Todo es para bien", y no caerá en la tristeza, en la frustración y en la depresión. Debe saber que el Creador le insinúa lo que debe corregir. Por eso, debe aislarse en plegaria personal y hablarle al Creador, y finalmente todo se resolverá para bien. Pero si no lo hace, corre el riesgo de sufrir grandes males, como largos y extenuantes juicios o situaciones de violencia – perjudicándose en cuerpo, en espíritu y en bienes. Sólo siguiendo las reglas de la fe podrá salir pacíficamente de esas difíciles pruebas, y después de un tiempo verá cómo todo lo sucedido fue para bien.

Conflictos con vecinos – las relaciones con los vecinos pueden acarrear tormentos prolongados y fatigosos, y terminar muy mal cuando se basan en la fuerza y no en las reglas de la fe. Por medio de la fe toda disputa o discusión termina en paz con facilidad y rapidez – y todo se transforma para bien.

Polémicas – un hombre, sobre el cual hay polémicas y oposición, está pasando un examen de fe. Si su fe ha decaído, llegará al odio, al crimen, a la violencia, y por supuesto caerá del camino recto; pero si sabe que "No hay más nada fuera de Él", se refugiará en el Creador, rezará, y entonces sus enemigos "caerán a sus pies".

Búsqueda de trabajo – cuando el hombre no tiene fe, puede ser decepcionante y estar acompañada por mucha amargura y frustración. Pero, siguiendo las reglas de la fe, todo puede ser agradable y simple.

En conclusión: la vida nos enfrenta con muchas pruebas de fe. De hecho, ¡**cada dificultad que nos llega – es una prueba de fe!** Por lo tanto, uno no debe acusarse, pensar que no es bueno o caer en la desesperación; ni pensar que alguien la causó y emprender diversas acciones de fuerza para solucionar el problema; o, aunque no tome ninguna iniciativa, no debe sentirse frustrado y amargado porque alguien lo irrita o le molesta. Debe creer que el Creador es Quien causó todo, conducirse según las "Tres Reglas de la Fe", y pasar así la prueba con éxito, alcanzando un alto nivel en el Mundo Venidero, y una buena vida en este mundo.

Substituto a los sufrimientos

Hay un camino para suprimir completamente, o en gran parte, los sufrimientos y las penas que sufre el hombre en este mundo. Lo explicaremos con una parábola:

Un padre castiga a sus hijos. El hijo tonto se enoja por haber sido castigado, y odia a su padre.

El hijo un poco más inteligente – aunque no está conforme con el castigo y está triste – con todo, comprende que no fue sin razón, y busca la causa del castigo. Al encontrarla – se confiesa, se arrepiente, pide perdón y se promete no reincidir. Mismo si no encuentra la causa, le pide perdón a su padre en forma general y le dice: "Discúlpame padre por mis transgresiones. Ayúdame a no repetirlas jamás".

El hijo que todavía es más inteligente, sabe que su padre lo ama y lo ha castigado por su bien. Por eso, recibe el castigo con alegría y le dice: "Padre, yo sé que toda tu intención es estimularme y acercarme a ti. Muchas gracias, mi querido padre, que no me dejas errar. Por favor, dime por qué me has castigado". Y cuando el padre le explica, se confiesa, se arrepiente, pide perdón, y se compromete a corregirse y a no volver a cometer jamás la transgresión.

Por supuesto este hijo está en un muy alto nivel, pues está contento con su castigo. Aún, tiene un defecto, que sólo después de haber recibido un castigo se siente estimulado a corregir sus acciones.

Pero existe el hijo que ama a su padre plenamente. Él no espera recibir un castigo para despertarse y entender que cometió una falta, sino que cada día se controla y se pregunta: "¿Qué fue lo que mi padre me ordenó hoy? ¿Cumplí completamente con lo que me ordenó? ¿Acaso me comporto como mi padre desea?". Él hace un examen de conciencia detallado sobre cada uno de sus pensamientos, palabras y actos, para saber si es así como debe conducirse o no. Por todas las buenas acciones que logró realizar, agradece a su padre que le dio el mérito de cumplirlas, y se colma de alegría. Por todas las cosas que no cumplió como se debe, se arrepiente. Se acerca a su padre y le agradece por todo lo bueno que hace por él: lo alimenta y lo sustenta, le enseña sabiduría, comprensión y conocimiento. Y por lo que no actuó como es debido se confiesa frente a él, se arrepiente, le pide perdón y promete esforzarse en el futuro para corregir sus actos.

Por supuesto el padre de un hijo así, se llena de satisfacción y de gozo, y se dice a sí mismo: "¡Qué hijo tan amable! Sabe apreciar lo que se hace por él y verdaderamente quiere hacer el bien. Él no espera castigo sino que trata por sí mismo de corregir sus acciones, y así me ahorra la pena y la tristeza que siento al castigar a uno de mis hijos para estimularlo a ver sus errores. Por eso, aunque veo que todavía se equivoca, a veces no me obedece, y todavía no corrigió varios errores, algunos de ellos graves, ¿cómo podría castigarlo? Él se esfuerza e invierte un tiempo fijo cada día para controlar qué más debe corregir y cómo cumplir mi voluntad. ¡¿A un hijo así puedo castigar?! Al contrario, si sólo me hace escuchar su voz, yo complaceré todos sus deseos".

Y continúa el padre meditando: "Ojalá que todos mis hijos lleguen a mí cada día, se comporten así y me pidan que satisfaga sus necesidades; por supuesto responderé a sus pedidos. Incluso a mi hijo falto de comprensión que se encoleriza cuando le castigo – si sólo hablara conmigo y me contará sus necesidades, inmediatamente le ayudaría, y quizás así entendería cuánto le amo.

El hijo amoroso

Todo padre o madre, cuyo hijo se acerca a ellos cada día y les agradece todo lo bueno que recibe, se disculpa de toda mala acción que ha hecho, les pide estar más cerca de ellos, que lo fortalezcan para que pueda obedecerles, y también hace examen de conciencia cada día sobre sus acciones, ya sean buenas o malas, ¡¿a un hijo así castigarían?!

Por lo tanto, quien quiere comportarse como el hijo que verdaderamente ama a su padre, debe fijar por lo menos una hora o más al día para aislarse en alguna habitación o en el campo, y conversar abiertamente con el Creador con palabras de gracia, súplica y reconciliación, pidiéndole y rogándole que lo acerque verdaderamente a Su servicio. También debe juzgarse a sí mismo como está escrito (Salmos 112:5): "Y mide sus propios asuntos con justicia"; es decir, que debe examinar cada pensamiento, palabra y acción que ejecutó, y si actuó en forma apropiada. Por todas sus buenas acciones agradecerá al Creador y se alegrará con todo su corazón. Y, por todo lo que no se comportó como es debido, se confesará frente a Él, Le pedirá perdón, se arrepentirá, y se comprometerá a no repetir la falta en su vida. Así, cada día se juzgará por todo lo que hizo desde los sesenta o más minutos del "Aislamiento" del día de ayer hasta el de hoy, y así se liberará de todos los miedos y tribulaciones, ya que "Cuando hay Juicio en la Tierra, no hay Juicio en el Cielo", porque no hay necesidad de mandarle tribulaciones desde lo Alto para estimularlo, ya que él lo ha hecho por sí mismo.

Prestar atención

El nivel de la persona que se aísla en plegaria durante una hora por día, es incluso más alto que el nivel de quien recibe sus sufrimientos con amor y alegría. Esto porque no espera las tribulaciones para despertarse, lo hace por sí mismo, y se ahorra así muchas penas.

¡Queridos lectores!, mediten qué gran favor y qué enorme misericordia nos entrega el Creador con este regalo, que el hombre pueda por medio del "Aislamiento" liberarse de todas sus transgresiones y los amargos castigos que arrastra, y todavía ser recompensado por su arrepentimiento y "Aislamiento" con un enorme e inimaginable premio. Sobre esto han dicho los

Justos: *"¡El 'Aislamiento' está en el nivel más grande y elevado que existe!"*.

El poder de una simple plegaria

También debemos saber que la hora del "Aislamiento" y examen de conciencia, es tan poderosa, que posee la fuerza de proteger al mundo entero. Como un gran Justo dijo una vez: "¡¿Cómo es posible que permitimos que el Creador piense y traiga severos Decretos al mundo?! Debemos atraer Su atención de todas Sus otras ocupaciones, como por ejemplo promulgar duros Decretos, para que los deje de lado y Se dirija a nosotros, porque queremos hablarle y pedirle que nos acerque a Él y a Su servicio. **Pues cuando una persona desea hablar con el Creador, Él deja de lado todas Sus ocupaciones, todos los Decretos que debería promulgar, y Se dirige exclusivamente a ese hombre que quiere hablarle, conversar con Él, y pedirle que le ayude acercarse a Él"**.

El significado de estas palabras, es que cada persona – cada hombre, mujer, joven, niño, sin importar el nivel en que se encuentra – sea bajo o alto, incluso el hombre más simple, innoble, despreciable y peor del mundo, hasta el impío más grande sobre la Tierra – tiene la posibilidad y el derecho de dirigirse al Creador y pedirle que le ayude a acercarse a Él. ¡Y el Creador deja todo de lado y Se dirige a esa persona y escucha su plegaria! ¡Es por mérito de ese hombre que el mundo se puede salvar de todo tipo de duros Decretos que podrían ser promulgados por la Justicia Divina en ese momento! Si durante veinticuatro horas al día hubiera personas ocupándose en el "Aislamiento", no habría severos y duros Decretos en el mundo.

Se cuenta qua antes que se declarara la Segunda Guerra Mundial, hombres piadosos en Europa solían hacer una cadena de "Aislamiento" día y noche, de manera que siempre hubiera alguien aislándose. Un día, por diversas causas, se cortó la cadena, e inmediatamente comenzó la terrible guerra...

Por eso, debe cada uno de nosotros fortalecerse para empezar a hacer el "Aislamiento", que verdaderamente es una práctica muy fácil y agradable. ¿Hay acaso algo mejor que encontrarse con el Rey, que tiene todo en Sus manos? ¿Si invitaran a un soltero a encontrarse en privado con el más grande casamentero del mundo, que puede encontrarle a la mujer perfecta y más adecuada para él, habría renunciado al encuentro? ¿Si le dieran al hombre la posibilidad de pasar una hora en compañía del millonario más grande del mundo y poder pedirle todo lo que necesita, titubearía un momento? ¿Si le dieran al hombre la posibilidad de encontrarse con el ministro de la vivienda, que le resolvería su problema de alojamiento, tendría pereza en hacerlo? ¿O encontrarse con el más grande profesor del mundo, que conoce la medicina más adecuada para cada enfermedad? ¿O hablar con el mejor consejero matrimonial que le solucionaría todos sus problemas conyugales? ¿O ser recibido por el más grande especialista en educación infantil para asesorarse en la mejor forma de educar a sus hijos? ¿O gozar del mejor psicólogo y psiquiatra del mundo que sanaría su espíritu? ¿Acaso existe el hombre que rechazaría la excelente oportunidad de resolver todos los problemas y dificultades de su vida? Cualquiera comprende que la respuesta es superflua...

El Creador del Universo, el Todopoderoso, es el Casamentero, el Médico, el Millonario, el Ministro de Vivienda, el más grande Educador y Asesor Matrimonial, el Psicólogo... Tal como está escrito en los Salmos (145:9): "El Eterno es bueno para todo..." – bueno para el sustento, bueno para curar, bueno para las parejas, etc.

Es importante que el lector que todavía no conoce el concepto de una hora de "Aislamiento" sepa, que se la puede hacer en cualquier momento y lugar, a cualquier hora y forma, en cualquier idioma y lenguaje, con las palabras más simples y naturales. Si tiene calor, puede encender el aire acondicionado; si tiene frió, puede encender el calefactor. Puede estar parado o pasearse, sentarse o acostarse. Resumiendo – puede buscar las condiciones más favorables, para hacer su "Aislamiento" con tranquilidad y mente clara, y así podrá volcar su alma en plegaria delante del Señor del Universo, y encontrar alivio y paz.

¡Deja todo de lado!

Entonces, si así son las cosas, ¿por qué después de todo esto el hombre se abstiene de hacer el "Aislamiento"? ¿Por qué hay un impedimento tan grande al acto más natural y comprensible que debe el hombre creyente realizar – el hablar con el Creador?

La respuesta es, que la Mala Inclinación conoce el inmenso valor del "Aislamiento". ¡Sabe que ésta es la finalidad del hombre!, ¡que el hombre que lo practica llega a su corrección espiritual y supera todos los obstáculos y pruebas de este mundo! ¡Por eso la Mala Inclinación le hace la práctica del "Aislamiento" pesada y dificultosa, y debilita su deseo de cumplirla, encontrándole todos los argumentos para que no la practique!

Pero la persona inteligente que comprende lo que escribimos, llega a la clara conclusión que no tiene importancia lo que pasará, ¡debe abandonarlo todo! ¡Debe encontrar el tiempo para aislarse! Entonces, comenzará una vida completamente nueva, ¡una vida muy dulce! Pues la satisfacción más grande del Creador es la que le produce el hombre que se aísla frente a Él, hace examen de conciencia y Le pide que atienda sus necesidades materiales y espirituales. Tal hombre recibe una atención muy cálida y amorosa por parte del Creador. Y si, a pesar de todo, no logra despertarse para corregir lo que debe – el Todopoderoso es paciente con él y se lo insinúa con suavidad por todo tipo de medios; y, debido a que él se aísla regularmente, tiene el tiempo y las herramientas necesarias para entender Sus insinuaciones. Evidentemente con todo lo que le sucede a ese hombre en la vida, utilizando las "Tres Reglas de la Fe" y acompañando cada cosa con plegaria, tiene el mérito de corregir sus privaciones, y entonces vive una vida de fe y acercamiento al Creador, que es el objetivo final para el cual fue creado.

Es muy importante que el hombre dedique regularmente parte de su hora de "Aislamiento" para pedir por la fe, y rogarle al Creador:

"Creador del Universo, dame por favor una completa fe. Dame creer que no existe ningún mal en el mundo; que todo está en Tus manos; que todo es para bien. Dame la convicción que Tú me amas como soy, y que te complaces de mí.

Por favor, dame la fe completa que no hay más nada fuera de Ti, es decir que no hay ninguna persona o cosa en el mundo que me pueda dañar, aunque así lo parezca, sino que esta persona o cosa es Tu vara que colocas en mi contra para despertarme a acercarme a Ti.

Dame fe para entender que no es mi esposa, ni mi suegra, ni mi jefe, ni zutano ni mengano, sino Tú que me llamas para que Te rece.

Hazme creer con fe completa que no es Tu voluntad que me persiga a mí mismo culpándome, pues no existe 'yo', sólo 'Tú'. Dame creer que por medio de la plegaria se puede corregir todo y liberarnos de todo mal rasgo o apetito. Dame la fe que toda carencia que sufro, es sólo debido que no recé lo suficiente por ella. Dame la voluntad de intensificar y prolongar la plegaria por cada privación y carencia, ya sea material o espiritual, a fin de poder merecer todo lo bueno.

Dame fe que todo está en Tus manos, ayúdame a rechazar el falso concepto de "Con mi propia fuerza y el poder de mi mano", y que todo mi esfuerzo sea invertido en la plegaria. Que para cada cosa siempre me dirija a Ti.

Hay una herencia de los grandes Justos, que después de los ciento veinte años, cuando el hombre sube al Cielo y se presenta ante el Tribunal Celeste, se abrirá frente a él el libro de su vida donde cada página es equivalente a cada uno de sus días, y ahí estarán consignados todos sus pensamientos, sus palabras y hechos diarios. Si en la página está escrito que el hombre ha hecho una hora de "Aislamiento", se pasará inmediatamente a la siguiente sin ser juzgado por nada. Pero en cada página en donde no figura que se aisló con el Creador, será juzgado por cada pensamiento, palabra y acto, y deberá entonces recibir las consecuencias por cada uno que no es correcto.

Ahora ya podemos entender por qué es tan difícil realizar el "Aislamiento" regularmente. El hombre tiene cada día una nueva lucha para realizar su hora de plegaria personal, incluso si la practica durante años, debido a que el "Aislamiento" de ese determinado día es su rectificación. Ésta es la causa por la que la Mala Inclinación lucha tanto contra eso, pues quiere evitar la corrección eterna del hombre.

¿Acaso te darás por vencido y dejarás perder esta increíble oportunidad de acercarte al Creador y solucionar todos tus problemas?...

Capítulo Cuarto

La Auto-Corrección

El Primer Principio – *"Conócete a ti mismo"*

El primer principio y la condición indispensable para que el hombre pueda corregirse en este mundo, es que se conozca a sí mismo, es decir, que sepa que posee la Mala Inclinación.

El hombre debe saber que tal como nació con manos, piernas, oídos, y no tiene ninguna pregunta ni crítica sobre su estructura física, así debe saber, sin dudas o preguntas, que nació con la Mala Inclinación. Muchos viven desmoralizados por el hecho de poseerla, ¡esto es una gran estupidez! Así fuiste constituido, con el fin de sobreponerte a ella.

El hombre que no se conoce a sí mismo y se desanima completamente cada vez que la Mala Inclinación lo domina, nunca podrá corregirse. ¿A qué es comparable? – a alguien que tiene entre sus manos un mapa de carreteras, pero no sabe dónde se encuentra; aunque tenga el mapa más preciso y detallado del mundo en sus manos, no le será de ninguna ayuda, y no podrá de ninguna manera encontrar su camino si no sabe en qué lugar está.

El mapa del camino del arrepentimiento es todavía más difícil de interpretar y contiene numerosas ocultaciones e impedimentos. Incluso el hombre que sabe dónde se encuentra, es decir que se conoce a sí mismo, debe trabajar duro para encontrar su camino y corregirse. Pero si no sabe dónde está, ciertamente se perderá y se equivocará más y más...

¡Hay que comprender bien este punto! Para llegar a transformarse en un perfecto justo que no transgrede y que también cumple todos los Preceptos Divinos a la perfección, hay que recorrer un camino muy largo, tan largo como toda la vida del hombre. Incluso un hombre serio, perseverante, y que hace el máximo para alcanzar su perfección y corrección, es inevitable que tropiece varias veces en su senda: una vez tal transgresión, y otra vez otra; una vez la ira, y otra vez la maledicencia; o los apetitos que lo persiguen por todas partes y que no le dan tregua. Sin hablar de las numerosas pruebas que lo esperan, como su subsistencia, las confrontaciones con su familia...

En resumen, el hombre no deja de luchar en este mundo hasta el día de su muerte y, como en toda guerra, a veces es el vencedor y a veces es el vencido. A veces él aventaja, y otras veces es el abrumado, igual como dos hombres que luchan uno contra otro: cuando uno ve que el otro lo domina, se esfuerza todavía más para aventajarlo. La regla es la siguiente – cuando el hombre desea acercarse al Creador y arrepentirse, debe atravesar miles y miles de altos y bajos...

Además, a medida que el hombre progresa en la vía del arrepentimiento, su Mala Inclinación se refuerza y crece con él, como enseñaron los Sabios: "Cuanto espiritualmente es más grande el hombre que su prójimo, así también su Mala Inclinación es más grande". Muchos se equivocan y creen que después de haber logrado un cierto nivel o éxito en el camino de la espiritualidad, la Mala Inclinación los deja definitivamente; pero de pronto ven que es exactamente lo contrario, ellos poseen una Mala Inclinación mucho más poderosa.

La explicación es esta: Cuando el hombre tiene un pensamiento de arrepentimiento, entonces mediante sus buenas acciones mata la Mala Inclinación que posee en ese momento. Luego, otra Mala Inclinación lo ataca, todavía más fuerte que la primera. Por lo tanto, si el hombre no se sobrepone a ella, la nueva Mala Inclinación lo dominará, y necesitará fortalecerse nuevamente contra esta, todavía más.

Por consiguiente, si el hombre cae en la tristeza cada vez que la Mala Inclinación o los impedimentos lo abruman, pasará todos sus días en la tristeza, y ciertamente perderá esa guerra. Pero sólo si se despierta, comprende y acepta que ésa es la realidad, sólo entonces podrá comenzar a luchar verdaderamente. Si así lo hará, ciertamente ganará la batalla, e incluso sentirá un gran placer del combate mismo.

Conoce tu Mala Inclinación

Cuando el hombre acepta que posee la Mala Inclinación, debe conocerla y saber cómo combatirla. La esencia de la Mala Inclinación, consiste en provocar en el hombre la herejía para que pierda su fe, y ésa es en realidad la única forma por la cual puede someterlo con gran facilidad. Por otro lado, mientras el hombre se aferra fuertemente a la fe, tiene todas las herramientas para salvarse de la Mala Inclinación. Prácticamente hablando, un hombre que verdaderamente posee la fe – no posee la Mala Inclinación.

¿Cómo actúa la Mala Inclinación? En algunos induce a la herejía de negación del Creador; en otros a la herejía hacia los Preceptos Divinos, y les hace pensar que saben por sí solos lo que está prohibido y lo que les está permitido. A algunos les hace aceptar ciertos Preceptos y rechazar otros que parecen demasiado difíciles de cumplir. En algunos introduce malos deseos y apetitos. En otros induce a la pereza, a la rebelión, o a la hostilidad contra los Justos, etc. Y así, todos los métodos que utiliza la Mala Inclinación para hacer caer el hombre – se originan en la herejía.

El hombre que ya ha merecido dominar todas esas malas inclinaciones, posee completa fe en el Creador y en sus Preceptos, y su única intención es cumplir la Voluntad Divina. En ese caso, ¿cuál sería su Mala Inclinación?, ¿qué herejía puede infundirle?

Respuesta: ¡la Mala Inclinación le puede infundir la herejía del orgullo, o sea la de la auto-culpabilidad!

Ahora, explicaremos cómo dominar esta Mala Inclinación.

Hay una regla: el hombre posee el libre albedrío y está en sus manos la elección entre el bien y el mal; simplemente si quiere – actúa, y si no – no.

Sin embargo, este libre albedrío se ejercita solamente antes de la acción, cuando debe utilizar todo lo que está en su poder y usar los recursos que el Creador le dio para escoger correctamente: él debe armarse ante todo de la poderosa voluntad de escoger el bien, con la creencia que nada impide al Creador darle la fuerza de elegir correctamente. Debe también aprender a reforzar su capacidad intelectual, buscando en los libros consejos y apoyo. Debe pedir consejo a los Justos, y rogar y suplicar al Creador que le ayude a escoger como es debido.

¡Pero después de la acción, queda sólo la fe! Un instante después de la ejecución de una acción, sea buena o mala, el hombre debe saber que después de todo, realizó esta elección sólo porque el Creador lo quiso. Porque "No hay más nada fuera de Él", y sólo el Creador es el que ejecutó, ejecuta y ejecutará todas las acciones. Resulta, que cuando el hombre escoge el bien, no tiene ninguna razón para enorgullecerse, porque sabe que todo proviene de la fuerza del Creador que quiso que tuviera éxito. También lo contrario es verdad, el hombre que fracasa debe saber que esto proviene del Creador que quiso que tropezara, porque si hubiera querido que tuviera éxito, Él le habría dado la fuerza para lograrlo.

La principal Mala Inclinación del hombre consiste en confundirle el orden de las cosas, haciéndole pensar en su elección después de ejecutar su acción. El resultado es el siguiente: si el hombre tuvo éxito en su elección, la Mala Inclinación le infunde el orgullo según el principio de "Con *mi* propia fuerza y el poder de *mi* mano", haciendo depender su éxito de su buena elección. Si él fracasa, la Mala Inclinación le infunde la auto-culpabilidad, se acusa de haber escogido mal y se sumerge en la tristeza. Así es como la Mala Inclinación inspira en el hombre la incredulidad, porque el libre albedrío no es relevante sobre el pasado. Después de la acción, queda sólo la creencia que esa fue la Voluntad del

Creador. Concretamente, esta fe es todavía una elección, ya que expresa la elección del hombre después de la acción, de creer que así el Creador lo quiso.

El libre albedrío y el Conocimiento Divino

Con el fin de comprender mejor este tema, conviene formular la pregunta famosa sobre el libre albedrío y el Conocimiento Divino. En efecto, no podemos comprender cómo puede tener el hombre libre albedrío, dado que el Creador conoce por anticipado todos los futuros acontecimientos.

Aguzaremos la pregunta: el Conocimiento Divino significa, que todo está bajo el control absoluto del Creador, el hombre no es capaz ni de mover un dedo sin que esta sea la Voluntad del Creador; incluso cuando el hombre peca, esto proviene del Creador que sabe por anticipado que este hombre pecará.

El libre albedrío significa, simplemente, que el hombre posee la elección: si lo quiere – actúa, si no – no actúa. Resulta de esto, que todo está en las manos del hombre, él puede escoger entre el bien y el mal, y él es quien decide exclusivamente su vida.

¿Cómo puede existir esta contradicción? ¡O todo está en las manos del hombre, o todo está en las manos del Creador!

La respuesta es la siguiente: debemos saber que esto es algo que no puede ser captado por la razón, como explicó uno de los grandes Justos:

"Debes Saber que esto es lo esencial de la fuerza de la elección: lo que el intelecto humano no es bastante poderoso para comprender el tema del Conocimiento Divino y el libre albedrío, es la causa para que la fuerza de la elección pueda subsistir, así el hombre puede escoger la vida o lo contrario. Pero si el intelecto humano fuera mayor y la respuesta al problema del Conocimiento Divino y el libre albedrío le fuera revelado, entonces su libertad de elección sería anulada; porque con ese desarrollo del intelecto, el hombre sobrepasaría la categoría de humano y alcanzaría la de los ángeles. Por eso mismo, el principio de la fuerza de la elección existe sólo mientras no se entiende el funcionamiento del Conocimiento Divino y el libre albedrío".

Por consiguiente, el hombre como tal, sea quien sea, es incapaz de dar la respuesta a esta pregunta. Y si se empeña en procurar resolver este problema, llegará a una incredulidad completa, confusión, dudas, e incluso podría perder la cordura. Como han enseñado los Sabios, que sobre quien intenta resolver el problema del Conocimiento Divino y el libre albedrío, se dice el versículo (Proverbios 2:19): "Todos los que entran en eso no volverán, y no alcanzarán los caminos de la vida...".

Hay que entender que el Conocimiento Divino y el libre albedrío son dos conceptos que está prohibido mezclar, aunque cada uno por sí mismo es verdadero. Es decir, por cierto que el hombre posee el libre albedrío, y ciertamente que todo está bajo el control del Creador que sabe todo por anticipado, pero todo esto es verdad sólo cuando cada concepto es independiente y no se los mezcla. Esto es comparable a dos materiales diferentes, cada uno por sí mismo es bueno y eficiente, pero cuando se lo mezcla – producen una gran explosión...

Por lo tanto, cuando se habla del libre albedrío, se hace referencia sólo a este, y hay que abstenerse de asociarlo con el Conocimiento Divino. Y por el contrario, cuando se habla del Conocimiento Divino, se hace referencia sólo a este, y hay que abstenerse de asociarlo con el libre albedrío. En la práctica, el libre albedrío y el Conocimiento Divino son dos herramientas que es necesario utilizar cada una en su determinado tiempo, y no hace falta comprenderlas para usarlas.

Antes de hacer algo, el hombre debe elegir cómo comportarse, cómo deben ser sus pensamientos, palabras y acciones, debe considerar sólo el libre albedrío y saber con certeza que tiene toda la elección; de actuar o de no actuar, o de cómo actuar, etc. En cada prueba, el hombre dispone del libre albedrío para hacer el bien o el mal, y le está prohibido mezclar el Conocimiento Divino cuando debe tratarse según el libre albedrío.

En conclusión: antes de la acción, el hombre debe solamente utilizar su libre albedrío, porque la libertad de elección simplemente está en sus manos. Pero después de la acción, él debe solamente utilizar el Conocimiento Divino, porque simplemente todo está en las manos del Creador, y para bien.

No seas malvado a los ojos del Creador

Por lo tanto, está bien entendido porque le está prohibido al hombre pensar: "He aquí, todo está determinado en el Cielo, entonces ¿qué diferencia hay si me esfuerzo para superar mis pruebas o no, o si me conduzco según las reglas de la moral o no?; de cualquier manera todo está en las manos del Creador, y Él sabe por anticipado si pecaré o no. Ya está establecido si seré un justo o un malvado, ¡entonces actuaré como quiero, y diré que así es como el Creador quiere que me conduzca!".

Este tipo de pensamientos son una absoluta herejía, ¡porque el hombre posee el libre albedrío! Punto. Así como está escrito (Deuteronomio 30:15-19): "Mira, Yo he puesto hoy delante de ti la vida y el bien, la muerte y el mal... ¡Escoge la vida!" – vemos entonces que le está ordenado al hombre hacer todo lo posible para escoger el bien, conducir su vida con rectitud y con responsabilidad, sin pecar o cometer ni la más pequeña falta. Si el hombre no escoge el bien, ninguna excusa será aceptada en el Cielo. Está escrito bien claro en el Pentateuco, la Ley del Creador, que el hombre posee el libre albedrío y será juzgado según su elección.

Pero el hombre debe saber, ¡después de la acción – aunque haya cometido el más grave de los pecados – el Creador lo quiso así, y es para bien!

Y si el lector avispado preguntara: "¡¿Cómo podemos decir que si cometí un pecado, es eso para bien?!", hay que saber que el Creador observa cada alma y supervisa a todo hombre para proporcionarle las condiciones más justas y precisas, pues sólo por medio de ellas podrá alcanzar su meta. En consecuencia, incluso cuando los apetitos lo dominan, o fracasa, o peca, o tiene dificultades y las cosas no le van como se debe, todo está bajo la Divina Supervisión con el fin de estimularlo, empujarlo, dirigirlo hacia los puntos sobre los cuales debe trabajar y corregir, y para guiarlo y ponerlo en el camino que debe seguir para la corrección de su alma en este mundo.

¡Así ciertamente todo es para bien, ya que el hombre necesita de todas sus privaciones para ser guiado a su finalidad!

El fin de la Mala Inclinación

Cuando el hombre sabe, después de fracasar o pecar, que su falta era para su bien, y se despierta de ese fracaso para acercarse al Creador, entonces en efecto ya no posee más la Mala Inclinación. Porque como se ha dicho, la Mala Inclinación no es nada más que la herejía que lleva al hombre a la auto-persecución, torturándose con el pensamiento que hubiera podido sobreponerse a la prueba. No debemos olvidar que nos referimos a después de la acción, lo pasado ya pasó, y como ya hemos aprendido, el libre albedrío después de una acción es creer que así lo quiso el Creador, y por lo tanto todo es, sin ninguna duda, para bien.

Cuando el hombre cree así, no tiene ningún contacto con la Mala Inclinación. No se culpa y no se persigue por sus fracasos, sino que los acepta con fe y amor, y se anima para buscar y comprender lo que el Creador espera de él, al permitirle cometer tal transgresión, sin haberle ayudado a dominar su inclinación. Entonces, puede comenzar el trabajo adecuado según la Voluntad Divina, es decir, aprender una buena lección, saber cómo conducirse en el futuro, rezar al Creador, y utilizar todas las herramientas que posee para, de ahora en adelante, mejorar su conducta.

Como resultado, el hombre, después de su falta, ya no se ocupa de ninguna manera de la Mala Inclinación, sino que vive solamente con la Supervisión Divina: antes de todo acto, estudia, reza y pide al Creador que le ayude a hacer una buena elección.

Y después, aprende del pasado los mensajes del Creador, cómo elegir correctamente de ahora en adelante.

Después que el hombre aprende de sus fracasos a acercarse al Creador, a abandonar su orgullo, reconocer su debilidad, fortalecerse en su oración y en su servicio al Creador, o aprender un nuevo mensaje, entonces el beneficio de su caída espiritual y de su fracaso es muy grande, y es apropiado entonces agradecerle al Todopoderoso con todo el corazón por esa misma caída, que le hizo despertar y reforzarse.

Y así debe decir: *"Creador del Universo, Te agradezco por cuidarme con Tu precisa Supervisión Individual. Gracias por haberme traído este fracaso y por haberme despertado, por su intermedio, para acercarme a Ti. Te agradezco mucho esta proximidad, la cual es el resultado directo de mi caída".*

Vemos entonces, que también los fracasos son en efecto un gran bien, y el hombre debe agradecerle al Creador con todo su corazón por habérselos enviado, y como enseñaron los Sabios: "El hombre debe agradecer por el mal con todo su conocimiento y todo su corazón, como agradece por el bien". Porque también las fallas están bajo la Divina Supervisión Individual, y ya sabemos la regla: "Todo lo que el Creador hace, lo hace para bien".

Es necesario subrayar otra vez, que aquí hablamos de después de la acción. Antes de la acción, el hombre está obligado a saber que está prohibido pecar, y debe hacer todo lo posible para no transgredir.

Arrepentimiento por amor

El hombre que posee fe y sabe utilizar cada uno de los conceptos mencionados en su momento adecuado, ciertamente que agradece por sus fracasos y caídas, y esto es lo que se llama "arrepentirse por amor", porque no siente ninguna debilidad intelectual o tristeza por sus fallas. Este hombre sabe que el ego no existe, y que todo proviene del Creador para su bien, con el fin de despertarlo para un trabajo espiritual más intensivo.

Ésta es la explicación de lo que nos han enseñado los Sabios: "Las transgresiones del que se arrepiente por amor, se convierten en méritos": que aunque el hombre haya transgredido deliberadamente pero no cae ni en la tristeza ni en la desesperación, sino que se estimula a arrepentirse debido a que se conmocionó por su acción, y se anima a transformarse y mejorarse, entonces es evidente que su transgresión se transforma en un gran mérito, puesto que debido a su caída fue conmovido a arrepentirse.

Una cosa es cierta, antes de caer y cometer un grave pecado, este hombre se parecía a alguien que duerme en vida, es decir que estaba sumergido en la apatía, en la rutina diaria y aceptando los malos rasgos que le llevaron a esa caída. Solamente después que transgredió tan gravemente, se alarmó y se estimuló para trabajar seriamente, para desarraigar definitivamente su mal. ¡Vemos entonces que es la transgresión la que le condujo al mérito del verdadero arrepentimiento!

Los Sabios también enseñaron que no podemos verdaderamente comprender un Precepto o un servicio al Creador, sino hasta después de haber fracasado. La razón es que el hombre que no se desanima por su fracaso, puede por cierto aprender mucho de sus fracasos y caídas, hasta llegar a entender cuál fue el error y la causa, y así dominar el problema. Esto es verdad sólo cuando acepta todo con alegría, pero si comienza a mortificarse por su mala elección, cae entonces en la herejía, y esta caída arrastrará a muchas otras.

Debe ser bien entendido – después de la acción, ya no se puede cambiar el pasado, ¡pero hay que hacer todo lo posible para no perder el futuro!

Admitir la verdad

El hombre debe saber por anticipado que hay fracasos y caídas en la vida, y que tropezará todavía muchas veces más. Debe prepararse sin engañarse, conocer su verdadero nivel, y no pensar que ya llegó a la perfección y que nada le pasará.

Todo el tiempo que el hombre no reconoce sus defectos y su bajeza, y no admite la realidad de que las caídas son una parte integral del camino que debe seguir, él vive en la mentira, ¡y no se puede alcanzar la verdad a partir de una mentira!

Entendiendo lo anterior, podremos explicar un gran prodigio. Cuando el Creador le pregunto a Adán, el primer hombre (Génesis, 3:9-11): "¿Dónde estás?... ¿Acaso del árbol que te ordené que no comieras, comiste?". Adán respondió: "La mujer que me diste por compañera, me dio del árbol, y *comeré*".

La expresión "y *comeré*" es en futuro, lo que quiere decir que ya comió y que en el futuro comerá más. Y la pregunta necesaria es: "¡¿No es esta una gran insolencia?! ¡El Todopoderoso le pregunta si comió del Árbol del Conocimiento y, en lugar de confesar su pecado, pedir disculpas y prometer que jamás lo volverá a hacer, declara Adán que tiene la intención de continuar comiendo!".

La respuesta es la siguiente – no hay aquí ninguna insolencia. La pregunta del Creador "Dónde estás?", significa: ¿Dónde te encuentras? ¿Dónde caíste? ¿En qué nivel te encuentras después de haber pecado? ¿Acaso estás en un nivel en el cual puedes dominar tu Mala Inclinación y no comerás más del Árbol del Conocimiento? Y Adán supuestamente Le respondió: "No, me encuentro en un nivel más bajo, donde mi Mala Inclinación me domina, y continuaré comiendo...". Él supo reconocer su verdadero nivel y no se hizo ilusiones pretendiendo que jamás dejará de pecar.

Ésta es la respuesta a lo que la gente comúnmente pregunta: "Todo estaría muy bien si realmente dejara de pecar después de mi arrepentimiento, mientras que en realidad, continúo pecando más y más. ¿Cómo puedo dirigirme al Creador y pedirle perdón, cuando sé que pecaré otra vez?".

La respuesta es ésta: Debemos reconocer nuestro nivel, debemos saber que poseemos la Mala Inclinación y que es difícil sobreponernos a ella. Debemos saber que probablemente fallaremos y pecaremos todavía numerosas veces, y que a pesar de esto, debemos sentirnos contentos con lo nuestro y con nuestro trabajo espiritual.

Si admites tus defectos – los corregirás

Para verdaderamente seguir el sendero del arrepentimiento, debemos alcanzar el nivel de la fe en el cual aceptaremos estar alegres y agradecer cada hecho y acontecimiento de nuestra vida. Si el hombre no admite y reconoce sus faltas, no podrá remediarlas y rectificarlas, es decir que vive sin fe, que significa vivir sin el Creador, ¿y cómo podemos arrepentirnos sin Él?

Tener fe significa que el hombre agradece por todo, incluso por sus fracasos y faltas, y solamente entonces puede rezar y pedirle al Creador que lo ayude la próxima vez.

Conoce a tu Creador

¡Acuérdate! El Todopoderoso te conoce muy bien; Él sabe perfectamente que tienes Mala Inclinación, y sabe muy bien que no puedes vencerla sin Su ayuda. Por lo tanto, ¡deja de culparte! Aun si cometiste el peor pecado y caíste lo más bajo posible, el Creador no quiere que caigas en la depresión y que pienses en tu enorme fracaso, sino que dejes todo y recomiences. Sólo después que cobres fuerza en la alegría y retornes al buen camino, podrás arrepentirte por tu caída espiritual o transgresión.

¡Acuérdate! El Creador te ama *siempre*. Él siempre quiere ayudarte. Él te creó sólo para manifestarte Su Misericordia y otorgarte Sus beneficios. Su Compasión es infinita y te puede asistir en las peores situaciones. ¡Su Misericordia es eterna y Su Bondad es inmutable!

El Segundo Principio – *"Necesitas Su ayuda"*

El segundo principio para poder corregirse en este mundo, es saber que el hombre nunca puede derrotar a su Mala Inclinación sin la ayuda del Creador, como enseñan los Sabios: "Cada día, la Mala Inclinación trata de dominar al hombre, y si no fuera por la ayuda del Todopoderoso – no la podría vencer".

En consecuencia, lo esencial del trabajo del hombre y de su fortaleza contra la Mala Inclinación, es la plegaria y la súplica al Creador. Cada día, el hombre debe aumentar sus rezos y pedir al Creador que le ayude a derrotar su Mala Inclinación, a no pecar, y por supuesto, a intensificar su estudio espiritual, lo que le dará fuerza y buenos consejos.

Pero sentirse culpable, enojarse consigo mismo, desanimarse o desesperarse por causa de las caídas y fallas, no es ninguna solución. Quien no comprende esto y persiste en culparse cada vez que fracasa, no corrige nada, por el contrario, sólo arruina mucho más, pues por causa de su desesperación y tristeza pierde también la fuerza para realizar lo que sí puede hacer.

Así escribió el gran Justo de Breslev en su libro:

"La causa principal del alejamiento de la mayoría de la gente del Creador, es la melancolía y la tristeza, causadas por el desánimo de ver sus malas acciones. La mayoría se desespera completamente, **lo que causa que no puedan rezar como es debido, y no realizar incluso lo que sí podrían hacer**".

Es por eso que el hombre debe estar muy atento a esto, porque aunque su desánimo verdaderamente llega de las malas acciones que cometió, la desesperación y la melancolía no son nada más que obra de la Mala Inclinación, que pretende debilitarlo y hacerlo sucumbir definitivamente, Dios no lo quiera.

Por consiguiente, hay que fortalecerse con estas palabras y buscar en nosotros mismos, en cada ocasión, algunos puntos buenos. Así, podremos animarnos y regocijarnos, seguir esperando nuestra salvación, rezar, cantar y agradecer al Creador, logrando verdaderamente retornar a Él.

¿Qué quiere el Creador de ti?

Enseñaron los Sabios: "El Creador no viene con quejas a Sus criaturas", es decir que Él no le exige al hombre que cumpla lo que está por encima de su habilidad y sus fuerzas. El Todopoderoso conoce muy bien el nivel de cada uno de nosotros, como está escrito (Salmos 103:14): "Pues Él conoce nuestra inclinación...", y por lo tanto Él nos dice:

"*¡Escucha, hijo mío! Pedirte que nunca peques, es imposible, porque hay muchos Preceptos, tanto positivos como negativos, que no puedes cumplir todavía. ¡Pero pedirte que te arrepientas cuando violas esos Mandamientos – sí que es posible! ¡Esto está en tus propias manos, y es la única forma para que un día puedas cumplirlos!*".

Cuando el hombre conoce dónde se encuentra, y sabe que hay cosas que no puede cumplir por el momento, sólo entonces su trabajo espiritual comienza a ser recto y agradable, y así logrará corregir todo lo que hace falta. De este modo, no se acusa, no cae en la tristeza, la depresión y la desesperación por cosas que el Creador admite como irrealizables. También, se ahorra los sentimientos de culpabilidad por no haber realizado lo que creía posible. Hay que saber que este sentimiento es la Mala Inclinación personificada, porque el mismo hecho que no pudo superar, demuestra que le era imposible realizarlo.

El hombre debe saber que el Creador no está enojado con él por haber fallado. La queja principal del Creador se debe a que está triste, a que no reconoce que no puede dominar su Mala Inclinación, y que todo lo que le queda es sólo comenzar a rezarle, pidiendo Su ayuda para la próxima vez.

¡Acuérdate bien de esta regla! El Creador sabe que no puedes vencer a la Mala Inclinación sin Su ayuda. Todo lo que Él espera de ti es que lo sepas, que aprendas esto de tus caídas, y así podrás comenzar a estimularte a rezar para que te ayude. Sólo por una razón el Creador se enoja contigo – que no te despiertas y te quedas con la herejía que puedes hacer algo sin Su ayuda, lo que es la causa de tus sentimientos de culpa.

Por consiguiente, ¡despiértate! ¡Consagra por lo menos una hora entera del día, cada día, a rogarle al Creador que te ayude a vencer en el futuro, y ponte en marcha!

El Tercer Principio – *"Sólo con alegría"*

El tercer principio para que el hombre pueda corregirse es, ante todo, que se convenza de la idea que el arrepentimiento es posible sólo a través de la alegría.

Debemos saber que la única razón por la cual las personas están alejadas del Creador, es por su falta de claridad y serenidad mental. La claridad y serenidad mental significan pensar sanamente cuál es la finalidad de todos los asuntos mundanos y apetitos, sean interiores como los apetitos físicos, o exteriores como la búsqueda de honores, lo que estimulará a retornar al Creador. La tristeza impide controlar la mente y hace difícil pensar con claridad. **Solamente por medio de la alegría se puede hacer funcionar el cerebro como es debido, y llegar a una mente clara.**

La alegría es "El mundo de la libertad", que permite al hombre liberarse y salir de su exilio mental, como dice el versículo (Isaías 55:12): "Porque con alegría, saldréis" – con la alegría se puede salir del exilio que nos impide tener una mente tranquila, con la cual podríamos pensar con claridad, sobre el objetivo final de la vida.

Hasta el temor al Creador es imperfecto sin la alegría, y está mezclado con tonterías. Por lo tanto, también el examen de consciencia que debe hacerse el hombre, que es un aspecto del temor a Dios, no puede ser el adecuado sin ella. También hasta para la confesión de los pecados frente al Creador se necesita la alegría, para poder expresar oralmente las transgresiones, y para no olvidarlas previamente a la confesión.

Una gran lección podremos aprender de lo dicho por el gran Justo de Breslev sobre sí mismo: "Tal como ustedes me ven (es decir como un gran Justo), aunque fracasara y transgrediera el peor de los pecados, Dios no lo quiera, de ninguna manera caería en la desesperación; continuaría siendo un hombre recto como antes, sólo que después me arrepentiría". Resulta entonces, que la alegría es indispensable para el arrepentimiento del hombre y para su "Auto-juicio". ¡Está prohibido comenzar a juzgarse, mientras no se está alegre!

Éste es uno de los principales obstáculos que encuentra el hombre, en su camino hacia el completo arrepentimiento y retorno al Creador. En esto todos, sin excepción, tienen dificultades – cómo afrontar los fracasos, caídas o una simple falta de éxito, sin caer en la tristeza, la melancolía y la auto-culpabilidad. Y este consejo nos enseña el gran Justo de Breslev: estar siempre alegre sin importar lo que ha pasado.

Pero, aunque la gente quiere interiorizar este consejo y utilizarlo, no siempre lo logra, no pueden alegrarse después de fallar. Se dicen a sí mismos: "¡¿Pero cómo?! ¡¿Alegrarme después de haber pecado?!". Simplemente no lo pueden aceptar... ¿Por qué?

La respuesta es que la gente se equivoca completamente con respecto al sentido del concepto "arrepentimiento". Las personas creen que arrepentirse significa perseguirse a sí mismo y sentirse culpable por tener Mala Inclinación. Esto es una tontería, como ya hemos explicado, porque después de haber usado la libertad de elección queda sólo la fe, y la fe se manifiesta en la alegría. Sólo cuando el hombre llega a la creencia que todo es para bien que le lleva a la alegría, puede verdaderamente arrepentirse.

Y si todavía te interrogas: "¿Cómo podré estar alegre? Si supiera que jamás pecaré podría estarlo, pero sabiendo que todavía puedo fallar y pecar más y más, ¿cómo puedo estar alegre?".

La respuesta ya fue dada anteriormente: está pregunta es la del hombre que no conoce su nivel. Si solamente supiera dónde se encuentra, y por supuesto que el Creador lo sabe también, entonces se regocijaría fácilmente, porque sabría que éste es el verdadero trabajo espiritual según su nivel. El lector que ya alcanzó estas líneas y todavía se pregunta esto, debe repasar de nuevo este capítulo desde el principio y estudiarlo con mucha atención.

Resumen de los Tres Principios

1) *"Conócete a ti mismo"*: El hombre que se desespera cada vez que se rinde a la Mala Inclinación por sus malos deseos y rasgos, simplemente no tiene consciencia de la realidad y vive en la ilusión de que es intrínseco y naturalmente bueno, sin mal alguno, lo que es completamente falso. La Mala Inclinación forma parte de la naturaleza del hombre, como está escrito (Génesis 8:21): "Pues la inclinación del corazón del hombre es mala desde su infancia", y por lo tanto no sorprende que posea malos deseos y apetitos.

2) *"Necesitas Su ayuda"*: ¡No sólo posees una Mala Inclinación, sino que tampoco la puedes vencer! Entonces, ¿por qué estás triste? ¡Es una ley de la Creación que la Mala Inclinación venza al hombre! Y como enseñaron los grandes Sabios: "Cada día, la Mala Inclinación trata de dominar al hombre, y si no fuera por la ayuda del Todopoderoso – no la podría vencer".

3) *"Sólo con alegría"*: Regocíjate con lo tuyo y con tu realidad, y conoce tu trabajo: multiplicar las plegarias y "Aislamientos" con el Creador, pidiendo Su ayuda. No desesperes. Es muy posible que te confieses y que Le pidas que te ayude a vencer tu Mala Inclinación y, a pesar de todo, caigas otra vez más, y entonces empieces de nuevo a confesarte y rezar y otra vez fracases, y así sucesivamente durante varios días y varios años. ¡No te desesperes! Sigue dirigiéndote al Creador y pide Su ayuda, hasta que en el curso de los días, la acumulación de todas tus plegarias y súplicas alcancen la cantidad requerida y entonces dejarás de pecar. Por lo tanto, si verdaderamente te duele cada vez que caes, el consejo es aumentar tus plegarias durante varias horas consecutivas.

Los Veinticuatro Tribunales Celestes

Hay veinticuatro Tribunales en el Cielo; en cada hora del día uno de ellos juzga al hombre según sus acciones.

Cuando sus acciones son buenas, es juzgado favorablemente, se siente alegre y le llegan bendiciones y apacibilidad. Por el contrario, si sus acciones no son buenas, es juzgado desfavorablemente y, en consecuencia, siente tristeza, abatimiento, sufrimientos y obstáculos. Como han dicho los Sabios: "Tus acciones te acercarán, y tus acciones te alejarán".

Aunque el principal Juicio Divino del hombre es en el primer día del año nuevo, este se refiere a temas generales, como si vivirá o morirá, cuánto dinero ganará en el año, etc. Pero cómo será cada día y cada hora de su vida, buena o mala, esto depende únicamente del veredicto diario del Tribunal Celeste, según sus acciones en esa hora determinada.

Podemos ilustrar este tema con la siguiente historia:

Cierta vez, un gran Justo encontró a un viejo que extraía agua del pozo para vivir. Cuando el Justo le preguntó cómo iba su vida, le contestó con gran alegría que todo era maravilloso, y que agradecía al Creador por haberle dado la fuerza para mantenerse con dignidad.

En otra ocasión, cuando el Justo lo encontró nuevamente, la cara del viejo aguatero estaba triste. El Justo le pregunto cómo estaba, y el viejo le contó llorando y gimiendo sobre su mala suerte, teniendo a su vejez que trabajar tan duro.

El gran Justo se extrañó del brusco y radical cambio de humor del viejo, y después de meditar sobre el asunto, dijo: "Ahora acabo de encontrar la respuesta a una difícil pregunta que me he hecho. Recibimos la herencia de los antiguos Sabios, que nos enseñan que el hombre es juzgado al principio del nuevo año, y por el otro lado, nos enseñan también que el hombre es juzgado cada día y cada hora. ¿Entonces, si el Creador juzga al hombre al comienzo del año respecto a lo que le pasará durante el mismo, por qué lo juzga de nuevo cada día y cada hora?".

Explicó el Justo, que el cambio de humor de este viejo aguatero explicaba perfectamente la contradicción aparente en las enseñanzas de los Sabios. Es verdad que al primer día del año nuevo, el hombre es juzgado y le es determinado cuál será su trabajo, cuántas sus ganancias, etc., pero cómo aceptará el Decreto, si se resignará serenamente o con pesar, esto está determinado cada día y cada hora, según sus acciones en ese determinado momento.

Por consiguiente, cuando el viejo fue declarado inocente por el Tribunal Celeste, recibió alegría y bendición desde el Cielo, y sintió que su vida era bella y feliz. Sin embargo, cuando fue considerado culpable en otro momento, le fue decretado recibir sufrimientos, y es por eso que sintió las dificultades y la amargura. En realidad, lo que le fue decretado en el comienzo del año, no cambió: su sustento le llegaría como aguatero, pero el modo de cómo aceptara su trabajo, con alegría o con tristeza, eso cambiaría según sus acciones.

Nota: conviene recordar que por medio del arrepentimiento, la plegaria y la caridad, puede aún el hombre cambiar el Decreto que le fue fijado en el Juicio del primer día de año.

Prestar atención a las alusiones

De la historia anterior, podemos comprender los cambios que suceden en nuestra vida de un día para otro, ya sea en nuestro estado de ánimo, en nuestras relaciones familiares, etc. Por ejemplo, a una cierta hora el hombre tiene éxito, todo se resuelve perfectamente, goza de buen humor y, de repente, siente debilidad y tristeza y todo se le complica. O goza de paz y de armonía en la relación con su esposa y, repentinamente, estalla entre ellos una disputa por algo ridículo. La única explicación para tales cambios bruscos, es que el hombre es juzgado a cada momento; cuando le es decretado que debe sufrir, los problemas lo hostigan por todas partes, en su salud, en su humor, en la paz doméstica, en el sustento; y también lo contrario es verdad.

Se debe saber que la menor de las molestias, hasta un picazón en la cabeza, forma parte de los sufrimientos decretados por el Tribunal Celeste. La más pequeña herida en el dedo de un hombre, es causada por una decisión Celeste, como está escrito (Salmos 37:23): "Los pasos del hombre son establecidos por el Eterno", y (Proverbios 20:24): "¿Cómo puede el hombre entender su camino?". Por lo tanto, el hombre debe darse cuenta de esto para arrepentirse, y no considerar estos simples acontecimientos como causados por la naturaleza o el azar.

¿Cuál es la mínima medida para que algo sea considerado como un sufrimiento? Enseñaron los Sabios que aun hasta coserte un vestido que no te sienta bien, o ponerte la blusa al revés. Incluso ordenar una bebida caliente en un restaurante y recibir una fría, o lo contrario. O cuando quieres sacar tres monedas de tu bolsillo y te salen sólo dos, esto también se considera un sufrimiento...

Debe penetrar bien en el corazón del hombre, la creencia que cada alegría y felicidad, pena o dificultad, no es ni un azar ni un error, sino que está todo dirigido desde lo Alto, según sus propias acciones.

El Creador es justo y recto

Un hombre que atribuye sus sufrimientos a la naturaleza o al azar, o se culpa a sí mismo, comete un gran error que sólo le engendra frustración y amargura y, además, invoca sobre él la Ira Divina. ¿A qué es esto comparable? A un niño castigado por su padre que, en lugar de obedecer y corregir sus acciones, acusa y riñe con su hermano. Entonces, su padre se enoja todavía más con él y le dice: "¿No sólo no me obedeces para corregir tus acciones, sino que además riñes con tu hermano?".

Y existe otra concepción suplementaria errónea y muy difundida, cuando el hombre verdaderamente cree que todo está bajo la Supervisión Divina, pero siente que el Creador se equivoca en su Juicio y no se conduce justamente con él, y piensa que no puede afrontar la prueba a la que está sometido. En otras palabras, él discute la veracidad del Juicio Divino.

Por ejemplo, la mayoría de los hombres dicen que no pueden servir al Creador debido a su falta de subsistencia. Según ellos, el Creador es injusto exigiendo que actúen por encima de sus fuerzas.

Pero la verdad es, que el Creador no demanda nada que el hombre no es capaz de cumplir.

Cada uno debe creer que el Creador es justo, y que Su Juicio es recto. Él no viene con quejas a Sus criaturas y no le exige al hombre que actúe por encima de sus fuerzas. El Creador sabe perfectamente la exacta posición espiritual de cada uno, y qué condiciones necesita para la corrección de su alma.

Debemos saber que nunca recibiremos una prueba que no podamos superar, aunque nos parezca invencible. Debemos apartar nuestra propia razón e inteligencia y creer que la conducta y los Juicios del Creador son justos. Debemos reconocer que necesitamos atravesar los acontecimientos y dificultades que el Creador nos trae en este mundo, tanto la riqueza como la pobreza, **o la intensificación de los malos deseos y pensamientos.**

En vez de entender que el Creador es justo y recto y que toda Su intención es acercarlos a Él, como está escrito (Proverbios 3, 12): "El Eterno reprende a quien ama", las personas se equivocan y piensan que Él los castiga sin causa. En lugar de despertarse, de arrepentirse y acercarse al Creador, ellos caen en la herejía, piensan que no los ama, e incluso se enojan con Él. Existen historias de personas que después de haber sufrido penas y tribulaciones, se rebelaron contra el Creador y Sus Juicios, creyendo que Él estaba en su contra.

La regla general es la siguiente – así como debemos creer que todo lo que nos llega proviene del Creador, así debemos también creer con completa fe que el Creador es justo y recto, y que ninguna injusticia proviene de Él. Debemos entender muy bien que todas las pruebas, sufrimientos y Juicios son una manifestación de Su gran Misericordia, ¡cuya finalidad es acercarnos a Él, no alejarnos!

La inmensa Misericordia del Creador

Como se ha dicho, el camino para llegar a ser un justo es muy largo, y la pregunta es: ¿Qué debe hacer el hombre hasta llegar al completo arrepentimiento, ya que todavía fracasa con pecados y transgresiones? ¿Cómo abstenerse del Juicio diario y de las tribulaciones que llegan por su causa?

Al fin de cuentas, todo hombre desea arrepentirse y cumplir la Voluntad Divina con perfección, pero la senda es forzosamente larga; ¿acaso está condenado a sufrir hasta lograr el arrepentimiento completo?

La repuesta es – no. En su clemencia infinita, el Todopoderoso nos ha dado un gran consejo: si el hombre realiza un "Auto-juicio", es decir que se juzga a sí mismo cada día, no será juzgado por el Tribunal Celeste, dado que el Creador no permite un doble Juicio por la misma acusación, en otras palabras, **"Cuando hay Juicio en la Tierra, no hay Juicio en el Cielo".**

Esto también enseña el sagrado libro del *Zohar*, que cuando el hombre se juzga a sí mismo, es decir que cada día hace un examen de conciencia, confiesa sus pecados al Creador, pide Su perdón, y se compromete a no reincidir, entonces no es juzgado por los Tribunales Celestes sino que el Creador lo juzga personalmente, sin Su Tribunal.

Existe una gran diferencia entre cuando el Creador juzga al hombre y cuando un Tribunal Celeste lo juzga. Mientras que los Tribunales Celestes juzgan con severidad y con Justicia estricta, según la letra de la Ley, los Juicios del Creador son misericordiosos y clementes. Cuando el hombre es juzgado por medio del Tribunal Celeste, casi siempre es declarado culpable. **Cuando el Creador juzga al hombre, él es siempre declarado inocente,** y no sólo eso, sino que también es recompensado por su arrepentimiento.

Por lo tanto, si deseamos evitarnos sufrimientos y tribulaciones, debemos aprender cómo conducir el "Auto-juicio", juzgándonos frente al Creador, lo que significa dedicar sesenta minutos por día en un lugar aislado y tranquilo para rezar una plegaria personal y realizar un examen de conciencia. Debemos examinar cada pensamiento, palabra y acción. Si descubrimos que no actuamos como es debido, todo lo que tenemos que hacer es arrepentirnos, como aclararemos más adelante. Si cumplimos con lo anterior, podemos estar seguros que también sobre nosotros no habrá un Juicio en el Cielo.

Nota: Es importante aclarar que cuando hablamos de juzgarse a sí mismo, no significa castigarse o multarse, sino aclararse a sí mismo la verdad, y como explicamos anteriormente, examinar si su comportamiento fue adecuado, o no, y simplemente arrepentirse. Con la ayuda del Creador, explicaremos más adelante las reglas del "Auto-juicio".

Vivir con una sonrisa

El hombre que cada día se aparta una hora para aislarse con el Creador, logrará en el crucial Juicio anual de comienzo del año nuevo, un veredicto favorable, pues ya se arrepintió de sus pecados cada día del año. También, ¡le estará asegurado que dejará inocente este mundo y no verá el infierno!

Un gran Sabio enseñó a sus discípulos que el hombre debe arrepentirse un día antes de su muerte, para morir sin pecados. Le preguntaron sus discípulos: "¿Pero quién puede saber cuándo morirá?". Les respondió: "Ésta es la explicación del versículo (Eclesiastés 9:8): 'En todo tiempo sean blancos tus vestidos' - tener la ropa siempre blanca significa estar siempre 'limpio' de pecados. ¿Y cómo realizamos esto? Arrepintiéndonos hoy, pues quizás moriremos mañana. Así, viviremos constantemente en arrepentimiento".

¡Mira cuán misericordioso es el Creador del Universo, dándole al hombre la posibilidad de juzgarse a sí mismo, y evitarse así el castigo. ¡Pero no sólo eso, sino también la de ser recompensado por arrepentirse!

Cada uno debe meditar sobre esto verdaderamente – si en este mundo las autoridades judiciales le darían al inculpado la posibilidad de confesar sus transgresiones, ser perdonado y otorgarle un premio, ¿habría alguien que no la aprovecharía?

He aquí una parábola que demuestra cómo sería este mundo, si la justicia mundana fuera como la Celestial:

Un hombre está manejando su automóvil, y pasa el semáforo en rojo. De pronto, ve en su espejo retrovisor luces oscilantes y escucha la sirena conocida de la policía, señalándole parar a un costado... El conductor para inmediatamente, sale de su coche y empieza a arrepentirse diciendo: *"Señor del Universo, me confieso frente a Ti por haber transgredido deliberadamente las leyes de tráfico y haber avanzado con luz roja. Lo lamento y pido Tu disculpa por haber realizado un acto tan irresponsable, poniéndome a mí mismo y a los demás conductores en peligro; prometo nunca más reincidir mientras viva. ¡Por favor perdóname!*

Al haber escuchado su confesión, remordimiento y petición de perdón, la cara severa del policía se calma, y se dirige al hombre con una cálida sonrisa en los labios diciéndole: "Debe saber señor, que al principio pensé castigarle con la máxima multa, revocar su licencia de conducir, y convocarle al tribunal de justicia. Pero veo que se arrepintió, y por lo tanto... todo le está perdonado. Ah, y otra cosa más, usted se merece una recompensa por haberse arrepentido." Sin demora, ¡el policía saca de su bolsillo un talonario de cheques, y redacta delante del conductor un cheque de cien mil dólares, colmándole de numerosas bendiciones y deseándole un buen viaje!

Si nuestro mundo se condujera de esta forma, ¿existría un conductor que no se arrepintiera, en vez de que su licencia sea revocada, recibiendo una gran multa, una convocatoria al tribunal, y perdiéndose así los cien mil dólares por su arrepentimiento? ¿Existe en el mundo un ser tan tonto?

¡Exactamente así se conduce el mundo espiritual!

El Creador del Universo le ha dado al hombre la posibilidad de arrepentirse después de todo pecado cometido, ¿es posible entonces no tomar provecho del más grande regalo que un ser humano podría recibir? ¿Cómo se puede entonces no hacer cada día una hora de examen de conciencia para verificar tus acciones, desde la víspera hasta ahora, con el fin de corregirlas evitando así el Juicio Celeste? ¿Qué puedes decir?: ¿que no tienes tiempo?, ¿que no sabes de qué hablar durante una hora entera?; ¿acaso no cometes transgresiones?, ¿acaso eres un perfecto Justo? – ¡¿Podrá haber un hombre que entienda esto y, a pesar de todo, no se aísle en plegaria cada día, prefiriendo sufrir en este mundo y en el venidero a causa de sus transgresiones, renunciando a la gran recompensa del Precepto del arrepentimiento?!

El Creador, en Su Clemencia, nos ha dado un camino fácil para retornar hacia Él, como dijo el profeta (Oseas 14:3): "Tomad con vosotros palabras, y retornad al Eterno" – ¡todo lo que se necesita es decir unas palabras! El proceso del arrepentimiento consiste en hablarle al Creador diciéndole palabras de confesión, remordimiento, perdón, plegaria y súplicas. ¿Qué hombre sería tan indolente que se obstinaría en no cumplir este privilegio, quedándose con las numerosas acusaciones en su contra que le causan tantos sufrimientos en este mundo, sin hablar de la cuenta abierta que le esperará en el Mundo Venidero?

Por consiguiente, con la ayuda del Todopoderoso, aprenderemos cómo arrepentirnos y cómo juzgarnos correctamente cada día, con el fin de ser inocentes toda la vida.

El único consejo

Cada persona, hombre o mujer, viejo o joven, debe tomarse una hora entera de "Aislamiento" cada día, donde se arrepentirá y rezará al Creador. Esta hora puede ser escogida según su conveniencia, de día o de noche. El lugar no importa, con tal que sea cómodo y retirado, como un jardín, un bosque, un cuarto privado, un balcón, etc. Lo esencial es que el hombre este solo con el Creador, sin interferencias y sin ser distraído. Es posible realizarlo parado, sentado o caminando, como se quiera; sin embargo, está recomendado caminar, pues la marcha inspira las palabras.

Así se aconseja conversar:

• Al principio, debemos tratar de agradecerle al Creador por todo lo que tenemos en la vida, por todas Sus maravillosas bendiciones que hemos recibido – nuestras buenas acciones, los Preceptos que logramos cumplir, por Su gran regalo del arrepentimiento, por el mérito de estar hablando con Él, por nuestra salud, familia, el pan de cada día y hasta la ropa que tenemos puesta. No tomemos nada por sobrentendido.

• Luego, Le contaremos todo lo que ocurrió en nuestra vida, desde nuestra última conversación del día anterior, hasta el momento presente. No omitiremos ningún detalle, especialmente en las cosas que nos alegraron y las que nos molestaron.

• Después Le agradeceremos por toda buena acción que alcanzamos a realizar desde la última conversación.

• Empezaremos el "Auto-juicio", examinando si hemos cumplido nuestros actos con la perfección requerida, o si podemos ser mejores la próxima vez.

• Luego confesaremos nuestras fallas y transgresiones, cumpliendo los "Cuatro Pasos del Arrepentimiento" que explicamos a continuación.

• Finalmente, aumentaremos nuestras plegarias al Creador sobre nuestras necesidades y privaciones, pidiéndole que nos ayude en todo lo que necesitamos.

Los Cuatro Pasos del Arrepentimiento

Cuando el hombre no se comporta como es debido, es decir que transgrede un Precepto Divino, positivo o negativo, intencional o inadvertidamente, debe realizar el proceso del arrepentimiento para corregir lo mal hecho.

El proceso consiste en cuatro pasos, que son muy importantes. Debemos memorizar e interiorizarnos en ellos, para poder realizarlos inmediatamente después de haber transgredido y cometido un pecado.

Los pasos son los siguientes:

1) La confesión oral. Debemos detallar nuestro pecado frente al Creador, diciéndole: *"Cometí tal y cual acción"*.

2) Remordimiento. Debemos sentir arrepentimiento por haber actuado en contra de la Voluntad del Creador.

3) Petición de perdón. Debemos pedir perdón al Creador como un niño a su amoroso padre.

4) Compromiso futuro. Nos comprometemos a hacer todo lo posible para ser mejores y nunca repetir la transgresión.

Quien actúa según lo arriba descripto cada vez que transgrede, cumple un Precepto positivo por el cual recibirá también una recompensa. Pero lo esencial, es que efectuando los pasos del arrepentimiento cada día, el hombre realiza la mejor medicina preventiva del mundo contra sufrimientos y tribulaciones, puesto que todos los pecados del hombre le son perdonados, y no hay sobre él ningún Juicio en el Cielo. En otras palabras – ¡el arrepentimiento diario es la mejor garantía para la felicidad!

Lo natural es juzgarse

Toda persona posee la tendencia natural de juzgarse a sí misma por las cosas que ha hecho. En realidad, el hombre se juzga constantemente, pero el problema es que lo hace de una manera errónea, con conceptos falsos que, en la mayoría de los casos, lo conducen a la conclusión que es una mala persona, que no tiene ningún valor, que es un incapaz o que es incorregible.

Es este un gran error que conduce al hombre a sentirse desesperado y deprimido por haberse fallado a sí mismo, a tal punto que no puede perdonarse. Esto le hace alejarse del Creador y caer en la herejía.

Consecuentemente, hay que tener conciencia de la siguiente regla: *¡La Mala Inclinación no está tan interesada en el pecado mismo, como en la tristeza y la depresión que arrastra!* Porque no hay nada que aleja al hombre del Creador como la tristeza y la desesperación, ni siquiera el pecado o la transgresión que cometió. Por lo tanto, cuando el hombre se juzga correctamente, tiene el mérito de acercarse al Creador aun más de lo que estaba antes de su caída, porque el despertar que le llega mediante su resbalón espiritual, lo hará trabajar para corregirse de tal manera, que lo llevará a una perfección que no podría haber alcanzado antes de su transgresión.

Explicaremos como se debe realizar el "Auto-juicio".

Las Siete Reglas del "Auto-juicio"

El "Auto-juicio" correctivo del hombre consiste en estas siete reglas:

1) ¡El Creador quiere el arrepentimiento, no la tristeza! Ante todo, debemos siempre preguntarnos: ¿Acaso la Voluntad del

Creador es que me desespere por haber fracasado, o que me sobreponga y me arrepienta? Por supuesto que el Creador quiere nuestro arrepentimiento.

2) Los Cuatro Pasos del arrepentimiento. Debemos realizar los Cuatro Pasos estudiados anteriormente: La confesión oral, el remordimiento, la petición de perdón y el compromiso de no volver a pecar. Y si se preguntan cómo pueden comprometerse, pasemos a la próxima regla:

3) ¡El Creador no le manda al hombre una prueba que está más allá de sus fuerzas! En otras palabras, cada prueba que nos llega la podremos superar por medio del estudio y la plegaria. Y este debe ser nuestro compromiso: estudiar el asunto en el cual fracasamos, y rezar para cumplir lo que aprendimos; lo que nos conduce a la próxima regla:

4) El estudio. Debemos consagrar un tiempo cada día para estudiar sobre el tema que debemos corregir, leyendo libros y escuchando CDs que tratan de esto. Es necesario también repetir nuestro estudio enfatizando los puntos esenciales. Es muy bueno escribir en un cuaderno una lista de los aspectos negativos de un mal rasgo o pecado, frente a la lista de las alabanzas de su reparación, y hacer un resumen de los consejos dados para la corrección. En conclusión, debemos ahondar en el asunto, con el fin de conocerlo perfectamente para ser cuidadosos la próxima vez.

5) ¡Mediante la plegaria se puede lograr todo! Aunque nos es difícil cambiar en algo que tendemos a transgredir, debemos dedicar cada día un tiempo para rezar sobre ese tema, y creer que con la multiplicación de nuestras plegarias podremos corregir y superar cualquier cosa. Debemos detallar nuestra plegaria para que sea rica en contenido, utilizando lo que aprendimos sobre esa cuestión. Debemos saber con antelación que es necesario prolongar las plegarias durante mucho tiempo y no esperar ver resultados inmediatos. Si después de los rezos continuados empezamos a sentir que nos merecemos ser recompensados por nuestros esfuerzos, debemos pasar a la próxima regla:

6) ¡No merecemos nada! Debemos saber que el Creador no nos debe nada. Desde la primera hasta la última plegaria debemos sólo pedirle Su ayuda como un regalo. Así no nos pondremos impacientes, no precipitaremos el curso de las cosas, y no nos desanimaremos por el tiempo que toman ser aceptadas nuestras plegarias; y podremos prolongar nuestros rezos lo necesario, aunque tome mucho tiempo, y corregirlo todo. ¿Cómo se logra prolongar la plegaria? Para eso necesitamos la próxima regla:

7) Agradecimiento y gratitud. Para que podamos aumentar nuestras plegarias, es necesario agradecer cada día por lograr estudiar y rezar diariamente sobre el tema que debemos corregir. Además, debemos meditar, ser atentos, y agradecer cada punto, hasta el más pequeño, en el cual hemos progresado y mejorado. Así, nos fortaleceremos mucho, y apreciaremos nuestro trabajo espiritual. También debemos agradecer sobre los asuntos que todavía estamos lejos de corregir y que debemos alcanzar a hacerlo, porque son para nuestro bien y es la mejor situación para nosotros según las herramientas espirituales que tenemos en este momento. Nada mitiga más los Juicios Divinos que el agradecimiento del hombre al Todopoderoso. Cuando el Creador ve que el hombre concede valor al hecho que le da el merito de rezar sobre lo que debe corregir, de mejorar algunos puntos, y cree también que su alejamiento es para bien, Él le da entonces la fuerza para continuar. Prácticamente, el agradecimiento es la expresión de la fe del hombre en la Supervisión Individual del Creador, y que reconoce que todo es un don gratuito. Por el contrario, si no agradece, demuestra que no cree en esto verdaderamente y que no lo reconoce.

La regla del agradecimiento es a la vez la última y la primera, como un círculo. Porque en realidad, cuando el hombre realiza su trabajo espiritual, debe siempre preceder el agradecimiento a todo.

¡Vamos a arrepentirnos!

Un hombre que empieza a acercarse al Creador y a arrepentirse, debe estudiar cuidadosamente las Siete Reglas del "Auto-juicio" mencionadas arriba, y rezar para merecer observarlas, porque sin esas reglas, puede alejarse del Creador justamente por su deseo de arrepentirse. ¿Por qué?

Como hemos dicho, cuando el hombre comienza a aprender cuál es la verdad y cuáles deben ser sus cualidades y sus acciones, se observa y se da cuenta de sus múltiples defectos, de un específico mal apetito o rasgo, y en ese caso, si no sabe cómo juzgarse según las reglas mencionadas, caerá enseguida en la desesperación. La causa es que cree según su razonamiento, que realizar el proceso del arrepentimiento significa culparse, perseguirse, y caer en la tristeza. Empieza a pensar que nunca podrá cambiar y mejorar.

Desde luego, esos son los pensamientos de la Mala Inclinación, pero gracias a las reglas del "Auto-juicio", sabe que esta insuficiencia o este defecto están bajo la exacta Supervisión Divina, y que su misión en esta reencarnación consiste en rectificarla. Entiende que la demora de su progreso espiritual es para su bien, hasta el momento que consiga las herramientas espirituales, por medio de la plegaria y el servicio al Creador, con las cuales logrará la completa rectificación de su alma, y la felicidad en este mundo y en el Mundo Venidero.

Para que cada uno pueda aprender cómo aplicar esos principios sobre cualquier cosa que desea mejorar en su vida, tomemos como ejemplo a un hombre colérico que no consigue desembarazarse de su ira aunque lo desea. Veamos cómo debe utilizar las Siete Reglas del "Auto-juicio" para corregir ese mal rasgo:

1) *¿Qué desea el Creador de mí?* Cada vez que se juzga por su ira, o cada vez que fracasa por este mal rasgo, debe preguntarse: ¿Qué es lo que desea el Creador de mí ahora – que caiga en la tristeza?, ¿en la auto-persecución?, ¿que resbale todavía más profundamente en los abismos y en consecuencia no pueda corregir nada? ¿O acaso Él quiere que me fortalezca en la alegría, en la fe y en la esperanza, y así poder continuar haciendo buenas acciones según mi capacidad, y también trabajar sobre la corrección de la cólera? ¡Por supuesto que el Creador desea que me fortalezca en la alegría y que haga todo lo que está en mi poder!

Es posible entonces pasar a la próxima etapa:

2) *El arrepentimiento.* El hombre debe conducirse según los Cuatro Pasos del Arrepentimiento, es decir que debe confesar su cólera y sus consecuencias e intentar detallar sus enojos, debe expresar su remordimiento, y pedir perdón. Cuando alcance la etapa del compromiso futuro, deberá reconocer la realidad que todavía no puede comprometerse a no encolerizarse más, porque ve que cada vez que se le presenta la oportunidad de perder la paciencia y enojarse, sucumbe y se olvida de todo, una vez tras otra.

Por lo tanto, debe ayudarse con la etapa siguiente:

3) *¡Debe creer que el Creador no le manda una prueba que no pueda superar!* Es decir que debe creer que posee las fuerzas para desembarazarse de este defecto por medio del estudio y de la oración.

Y ésta es la regla siguiente:

4) *El estudio.* Debe estudiar cada día sobre la ira y sus perjuicios, y por otro lado, sobre la recompensa, lo conveniente de su dominación y los consejos para superarla. Es necesario estudiar en este libro lo que enseñamos sobre la ira, como en otros libros como "El Libro de los Atributos" en el tema "Ira", en el libro "Recolección de Consejos", "Recolección

de Plegarias" y otros. El hombre reunirá así una variedad de palabras para rezar y adquirir la sabiduría con la que podrá superar su cólera.

5) *La plegaria.* Cada día debe dedicar tiempo para rezar por la eliminación de su cólera; ¡y debe creer con completa fe que mediante la plegaria puede reparar todo! Cuando el hombre aumenta sus rezos sobre un tema en particular, verá con sus propios ojos cómo progresa y cómo en la mayoría de los casos en que falló en el pasado, ya no son más pruebas para él. Es necesario que se acuerde que en todos los trabajos que debe realizar, y en particular en el trabajo sobre la ira, lo esencial de la plegaria debe ser sobre la fe. Debe pedirle al Creador que le dé una fe perfecta, porque la ira proviene sólo de falta de fe, como lo explicaremos extensamente en el capítulo sexto.

6) *Pedir un regalo inmerecido.* Si el hombre multiplicó considerablemente sus plegarias, y todavía fracasa y cae en la ira, deberá siempre acordarse que el Creador no le debe nada. Continuará pidiendo y rogando por un regalo, aunque no lo merezca, con piedad y misericordia. Así nunca se impacientará, ni se desesperará y ni disminuirá su plegaria. Finalmente, **con certeza** logrará, como muchos otros que cumplieron estas reglas con simpleza, aniquilar completamente el mal rasgo de la ira.

7) *Agradecimiento y gratitud.* Agradecerá cada día al Creador por el hecho de tener el mérito de rezar sobre su ira. Debe agradecerle por cada prueba de ira que pudo superar, aunque no sea en forma completa y sólo consiguió atenuarla un poco. Para concluir, debe agradecerle al Creador sobre todo lo que logra mejorar, y así se fortalecerá para seguir con su trabajo, y el Creador lo ayudará, pues Él ve que siente verdadera gratitud.

Los primeros pasos

Cierta vez, un grupo de amigos salieron de excursión. En el camino, vieron a un hombre con su mochila parado en el medio de una desolada encrucijada. Unos días después, en camino de vuelta a casa, encontraron de nuevo al mismo hombre con su mochila en la desolada encrucijada en pleno calor del día. Los amigos lo interrogaron: "¿Por qué estás parado aquí?".

"Quiero llegar a la gran ciudad", les contestó.

"¿Cuántos días hace que estás parado aquí?", le preguntaron.

"Más de una semana", les respondió.

Se rieron. "¿Tantos días estás aquí parado con la esperanza de llegar a la gran ciudad? ¡Si hubieras comenzado a caminar, incluso arrastrándote, ya podrías haber llegado allá hace tiempo!...".

Muchos de nosotros queremos cambiar, corregirnos, sin embargo esperamos que todo suceda automáticamente, sin ningún esfuerzo de nuestra parte. Esto se parece al hombre parado en el medio de la encrucijada, esperando llegar a la gran ciudad sin andar ni un sólo paso hacia su destino.

Hay una expresión popular que dice: "¡Incluso un viaje de mil kilómetros empieza con un primer paso!" – aunque a veces el camino es largo, hay que comenzar a andar para llegar a la meta.

El primer paso en el camino del arrepentimiento y de la rectificación del alma, consiste en consagrar por lo menos sesenta minutos diarios al examen de conciencia y de plegaria personal. Un hombre que quiere cambiar debe dedicar esa hora cada día, en la cual juzgará sus acciones y anhelos según las reglas del "Auto-juicio", rezará sobre cada detalle de su vida que necesita corrección, agradecerá por lo que ya logró, y rezará para poder continuar haciéndolo.

Un hombre que quiere arrepentirse y corregir sus acciones, pero no consagra el tiempo necesario para el "Auto-juicio" y plegaria personal, es comparable a aquel que quiere llegar a un cierto lugar sin dar el primer paso. ¡No te engañes! ¡El arrepentimiento, es decir el examen de conciencia diario y la oración, son las únicas herramientas prácticas que posee el hombre para corregir sus defectos, suprimir sus apetitos, alejarse de todas las transgresiones, y llegar a la verdadera felicidad y paz interna!

Aunque el hombre tenga la diaria costumbre de leer sus plegarias de un libro de rezos, incluso varias veces por día, no debe contentarse con ello, porque pocos son los que tienen el mérito de hacerlo dirigiendo su corazón como es debido. Pero hasta quien reza con completa intención, toda su demanda se reduce finalmente a unas líneas. ¿Cómo puede esperar entonces cambiar y arrepentirse pronunciando sólo unas pocas palabras? Tanto más que los acontecimientos con los cuales el hombre está confrontado día tras día, como la búsqueda de pareja, la paz doméstica, las cualidades morales, y con más razón, las pruebas que afronta para las cuales la plegaria es tan necesaria, no encuentran ninguna expresión en el tradicional libro de rezos.

Además, es sabido que los Justos de todas las generaciones añadieron sus propias plegarias a los rezos fijos que recitaban largamente, y que pronunciaban palabra por palabra con todo su corazón. Cada uno deducirá de los Justos esta regla: si ellos aumentaron tanto sus plegarias, añadiendo numerosas súplicas y peticiones para lograr la corrección del alma, cuánto más alguien como yo, que no soy tan justo, debiera añadir rezos para merecer conducirme según la Voluntad Divina. Ciertamente que no me contentaré con las pocas líneas de oración que se encuentra en el libro de rezos, las que no logro decir con la adecuada intención.

Por lo tanto, el hombre no debe contentarse con las tradicionales plegarias escritas, sino que debe acostumbrarse a rezar una plegaria personal diaria en la que rogará al Creador desde lo más profundo de su corazón, y ciertamente sus rezos y peticiones serían atendidas.

Rezar por la plegaria

Un hombre que se despierta y quiere comenzar a juzgarse y a rezar sobre todos los acontecimientos de su vida, debe saber que también sobre eso es necesario rezar. Debe pedirle al Creador que le dé el mérito de realizar el "Aislamiento" – la plegaria personal – y juzgarse como es debido toda la vida, pues la rectificación de su alma depende de eso.

Un buen consejo consiste en comenzar cada día la hora de "Aislamiento" con cinco minutos dedicados a sí mismo, pidiéndole al Creador que le dé el mérito de rezar como es debido; que ponga en sus labios las palabras adecuadas para poder expresarse; tener el mérito de agradecerle por todo, el mérito de arrepentirse por todas sus fallas y transgresiones, y el mérito de aumentar sus plegarias sobre todas sus privaciones, puesto que todas ellas provienen sólo de la falta de oración.

Además, debe pedirle al Creador: *"Déjame merecer creer en mi plegaria, que puedo, por medio de ella, conseguir toda la salvación que necesito, corregir todo lo que debo, y colmar todas mis carencias. Déjame merecer ocuparme cada día con la plegaria y juzgar cada detalle de mi vida, con el auténtico 'Auto-juicio'. Déjame merecer agradecerte mucho, creer que todo está bajo Tu Supervisión, y que todo es siempre para bien. Ayúdame a creer que Tú nunca me mandas una prueba que no puedo superar, si rezo por ello. Déjame siempre recordar que el único consejo que tengo en la vida es la plegaria, y que siempre Te pida sólo un regalo, sin sentir que me debes algo..."*.

Cuando el hombre reza cada día unos cuantos minutos para recibir el mérito de aislarse en plegaria y de juzgarse como es debido – lo logrará, y así todos los Juicios severos que hay en el Cielo en su contra se anularán, y su vida se transformará en una vida dulce, maravillosa y bella.

Ésta es una regla esencial en el servicio al Creador: cuando se quiere emprender la realización de cualquier Precepto o buena conducta, se necesita prolongar la plegaria. Porque es muy probable que se conduzca según el principio de "Con mi propia fuerza y el poder de mi mano", colmándose de orgullo y de autosuficiencia, lo que lo alejará del Creador más que si se abstuviera de hacerlo.

Por lo tanto, el hombre no recibe un "permiso" Divino para obtener un determinado nivel espiritual, sin haber rezado antes lo suficiente, de modo que si recibe ese nivel, no se enorgullecerá por ello. Porque quien recibe algo después de muchas plegarias, sabe muy bien que es un don Celestial, y no siente ni el menor orgullo ni la sensación de haberlo obtenido por su propia fuerza. Y a esto, y sólo a esto, se llama éxito, pues al haber alcanzado el más alto de los niveles, sigue viviendo con la fe que todo proviene del Creador, y que "No hay más nada fuera de Él".

El secreto de la buena vida

Ya mencionamos la siguiente regla: "Siempre que hay una carencia – o no se rezó nada sobre ella, o se rezó poco".

Este dicho contiene el secreto de la buena vida: puesto que la falta de plegaria es la causa de toda privación, con la plegaria sobre cada detalle de su vida podrá el hombre lograr literalmente cualquier cosa y suplir todas sus necesidades, tanto materiales como espirituales. ¡Sin embargo, increíblemente, hay mucha gente que no reza en absoluto! Estas personas que dicen que no tienen el tiempo necesario para hacerlo, ¿a qué se parecen? – al hijo del Rey que va desharrapado, sucio, lastimado y hambriento. La gente lo ve acostado sobre un banco del parque y le pregunta: "¿Acaso no eres el príncipe, el hijo del Rey que gobierna todo los países y es dueño de toda riqueza?" "Sí", contesta, "soy yo". Cuando la gente asombrada le pregunta: "Entonces, ¿por qué andas así? ¿Por qué no pides a tu padre, Su Majestad, que te ayude, que te de ropa decente, comida y todo lo que te es necesario?". ¿Saben cuál es la respuesta de este necio? – "No tengo tiempo"...

Así exactamente se parece el hombre que no reza y sigue sufriendo numerosas privaciones – problemas de subsistencia, paz doméstica, malos rasgos, apetitos, tristeza, pereza, etc. Y cuando se lo interroga: "¿Por qué no le pides a tu Padre en el Cielo, el Rey del Universo, que colme todas tus privaciones?", él responde: "No tengo tiempo"...

El hombre afortunado, que ha descubierto el secreto de la buena vida, no podrá pasar ni un día sin la plegaria, por cierto rezará por todas sus necesidades, materiales y espirituales. En realidad, es necesario que lo esencial de su oración sea sobre su espiritualidad y, en consecuencia, también sus otras privaciones serán colmadas. Deberá rogar por cada detalle de su servicio al Creador: sobre su propia plegaria – poder rezar con alegría, dirigiendo su corazón hacia Él, sobre su agradecimiento por todo lo que le da el Creador. También sobre la preservación de su mirada y juzgarse si se defiende verdaderamente de mirar lo que no es adecuado, si observa el Precepto de no codiciar o envidiar lo que pertenece a su prójimo, etc. Así, debe analizar cada día que pasa, y rogar sobre cada detalle de su trabajo espiritual y de su comportamiento con los demás, aumentando sus rezos hasta lograr colmar todas sus insuficiencias.

Cuanto más reza el hombre, más se acerca al Creador, y cuanto más es la proximidad que tiene con el Creador, más iluminada está su alma; cuanto más iluminada está su alma – más feliz se siente. Éste es esencialmente el secreto de la buena vida.

Pero no sólo eso... Gracias a su correcto "Auto-juicio" según las reglas que aprendimos, el hombre podrá usar sus propias faltas y caídas para acercarse al Creador, y lograr así salir inocente cada día del Juicio Celeste. Incluso después de su muerte, será declarado inocente, y merecerá entrar directamente al Paraíso.

Capítulo Quinto
¿Cómo Lograr la Fe?

El destinatario correcto

E l hombre debe pedirle al Creador que le de fe.

Cierta vez, un hombre se acercó al maestro, autor de este libro, y le contó su pesar – tenía muchas preocupaciones y miedos. El maestro le explicó que eso era resultado de la falta de fe. "¿Falta de fe? ¡Justamente eso no me falta!", le respondió.

Le dijo el maestro: "En efecto, crees que el universo tiene un Creador, pero lo que no crees es que Él te supervisa personalmente, con "Supervisión Individual"; tú no crees que estás en Sus buenas manos, que todo lo que te llega proviene de Él, y que todo es para tu bien eterno. Un hombre que cree que todo es para bien, no tiene ninguna preocupación ni miedo. Hay quienes tienen miedo de cierta enfermedad, o que alguien le cause un perjuicio, o del "mal de ojo", o se inquietan por no encontrar sustento, o por el temor de ser despedidos de sus trabajos, etc. – todo esto llega por la carencia de fe, es decir que no creen que se encuentran en las manos del Todopoderoso y que todo lo que Él hace es para bien".

El hombre le preguntó: "Si es así, ¿qué se debe hacer? ¿Cómo se logra la fe?".

"Pidiéndoselo al Creador", le contestó el maestro: *"Por favor Creador del Universo, dame fe, permíteme creer que todo lo que me sucede es para mi propio bien. Dame poseer el mérito de saber que estoy en Tus manos y que todo lo que harás por mí es para bien. Dame el conocimiento que 'No hay tribulaciones sin transgresiones', y por favor, retiene los severos Juicios Celestiales mientras me esfuerzo por corregirme".*

"¿Qué? ¿Puedo pedirle fe al Creador?".

"¡Por supuesto! ¿Acaso conoces a un destinatario mejor?", preguntó el maestro. "Todo lo que tenemos proviene del Creador, y si es la fe lo que te falta, pídesela a Él diciendo: *'Por favor, Señor del Universo, dame la fe en Ti, dame la creencia que Tú eres el destinatario de todas mis necesidades: mi salud, sustento, seguridad... Dame la fe que no existe nada más fuera de Ti y que nadie puede hacerme daño ni tocar mis posesiones, etc.'* Y cada vez que sientas una inquietud o un miedo, pídele al Creador que te de la fe para superarlos".

Cada criatura posee un punto de fe, aunque sea el más pequeño. De este punto, que cree que hay un Creador del Universo, debe empezar a hablar con Él, y así desarrollar su fe. Porque cada conversación con el Creador es una expresión de fe, aun si no se la pide explícitamente. Por supuesto, que cuando se presentan peticiones al Todopoderoso, hay ante todo que pedirle la cosa más importante de la vida – la fe.

Incluso el Rey David, agradecía al Creador por estimularlo a creer en Él. Sabía que había recibido de Él toda su fe. Vemos también que grandes Justos que escribieron plegarias, como constatamos en el voluminoso libro "Recolección de Plegarias", por encima de todo, pidieron fe. Con un idioma simple rogaron: *"¡Dueño del Mundo, por favor, dame fe!"*. ¡Y no estamos hablando de gente común, sino de hombres piadosos que alcanzaron la santidad y pureza espiritual! Por lo tanto, cada uno debe saber que si posee fe, debe agradecerle al Creador; y si le falta – debe rogarle que se la dé.

Cada uno aprenderá de este ejemplo, que si el hombre cree que posee fe pero esta no lo conduce a una buena vida, a la alegría, a la paz interior, a la tranquilidad, a la paciencia y a la armonía con los que le rodean, ciertamente debe rezar y rogar más y más por ella.

El "Aislamiento" – La Plegaria Personal

Ya hemos mencionado el concepto del "Aislamiento" y lo explicaremos brevemente. El "Aislamiento" es la plegaria personal donde el hombre expresa todo lo que tiene dentro de su corazón, en su propio idioma y con sus propias palabras, sin la ayuda de ningún libro o plegarias escritas. Cada persona debe consagrar cada día, por lo menos sesenta minutos para apartarse y aislarse de los demás, y así unirse y conversar con su Creador. Le agradecerá por todos los beneficios que le prodiga, confesará todas sus fallas, Le pedirá perdón, y también Le rogará que colme todas sus privaciones. Para esto se puede escoger cualquier horario y lugar, con la condición que el hombre pueda encontrarse solo con el Creador.

De hecho, el "Aislamiento" es el mejor consejo para lograr la fe, y esto por varias razones:

a) Hablar diariamente con el Creador durante una hora o más induce fe en el hombre, y la instala dentro su corazón.

b) Cuando el hombre ve que sus plegarias y peticiones son atendidas, su fe en el Creador y en Su Supervisión se consolida.

c) La plegaria personal es la herramienta principal y más poderosa que tiene el hombre para transformarse. Cuando superamos los malos rasgos y adquirimos buenas cualidades, construimos nuestra fe y viceversa.

d) El Creador ilumina la luz de la verdad y de la fe en los corazones de los que Le agradecen cada día por sobre todas las cosas.

e) La confesión cotidiana que el hombre realiza por sus pecados en su "Aislamiento", le trae la comprensión que todo lo que el Creador hace es para bien – lo cual es la esencia de la fe.

Fe tangible

Nos podemos preguntar: ¿Acaso es posible adquirir una fe tangible en el Creador, una fe que verdaderamente podamos sentir? La respuesta es – sí, se puede adquirir cuando pedimos al Todopoderoso colmar todas nuestras necesidades, hasta la más pequeña. ¿Necesitas nuevos zapatos? Dirígete hacia un rincón de la habitación y pide: *"Amo del Universo, Te ruego, mira mis viejos zapatos, encuéntrame el dinero necesario para comprar nuevos"*. Y cuando tienes el dinero dile: *"Creador del Mundo, Todopoderoso, por favor ayúdame a encontrar un buen par de zapatos a un precio que pueda permitírmelo. Haz que sean cómodos y confortables. Por favor, haz que sean lindos y elegantes así podré usarlos también en las festividades y en ocasiones especiales..."*. Y así debemos conducirnos en todos los casos. ¡Nos sorprenderemos al ver cómo encontramos exactamente lo que necesitamos! De este modo, nos acostumbraremos a reconocer y a sentir que Él es Quien nos da todo. ¡Así se adquiere una tangible fe!

Es aconsejable que cada uno se aísle, derrame su corazón delante del Creador como un hijo frente a su amoroso padre, pidiéndole con palabras simples que tenga piedad de él y que le prodigue sus favores. Este tipo de plegarias – fervorosas, sinceras peticiones de misericordia, comprensión y ayuda Divina – son siempre atendidas.

Y así enseñó el gran Justo de Breslev a sus discípulos: "Hay que rezar por cada cosa. Si tu vestido está desgarrado y necesitas reemplazarlo, rézale al Creador por uno nuevo. Hazte la costumbre de rezar al Creador por toda cosa, por cada necesidad, grande y pequeña. Aunque lo más importante es rezar por lo esencial, es decir sobre el servicio al Creador para merecer acercarse a Él, aun así es también necesario rezar por las pequeñas cosas".

El Justo enfatizó: "Es muy probable que el Creador te dará ropa, sustento y todas tus necesidades vitales aunque no las pidas. Pero entonces, tú eres como un animal. Dios da a cada una de

Sus criaturas su alimento sin que se lo pidan. También tú puedes recibirlo de ese modo, pero ya que no recibes tu subsistencia por medio de la plegaria, tu vida es verdaderamente como la de un animal. En efecto, el hombre debe recibir todas sus necesidades vitales del Creador, sólo mediante sus plegarias y súplicas".

Su gran discípulo, contó la historia siguiente: "Una vez, me faltó un botón de mi camisa, y el maestro me dijo: "Reza al Creador por esto". Me asombré pues me parecía raro rezar por una cosa tan insignificante y en realidad superflua". Viendo mi sorpresa, el Justo me preguntó: "¡¿Qué – no corresponde a tu honor rezar al Creador por tal cosa?!".

En general, el hombre tiende a pensar que no necesita rezar y pedir al Creador por cosas pequeñas, o le parece que podría obtenerlas por sus propias fuerzas. ¡Este pensamiento es erróneo! Refuerza la herejía de "Con mi propia fuerza y el poder de mi mano, logré este acierto", es decir que cree que estas cosas provienen de su propia fuerza, sin tener el conocimiento que recibe ese poder únicamente del Creador.

Por otro lado, cuando el hombre logra rezar también sobre las cosas que le parecen obvias, tiene el mérito de comprender y sentir que también ellas provienen únicamente del Creador, y que sólo Él se las da por Su Bondad y Su Misericordia. Acostumbrándonos a rezar por las más pequeñas cosas, penetrará en nuestro corazón la creencia que toda la fuerza que poseemos proviene del Creador. Esto es lo esencial de la fe – saber que "No hay más nada fuera de Él".

Cuando, a pesar de todo, el hombre se empeña en creer en su propia fuerza y aptitudes, se expone a todo tipo de tribulaciones designadas a revelarle su futilidad. A veces, la sensación de auto-satisfacción provoca problemas casi inmediatamente. Por ejemplo: un hombre está manejando con aire satisfecho su nuevo coche deportivo por la carretera, sintiéndose como quien dirige el mundo y, de pronto, una de las llantas del automóvil revienta. Cuando trata de cambiarla, descubre que su rueda de reserva está sin aire. Ahora debe llamar al auxilio, gastar tiempo, perder dinero – todo por causa de un pequeñito clavo en el autopista – el cual es nada menos que un mensajero Celeste para demostrarle su inherente futilidad, y para que empiece a rezar por toda cosa hasta lograr así adquirir la fe.

"Bueno es el Eterno para todo"

Existe una regla muy importante – *¡Hay que rezar al Creador por todas las cosas del mundo!*

La manifestación de la fe es la plegaria. Quien tiene fe, reza al Creador.

Así está escrito (Salmos 145:9): "Bueno es el Eterno para todo; Su Misericordia se extiende sobre todas Sus obras".

Cuando el hombre posee la fe que el Creador es bueno para todo, para su salud, sustento, hijos y todas las demás cosas, ciertamente que lo esencial de sus esfuerzos serán dirigidos a la oración, pidiendo sus necesidades directamente a Él sin ningún subterfugio. Sólo el que no cree en el Todopoderoso, debe siempre utilizar todo tipo de subterfugios y esfuerzos, así por ejemplo, cuando necesita una curación, busca toda clase de diferentes tratamientos y distintos médicos, y muchas veces descubre que son inaccesibles o ineficaces. Pero el Creador es bueno para todo, es bueno para curar todas las heridas y es siempre accesible, como está escrito (Deuteronomio 4:7): "¿Quién es como el Eterno, nuestro Dios, accesible para nosotros siempre que Le invocamos?".

En otras palabras, el hombre creyente sabe que en toda situación, el Único que puede resolver sus problemas y colmar sus faltas, es el Creador. Ya sea la falta de sustento, de paz doméstica, de salud, problemas con la compra o venta de un apartamento, con sus vecinos o sus hijos, en su trabajo, cuando cae en depresiones, etc. En todos los casos, el hombre creyente sabe invertir sus esfuerzos en la plegaria.

Y si éste es el camino para tratar los problemas materiales, con más razón se podrán resolver los problemas y necesidades espirituales, que son mucho más importantes, y sobre las cuales debe concentrar sus plegarias. Porque realmente, los problemas espirituales son la raíz de los problemas materiales...

No seas avaro con tus palabras

A la luz de todo lo que precede, la conclusión que se impone, es que lo esencial sobre lo cual el hombre debe rezar, es la fe. Es importante saber que cuando el hombre reza y pide alguna cosa al Creador, su petición debe ser bien detallada, explicando todos los diferentes aspectos de lo requerido. Lo aclaremos por medio de la historia siguiente:

Cierta vez un hombre que iba por un largo camino en el desierto, extenuado por la larga marcha, se echó a rezar: *"Dueño del Universo, por favor... dame un asno"*, sin detallar que lo necesitaba **para montarlo.**

Mientras rezaba, pasó cerca de él una caravana, una de cuyas burras acababa de dar a luz un asnillo. Los viajeros de la caravana estaban muy apurados y no sabían qué hacer con el pequeño asno que no podía levantarse sobre sus patas, y los retrasaba. Cuando pasaron cerca del hombre y escucharon su oración, se regocijaron por la excelente oportunidad de desembarazarse del borrico y se lo dieron graciosamente de regalo. La caravana prosiguió rápidamente su camino, dejando al asombrado hombre detrás de ellos. Por un lado, el hombre presenció cómo su plegaria fue atendida en un abrir y cerrar de ojos, pero por otro lado, su intención al rezar por un asno, no era un borrico recién nacido. Ahora le fue agregado a su ya difícil camino, un pequeño asno para cargar sobre sus hombros...

En efecto, la plegaria de este pasajero fue oída y recibió un asno como había pedido, pero en lugar de montar al asno, fue el asno el que montaba sobre él, debido a que no había detallado bien su plegaria.

Cada petición al Todopoderoso debe ser detallada, hay que explicar con precisión qué es lo requerido. Por lo tanto, también cuando el hombre pide fe al Creador, debe detallar su petición. Incluso si sólo pidiera y repitiera su petición con las mismas palabras, diciendo por ejemplo: *"Señor del Mundo, dame fe. Señor del Mundo, dame fe"* – está muy bien, pero no se compara a la plegaria del hombre que detalla su pedido, rogando por cada detalle de la fe y sus varios aspectos. Una plegaria bien detallada es bella y enriquecida con gracia, color y contenido; el hombre puede añadir a ella nuevos elementos cada vez.

En efecto, a primera vista podemos preguntarnos: ¿por qué la oración es necesaria? ¿Para qué tenemos que rezar si el Creador sabe todos nuestros pensamientos y sabe exactamente todo lo que necesitamos? La respuesta es la siguiente: en verdad el Creador sabe todo, pero nos da el regalo de la plegaria para que tengamos una viviente relación con Él y para que desarrollemos nuestra fe. Si todas nuestras necesidades fueran colmadas automáticamente, nunca nos dirigiríamos al Creador y nunca trabajaríamos sobre nuestra fe, lo que provocaría que nuestra alma se marchite.

La plegaria es el receptáculo de la abundancia Divina. La abundancia que se recibe es proporcional a las palabras de rezo pronunciadas. Por eso, cuando se reza con limitación de palabras, en forma seca y cortante, también lo que se recibe será una cosa limitada y reducida; así como ese pasajero que pidió un asno sin explicar su necesidad y recibió exactamente lo que pidió, lo que no le sirvió para nada.

En cambio, cuando la plegaria es bien detallada, también lo que se recibe en consecuencia es completo y elaborado. Es necesario pues prolongar nuestras plegarias, multiplicando y variando nuestras palabras con el fin de recibir algo pleno y completo.

Llevar a la práctica

Para que podamos rezar largas plegarias, variadas y ricas en contenido, debemos sentir un gran deseo de adquirir la cosa requerida. Por consiguiente, debemos estudiar bien el asunto sobre el cual queremos rezar, con el fin de conocer sus cualidades, tanto como los daños que resultan por su falta; y esto hasta entender bien cuánto depende nuestra vida de ello. Es entonces cuando nuestro corazón verdaderamente anhela lo deseado, que nuestras plegarias serán bien detalladas.

Así pues, cuando deseamos rezar por nuestra fe, es necesario estudiar y volver a estudiar este libro muy bien; meditar sobre la importancia de cada principio, de cada nivel, de cada prueba estudiada, y así seguramente podremos rezar con entusiasmo y con voluntad – y también podremos detallar y precisar las plegarias hasta que nuestros deseos se hagan realidad.

Tomemos un ejemplo: cuando se estudia los niveles de la fe, debemos pedirle al Creador que nos ayude a profundizar y cumplir cada etapa de nuestro estudio.

Una vez que aprendemos sobre el primer nivel de la fe, a saber, la creencia que todo en el mundo es producto de la Divina Voluntad, debemos luego incorporar todo lo estudiado en nuestras plegarias, detallando todos los aspectos que conciernen a este nivel; y Le pediremos al Todopoderoso de esta forma: "Creador del Universo, dame por favor una fe completa. Ayúdame a creer que Tú eres el Dueño de todas las acciones, que toda acción en el mundo está bajo Tu precisa Divina Supervisión".

También, debemos rezar para creer que todas las pruebas que nos llegan en la vida, provienen de la Voluntad Divina, y hay que detallar explícitamente; por ejemplo: *"Señor del Mundo, ayúdame a entender que cuando mi esposa me grita, eres sólo Tú Quien está enfrente mío... Déjame creer que eres Tú Quien me reprende – no mi esposa, así no me enfadaré y arruinaré la paz domestica...", o "Ayúdame, Amo del Universo, a entender que mi falta de éxito en el trabajo es porque Tú lo quieres, y ayúdame a no atribuirlo a ninguna causa natural..* ", y así sucesivamente.

Cuando estudiamos sobre el segundo nivel de la fe, que es la creencia que todo lo que el Creador hace es para bien, podemos crear un nuevo receptáculo de Divina abundancia por medio del rezo. Podemos llenar nuestra boca con las palabras aprendidas en esta sección: *"¡Dueño del Universo! Dame la clara fe que 'Todo es para bien', ayúdame a dejar de lado mi propio razonamiento y creer con perfecta fe; que si me parece que lo que me llega es malo y terrible, rechace ese pensamiento que sólo me conduce a la desesperación, y creer con una fe perfecta que también esto es lo mejor que puede suceder; que acepte todo con alegría y amor, y que sepa que no existe ningún mal en el mundo porque todo proviene de Ti"*. También, debemos detallar todas las pruebas que nos llegan, y rezar que podamos creer que todas son para nuestro propio bien.

De esta manera también estudiaremos el tercer nivel, y rezaremos para creer completamente que no hay sufrimientos ni tribulaciones sin transgresiones, y que en todo lo que nos sucede hay un mensaje del Creador. Igualmente en cada capítulo estudiado, por ejemplo, en el capítulo sobre las pruebas de la fe, debemos rezar por las pruebas que nos son relevantes, como la paz doméstica; debemos rezar que tengamos el mérito de cumplir todo lo que hemos estudiado; que no nos olvidaremos ni por un sólo instante que nos encontramos en una prueba de fe; que debemos dominar nuestra cólera y creer que "Todo es para bien". También debemos rogar al Creador, y hasta suplicarle con todo tipo de expresiones y pedidos, que tenga misericordia y que nos haga merecer tal nivel o tal cualidad, y que nos salve de toda falta de fe.

Otra cosa importante es que detallemos en nuestra plegaria las distintas cualidades y virtudes de la fe, cuánto es importante a los ojos del Creador, y cuántos beneficios mereceremos si la adquirimos. Y también a la inversa – es importante que detallemos todas las pérdidas que nos llegan por la falta de fe y los perjuicios que arrastra. Por supuesto que hay numerosos detalles más, que cada uno puede comprender y utilizar en su plegaria. Cuando el hombre reza de esta forma sobre lo que aprendió detalladamente, tendrá siempre lo qué decir y podrá prolongar su oración con mucho placer, mereciendo cumplir lo que aprendió.

La gracia de la plegaria

La aplicación práctica de la fe es la motivación más elevada del estudio de la Ley Divina. Por lo tanto, las plegarias compuestas de nuestro estudio espiritual están llenas de gracia y hermosura, y el Creador las ama especialmente, pues demuestran el verdadero deseo de interiorizar la fe y aplicarla en la vida diaria. Ésta es también la razón por la cual son aceptadas fácilmente.

¡Mediante el estudio de la fe y luego su conversión en plegarias, nos aseguramos adquirir más y más fe, qué es el secreto del éxito y la felicidad en este mundo y en el venidero!

Consejos adicionales para lograr la fe

Clamor

Cuando la fe es deficiente, podemos lograrla clamando al Creador, como ha hecho el Rey David, como está escrito (Salmos 27:7): "Oh Eterno, oye mi voz cuando clamo".

Gracias al clamor al Creador, podemos elevar y aumentar nuestra fe hasta la desaparición de todos nuestros pensamientos de herejía. Y aunque no lo logremos inmediatamente, el clamor en sí mismo es beneficioso. Tal clamor no debe ser necesariamente audible, incluso un clamor silencioso expresado dentro del corazón es bueno.

El hecho que el hombre clama al Creador, aun desde su corazón, demuestra que todavía tiene una chispa de la sagrada fe, porque sin esta, no clamaría en absoluto. Esto demuestra que el clamor mismo es una expresión de fe, por el cual la pequeña chispa se transforma en una luminosa llama de fe.

Pronunciando palabras de fe

La fe depende de la boca del hombre. Cuando alguien quiere reforzarla o recuperarse de una caída, el consejo es que pronuncie palabras de fe según su comprensión, como está escrito en los Salmos (89:2): "Proclamaré Tu fe con mi boca", es decir que es necesario expresar la fe con los labios. Cuando el hombre comprueba un relajamiento en su fe, sintiéndose en la oscuridad y teniendo dificultades para sentir la presencia del Creador, debe expresar palabras de fe y decir claramente: "Yo creo con fe completa que el Creador es Único e Incomparable; que Él me ve, me protege, me supervisa en cada minuto del día durante toda mi vida; Él me ama siempre, en toda circunstancia, y Él escucha mis plegarias constantemente".

Cada uno debe continuar pronunciando palabras de fe con el fin de reforzarse, según el tema que quiere consolidar, por ejemplo: "Yo creo que el Creador, es el Único que alimenta y sostiene a todas las criaturas. Estoy seguro que me enviará mi sustento"; o "Yo creo que el Creador es el Médico de toda carne, y el Único que me puede curar"; o "Yo creo que el Creador es el Único que me pueda dar el consejo correcto para tal o cual problema", etc. Cuando pronunciamos palabras de fe, se despierta la chispa de la auténtica fe que está presente en cada ser humano, y entonces merecemos adquirirla. (Expansión del Alma, 45).

Pronunciando palabras de fe, estimulamos la chispa que tenemos dentro, la cual enciende una radiante llama de fe que no sólo calienta el alma e ilumina nuestra oscuridad interna, sino que invoca también la Divina Compasión.

Por el contrario, hay que tener mucho cuidado de no proferir ninguna palabra de herejía o de incredulidad, ni en sorna, es decir que aunque la persona es creyente dentro de su corazón, y sólo dice una expresión de herejía para burlarse del hereje, es también dañino a su fe. Las palabras de herejía o agnosticismo sean cuales fueran, extinguen la chispa de la fe y dejan el alma del hombre fría y oscura.

El "Auto-juicio"

Ya hemos mencionado anteriormente el "Auto-juicio", pero es importante saber que su realización es también muy aconsejable para alcanzar la fe, es decir la costumbre de juzgarse cada día por cada pensamiento, palabra o acción, y preguntarse si es apropiado conducirse así o no. Juzgándonos sobre todo, con la creencia que el Creador nos ve y vigila nuestras acciones, implanta la fe dentro nuestros corazones.

El hombre temeroso de Dios, ciertamente no dejará que el Creador lo juzgue por cada uno de sus pensamientos, palabras y acciones. Por consiguiente, él adelantará su "Auto-juicio", se confesará, arrepentirá, pedirá perdón por todo, y corregirá sus acciones sin esperar un Juicio Divino.

Pero, el que no se juzga, demuestra de esta manera que se siente como "su propio dueño", y que no tiene que rendir cuentas a nadie. Esto demuestra una gran falta de fe, porque según la fe, hay un Orden, un Juicio y un Juez.

El simple "Temor al castigo" es el fundamento de la fe. Sin esto, no puede existir la auténtica fe. Y lo más importante, sin esto no podremos alcanzar el "Temor a la grandeza del Creador", que representa el nivel más alto del "Temor a Dios" al que hay que aspirar, y que es lo esencial de la fe. Sin embargo, cuando el hombre se esfuerza por conducirse según el básico "Temor a Dios", que es el "Temor al castigo", y que se manifiesta juzgándose una vez al día sobre todo lo pasado en el día anterior, la fe echa raíces en él y así puede también llegar a una fe tangible, y finalmente, al "Temor a la grandeza del Creador".

Conviene aquí recordar y advertir de nuevo al estimado lector, que está prohibido caer en la tristeza a causa del "Auto-juicio". Tan pronto alguien percibe que su "Auto-juicio" lo lleva a la tristeza, debe detener todo, y rezar por la fe y la alegría, con el fin de creer que todo está bajo la Supervisión Divina para bien; hasta sus faltas espirituales están debajo de ella, según su misión en este mundo. La razón por la cual no consigue corregirlas por ahora, es debido a que el Creador quiere que aumente sus plegarias. Sólo cuando esté alegre, podrá seguir juzgándose.

Evitar la lectura de filosofía y herejía

A menudo hemos comparado la fe a una llama o a una titilante vela en el corazón. La fe es difícil de adquirir pero fácil de destruir. La fe se parece también a una bella lámpara de luces de cristal, hecha a mano durante meses de trabajo tedioso. Con un empujón del codo, la lámpara podrá caer desde la mesa de trabajo del artesano, y en un sólo segundo, se hará añicos en millones de diminutos pedacitos.

Un dicho popular dice que una piedra que tira el tonto al pozo, cien sabios no podrán sacar. La fuerza de la palabra escrita, especialmente de la herética palabra escrita, es que penetra en el corazón más rápido que una espada, destruyendo la fe.

Cada hombre nace con impulso a la maldad, es decir a los malos deseos mundanos, esto es parte de la naturaleza humana. Pero, por medio del "Temor al castigo" el hombre quiebra sus apetitos y entra en el camino del Creador. Pero cuando estudia doctrinas heréticas, se encuentra con dudas e ideas que apoyan su maldad natural.

El resultado de dirigirse a la filosofía o a libros de investigación para buscar argumentos lógicos y evidencias de la existencia del Creador, conduce a la confusión y al eventual colapso de la fe. Cuando nuestra fe es dependiente del poder de nuestro intelecto, estamos peligrosamente expuestos a ideas y opiniones de aquellos que saben cómo presentar argumentos mejor que nosotros, y nuestra fe está propensa a ser destruida. Por esta razón, el sendero de la auténtica fe a seguir, es de "Por un Maestro a su discípulo", pasando de uno a otro la sencilla fe en el Creador del Universo, Dios Todopoderoso, en una cadena continua que llega hasta el día de hoy, desde la Gran Revelación del Creador Mismo en el Monte Sinaí, en el único y exclusivo acontecimiento de la historia humana, en el cual entregó Su Ley Eterna a un pueblo entero, en presencia de millones de personas.

Debemos abstenernos de todo tipo de información herética, no solamente por medio de libros que debilitan la fe, sino también por todo tipo de multimedia – radio, televisión, internet, periódicos, etc. – programada y publicada por aquellos que difunden ideas y perspectivas agnósticas y ateas. Aprender por uno de esos medios de comunicación que las difunden, se parece a invitar a un hereje a dar una prédica en tu casa...

Podemos comparar la media herética a una envenenada comida para el alma, sólo que los malos pensamientos penetran al alma por medio de los oídos, el corazón, los ojos y la mente, mucho más rápido que una comida envenenada entra al cuerpo humano.

El que falló y leyó los conceptos heréticos de libros que contradicen a la fe, debe confesarse frente del Creador, pedir Su perdón, y desde ese momento en adelante no estudiará y no tendrá más ningún contacto con tales ideas. Es importante que Le ruegue al Creador que elimine de él la mala influencia que recibió, y que le ayude a adquirir de nuevo la fe que ha perdido...

El estudio de la fe

El estudio de la fe quiebra toda herejía y la incredulidad que posee el hombre en su corazón.

En general, la gente interpreta la herejía y el ateísmo como la absoluta negación de la existencia del Creador; esto no es correcto. En realidad, también el que cree en la existencia del Creador puede sostener numerosas opiniones y pensamientos que van contra la fe. Esas malas opiniones y conceptos ocultan al hombre la existencia del Creador y Su Providencia. Esto se parece a mala hierba en un hermoso jardín; el estudio de la fe arranca esas hierbas de raíz.

Gracias al estudio de la fe, el hombre aprende cómo conducirse en este mundo, cómo ver las cosas, cómo corregirse y cómo mejorar su vida. Los acontecimientos se aclaran, empieza a pensar correctamente, su herejía es aniquilada y el hombre logra una dulce y buena vida.

Por lo tanto, el estudio de este libro es algo muy elevado e importante, pero no basta leerlo sólo una vez, porque como ya fue mencionado, la fe del hombre es muy frágil y necesita un fortalecimiento constante. Este libro debe ser un *"libro de trabajo"* para toda la vida, una guía que acompaña al hombre a dondequiera que vaya; hay que leerlo y releerlo examinándose cada vez: ¿ya llegué a realizar tal y cual cosa?; ¿ya llegué a cumplir lo que leo? – y así, poco a poco, junto con la plegaria sobre lo estudiado, el hombre mejorará cada vez más y más.

Cuidar la pureza y la santidad

Cuando el Creador quiso firmar un pacto con el primer verdadero creyente, el Patriarca Abraham, y todos sus descendientes, le dijo (Génesis 17:10–14): "Éste es Mi pacto que guardaréis entre Mí y vosotros, y entre tu futura descendencia: Será circuncidado todo varón de entre vosotros. Circuncidaréis la carne de vuestro prepucio y será por señal del pacto entre Mí y vosotros... Y Mi pacto estará en vuestra carne, como un pacto eterno". Vemos, que el lugar del cuerpo que el Creador eligió para realizar su pacto con Abraham, fue justamente en el miembro que es la fuente de todo tipo de apetitos y deseos mundanos; ahí mismo le ordenó circuncidarse. ¿Qué nos enseña esto? Nos enseña que la lujuria, la propensión a los apetitos carnales y la concupiscencia, nos alejan del Creador, nos hunden en lo mundano, y destruyen completamente nuestra fe.

¡La pureza y santidad sexual son la base y la esencia para obtener una fuerte y perfecta fe!

En el Génesis se cuenta sobre un hombre llamado Er (38:7): "Y Er, el primogénito de Judá, fue malo a los ojos del Eterno, y el Eterno le hizo morir". ¿Qué pecado ha cometido Er para ser llamado *"malo a los ojos del Eterno"?* – derramar su esperma con el fin de que su esposa no quedara grávida y perdiera su belleza.

Hay que saber que derramar el semen en vano es un gran pecado, aun más grave que toda otra transgresión, a tal punto que se considera a la persona que lo hace como si hubiera matado a alguien. ¿Por qué? La explicación brevemente es, que quien malgasta su esperma en vano, no sólo realiza un acto físico lascivo, sino que realiza un acto espiritual con una muy grave consecuencia. El semen contiene por sí mismo una fuerza increíble – el potencial de traer vida al mundo – hijos e hijas, almas dentro de cuerpo. Por medio de la eyaculación en vano, las almas que deberían llegar al mundo en un cuerpo, nacen "desnudas" y ya no pueden crecer como seres humanos; esto es comparable a matar a los propios hijos no dándoles nunca la oportunidad de nacer.

Por lo tanto, el hombre que no se sobrepone a su lujuria y desperdicia su simiente, no sólo transgrede un grave precepto, sino que está excomulgado en el Cielo; en otras palabras, el Creador no presta oídos a sus plegarias, porque es como si hubiera matado a alguien, y como está escrito (Isaías 1:15): "Aun si multiplicareis las plegarias, Yo no os escucho. **Vuestras manos llenas están de sangre"**.

Cuidar la pureza y la santidad significa usar los órganos sexuales sólo para el cumplimiento de un Precepto Divino, que es la procreación, o la dicha matrimonial, o ambas.

Para alcanzar esta pureza y santidad, no es suficiente no cometer un acto sexual no apropiado, sino también cuidar el pensamiento y la palabra en santidad. Cuanto más nos concentramos en nuestro crecimiento espiritual y menos nos exponemos a las influencias de la lascivia y permisiva sociedad de hoy en día, mejor podremos cuidar nuestra pureza espiritual. Prácticamente, lo mejor es casarse lo más temprano posible, evitar observar a las mujeres, y alejarse de todo tipo de media que muestra suciedad y conduce a un ambiente de depravación y libertinaje. Dado que los ojos son la ventana del alma, mirando todo tipo de imágenes lascivas y prohibidas se mancha el alma inmediatamente. Ésta es la razón por la que la Ley Divina específica y enfáticamente nos exige no observar a ninguna mujer excepto nuestras madres, esposas e hijas. Los Sabios enseñaron que el sólo hecho de mantener la imagen de una mujer extraña en la cabeza, es equivalente a un adulterio mental.

Los pensamientos lascivos y las palabras groseras llevan a violaciones de la santidad del hombre, ya que ellos profanan la mente y la boca. El cerebro debe ser ocupado con buenos pensamientos, en pensar en la meta y el objetivo final de la vida, de cómo acercarse al Creador, de cómo hacer el bien. La regla es que los pensamientos lascivos se intensifican sólo en la mente desocupada. La boca debe ser usada para decir buenas palabras, palabras de fe, de aliento, para la plegaria. Una boca que ha sido contaminada con palabras sucias y lascivas no puede rezar correctamente; la utilización de esa boca para la plegaria se parece a usar un inodoro como un tazón de sopa. Incluso si el inodoro estuviera completamente limpio, brillante y desinfectado, ¿quién querría comer de un inodoro? De la misma manera, el Creador no quiere oír los rezos de una boca que es usada para palabras sucias y prohibidas.

Cuando el hombre profana su santidad, teniendo pensamientos eróticos o hablando groseramente, tanto más si pasa a la acción o mira imágenes prohibidas, mancha la pureza de su corazón, y dado que lo esencial de la Divinidad está en el corazón, ella no puede residir allí. En consecuencia, el hombre no puede sentir la Luz del Creador, no puede más rezar, y se desarraiga completamente de la santidad y de la fe. Los sentimientos de lujuria son un espíritu impuro que cierra el corazón a la fe, y desconecta el hombre de su Creador.

El derramamiento de esperma en vano daña también la mente, ya que el origen del esperma es el cerebro. Por lo tanto, como ya hemos aprendido, todas las enfermedades mentales provienen del libertinaje. El sagrado *Zohar* enseña que la mente dañada causa la pobreza. Esto es verdad en todo sentido – en la pobreza física, es decir la falta de subsistencia y las deudas, y en la pobreza mental que significa la falta de fe, que se manifiesta en tristeza, depresión y cólera, las cuales son todas enfermedades del alma. Cuando la fe del hombre es averiada, toda su vida se perjudica, especialmente su salud, bienestar doméstico, su sustento, produciendo la tristeza y la desesperación.

El adulterio es una infracción notoria de la pureza espiritual del hombre, y va en contra de todo principio de la fe. Nada separa al hombre del Creador tan rápido como el adulterio. Es por eso que cuando el pueblo de Israel estaba pasando cerca el reino de Moab en su camino a la Tierra Prometida, después de haber salido de Egipto, el malvado Bileam aconsejó a Balak, el rey de Moab, que si no podía vencer a los Israelitas con medios militares, entonces lo que debía hacer era tentarlos con la lujuria y ciertamente triunfaría, pues eso es abominado por Dios.

Lo esencial de una verdadera vida espiritual consiste en el deseo de apegarse al Creador, y este deseo depende de la pureza y santidad del hombre. Ya que la lascivia representa la inclinación intensa hacia los actos bajos, que es la voluntad contraria a la santidad, entonces cuando el hombre es arrastrado a ella, pierde todo amor y anhelo de acercarse al Creador; pierde el deseo de aprender la Ley Divina y la fe, de cumplir la Voluntad Divina, y sobre todo, se aleja de la plegaria y del "Aislamiento", que son las expresiones principales de la fe.

El sagrado libro del *Zohar* enseña, que la prueba principal del hombre en este mundo, es superar el apetito del adulterio. Por otra parte, ya sabemos que lo principal en la vida es adquirir la fe. Resulta que uno depende del otro. La explicación es la siguiente: lo esencial de la lujuria depende de los ojos, y la protección de la mirada significa una fe completa, pues demuestra que el hombre sabe y entiende que el mundo no está carente de Dueño, sino que él es un ser creado y que existen también otras criaturas para las cuales el mundo fue creado. Por lo tanto, él no mira lo que no le pertenece, sino lo que le ha sido dado. Pero, quien mira y ansia lo que no es suyo, de hecho piensa que es el "dueño del mundo" y que todo le pertenece; esta conducta es lo opuesto completo a la fe, y sólo puede traer al hombre tribulaciones y sufrimientos.

Los Sabios enseñaron la siguiente regla: "El corazón ansia lo que los ojos ven", ésta es en realidad una ley natural. Es imposible que un hombre que no protege sus ojos no transgreda muy a menudo, y hasta transgreda el Mandamiento de "No codiciarás", que es un fundamento de la fe.

El Rey David menciona algunos versículos donde se dice la palabra "siempre", y que son dependientes uno del otro. Uno de ellos es (Salmos 73:23): "Dios, yo *siempre* estoy contigo" – que significa apegarse al Creador. El segundo (íd. 25:15): "Mis ojos están *siempre* dirigidos al Eterno" – es la protección de la mirada. Uno depende del otro, porque para merecer lo escrito en el primer versículo, (es decir lograr el mérito de *siempre* estar apegado al Creador), se necesita ante todo cuidar los ojos según lo escrito en el segundo versículo. Lo contrario también es verdad: cuidar los ojos en forma inmanente es posible sólo a través de la adhesión completa al Creador, porque el hombre puede cerrar sus ojos físicos y continuar errando con los "ojos" de su mente – sus pensamientos, imaginando un mundo entero de apetitos y cosas prohibidas. Solamente cuando su pensamiento está apegado al Creador y sus ojos interiores están dirigidos hacia Él – lo que depende de la fe – realmente cuida sus ojos. Si logra esto, llega a cumplir el tercer "siempre" (íd. 16:8): "He puesto el Eterno *siempre* delante de mí".

"Y a Él te apegarás"

Existe un Precepto Positivo que dice (Deuteronomio 10:20): "Y a Él te apegarás". La pregunta es – ¿Si el Creador es como un fuego devorador, entonces, cómo será posible apegarse a Él?

Los Sabios nos dan la respuesta – aferrándonos a los Justos y a sus discípulos quienes poseen una herencia desde Moisés, el gran Maestro Espiritual, sentándonos siempre en su compañía con el fin de aprender sus buenas acciones.

La fe en los Sabios es uno de los fundamentos de la fe, y es uno de los cuarenta y ocho medios de adquirir la auténtica Sabiduría Divina. Ya que cada persona no puede resolver y decidir sola lo que le está permitido y lo que le está prohibido, debe fiarse de los grandes Sabios que poseen la Tradición Oral transmitida por un Maestro a su discípulo de generación en generación, en una cadena continua que data desde Moisés en el Monte Sinaí, quien tuvo el mérito de recibir la auténtica Sabiduría y los caminos de conducta, directamente del Creador.

No es posible adquirir la auténtica fe sin apoyarse en los grandes Justos – los *verdaderos* Maestros espirituales – aprender de ellos y aplicar, dentro de lo posible, sus enseñanzas y consejos. Los auténticos Justos inspiran el principio de la fe en los que verdaderamente les frecuentan y siguen. A medida que reconozcamos la grandeza y santidad de los verdaderos Justos y Sabios, más se perfeccionará nuestra fe.

Hoy en día, aunque se hayan escrito muchos libros, todavía una gran parte de la autentica fe y Sabiduría Divina es transmitida oralmente "Por un Maestro a su discípulo, y la única vía de aprenderla es frecuentar a los Sabios, esforzándose por estar a menudo en su compañía, lo que permite ver sus acciones y aprender la forma de ver la vida, en general y en particular, como ellos han recibido de sus antepasados Maestros, lo cual no es posible escribir en los libros.

Unas dos semanas antes de su muerte, el gran Justo de Breslev, dejó una enseñanza que es considerada como su testamento, y en ella advierte muy detalladamente que hay que buscar al verdadero Justo, un auténtico Líder, que pueda conducir a los que se le acercan, a la rectificación de su alma:

"Hay que **buscar mucho** para encontrar al auténtico Líder. Porque mediante su Inspiración Divina, la cual es el aspecto de la profecía, se fortalece y se rectifica la fe auténtica de los que se acercan a él...

Lo esencial de esta búsqueda es encontrar la Inspiración Divina del verdadero Justo, no su cuerpo, recibiendo una iluminación de su alma la cual es realmente el alma de Moisés, el primer auténtico Líder. Toda la rectificación del hombre en este mundo depende de esto.

Por lo tanto, mucha Misericordia Divina es necesaria para merecer lo antedicho. Esto se alcanza por medio de la plegaria, es decir pidiendo mucho **al Creador**, el merecer acercarse a un verdadero Líder para conseguir la auténtica fe con perfección".

¡Hay que recordar muy bien! – como ya fue mencionado en el primer capítulo – no podemos realizar la búsqueda para encontrar un verdadero Guía y Líder a través de nuestro razonamiento humano, yéndonos de un lugar a otro buscando Justos, reflexionando sobre cada uno de ellos con nuestra limitada mirada mundana, y decidiendo según nuestra propia comprensión cuál es el Justo auténtico. Actuando de esa forma sólo nos llevará a cometer grandes errores e incluso graves pecados, comparando entre los Justos diciendo: "Éste es bueno y ése no"; o aun todavía peor, empezar a difamar a algunos o escuchar y aceptar declaraciones maldicientes sobre otros. En todo caso, el que siguiera su propio razonamiento se equivocará: ya sea creyendo en falsos Justos, ya sea descalificando a los auténticos...

¡El único consejo es aumentar las plegarias y las súplicas, pidiendo con insistencia al Creador el mérito de acercarse al verdadero Líder, para lograr la verdadera fe!

Mientras tanto, hay que aumentar la paz y la fraternidad sin descalificar a nadie, y en especial no llegar a la maledicencia y la disputa. Debemos rezar y tener confianza en el Creador para que nos guíe por el recto camino, conduciéndonos con verdadera candidez y sinceridad, y entonces seguramente nos ayudará, como está escrito (Salmos 18:26): "Con el devoto, Tú actúas con devoción; con el hombre sincero, con sinceridad", y también (Proverbios 10:9): "Quien anda con sinceridad, andará con seguridad; pero quien pervierte sus caminos, será descubierto".

Como está entendido, las cualidades de la verdad y de la sinceridad son las necesarias para prosperar en nuestra búsqueda.

Para concluir con este tema, presentaremos la información que se encuentra en "El Libro de los Atributos", tema "Justos":

- "Lo esencial de la perfección del alma depende del acercamiento a los Justos".

- "El acercamiento a los Justos es beneficioso en este mundo y en el venidero".

- "La llegada del Mesías depende del acercamiento al verdadero Justo".

- "Los que están cerca al Justo durante sus vidas, estarán cerca a él después que mueran".

- "Lo que escuches directamente del Justo, será más beneficioso que lo aprendido en los libros".

- "Conviene invertir mucho tiempo para merecer un sólo momento en compañía del Justo".

El gran diluvio del ateísmo

Cierta vez, el gran Justo de Breslev alentó a un hombre que estaba muy confundido respecto a su fe y le dijo: "Toda la Creación existe sólo debido a gente como tú. El Creador previó que habría gente que se aferraría a la sagrada fe sufriendo en gran manera, debido a la confusión y a las herejías que constantemente le atacarían. Él percibió que superarían estas dudas y se mantendrían firmes en la fe. Fue debido a esto que Dios engendró la Creación entera".

Gracias a estas palabras, el hombre se sintió muy fortalecido y seguro cada vez que lo asaltaban confusos pensamientos.

Muchas veces dijo el Justo que la Creación se debió esencialmente a la fe, como está escrito (Salmos 33:4): "Todas Sus obras se deben a la fe".

Hace más de doscientos años, este gran Justo y Maestro Espiritual ya alertó sobre "un gran diluvio de ateísmo" que está llegando al mundo. Muchas veces dijo que debido a los numerosos pecados del mundo, se generará un gran descreimiento, y agregó: "Dichoso aquél que se mantenga fuerte en la fe en esos tiempos".

Elaborando y explicando la causa de su sorprendente declaración dijo: "Yo sé que el hecho de que estoy prediciendo y anunciando esto, no sirve de nada para prevenir el crecimiento de ese ateísmo y esa confusión. Lo mismo como miles de años atrás, cuando el profeta Daniel y otros profetas predijeron y anunciaron que antes de la llegada del verdadero Mesías 'Muchos serán purificados, blanqueados y refinados; pero los malvados harán el mal y no comprenderán, sólo los Sabios entenderán' (Daniel 12:10). Así que ya ha sido profetizada la prueba de fe que precederá a la llegada del Mesías, en la que "muchos serán purificados, blanqueados y refinados."

¡Afortunado aquel que resista a las tentaciones y se mantenga firme en su fe! Será digno de todo el bien que nos han vaticinado los Profetas y Sabios de la antigüedad. Sabiendo que esto ha sido profetizado, debería todo hombre tener la inteligencia de apiadarse de sí mismo manteniéndose firme en su fe, y así ya no necesitará ninguna prueba ni purificación de la fe. Pero aun así, todavía habrá una gran prueba y muchos caerán, así como está escrito que 'los malvados harán el mal...'

A pesar de todo, yo estoy revelando esto por adelantado para el bien de los pocos hombres rectos que se mantendrán fuertes en su fe. Ciertamente que experimentarán grandes conflictos, pero cuando vean que todo eso ha sido anunciado, les será una fuente de apoyo, fortalecimiento y coraje".

Comprendemos de lo antedicho, que no existe ningún consejo para salvarse del peligroso diluvio de ateísmo que se propaga en el mundo, sólo estudiar ampliamente sobre la fe, fortaleciéndola vigorosamente. Sobre todo, debemos rezar por la fe constantemente, pidiéndole al Creador que nos dé más y más fe. Conviene que cada uno que se apiada de su propia vida, se fortalezca e invierta todas sus fuerzas para alcanzar la fe y fortalecerla.

¡Nuestra vida en este mundo y en el Mundo Venidero depende de esto!

Selección de reflexiones de "El libro de los Atributos", tema "Fe":

Factores perjudiciales a la fe:

- "Quien no prepara su corazón, no puede alcanzar la fe".

- "Transgresiones introducen la herejía en el hombre".

- "Por medio de la envidia el hombre pierde su fe".

- "Quien se cuida de transgredir el Mandamiento de "No codiciarás", es salvado de la ira, del orgullo y de la falta de fe que provienen de una gran cólera".

- "Por medio de juramento falso el hombre pierde su fe".

- "La adulación conduce a la herejía".

Factores que conducen a la fe:

- "Por medio de la humildad se logra fe".

- "Cuando el hombre duda de su fe, debe llorar".

- "Callarse conduce a la fe".

- "La caridad conduce a la fe".

- "Hay tonterías y confusiones que se adhieren al cerebro, y en particular las confusiones de la fe. Por medio de dormir en santidad se separan del cerebro. El sueño en santidad es especialmente beneficioso para la fe".

Capítulo Sexto
La Fe y los Rasgos del Carácter

Todos los rasgos del carácter dependen de la fe, como explicamos brevemente en los capítulos previos. En este capítulo, exploraremos la relación entre la fe y los rasgos, para ilustrar el crítico papel que la fe desempeña en nuestra vida diaria y en nuestro bienestar general.

Primera Parte: La Tristeza

La tristeza es un mal rasgo que resulta directamente de la carencia de fe.

Un principio importante de la fe es que el Creador pone Su Divina Supervisión Individual sobre cada criatura y le otorga las mejores condiciones para que pueda acercarse a Él y conocerlo. El Creador adapta precisamente cada conjunto de condiciones a cada hombre; por lo general, un problema o deficiencia son el catalizador diseñado para estimular el desarrollo espiritual de una persona. Algunas personas sufren de dolencias físicas mientras otros tienen problemas financieros. Algunas personas sufren penalidades por sus niños mientras otros encuentran dificultades en el matrimonio. Estas tribulaciones motivan a la persona a buscar al Creador; sin estas condiciones precisas, el hombre nunca podría alcanzar su finalidad.

Pero el hombre que posee fe, nunca cae en un estado de tristeza o desesperación, ya que sabe que nada es malo en el mundo, y que todas sus privaciones y dificultades son todas para su bien. Por otro lado, el hombre carente de fe y que no cree que todo está bajo la Supervisión Divina para bien, tiene muchos motivos para estar triste y deprimido, ya que en este mundo las cosas nunca se desarrollan exactamente como queremos. Por lo tanto, cada vez que algo no anda según su voluntad, cae en la tristeza y la melancolía.

Cuando tiene una privación o una dificultad, el hombre creyente las utiliza como un medio para acercarse al Creador. Hasta se alegra por su privación, porque sabe que sin ella, no podría acercarse y conocer al Creador. Este hombre está verdaderamente "Contento con lo suyo", es decir, feliz con su vida, incluso con sus privaciones y en situaciones difíciles.

Pero el hombre que no posee fe se culpa a sí mismo y a su prójimo por sus carencias, ¡hasta sospecha que el Creador trata de atormentarle gratuitamente o vengarse de él! Por lo tanto, cae en la desesperación y la tristeza.

Sabiendo y fortaleciéndonos en la creencia que todas nuestras privaciones fueron dadas sólo para despertar el conocimiento de nuestra misión en este mundo, no caeremos en la tristeza y no perderemos la fe, sino que rezaremos al Creador y nos acercaremos a Él.

Todo hombre que realiza un correcto trabajo espiritual sobre sí mismo, ve cómo justamente gracias a sus defectos se estimula a la plegaria, ve cómo por medio de ella se forman maravillosos instrumentos para su aproximación al Creador, y empieza a ver bien claro cómo todo lo que le sucede es para bien. Por medio de su trabajo y plegaria, el hombre logra cambiar y triunfar y puede sentir en su propia carne la Supervisión Divina, como está escrito (Job 19:26): "De mi propia carne veré a Dios."

¡No existen las privaciones!

A veces, cuando el hombre posee una deficiencia en el campo espiritual, como un mal rasgo o un mal apetito que lo incitan a conducirse contrariamente a la Voluntad Divina y hacer sufrir también a otros, aparentemente tiene una buena razón para estar triste, ya que ve su alejamiento del Creador y los daños que se causa a sí mismo y a su alrededor; aun en este caso, debe creer que "Así el Creador quiere". Debe creer que hasta la intensificación de ese mal apetito o rasgo están bajo la Divina Supervisión Individual y es para su bien.

¿Cuál es la explicación de esto? El Creador intensifica un apetito o un mal rasgo en el hombre con el fin de mostrarle cuál es su trabajo espiritual y qué debe rectificar, pues donde le es difícil – allí mismo está la corrección de su alma. Por lo tanto, mientras aquel apetito o rasgo era tolerable, el hombre seguía su vida sin sentir cuánto lo alejaba del Creador, y por eso no utilizaba todas sus fuerzas para superarlo. Pero, en el momento en que esa deficiencia se intensifica, se conmociona y se despierta para hacer todo lo posible para desembarazarse de ella.

Comprendemos ahora que el hombre no debe confundirse y asustarse por el aumento de sus apetitos, sino aprender de ello, para conocerlos y saber cuáles son los medios de dominarlos. Debe rezar y pedir al Creador que le extraiga ese mal rasgo o apetito; efectuar cada día un examen de conciencia para observar su progreso, y ver lo que le queda por reparar. Aunque desembarazarse completamente de eso le tomara mucho tiempo, mientras tanto no será perseguido por el Juicio Divino, ya que estará ocupado en corregirse; y si se aplica con asiduidad a esta tarea, finalmente conseguirá reparar todo.

Pero, si cae en la tristeza y la desesperación, perderá todo su poder físico y espiritual, y ciertamente no podrá corregir nada. Además, despertará en su contra la Ira Divina, porque no existe una transgresión más grande que la tristeza y la desesperación.

La desventaja es realmente una ventaja

Cuando vemos los acontecimientos relatados en el Pentateuco, observamos que a menudo el Creador escogió precisamente a hombres que sufrían ciertas desventajas aparentemente insuperables, para salvar al Pueblo Elegido:

Moisés, el gran Justo y Líder Espiritual, tartamudeaba y creció en la casa del Faraón, el rey de Egipto, y a pesar de todo se transformó en el más grande de los Profetas de toda la historia, y fue el mensajero elegido por el Creador para liberar al pueblo de Israel de la esclavitud.

Sansón, el famoso héroe, era cojo, aún así se transformó en uno de los hombres más fuertes de la historia, que provocó el miedo en los corazones de sus enemigos, ¡aun después de su muerte!

El Rey David era un marginado y despreciado; su propio padre y sus hermanos pensaban que era hijo ilegítimo. Era también de baja estatura y aún así, venció al gigantesco Goliat. Él fue elegido para sustituir el Rey Saúl – un hombre de atributos perfectos – como Rey de Israel.

Jael, la esposa de Héber el Quenita, que era débil de naturaleza, salvó al pueblo de Israel de las manos del poderoso Sísara, el capitán del ejército cananeo (véase Jueces 5:23–27). La lista es larga y exhaustiva...

Resulta de esto que las desventajas y privaciones personales no obstaculizan el nivel del logro del hombre; por el contrario, ellas son las que le permiten elevarse y dar lo mejor de sí mismo, pues le fuerzan a vivir en la humildad y entender que sólo el Creador le puede ayudar. Desde luego, cuando el Creador ayuda al hombre, éste realmente se eleva, y resulta que precisamente por el mérito de su debilidad o de su privación, se dirige completamente hacia el Creador y es merecedor de alcanzar altos niveles espirituales.

También, cuando el hombre tiene una cierta aflicción, o es perseguido o ha sido humillado por otra gente, entonces gracias a su fe siempre se dirige al Creador. No cae en la tristeza, porque vive con la fe que Él le puede ayudar en toda situación, y se eleva precisamente por el mérito de sus sufrimientos.

Pensamiento Positivo

Toda la guerra entre la Buena y la Mala Inclinación ocurre en el pensamiento, pues la Buena inclinación es realmente los pensamientos positivos y la Mala Inclinación los negativos.

Por lo tanto, *lo esencial* de la prueba del hombre consiste en, o sucumbir a los malos pensamientos y creer en ellos, lo que se manifiesta en tristeza, desesperación y depresión, o reforzarse con pensamientos de fe, lo que le lleva a dominar su tristeza, colmándose de alegría. Sus privaciones se transforman para bien y triunfa, porque superó su prueba según la Voluntad del Creador. Tomemos el ejemplo de una persona que fracasa durante un largo período en encontrar pareja. Ésta es ciertamente una prueba difícil, cuya esencia consiste en afrontar los pensamientos de tristeza y desesperación provocados por la Mala Inclinación. Ella empieza enumerándole todas sus faltas y carencias que le impiden concretar el matrimonio, con el fin de que pierda su fe, como si no tuviera ninguna posibilidad de casarse alguna vez. ¡Todos esos pensamientos son mentiras! – nada impide al Creador darle a cada uno su pareja en cualquier momento que lo desee.

Por consiguiente, lo primero consiste en no culparse a sí mismo o a otros y agradecer al Creador por estar soltero hasta el día hoy, entendiendo que su celibato es la Voluntad Divina y es para su bien. Cuando él posea esta creencia, su plegaria será verdaderamente eficaz.

Si atribuye su situación a sus acciones, pensando: "Todavía no me arrepentí como es debido, mis transgresiones me impiden encontrar a mi cónyuge, y por eso el Creador no quiere que me case...", estos pensamientos también provienen de la falta de fe. Si tuviera fe en el Creador, se dirigiría hacia Él y Le pediría:

"¡Señor del Universo! Tú sabes cuáles son los pecados que me impiden encontrar a mi cónyuge. Por favor, perdóname por ellos y ayúdame a corregirlos. No actúes según mi conducta y según mis acciones, por favor, dame a mi pareja aunque todavía no reparé lo que es necesario, porque Tú Mismo sabes que una persona no puede realmente corregirse sin transformarse en un hombre completo, que significa estar casado. Por esta razón, por favor ayúdame a encontrar a mi pareja".

La regla es la siguiente: cuando el hombre tiene fe en el Creador, ¡entonces incluso el problema de su alejamiento de Él se resuelve con el Creador Mismo – por medio de la plegaria!

La fe frente a la herejía

Veamos algunos ejemplos de pensamientos de herejía que provienen de la Mala Inclinación y se manifiestan en la tristeza y la desesperación, enfrentando a los correctos pensamientos de la fe, dictados por la Buena Inclinación:

La herejía hace pensar:	La fe hace pensar:
Nunca solucionaré mi problema.	¡Si el Creador lo quiere, Él puede solucionar todos mis problemas en este mismo instante!
El Creador se olvidó de mí.	El Creador no olvida a nadie. Él ama a cada una de Sus criaturas, incluso a mí. Todo está bajo la Supervisión Divina y para bien; no hay ningún error y todo es exacto.
El Creador no quiere ayudarme.	No sólo que el Creador quiere ayudarme, sino que me creó sólo para tener compasión de mí. Aun este mismo obstáculo esconde una gran salvación.
No se rezar. No tengo ganas de rezar. Me es difícil rezar.	Pediré al Creador: *"Permíteme rezar; Dame las ganas de rezar; dame el amor a la plegaria; ayúdame a prolongar y a multiplicar mis plegarias hasta que sean atendidas; que sepa cómo apaciguarte y complacerte; 'Oh Eterno, abre mis labios, y mi boca dirá Tu alabanza'"*.

Soy un perdedor. Nunca tengo éxito.	El éxito proviene del Creador. Hasta ahora intenté tener éxito "Con mi propia fuerza y el poder de mi mano" y por eso fallé. Desde ahora me fortaleceré en la fe que todo está en Sus manos. Rezaré y tendré éxito.
Nada me va como quiero.	Me va muy bien, justamente como el Creador lo quiere. También si me parece que no me va bien, ésta es la Voluntad del Creador para que despierte y reconozca mi nulidad, y sepa que todo proviene de Él. Ésta es la mejor cosa que me podía pasar.
Me hicieron "mal de ojo".	"No hay más nada fuera de Él", ningún "mal de ojo" me puede dañar si el Creador no lo quiere. Trabajaré sobre mí mismo con el fin de que ahora en adelante mire a los demás favorablemente. Por lo tanto, el "mal de ojo" de los otros no me dañará, pues el Creador conduce el mundo "medida por medida".
Todo depende de mis propios esfuerzos, y no tengo fuerza para hacer nada.	Ningún esfuerzo es necesario. Tan pronto como llegue el momento, me llegará lo que necesito. Lo esencial de mi esfuerzo, es la plegaria.
Soy perezoso.	Me volví perezoso porque perdí la fe en mí mismo. Me culpé y caí entonces en la tristeza, que se manifiesta en la pereza. Pediré al Creador que me dé fe en mí mismo, ánimo y alegría, y Él, con Su Misericordia, me los dará.

Cometí errores y perdí la oportunidad para solucionar las cosas.	El Creador es Todopoderoso; Él puede repararlo todo, aunque perdí mi oportunidad, Él puede darme una mejor. Todo lo que sucede es según Su Voluntad.
Soy incorregible	El Creador es el Todopoderoso. Él puede corregirme de tal modo, que seré todavía más exitoso que si nunca hubiera transgredido.

Así como se puede comprender según esta lista, el común denominador entre todas las expresiones de desesperación, es que se centran en el "yo": "*Yo* no puedo", "No *soy* capaz" – lo que demuestra que su raíz es el orgullo. Mientras que todas las expresiones de la fe están centradas en "El Creador": "*El Creador* me ayudará", "*El Creador* me dará", "Todo está en las manos *del Creador*" – lo que demuestra humildad.

Aportamos aquí sólo algunos ejemplos, pero ésa es la regla para todos los problemas y privaciones con los cuales el hombre se encuentra en la vida. En todos los casos, él está en el conflicto donde la Mala Inclinación le introduce pensamientos de herejía, y le arrastra así a la tristeza y a la desesperación; él debe luchar contra esos malos pensamientos con todas sus fuerzas y responder con pensamientos de fe que lo estimulen y lo fortalezcan a rezar. **Resulta que lo esencial del conflicto y sus resultados se sitúan en la mente, entre los pensamientos de la fe y de la herejía.**

La Mala Inclinación tiene fuerza sólo cuando logra introducir la herejía en el hombre. Todo el tiempo que el hombre vive con fe, no tiene Mala Inclinación.

La "auto-persecución"

Los pensamientos de auto-persecución son la causa primaria de la tristeza y la depresión. Ésta es otra expresión de fe deficiente, cuando el hombre piensa que todo depende de él y se culpa por todos sus fracasos y carencias, como si todo estuviera en sus manos. Por eso, no está contento consigo mismo, y nada puede ser más deprimente. Ésta es realmente una enfermedad cuya única solución es la fe, creyendo que **"Así el Creador quiere"** y que **"Todo es para bien"**.

Debemos creer también, que por medio de la plegaria se puede resolver todo. Hay que pedirle al Creador la oración misma, para que nos ayude a rezar lo suficiente hasta merecer ser salvados.

Recordaremos la regla que está prohibida olvidar: la libertad de elección es usada sólo antes de la acción, cuando se debe hacer todo lo posible para no fallar. Pero después de la acción, queda sólo la fe que "Así el Creador lo quiso". ¿Qué hace la Mala Inclinación? Confunde al hombre para que invierta el orden de las cosas, piense en su elección después que todo ya está realizado, y entonces empezará a pensar y pensar y darle vueltas en la cabeza a su fracaso, lo que le traerá desesperación y desánimo.

Por lo tanto, el hombre debe hacer orden en las cosas: antes de la acción, hay libre albedrío, pero después de la acción, la única elección es la fe, aceptando todo con amor y alegría. Él debe agradecer por su fracaso, estimularse con la plegaria, y rezar para merecer hacerlo. En resumen, todo está en las manos del Creador, y podemos pedirle que nos permita rezar más y más hasta que recibamos lo que nos hace falta.

Por ejemplo: tomemos el caso de una mujer casada durante diez años y que todavía no fue bendecida con hijos. Sin la fe ella comenzará a perseguirse y culparse a sí misma: "No soy normal"; "no merezco tener hijos"; "debo ser una malvada"; "el Creador no me quiere"; "siempre tuve mala suerte", y otras cosas por el estilo.

Ese tipo de pensamientos demuestran que ella piensa que tener hijos depende de ella misma. Si tuviera fe, sabría que en realidad los hijos, como toda otra cosa en la vida, provienen del Creador, y Le agradecería por no haber tenido hijos hasta este día, porque si el Creador creyera que le sería bueno tener niños, se los daría. Si el Creador no le ha dado hijos hasta ahora, es solamente porque es lo mejor para la corrección de su alma en ese momento.

Luego, ella debería dirigirse al Creador para que Él le haga saber lo que debe corregir en su vida, y para que le ayude a corregirlo. Se le aconseja rezar de esta manera: *"¡Creador del Universo, sólo Tú me puedes ayudar! Muéstrame por favor por qué no tengo hijos, muéstrame mis insuficiencias. Si me falta fe, ¡dame fe! Si no recé lo suficiente ¡ayúdame a multiplicar mis plegarias! Si cometo una transgresión que me causa la falta de hijos, ¡muéstramela y ayúdame a corregirla! Por favor, dame la creencia que evidentemente todo es para bien, que Tú deseas oír mis plegarias, y que, finalmente, yo podré merecer tener hijos que cumplan con Tu buena voluntad..."*.

He aquí una regla que se aplica siempre: el hombre que está comúnmente triste a causa de sus fracasos y se persigue a sí mismo, significa que ha caído de la fe a la herejía, y empieza a pensar: "No soy bueno para nada"; "no tengo fuerza"; "no tengo temor al Cielo", "no tengo esperanza", etc. Pero la fe declara: "Todo lo que sucedió hasta ahora fue porque así el Creador lo quiso y era lo mejor para mí. Mi elección es sólo de ahora en adelante. Me encuentro en las manos del Creador. Por lo tanto, me dirigiré a Él para que me ayude desde este momento a hacer la correcta elección, corregir todo, empezar una nueva página, fortalecerme y aumentar mis plegarias".

Hasta en el campo de la fe, la Mala Inclinación actúa para hacer caer al hombre en sentimientos de culpa; esto es en sí mismo una herejía, porque la fe tampoco está en las manos del hombre y es necesario recibirla del Creador, rezando mucho por ella.

El hombre debe efectuar un examen de conciencia y preguntarse: "¿Por qué me persigo y me culpo? ¿Qué el Creador realmente desea de mí? ¿Qué me falta? ¿Acaso carezco de fe? Pero, ¿por qué me falta fe? ¡Es porque el Creador todavía no me la ha dado! Entonces, Le pediré la fe, ¡y ciertamente me la dará! No está esto en mis manos, sino entre las del Creador; ¡sólo Él me puede dar la fe!".

Cuando el hombre piensa: "No tengo fuerza", y que otro sí la tiene, se aparta del Creador, porque si el otro tiene fuerza, es solamente porque el Creador se la ha dado. ¡Si es así, también a ti el Creador puede darte fuerza, si supieras que toda fuerza proviene de Él!

La auto-persecución empieza tan pronto como el hombre no consigue algo y piensa: "*Yo* no tuve éxito". Éste es un pensamiento defectuoso, el correcto pensamiento es: "*El Creador* no quiere que yo tenga éxito en este momento y seguramente es para bien. Por el contrario, éste es un verdadero éxito porque así me despierto para retornar a la fe y pedir la ayuda del Creador. Por cierto que también hay aquí un mensaje para aprender. Por lo tanto, fortaleceré mi fe ahora y Le pediré ayuda...".

El principio es lo siguiente: en el momento que el hombre piensa en las cosas como si dependieran sólo de él, se desconecta del Creador, y empieza la auto-persecución que le trae la tristeza. El hombre debe pues pensar así: "Si no tuve éxito, es solamente para mi bien eterno. Porque si hubiera tenido éxito sin rezar, me colmaría de orgullo y eventualmente lo perdería. Entonces, ahora rezaré, y lo lograré mediante la plegaria. Así tendré un éxito eterno".

Vencer la tristeza

Un hombre triste se parece al que está enfadado, enojado y se queja al Creador porque no cumple su voluntad...

Para vencer la tristeza, debemos cuidarnos de no enfadarnos y quejarnos por qué las cosas no van según nuestros deseos;

debemos aceptar todo lo que nos llega con fe, que significa creer que todo está bajo la Divina Supervisión para bien. Quien posee la fe, nunca se queja de nada y nunca se entristece, pues sabe que todo es para su bien eterno.

La "Fuerza de crecimiento"

En esencia, la fe es la fuerza de desarrollarse y de crecer; es el espíritu de la vida, ella es la que da al hombre las ganas de vivir, de superar todas las dificultades y las pruebas con una sonrisa y con toda seguridad. Cuando el hombre sufre de falta de fe, le falta la "Fuerza de crecimiento", y entonces el menor soplo de viento lo derriba, la menor confusión lo agita, y por supuesto no puede enfrentar las grandes pruebas. Es comparable a una semilla plantada en una tierra infecunda – no puede crecer y se pudre. Así mismo este hombre se "pudre" literalmente, a causa de la tristeza que le causa su falta de fe.

La fuerza de la fe es inmensa. Un hombre con fe no tiene miedo de nada y ninguna confusión lo puede hacer caer en la tristeza. Hasta en los tiempos más difíciles, confía que el Creador lo protegerá y lo conducirá por el mejor camino. Cree que Él escucha sus plegarias, y por eso mismo, Le reza por cada pena o dolor que sufre.

Este hombre no conoce la tristeza, pues tiene esperanza; él cree en la fuerza de la plegaria. Y si llega a tener una fe perfecta, está alegre sin cesar. Entonces se parece a la semilla plantada en una tierra fértil – crece y se desarrolla en su vida y en su servicio al Creador, a pesar de toda tormenta, nieve, rayos y truenos.

En conclusión: la tristeza es una falta de fe. El Creador supuestamente le está diciendo al hombre:

"¿Tú Crees en Mí? Entonces, ¿por qué estás triste?, Yo puedo ayudarte en todas las cosas y en cada situación... entonces deja de estar triste, ¡sonríe y dirígete a Mí!".

"Hijo Mío, lo esencial es que Me pidas la creencia que Mi conducta contigo es lo mejor para ti. Evidentemente tú

comprendes que Yo sé mejor que tú lo que es bueno para ti. Yo no quiero que disminuyas tu oración. Al contrario, insiste, ruégame y pídeme mucho, pero ante todo y finalmente, acepta con amor y fe que lo que hago contigo es lo mejor posible, aun si no recibes lo que pediste".

El fortalecimiento del espíritu

Una de las cualidades espirituales más necesarias para la vida, es el fortalecimiento del espíritu. El hombre debe interpretar todo lo que le pasa de una manera positiva, y encontrar en cada cosa algo con lo cual podrá fortalecerse y perfeccionarse.

Innumerables son los ejemplos de los Sabios y de los Justos de todas las generaciones, que conocieron revoluciones, crisis y transformaciones radicales en sus vidas, y con todo lograron grandes salvaciones y elevaciones, solamente por la fuerza de la creencia que "Todo es para bien". Es evidente que si no hubiesen trabajado sobre el fortalecimiento de su espíritu, habrían sido incapaces de superar sus pruebas y habrían caído muy bajo.

Tomemos por ejemplo el caso de José el Justo. Hasta la edad de diecisiete años, era el niño mimado de su padre, amado y cuidado. Súbitamente todo cambió para él y se encontró con sufrimientos incomparables. Estos llegaron sin preaviso y preparación, y ciertamente no formaban parte de su plan de vida. José no planeó ser vendido como un esclavo; sufrir pruebas tan duras con la esposa de su amo Potifar, el oficial del Faraón, y ser arrojado en prisión durante muchos años, sin saber si saldría alguna vez. Seguramente que habría preferido, como toda persona, que la vida siguiera según su plan, es decir quedarse en la casa de su padre, servir al Creador y elevarse espiritualmente, casarse en pureza y santidad, y engendrar hijos que crecieran sobre las rodillas de su padre, Jacob, el gran Justo. Sin embargo, el Creador lo decidió de otro modo y José lo aceptó con amor y fe, con la convicción que "Todo es para bien".

Contra viento y marea

La historia de José el Justo es una buena lección para aplicar a nuestra vida. Cuando leemos sobre las pruebas sufridas por José, cada uno de nosotros debe detenerse e imaginar la realidad tal como fue, ponerse en su sitio, y pensar cómo reaccionaría si tuviera que vivir los mismos acontecimientos.

José no tenía la menor idea del tiempo que debería pasar en prisión. Tal vez debía permanecer allí toda su vida, lejos de su familia y sus allegados, sin ningún amigo, sin posibilidad alguna de poder progresar en la vida como todo el mundo, sin posibilidad alguna de trabajar o alcanzar una buena situación económica, sin poder casarse, engendrar hijos, comprar una casa, etc. Tampoco tenía ninguna posibilidad de servir al Creador como es debido. Naturalmente le pasaron por la cabeza todo tipo de pensamientos y desánimo, como a toda persona que tiene que atravesar una de esas pruebas, y tanto más, si tuviera que enfrentarlas todas de una vez.

Si José el Justo no hubiera fortalecido su espíritu y usado la simple fe que "Todo es para bien", a pesar que aparentemente todo estaba muy mal, y si no hubiera anulado completamente su razonamiento sin procurar entender las cosas, ¿qué habría hecho? – lo que todo el mundo hace cuando algo no sucede como quiere: se habría quebrado, quejado y amargado. Habría acusado a sus hermanos de haberle sumergido en una situación tan difícil, habría estado lleno de odio y de espíritu de venganza hacia ellos, y lloraría por los difíciles acontecimientos de su vida.

Él podría empezar culpándose y odiándose, sintiendo desesperación, tristeza y amargura, o hasta podría haber llegado a tener malos pensamientos hacia el Creador, estar seguro de sus reproches y clamando: "¿Qué es esto? ¿Cómo puede ser que me traten de esta manera? ¡Soy un Justo! ¿Cuál es mi transgresión y mi pecado? ¿Acaso es esta la recompensa que recibo después de haber superado la prueba de la mujer de Potifar? ¿Ésta es la recompensa por observar la Divina

Voluntad? ¿Cómo es posible servir al Creador con tales pruebas? ¿Cómo es posible servirlo entre tantos idólatras y brujos?... Estoy tan lejos de mi familia, en un lugar impuro, sin el menor rastro de santidad y espiritualidad, ¿qué será de mí? ¿Cómo caí tan profundo?

¡Seguramente el Creador decidió acabar conmigo! ¡Él me odia! ¡No tengo ningún valor!; debo ser un malvado completo y no tengo esperanza; el Creador no me tolera más y decidió castigarme. ¡Basta ya, no puedo más!, ¡mejor que ponga fin a esta vida y acabe con estos sufrimientos!"...

¡Sin embargo, José el Justo se fortaleció! Se desembarazó de su razonamiento, comprendió que no entendía nada, y se reforzó en la fe que el Creador es siempre bueno; que todo lo que el Creador hace – es todo para bien; que el Creador lo ama siempre. Y de pronto, ¡comenzó a bailar!, ¡se alegró!, ¡Le agradeció al Creador por todo! Se esforzó en ocupar cada instante libre en cumplir la Voluntad Divina lo mejor posible, particularmente realizando "Aislamientos" rezando al Creador, que es de hecho lo mejor que podía hacer en la cárcel.

El éxito de José en la prisión se debe a dos elementos. El primero es, como ya fue dicho, que brincaba y bailaba en la cárcel sintiéndose contento con lo que le tocaba en suerte, y por eso mereció que el Creador esté con él y le ayude. El segundo, es que mencionaba al Creador incesantemente, y decía por cada cosa: "Con la ayuda de Dios", "Si el Creador lo quiere". Por lo tanto, el Creador le hizo tener éxito, y todos los largos años en prisión pasaron de una manera agradable. Finalmente, ¡José fue merecedor de reinar sobre toda la tierra de Egipto, todo gracias a su fortalecimiento espiritual, **creyendo que "Todo es para bien"**!

Aprender de la experiencia de los demás

Cada uno de nosotros que tiene problemas que le impiden estar alegre, debe acordarse de José el Justo. Debe reflexionar sobre la realidad que vivió José cuando fue arrojado a la cárcel sin sentencia judicial, sin saber cuántos años estaría allí, y que simplemente, en su cólera, su amo lo echó allí arbitrariamente. Y como en aquella época la expresión "derechos humanos" no era conocida, ¿entonces quién tendría piedad de este esclavo perdido e indigente y consideraría la injusticia cometida? Según el desarrollo "normal" de las cosas, no tendría ninguna posibilidad de salir alguna vez.

Por consiguiente:

Una persona que tarda en encontrar pareja y está segura que esto justifica no estar alegre, debe recordar que a José tampoco se le propuso ninguna pareja mientras estaba encarcelado, y aunque probablemente debía quedarse allí hasta el final de su vida – **estaba pleno de alegría.**

Una persona que no tiene hijos y está segura que no hay ninguna posibilidad de estar alegre en esta situación, debe recordar que José tampoco vio ninguna posibilidad de tener hijos, ya que estaba encarcelado posiblemente para toda su vida, y sin embargo – **estaba pleno de alegría.**

Una persona sin apartamento para vivir, o que tuvo que cerrar su comercio o que fue condenada a servicios comunitarios, y está segura que tiene justificada razón para estar triste, debe recordar que José tampoco tenía casa, ni comercio y fue forzado a servir a los otros prisioneros, y sin embargo – **estaba pleno de alegría.**

Una persona que observa sus desventajas espirituales, que le es difícil rezar y sufre grandes impedimentos para servir al Creador, o que posee muy malos rasgos o que está llena de apetitos, y está segura que la tristeza es un deber, debe recordar que José también, en prisión, tenía dificultades y enfrentó innumerables obstáculos: él no podía servir al Creador, ni rezar ni cumplir ningún Precepto. Sin embargo – **él estaba alegre.**

Una persona que tiene dificultades en su vida conyugal hasta tal punto que vivir en compañía de su cónyuge le parece una prueba insoportable, debe saber que esto es incomparable con la prueba de José, que estuvo obligado a vivir en prisión con todo tipo de asesinos, violadores y ladrones, y tuvo que arreglarse lo mejor posible con ellos. Y sin embargo, José estaba convencido que era todo para bien – **y estaba alegre.**

Una persona sin familia ni amigos, que se siente sola y miserable, debe recordar que también José el Justo estaba muy solo. Él no recibía correo; no gozaba de horas de visita en la cárcel y estaba convencido que nunca vería más a su familia, sin embargo... **¡estaba alegre!**

¡Así, si cada uno de nosotros empezara a creer que también su situación proviene de que "Así el Creador quiere" y que "Todo es para bien", se sentiría alegre en toda situación! – aun sin hijos, sin cónyuge (o con el peor de los cónyuges), sin ahorros, sin apartamento. Y tanto más, cuando en la mayoría de los casos, la situación no es tan terrible y sólo la falta de fe, el descontento de su rol y de su misión en la vida, enfatizan y agravan las dificultades de su prueba.

La guerra contra los malos pensamientos

Y si el lector dice: "¡¿José?! ¿Qué ejemplo es este? ¡Él era un Justo! ¡Todo le resultaba fácil!" – esto es incorrecto. José también se enfrentó con malos pensamientos: pensamientos de desesperación y de tristeza; pensamientos que quedaría soltero toda su vida; que nunca engendraría hijos; que nunca tendría su propia casa, ni ahorros ni comercio; estaba seguro que había caído en el olvido sin que nadie se preocupe por él. Él pensaba que nunca progresaría espiritualmente; que nunca se acercaría al Creador; que zozobraría entre los idólatras y los violadores sin poder cumplir los Preceptos Divinos, rodeado de idolatría e impureza. José, tenía pues, todas las razones para perseguirse a sí mismo, culparse por todo, y encolerizarse con el Creador, quejándose, refunfuñando y llorando.

No debemos olvidar que la prueba de José fue mucho más difícil que la de cada uno de nosotros, pues según la naturaleza de las cosas parecía claro que debía quedarse en la cárcel toda la vida, ¿y qué valor tenía esa vida? ¿Qué pequeño estímulo o asistencia se le podría dar? ¿Qué rayo de luz podría alumbrar su oscura existencia? Y en especial después de su estancia en prisión durante varios años y sobre todo en su duodécimo año. ¡Qué pensamientos de desesperación podrían llegar a su mente! ¡Pero José luchó contra esos pensamientos! ¡Se fortaleció! ¡Gritó su plegaria pidiendo fe del Creador, pidiendo la creencia que "Todo es para bien"! Rechazó su razonamiento y decidió que no comprendía nada, sólo creyó que "Así el Creador quiere". Creyó que posiblemente esa era la corrección de su alma en este mundo – Tener fe en el Creador del Universo en todas esas difíciles condiciones hasta el fin de su vida, pues ésta es Su Voluntad. Así, siguió alegre, ¡cantando, bailando y agradeciendo al Creador! Se dijo a sí mismo: "¡José!, o tú crees en el Creador, o no crees. Si tú crees que *todo* proviene de Él, entonces debes creer también que "Todo es para bien" – y entonces, ¡regocíjate, baila y agradécele!".

Cuando José tenía los mayores motivos para estar triste, se decía a sí mismo: "Puede que tengas razón que existen todas las causas para sentirte triste, pero por medio de este razonamiento perderás todo. En el instante en que caigas en la tristeza, el Creador te abandonará. Perderás la fe, la poca espiritualidad que tienes, y te llegarán muchos problemas y maldades. Por lo tanto, en lugar de tener razón, sé mejor inteligente. Comprende que todo este "razonamiento" es tu perdición, es un hecho de la Mala Inclinación que pretende hacerte caer en la más completa desesperación.

¡No tengas razón! Justifica al Creador, porque Él evidentemente tiene La razón. ¡Cree en Él – y verás tu salvación!".

Así, si cada hombre justificara al Creador y decidiera que cree en Él, que todo está bajo Su Supervisión y que "Todo es para bien", también podría regocijarse de todo lo que le llega – sea lo que sea – ¡y vería luego grandes logros!

¡No entiendo nada!

Cuando la Mala Inclinación le dijo a José: "Mira dónde caíste, acabarás tu vida en la cárcel y nunca te casarás", ¿cómo reaccionó José? Empezó a bailar y cantar: "¡No entiendo nada! ¡No me importa nada! Que sea lo que el Creador quiere que sea, pues lo que Él hace, es todo para bien; Si no me casaré, es para bien. *¡Te agradezco por todo, Señor del Universo!* No comprendo nada, creo solamente que el hombre debe estar alegre y bailar toda su vida".

Ésta es toda la elección del hombre en cada instante de su vida: estar alegre o estar triste. Y escoger la alegría es posible sólo gracias a la fe.

Así también se condujo José cuando la Mala Inclinación le dijo: "Nunca engendrarás hijos", "Nunca tendrás ahorros", "Mira con qué tipo de personas insoportables deberás pasar tu vida", "Estás clavado en esta tierra impura, ¿qué será de ti? ¿Cuándo te arrepentirás? 'No existen tribulaciones sin transgresiones' – ¡debes ser el peor de los impíos y pecadores!".

Frente a todos estos pensamientos, José bailó, cantó y agradeció al Todopoderoso: *"Creador del Universo, muchas gracias por todo; no entiendo nada, sólo creo que todo es para bien y que la finalidad del hombre es creer en Ti; Te agradezco, puesto que estoy cumpliendo mi meta en este mundo, porque creo en Ti; ¡bailo, estoy alegre y Te agradezco por la fe que me das!"*.

La alegría – tu salvación

En cada asunto espiritual o material, cuando el hombre llega a una cierta situación contraria a su voluntad, debe fortalecerse y creer que esto está dirigido por la Supervisión Divina para su bien, y aceptar su situación con alegría. Solamente entonces podrá salir de su "prisión" personal.

¡Hasta que el hombre no se regocija de su situación, hasta que no baila en su propia "prisión" durante un cierto período – no saldrá de allí!

Y es importante saber, que es solamente cuando el hombre está alegre que puede rezar. Por lo tanto, mientras es incapaz de orar, es señal que no alcanzó todavía la alegría y la creencia que "Todo es para bien", la que debería llevarlo a rezar con facilidad por todo, y continuamente.

El buen final

Estimados lectores, ¿saben cómo acabó la historia de José el Justo? Tuvo el mérito de casarse, de tener hijos justos y sobresalientes, tener alimento, mereció la riqueza hasta la opulencia y mantuvo a toda su generación, incluso a su padre y hermanos, como está escrito (Génesis 42:6): "Y José era el gobernador en aquella tierra. Él era quien vendía el trigo a todo el pueblo del país". También mereció una gran sabiduría mediante el ángel Gabriel que se le reveló y le enseñó en la cárcel, así como muchas otras grandes cualidades y virtudes, todo a causa de su fe inalterable que "Todo es para bien".

Sin la fe, José habría caído en la tristeza y en la depresión; ciertamente no habría logrado la Inspiración Divina y no habría podido interpretar los sueños del escanciador y el panadero del Faraón, que estaban con él en la cárcel. Ellos contaron al Faraón – el cual estaba muy molesto por haber tenido un sueño que nadie sabía dilucidar – que hay en la cárcel un esclavo que sabe interpretar los sueños. Y así José fue sacado de la prisión. Sin la fe, él habría sido impotente para afrontar al Faraón y a sus magos e interpretar el sueño, y entonces habría sido olvidado y abandonado en la cárcel, terminando allí sus días.

Solamente gracias a que José fue vendido como esclavo a Egipto, todo el pueblo de Israel pudo ser salvado y liberado de la esclavitud, porque superando pruebas tan difíciles, José quebró la dura corteza de impureza espiritual del país.

La razón por la que el Creador nos enseña estas historias de los grandes Justos y antiguos Sabios, es para que aprendamos una lección aplicable a nuestra vida. Si José hubiera reaccionado como mucha gente, con tristeza, desesperación y cólera, nunca se habría transformado en "José el Justo", sino en José el desesperado o José el desgraciado, el amargado o el loco.

A toda persona que se fortalezca con la fe, se le transformará todo para bien, y logrará elevación espiritual y éxito en todos sus asuntos; así como José que se elevó literalmente de un pozo profundo al pináculo material y espiritual: de un esclavo humillado a gobernador de Egipto; de un hombre pobre y necesitado al hombre más rico del mundo; de un hombre expulsado, odiado y no querido – al más amado, de quien todos buscaron estar cerca.

Sin embargo, no debemos equivocarnos con la fantasía de que si tenemos fe durante sólo unos días o semanas todo se transformará para bien, sino que debemos creerlo durante todo el tiempo que el Creador lo desea, sin límites.

El camino de los Justos

También el Rey David atravesó durante su vida todos los sufrimientos y persecuciones imaginables, y tuvo todos los motivos para caer en la tristeza y la desesperación. Pero David, tal como José, sólo se alegró, bailó y cantó, agradeciendo al Creador por todo. Así logró escribir el sagrado libro de los Salmos, que en su mayoría son plegarias, cantos y agradecimientos al Creador. Ésta es la razón por la que él también mereció alcanzar los más altos niveles.

Todo Justo tuvo su cuota de dificultades, y si no fuera por su fortalecimiento de la fe, nunca hubiera podido superar las difíciles pruebas que sufrió. Lo esencial de su fe era que "Todo es para bien", y estuvo basada en la comprensión que a pesar de sus planes, el Todopoderoso tiene los Suyos para él.

Es evidente que también los Justos hubieran preferido servir al Creador tranquilamente, tener un fácil sustento, gozar de buenos hijos, Y en realidad, no está prohibido aspirar a todos esos bienes. Pero cuando alguno de esos deseos no se realizó como quisieron, anularon su voluntad frente a la del Creador, y aceptaron con amor todo lo que sucedió. Ellos sabían que el Todopoderoso es Quien decide el curso de sus vidas y que Sus intenciones son buenas. Ellos pues, rezaron, se fortalecieron, esperaron y meditaron sobre cada cosa, con el fin de acercarse mediante esas acciones al Creador, y así fueron luego merecedores de grandes logros.

Con razón, José el Justo y el Rey David merecieron que el Mesías será parte de su descendencia, porque el Creador los escogió por su fe completa, a pesar de las terribles tribulaciones y persecuciones que sufrieron sin pronunciar la menor queja, sólo bailando y agradeciéndole.

El bien contra el mal

Una de las tácticas más efectivas de la Mala Inclinación para hundir al hombre en la tristeza, consiste en acentuar sus defectos y privaciones frente a sus propios ojos, ocultando totalmente sus buenos puntos en el campo material, y especialmente en lo espiritual. Así el hombre es atrapado en una red de tristeza y desesperación sin ninguna razón, porque en cada hombre se encuentra mucho bien y realiza mucho bien. Si el hombre hubiera visto todo lo bueno que posee, se fortalecería diciéndose que si lo logró hasta ahora, ciertamente podrá en adelante alcanzar mucho más y tener éxito. De esta forma siempre estaría contento y nada le podría hacer caer de esa alegría.

¿A qué es esto comparable? A un hombre que trabaja en la bolsa de valores y gana millones de dólares a cada instante. De pronto, llega alguien y le fastidia: "¡Oye, no prestaste atención, recién perdiste unos miles de dólares! ¡Ay, qué pena!, ¿¿qué vas a hacer??".

El comerciante le responde: "¿Piensas que esto debe preocuparme? En cada instante gano millones de dólares. Es una lástima perder mi tiempo pensando de unos pocos miles. Más tarde, al final del día, reflexionaré sobre esto y veré cuál fue el problema para no repetirlo. Ahora, ¡prosigue tu camino, me estás molestando a ganar mis millones!".

Así es con cada uno de nosotros, en lugar de entristecernos por las pérdidas despilfarrando un tiempo precioso, podemos ganar muchísimo en cada instante si continuamos observando los Preceptos Divinos, pues cada uno de ellos vale más que millones y alegra al hombre que los cumple, tal como está escrito (Salmos 19:9-11): "Los Preceptos del Eterno son rectos, alegran el corazón... Son más deseables que el oro, más que el oro fino", y también (Salmos 119:72): "La Ley de Tu boca es mejor para mí que millares de monedas de oro y plata".

Por consiguiente, el hombre debe ser inteligente y no considerar lo malo que hay en él, sino solamente lo bueno; debe aumentarlo, desarrollarlo y regocijarse por ello el día entero. Solamente después, en su hora de "Aislamiento", realizará un examen de conciencia donde considerará los aspectos en su vida que no son como es debido, para intentar corregirlos. No obstante, en el resto del día estará alegre, sin prestarles atención.

Segunda Parte: La Ira

La ira destruye vidas. Es un atributo extremadamente grave que destruye la vida no sólo del hombre colérico, sino de todo su alrededor.

Las diferentes formas y grados de la ira:

Algunos se enojan interiormente y andan malhumorados y amargados; otros expresan su cólera con palabras duras y firmes. Hay algunos que gritan, maldicen, y humillan; están también los que pierden la cabeza, desgarran sus ropas y rompen objetos en medio de su furia. El enojo puede ser infundado, hay gente que se encoleriza sin causa o por razones imaginarias; hay algunos que aparentemente tienen muy buenas razones para enojarse...

Hay que saber que todas las reprobaciones y advertencias contra la ira, se aplican también cuando es perfectamente justificada, y tanto más cuando no lo es.

Expresada bajo cualquiera de las dos formas, toda ira es el resultado de una falta de fe. Porque si el hombre tuviera la creencia que "Así el Creador quiere", nunca se encolerizaría.

Puesto que el hombre viene a este mundo con el propósito de corregir su alma, es prácticamente imposible evitar situaciones que estimulen sentimientos de enojo. El Creador nos enfrenta con todo tipo de situaciones y eventos que no son de nuestro agrado: defectos y problemas, contrariedades, actos de la gente contra nuestra voluntad, etc. Si el hombre mirara cada cosa con fe; decidiría aceptar todo sin oponerse, recordándose que está en una prueba del Creador; comportándose según las "Tres Reglas de la Fe" – nunca se encolerizará.

Sin embargo, cuando los acontecimientos de la vida están desconectados de la fe y son atribuidos a diferentes causas o personas, es inevitable llegar a la cólera en todo tipo de ocasiones.

Conciencia espiritual

Resulta de esto, que evitar la ira depende de la conciencia espiritual del hombre, de mirar la vida con fe a fin de conocer al Creador en todo acontecimiento, y meditar cómo acercarse a Él en cada instante de la vida. Por eso, un hombre colérico debe rezar repetidamente: *"Creador del Universo, dame la inteligencia de la fe; dame el conocimiento espiritual para creer que no hay nada fuera de Ti; que el azar no existe, que todo lo que me llega proviene de Ti. Ayúdame a creer que no hay nadie que me pueda hacer algún daño; que todo proviene de Ti, y que Tú lo haces para mi propio bien".*

Como dijo el Rey Salomón (Eclesiastés 7:9): "La ira reside en el seno de los necios". En efecto, toda la cólera es resultado de la necedad que significa ignorancia, que es lo opuesto a la conciencia. Cuanto más limitada es la conciencia espiritual del hombre, más se encoleriza, como los niños que se enojan fácilmente cuando las cosas no son según su gusto, pues todavía no han desarrollado esta conciencia.

En un nivel más alto se encuentra el hombre que tiene más conciencia, y comprende que no todo puede andar como él quisiera.

En el nivel superior se encuentra el hombre creyente, cuya conciencia espiritual está muy desarrollada, y comprende que cada cosa tiene una razón particular. Hasta cuando sufre una difícil prueba, o se lo humilla y lo dañan, mira todo con los ojos de la fe, y entiende que el Creador le hace todo eso con el fin de acercarlo a Él y facilitar la rectificación de su alma. Por lo tanto, no se opone a lo que le llega y lo vive a través de la reflexión y la comprensión.

La conclusión es, que incluso si la ira no arrastrara tantos daños, según el punto de vista de la fe, tampoco tendría ninguna justificación.

Tener compasión del alma

En realidad, la ira daña el cuerpo y el alma más que toda otra transgresión, porque el hombre colérico, aunque cumpla muchos Preceptos y haga innumerables buenas acciones, pierde todo. Cuando el hombre se encoleriza pierde su alma sagrada con la cual cumplió todos esos méritos, y en su lugar, un espíritu impuro llega para residir en su cuerpo.

Resulta que el hombre colérico no tiene ninguna posibilidad de alcanzar algún nivel espiritual, porque aunque cumple todos los Preceptos y se dedica al servicio del Creador día y noche, tan pronto como tenga un gran enojo, perderá todo. Si pudiera comenzar luego de cero, sería un consuelo parcial, pero él cae en un lugar tan impuro que deberá trabajar muy duro para salir de allí.

Por lo tanto, la recuperación del colérico es posible sólo si se arrepiente profundamente, es decir, si emprende la tarea de no enojarse nunca más, pase lo que pase, y se esfuerza desde ahora en adelante para aprender el camino de la fe y vivir según ella. Es solamente entonces, que su alma santa volverá.

Explicación de todos los enigmas

Según lo que precede, podremos comprender muchos enigmas de este mundo:

• Un hombre no encuentra pareja y nadie puede comprender la razón, ya que es bien parecido, inteligente y talentoso. La explicación es que la ira le hizo perder el alma, lo que causó la pérdida de la pareja que le estaba destinada.

• Un hombre casado cuya mujer repentinamente está en su contra y no puede tolerarlo más. Exige el divorcio vehementemente y ella misma es incapaz de explicar la causa. Antes vivían juntos en paz y amor, y de repente todo se arruinó. El marido por su parte, no comprende por qué todo lo que hace no ayuda y nada la puede apaciguar. La explicación es que la cólera le hizo perder el alma, y su mujer perdió pues toda afinidad con él.

• Un hombre que era completamente cuerdo, de repente pierde la cabeza, se enloquece y nadie entiende qué le pasó. La explicación es que estalló en un enojo terrible que le hizo perder su alma, y un mal espíritu llenó el vacío, aterrorizándolo y torturándolo con terribles sufrimientos espirituales.

• Un hombre que se ganaba la vida fácilmente, de pronto y sin ninguna razón aparente, tiene una drástica caída en sus ganancias. También aquí la explicación es que su alma, a la que le fue determinada una cierta abundancia, se ha perdido por su ira.

- Todo tipo de enfermedades y diversas angustias que le llegan al hombre sin que se les encuentre algún remedio, se deben a la ira. Enseguida que el alma santa desaparece, un mal espíritu ocupa su sitio y provoca toda clase de daños y enfermedades. El alma de un hombre que se enoja se debilita, y entonces miedos, ansiedades y tristezas le hostigan constantemente.

Hacer la cuenta correcta

A luz de lo que escribimos, comprendemos cuánto la gente debe efectuar un examen de conciencia antes de que se le presente la prueba del enojo. Debe cada uno aclarar sus pensamientos, y reflexionar si existe alguna cosa en el mundo que valga la pena enojarse por ella y perder así su alma, su pareja, su sustento, su salud, su espiritualidad, y todos los valiosos Preceptos.

Por consiguiente, el hombre no debe descansar y no calmarse hasta que no haya hecho lo máximo para desarraigar de sí la herejía y la ignorancia que conducen a perder su alma. Debe rezar, pedir y suplicar mucho al Creador que le ayude a no encolerizarse nunca, pase lo que pase, aun cuando se opongan a él, lo desprecien, no lo obedezcan, cuando le causan daños reales, físicos o económicos, incluso cuando tenga toda la razón. Cuando se pierde el alma santa a través de la ira, se pierde también toda la abundancia material y espiritual que la acompaña, y queda un vacío por donde entran las fuerzas impuras del mal, conduciéndonos a terribles daños materiales y espirituales.

Ahora se comprende mejor aún lo que dijo el Rey Salomón, que sólo un hombre insensato y totalmente ignorante está dispuesto a perder tanto y caer en tal abismo espiritual de impureza, por el instantáneo placer de descargar su cólera.

¡El daño ocasionado por la ira es lo más terrible! ¡Nada en el mundo vale la pena para perder por ello el alma!

Paz con el Creador

Un hombre que carece de fe está siempre en disputa con el Creador. El Creador lo supervisa en una forma precisa, con el fin de conducirlo a la corrección de su alma y a cumplir su misión en este mundo. Algunas veces, Él lo estimula al arrepentimiento, otras a prestar atención a una cosa específica; algunas veces lo estimula a aprender tal concepto de la fe, otras a rezar sobre un determinado tema durante un cierto tiempo; algunas veces lo orienta a operar un cambio en su vida, etc.

Sin embargo, este hombre comprende todo esto de otro modo – cree saber mejor que el Creador lo que es bueno para él... Quiere que todo le vaya bien, tener una vida fácil sin necesidad de aprender lo que debe corregir, sin trabajar sobre sí mismo, sin confrontar las cosas, sólo descansar y vivir con calma y tranquilidad – consumiendo su vida...

De hecho, ésta es la pereza que proviene de la falta de fe. El hombre no piensa para qué vino al mundo; que tiene una misión que incluye pasar todo tipo de pruebas; que debe trabajar para conocer el Creador más y más cada día. Y que realmente, la sabiduría que él cosecha en este trabajo, le traerá vitalidad, agilidad, alegría y fuerza.

Por lo tanto, si el hombre adquiere fe, tendrá la fuerza y el ánimo para realizar todo lo necesario para superar cada prueba, y sólo así podrá lograr la auténtica tranquilidad de espíritu. Quien desea sólo descansar en este mundo, debe saber que se le opondrán numerosos obstáculos y no podrá gozar ni un sólo instante del verdadero reposo. Solamente aquel que está dispuesto a trabajar y esforzarse, tendrá paz y descanso en este mundo.

Vemos entonces, no sólo que el hombre no debe enojarse cuando las cosas no van según su voluntad, sino que debe anularse a sí mismo delante de la Supervisión Divina, meditando sobre los mensajes que Él le envía, porque sólo así podrá alcanzar la corrección de su alma y cumplir su misión en la vida.

La regla esencial

He aquí una regla esencial que el hombre nunca debe olvidar:

¡Cada vez que te enojas, en realidad, te enojas con el Creador! Porque según la fe, todo lo que te llega proviene del Creador y si te encolerizas, ¡te encolerizas realmente con Él por no haber hecho las cosas según tu voluntad!

Tercera Parte: La Envidia

Hay que saber que la Supervisión del Creador sobre cada criatura es totalmente precisa hasta en el más pequeño detalle, exactamente según su propia alma, sus previas reencarnaciones, y según el cumplimiento de su misión sobre la Tierra. Está bien entendido que existen infinitos detalles que distinguen a un hombre de otro; cada persona es única, tiene su propio objetivo, su propia corrección del alma, y no se parece a ninguna otra. Cada uno de nosotros tiene su propio sendero particular en la vida y debe seguirlo con fe, sin mirar a los demás, y con mayor razón, sin envidiar a nadie.

¡Vive según tu finalidad!

Toda la envidia que el hombre experimenta en este mundo, debe estimularlo a comprender qué alejado está de su auténtica finalidad. Si se examinara, vería que todas sus aspiraciones conciernen a lo mundano, arrastrándolo a querer siempre más, y envidiar lo que pertenece a su prójimo. El éxito de otro le hace daño en el corazón. Envidia el coche de su vecino, su apartamento, su dinero, su inteligencia, etc. Una mujer está celosa de la belleza de otra, de sus vestidos, etc. La causa de todo eso es la falta de fe. Quien posee la fe es feliz con lo que tiene en la vida, jamás envidia lo que pertenece a otro y nunca se entristece por sus faltas, pues sabe que cada uno tiene su propia misión y su propia prueba.

Tomemos por ejemplo a una persona que tiene una incapacidad física, también debe creer que éste es su estado de perfección, es decir que el Creador considera que solamente así podrá llegar a su corrección espiritual.

Este hombre, si posee fe, considerará siempre su finalidad, y así su situación no le molestará, apenará o debilitará su seguridad en sí mismo. Él tampoco envidiará a aquellos sanos de cuerpo. Él merecerá alcanzar altos niveles con todas sus limitaciones, y verá con sus propios ojos cómo ellas fueron un factor esencial en su éxito.

Otro ejemplo: un hombre cuya prueba es la fealdad, debe creer que esa misma es su perfección, pues el Creador ha visto que no podría alcanzar de otro modo su corrección y perfección en este mundo. Podremos entender eso mediante una historia que aconteció unos 2000 años atrás – la historia del gran Sabio y la hija del César:

Hace mucho tiempo, existió un gran Sabio llamado Josué, que era una de las personalidades más grandes y sabias de su generación, pero era muy feo.

Cierta vez paso junto a él la hija del Emperador, y al verlo, se acercó y le preguntó despreciativamente: "¿Cómo puede tal magnífica sabiduría residir en un recipiente tan feo?", pues no podía comprender tal contradicción.

Sonrió el Sabio y luego le preguntó: "Dime por favor, ¿cómo tu padre, el gran César, almacena sus mejores vinos?". "Qué pregunta tan rara, ¡en tinajas de terracota, por supuesto!", contestó ella. El Sabio le dijo asombrado: "¿Pero cómo?... ¿No es ridículo que el Emperador Romano, el hombre más rico del mundo, almacene su vino en simples recipientes de barro? ¡Dile a tu padre que ponga su vino en honorables recipientes de oro, como es adecuado!".

La hija del César estuvo de acuerdo, y ordenó transferir el mejor vino de su padre a tinajas del oro más puro.

Después de un tiempo, el César pidió un vaso de su vino favorito. El vino estaba completamente ácido. El César convocó a su maestro real de vino y exigió una explicación. "¡Su Majestad", contestó apabullado el maestro de vino, "la princesa ordenó que transfiriera todo su mejor vino a tinajas de oro!".

El César llamó a su hija y exigió una explicación. ¡"No es mi culpa, padre!", lloró, "¡Josué el Sabio me dijo que lo haga!". Las guardias del Emperador aprendieron al Sabio y lo trajeron al tribunal real. Serenamente, el gran Sabio le contó al César lo que le dijo su hija y añadió: "Su Majestad, le respondí a su hija según su propio punto de vista. A ella no le gustan los envases feos, pero así como el vino se conserva sólo en un feo recipiente de barro, y se deteriora cuando se lo coloca en un lujoso recipiente de oro, así también la sabiduría reside en mí por mérito de mi fealdad. Si yo fuera hermoso ella no podría existir en mí, pues me enorgullecería y la olvidaría".

A la luz de esta historia aprendemos que el "defecto" de Josué, el gran Sabio, era necesario para que pudiera alcanzar su perfección. Puesto que él poseía la fe, sabía que no había ningún error en la Supervisión Divina, y que sólo a través de su fealdad podría alcanzar su finalidad y corrección. Por lo tanto, su apariencia antiestética no le molestaba para cumplir su misión con alegría y determinación, y mereció en efecto ser un gran personaje en su tiempo.

Si Josué el Sabio no hubiera poseído la fe y hubiera estado celoso de la gente hermosa, gastando su tiempo en la búsqueda de la perfección física, se hubiera transformado en un amargado y frustrado individuo, perdiendo así la oportunidad de perfeccionar su alma, por algo secundario e insignificante.

Concéntrate en tu tarea

Ésta es la regla – sobre cada uno de nosotros hay una Divina Supervisión que define las condiciones apropiadas para nuestra corrección. Hay una persona que debe ser alta y otra que debe ser baja; una debe ser delgada, y otra obesa; una debe ser rica y otra pobre; una fuerte y otra débil; una diligente y otra lenta. Y así con todos los distintos rasgos humanos; todo depende según el individuo y su reparación espiritual. Quien posee la fe, acepta su condición con alegría, no envidia a nadie, y se ocupa de su trabajo específico, con los instrumentos que le fueron dados.

Un hombre que experimenta los celos y la codicia, debe pedir al Creador la fe y la ayuda para acordarse siempre del Mundo Venidero, y de su objetivo. Él debe afrontar la prueba decretada por el Cielo, regocijarse con lo suyo, y concentrarse en su propio trabajo sin mirar a los demás.

La prueba de la pobreza

Por ejemplo, cuando un hombre debe pasar la prueba de la pobreza, la intención del Creador es que se someta frente a Él, que multiplique sus plegarias, que aprenda a depender y a confiar totalmente en Él. Así, el hombre podrá acercarse al Creador y merecer numerosos beneficios mil veces más grandes que la riqueza – fe, verdadero arrepentimiento, sabiduría, hijos justos, y más...

El hombre que atraviesa la prueba de la pobreza con fe, es decir que cree que todo está bajo la Supervisión Divina para su propio bien, por supuesto no siente celos de su prójimo, ni codicia su riqueza. Él sabe claramente que si el Creador no le dio riqueza, es para su bien eterno. Le está bien claro que sólo éste es el medio por el que podrá acercarse a Él y reparar lo que necesita en esta reencarnación. Por eso, le es evidente que la riqueza del otro nada tiene que ver con él y su corrección.

Por regla general, al hombre que vive su finalidad y encuentra su propósito en la vida, no le falta nada. Él está lleno de contenido y de riqueza interior, y no le interesa la vida de los otros. En cambio, la vida de quien no encuentra su meta, está dominada por el vacío y el aburrimiento. Incluso si enriqueciera, siempre sentiría que algo le falta. Estaría poseído por los celos y la codicia; estaría siempre deseoso y ávido de las cosas que cree que carece. En realidad, lo que le falta es una sola cosa – la fe.

La prueba de la riqueza

La prueba de la riqueza consiste en que el hombre que posee mucho dinero e influencia, siempre se acordará de su pequeñez. Debe saber que la riqueza no le pertenece, sino que le es depositada, y no tiene ninguna razón para considerarse por ello superior a los demás. Debe no ser avaro, sino distribuir su dinero entre los necesitados, según lo establece la Ley Divina.

En realidad, esta prueba es aún más dura que la de la pobreza, porque el pobre apenas tiene elección, y se vuelve hacia la fe a su pesar por causa de su condición miserable, y merece así el bien auténtico. En cambio, al rico le es difícil vencer sus sentimientos de fuerza, de poder y de orgullo. También su vida generalmente está llena de problemas, como se dice: "Cuanto más fortuna – más preocupaciones".

A pesar de todo, también quien pasa la prueba de la riqueza, debe estar satisfecho con lo suyo y con su corrección espiritual. No debe sentirse celoso de quien vive una vida más simple y fácil, sino que debe creer que el Creador sabe que sólo así logrará cumplir su misión sobre la Tierra de la mejor manera posible. Él debe saber que desde el Cielo se le ha concedido el mérito de cumplir buenas acciones con el dinero que le fue confiado, como la beneficencia, el mantenimiento de los estudiantes de la Ley Divina, la difusión de la fe en todo los medios posibles, y otras grandes y nobles acciones.

Es también probable que en una reencarnación precedente, haya acaparado dinero en forma ilícita, y ahora se le otorgue la oportunidad de devolver las deudas a sus víctimas. Por consiguiente, aprovechará toda ocasión para hacer caridad;

para influir y beneficiar a toda persona que encuentre; cada vez que le demanden dinero, lo dará de todo corazón. Así reparará todo. Porque se reconciliará con toda persona que encuentre a lo largo de su vida, y no habrá sobre él ninguna inculpación de acusadores de todas sus reencarnaciones precedentes.

El Creador es Quien decide

El libre albedrío del hombre concierne sólo a lo espiritual. El resto de las cosas están bajo el Decreto del Creador, según la necesidad de cada persona.

Por lo tanto, el hombre que posee una completa fe no envidia a nadie, pues sabe que el éxito de su prójimo proviene del Creador según la corrección de su alma, y no tiene nada que ver con él. Por otro lado, cuando carece de fe, el hombre piensa que el otro consiguió lo que tiene por sus propias fuerzas, inteligencia, talento, buena estrella, y entonces se despiertan los celos en su corazón, "¿por qué *yo* no tuve tanto éxito como él?". Éste es un gran error, pues todo el éxito en los asuntos mundanos proviene únicamente del Creador y no depende del hombre. Por el contrario, esta misma es la prueba del exitoso, que pese a todo su éxito material vivirá con la fe que todo le llegó del Creador, aunque pareciera ser el resultado de su diligencia y de su trabajo.

Resulta, que las dos personas, la que proclama su éxito y se enorgullece y la que lo envidia – se equivocan, porque el dominio material depende total y únicamente del Decreto Divino, no dejando ningún sitio al libre albedrío del hombre.

"Y en todo lo que hace, tendrá éxito" (Salmos 1:3)

Un hombre exitoso en todas sus empresas en forma prodigiosa, llegó a tal punto que temía que debido a su gran éxito sería víctima del "mal de ojo" de los demás.

¿Qué hizo? Invirtió una suma de su dinero de manera que con seguridad lo perdería, con el fin de que la gente de su ciudad viera que no tenía tanto éxito, y así dejarían de admirarlo. No obstante, todos sus esfuerzos fueron vanos, y continuó prosperando contra toda lógica.

El hombre, quebrado, fue a consultar con su maestro espiritual y le contó su problema. El guía le aconsejó que interrumpa sus esfuerzos, ya que el éxito o el fracaso no dependían de él. Si le fue decretado que debía triunfar, incluso si intentara escapar del éxito o fracasar intencionalmente – no le serviría para nada...

Podemos explicar así el consejo: el maestro trataba de decirle que si tenía fe y comprendía que su éxito dependía del Creador, no debía temer de ningún "mal de ojo". Porque cuando se cree que todo está en las manos del Creador, nada podrá ayudarle o perjudicarle, sino por Su Decreto.

A la inversa, cuando se le es decretado al hombre que no prosperará en un determinado campo, nada de lo que haga lo podrá cambiar. Se cuenta de un gran Sabio, al que todas las tentativas de salir de su gran pobreza resultaban un fracaso, y que solía decir con humor: "La pobreza me persigue de tal manera que si fuera vendedor de candelas, el sol no se pondría más; y si vendiera mortajas, la gente dejaría de morir"...

No sabemos nada

Sólo el Creador conoce exactamente las necesidades de cada uno, su nivel y en qué etapa de su corrección se encuentra. Por eso, es inútil observar a los demás y envidiarles, porque nunca se puede conocer lo que realmente sucede con los otros, y si su éxito es real o no.

Y también si su prójimo realmente tiene éxito, el que está unido a su finalidad, debe regocijarse por eso. Porque el propósito del Creador en este mundo es que todos alcancen su rectificación espiritual, por lo tanto, el éxito de aquel que sale de su propia oscuridad es para el bien de todos, porque el mundo se desembaraza así de un promotor de disturbios y confusiones. Si el Creador se regocija con el éxito de todo individuo, entonces cada uno de nosotros debe desear el éxito de los demás, con el fin de agradar al Todopoderoso.

La expresión "Estar contento con lo suyo" significa ser feliz con *todo* lo que tienes, aunque la cosas no vayan como quieras, pues tienes la fe que lo que pasa es para bien. No envidiar a nadie, estar contento haciendo tu trabajo con alegría, y así lograr el éxito auténtico de este mundo – encontrar tu misión en la vida y cumplirla.

Cuarta Parte: La Avaricia

La avaricia es un rasgo muy grave y cruel. Al hombre avaro le gusta el dinero hasta tal punto que su corazón está cerrado para sentir el dolor del prójimo. A causa de esto se conduce con crueldad, no tiene compasión por las criaturas necesitadas y no se acerca a ayudarles con caridad. Hasta no se da cuenta de su crueldad y cree que la justicia está de su lado, porque el amor al dinero le enceguece, como está escrito (Deuteronomio 16:19): "Pues el soborno ciega los ojos de los sabios, y pervierte las palabras de los justos". El hombre avaro es pues generalmente odiado y todos le maldicen, lo que evidentemente no es una bendición, ni para su vida ni para su dinero.

Existen varios tipos de avaros:

• Algunos son avaros sólo con los extranjeros, no con sus allegados.

• Algunos se conducen contrariamente: por fuera son gastadores, pues buscan los honores; pero en sus hogares son avaros.

- Otros son avaros con todo el mundo; pero para su propio placer están dispuestos a gastar mucho dinero con gran facilidad, mimándose a sí mismos.

- Y hay avaros con todo el mundo, que tampoco se permiten sacar provecho del dinero que disponen. Ellos esconden su dinero en algún lugar y, finalmente, todo se pierde o queda para el beneficio de otros.

¡Esto es mío!

El mal rasgo de la avaricia encuentra su fuente en el concepto de "Con mi propia fuerza y el poder de mi mano logré este acierto" – la errónea creencia que el dinero se consigue exclusivamente gracias al esfuerzo del hombre, le hace creer que le pertenece exclusivamente a él, y quiere guardarlo para sí mismo. Es la falta de entendimiento que el Creador enriquece y empobrece; que si Él quiere que tenga el hombre dinero, aunque lo gaste, siempre seguirá teniéndolo y no habrá nadie que pueda tocarlo, incluso ni un sólo céntimo. Pero si el Creador no quiere que tenga dinero, ninguna astucia será útil y sus esfuerzos por guardarlo serán vanos. Aunque lo esconda en mil cajas de caudales, Él se lo tomará.

Un buen marido

Una de las repercusiones más graves de la tacañería es la del avaro con respecto a su familia. El hombre tacaño no entiende las necesidades de su mujer y sus niños, es cruel con ellos y no responde a sus carencias. Cada gasto en el hogar le parece superfluo, lo que le lleva a encolerizarse con la gente de su casa, reñir con ellos y amargarles la vida.

No existe una aflicción más grande para una mujer que la de tener un marido avaro, porque la esposa por naturaleza necesita la influencia de dinero de su marido. Y hasta cuando el marido es tan pobre que no tiene nada para darle, incluso comprendiendo la situación, esto es muy penoso para ella y le hace quejarse. Con mayor razón, cuando el marido tiene dinero y no es generoso con ella, sino que lo derrocha para sí y para otros.

Si el esposo creyera en la enseñanza de los Sabios, que afirman que el que honra a su mujer se enriquece, la honraría, le compraría ropa y adornos, no la criticaría y no se encolerizaría por sus gastos, incluso cuando estos son verdaderamente superfluos. Este hombre debe recordar que: a) la ira causa la pérdida de la subsistencia, b) honrar a la esposa aporta subsistencia.

También enseñaron los Sabios que honrar a la esposa es tan importante a los ojos del Creador, hasta el punto que el hombre debe: "Comer y beber siempre **por debajo** de sus medios, vestirse y cubrirse **según** sus medios, y honrar a su mujer y a sus niños *por encima* de sus medios".

Es este uno de los pocos Preceptos donde el Creador exige que el hombre gaste por sobre sus posibilidades. Hasta para el cumplimiento de un Precepto en forma glorificada, nuestros Sabios enseñaron que el hombre gastará sólo hasta un tercio más de su valor, y en muchos lugares se menciona que la Ley Divina no alienta el gasto del dinero.

Sin embargo, honrar a la esposa es tan importante, que el Creador le ordena al hombre que aunque no tenga los medios para hacerlo, no se sienta liberado de su obligación, sino que haga todo lo posible para honrarla, rezar por ello, perseverar, esforzarse, e incluso pedir prestado, si tiene la posibilidad real para devolverlo, aunque sea con dificultad.

Debemos saber que si el marido tiene la profunda voluntad de honrar a su mujer y a sus niños hasta más allá de sus posibilidades, el Creador seguramente le ayudará y le dará los medios, porque Él le ordenó hacerlo. Lo que no es el caso de otros Preceptos, que incluso si el hombre desea muchísimo cumplirlos por sobre sus posibilidades – por ejemplo, hacer algo muy importante como construir casas de estudios de la Ley Divina y mantener a sus estudiantes – y le pide al Creador que le ayude, no es seguro que su petición sea aceptada, pues Él no le ordenó ejecutar otros Preceptos por encima de sus medios.

Por consiguiente, aun cuando el hombre se encuentra en una situación económicamente difícil, nunca le dirá a su esposa: "No tengo dinero", sino que le dirá: "¡Sí, esposa mía, te compraré lo que deseas, no ahorraré ningún esfuerzo! Yo voy a rezar por ello, y con la ayuda del Todopoderoso recibirás lo que deseas". Cuando el Creador vea su auténtica voluntad, le ayudará, y merecerá honrar a su mujer y a sus hijos por encima de sus posibilidades.

Una separación difícil

El hombre creyente no es avaro, pues cree y confía en el Creador y no en su dinero. Él sabe que hay una regla inmutable: ¡El dinero y el hombre no coexisten – **o se le quita el dinero al hombre, o se quita al hombre de su dinero!**

Según esta regla, el que confía en su dinero, se fía de hecho en algo destinado a perderse por una de las dos formas mencionadas:

a) **O se le quita su dinero** – como vemos todo el tiempo, personas que corrieron y trabajaron duro toda su vida para amontonar dinero y guardarlo preciosamente, finalmente lo perdieron todo y murieron empobrecidos. Todo lo que dejaron a sus herederos fue sólo un gran paquete de deudas.

b) **O se le quita de su dinero** – es decir que aunque el dinero quedara, el hombre mismo deberá dejarlo atrás. Sea simplemente por su muerte, o incluso antes, por no poder aprovecharlo más, como vemos en el mundo de los multimillonarios cuando sufren todo tipo de enfermedades, y están entonces incapacitados de sacar provecho de su dinero. Ellos admiten abiertamente que preferirían la salud a la riqueza, la cual no puede salvarles de su desgracia. Resulta que ellos destruyeron su salud por amontonar su fortuna y ahora la gastan toda para retornarla.

Pensión completa

El hombre poseedor de la fe sabe, que Quien le da la vida, el Creador Mismo, le dará también con qué vivir: vivienda, ropa, alimento... En otras palabras – una pensión completa.

Por lo tanto, él sabe que mientras el Creador desea que viva, no tiene de qué preocuparse; pero también cuando el Creador querrá que muera, no tiene que preocuparse, pues todo el dinero del mundo no podrá salvarlo. ¿Acaso podrá el hombre sobornar con dinero al Ángel de la muerte para que lo deje vivir? Resulta entonces, que el hombre creyente vive apacible y tranquilamente gracias a su fe, pues sabe que el mundo posee un buen "Director General" que se preocupa por él y por todas las además criaturas.

El Creador goza de tu alegría

El hombre creyente sabe, que Quien le ha dado el dinero hoy, puede dárselo también mañana, por lo tanto, no tiene miedo de gastarlo. Y no sólo no es avaro, sino que es feliz de usar su dinero para todas sus necesidades, porque cree que es precisamente para eso que el Creador se lo ha dado.

En cambio, el hombre carente de fe tiene miedo de utilizar su dinero, pues teme que no le quedará para el día siguiente. Sobre este tipo de persona han dicho los Sabios: "Todo aquel que tiene pan en su cesta y se pregunta '¿Qué comeré mañana?', es un hombre de muy poca fe".

Debemos saber que el Creador Mismo tiene complacencia y gozo cuando el hombre utiliza su dinero con alegría. ¿A qué es esto comparable? Al padre que le da dinero a su hijo querido, con el fin de que viva bien y que no le falte nada.

Cuando un padre ve que su hijo utiliza su dinero para comprar las cosas que necesita y que lo complacen, y al mismo tiempo trata de alegrar a sus hermanos, esto le causa un gran regocijo, pues todo padre goza sabiendo que sus hijos están contentos.

También tiene la satisfacción que su hijo sabe que le contenta con su alegría y que cuando el dinero se acabe, su padre le dará más.

Pero si ve que su hijo vive en la pobreza, restringiéndose y sin sacar provecho del dinero que recibió, el padre se aflige y piensa: ¿Para qué le di dinero, sino para que viva bien y que no le falte nada? ¿Por qué vive en la pobreza y en la escasez? Como se entiende, lo mismo ocurre con el Creador, nuestro Padre en el Cielo. Cuando nos da dinero, es para que vivamos ampliamente y para que también abramos nuestra mano a nuestros hermanos. Ésta es Su Voluntad y Su placer, que el hombre utilice su dinero alegremente. No obstante, hay gente a la que le fue decretado vivir en la pobreza, y es esta también Su Voluntad, pues es lo mejor para ellos según la corrección que sus almas necesitan. Pero a quien esto no le fue decretado y tiene dinero, y a pesar de ello limita sus gastos viviendo una vida de miseria – causa pena al Creador.

Gastos reconocidos

En el mismo instante que el hombre gasta dinero para el cumplimiento de un Precepto Divino, incluyendo el honrar a su mujer y a sus hijos, se revela su confianza en el Creador y no en su dinero. Ese hombre sabe que debido a que gastó dinero para cumplir con la Voluntad Divina, con seguridad no se le causará ninguna privación.

Un hombre que da caridad, es considerado como quien presta al Creador Mismo, como está escrito (Proverbios 19:17): "El que es benevolente para con los pobres – presta al Eterno", y el Creador debe reembolsarle ese dinero.

Es una de las razones por las cuales el que dona el "diezmo", la décima parte de sus ganancias, tiene el mérito de enriquecerse, porque al ser caritativo con el dinero que el Creador le da, Él continúa prodigándole Sus beneficios.

Existe también la regla siguiente: "Todo el que se compadece de las criaturas, se compadecen de él en el Cielo". En el Cielo se conducen con el hombre "medida por medida", por lo tanto, si el hombre se comporta cruelmente, se conducen con él también así desde lo Alto, y la Misericordia Divina se aparta de él. Entonces seguro que conocerá grandes desgracias a causa de su crueldad, y no podrá gozar más de su dinero.

En resumen, el hombre creyente siente alegría al gastar su dinero en todo lo que conforma la Voluntad del Creador.

Un depositario fiel

Quien tiene fe sabe, que todo lo que posee y el dinero que le llega, no le pertenece, sino que le es entregado por el Creador para que lo utilice correctamente según la fe. Desde luego, como todo depositario fiel, ese hombre sopesa convenientemente cómo utilizar ese dinero según la Voluntad de su Dueño. Cuando el Creador comprueba que es un depositario fiel y que utiliza el dinero correctamente, lo designa intermediario de la abundancia y de la Misericordia para Sus criaturas. Deposita en este hombre dinero para que lo distribuya convenientemente – una parte para la subsistencia de su familia, y la otra para las necesidades de los demás.

Sin embargo, un hombre cuya fe está ausente o es débil, cree que el dinero es un bien propio, que lo puede utilizar como le plazca y no lo distribuye a quien lo necesita, entonces el Creador ve que es imposible confiar en él, y decide a veces recuperar ese dinero para depositarlo en las manos de otra persona.

La siguiente historia demostrará lo antedicho:

Un día, un gran maestro espiritual recibió la visita de un pobre hombre que debía casar a su hija y necesitaba una gran suma de dinero. El maestro lo envió a la casa de un hombre rico con una carta, donde le pedía darle al pobre la suma que necesitaba para casar a su hija.

El pobre se presentó al hombre adinerado y le entregó la carta, éste, al leerla, se ofendió y enfureció.

Luego se volvió hacia el pobre con rabia y le dijo: "¿Quién se cree que es tu maestro para exigir una suma tan importante de mi dinero? ¿Y por qué tengo que obedecerle? ¡Si me pidiera cortésmente darte una suma más razonable, lo comprendería, pero él me ordena lisa y llanamente darte esta suma, como si fuera el propietario de mi dinero! Ve y dile que no estoy obligado a obedecerle".

El pobre salió avergonzado de la casa, volvió a su maestro y le contó lo sucedido. El Justo suspiró, y le ordenó ir a casa de uno de sus discípulos y decirle que le ordenaba darle una determinada suma, la cual era mucho más pequeña que la pedida al hombre adinerado.

El hombre pobre se acercó a la casa del discípulo y vio que vivía en una casa ruinosa. Era evidente que no podría darle incluso una suma tan pequeña. Sin embargo, cumplió lo mandado, entró en la casa y le transmitió las palabras del Justo.

Tan pronto como el discípulo escuchó que el maestro le ordenó darle al pobre esa suma, se levantó con diligencia y exclamó: "¡Seguro, seguro! ¡El Justo lo ordenó! ¡Voy a ver qué puedo hacer! Siéntate aquí y descansa; voy a recolectar el dinero que necesitas".

Inmediatamente informó a su mujer la orden del maestro. Hablaron entre ellos durante unos minutos y decidieron que ella buscaría en la casa algo para vender y que durante ese tiempo, él se apresuraría a invitar a los habitantes y comerciantes de la ciudad, a participar en el cumplimiento del Precepto de ayudar a realizar la boda de una joven pobre.

Dos horas más tarde, el discípulo volvió y en sus manos traía una considerable suma. La juntó con el dinero que su mujer había conseguido a cambio de la venta de objetos de plata que tenían desde su matrimonio, y he aquí - el dinero recolectado correspondía exactamente a la suma que el maestro había ordenado dar al hombre pobre.

El discípulo y su mujer se regocijaron mucho por haber tenido la oportunidad de cumplir ese gran Precepto, satisfaciendo al mismo tiempo la voluntad del Justo. El pobre también estaba muy feliz por el buen corazón y la generosidad de la pareja. Fue a recolectar el dinero que todavía le faltaba y, poco tiempo después, pudo casar a su hija dignamente.

Después de un tiempo, aumentó la buena suerte del discípulo que tan prontamente ayudó, comenzó a tener éxito en todas sus empresas y se hizo muy rico. En cuanto al hombre rico que no obedeció al Justo, tuvo un revés de fortuna hasta perder finalmente sus propiedades y, poco tiempo después, se empobreció.

Entonces su mujer le dijo: "Todo esto es en castigo por haber desobedecido al gran maestro espiritual, y por haberte comportado insolentemente. Anda a verlo y pídele perdón, tal vez esto lo apaciguará y nuestra situación y sustento mejorarán".

El hombre escuchó a su mujer y se apresuró a visitar al Justo, avergonzado y con la cabeza baja. El maestro lo recibió con benevolencia y le preguntó la razón de su visita.

El rico caído en desgracia le dijo: "Mi señor, perdóname por haberte deshonorado y ofendido".

El Justo le respondió: "¿De qué ofensa estás hablando?".

"Desprecié la orden de su señoría", respondió el hombre, "me negué a darle al pobre la suma que necesitaba, y por eso he sido castigado con la pobreza".

Le dijo el maestro: "Ah... ¿eso?, no es un castigo, sino que abusaste de tu cargo".

"¿Abusé de mi cargo? ¡¿Qué cargo?!", preguntó el hombre asombrado.

"Voy a contarte algo", replicó el maestro.

"Antes que mi alma descendiera a este mundo, quisieron en el Cielo darme riquezas y que viva con fortuna y honores. No obstante, me negué, alegando que al ocuparme del dinero y los bienes habría reducido el tiempo necesario para servir al Creador, y por eso no deseaba esa riqueza.

Sin embargo, en el Cielo me dijeron que no tenía elección y que estaba obligado a descender a este mundo con una gran suma de dinero. Me empeciné, porque de ningún modo estaba dispuesto a vivir una vida de rico, yo me satisfago con poco, mi sólo deseo era servir al Creador, ¿por qué tengo que sufrir las preocupaciones del rico?

El Tribunal Celeste deliberó sobre mi problema y eventualmente propuso que yo escogiera un alma en la que quería que mi riqueza fuera depositada... yo te escogí a ti, así que en realidad toda la riqueza de la que disponías me pertenecía. Pero, cuando yo he necesitado una suma importante para dársela al pobre, te lo envié, pero te negaste a darle de mi dinero que te fue depositado...

Por lo tanto, cuando comprobé que tú no eras un depositario fiel de mi dinero, escogí depositar mi riqueza en mi discípulo, porque comprobé qué feliz era al cumplir mi voluntad, hasta el punto de sacrificarse para cumplir el Precepto de la caridad".

El hombre rico se arrepintió por su mala conducta y rogó al Justo: "¡maestro, maestro! ¡Toda mi vida he estado acostumbrado a una vida fácil, y esta pobreza me vuelve loco! ¿No tendrías algo de sustento para darme y ahorrarme la humillación de la miseria?".

El Justo le sonrió, apeló al discípulo que se había enriquecido y le ordenó concederle al rico en desgracia un apoyo financiero mensual, con el fin de que viva con alivio el resto de sus días. Así, retornó el hombre a su hogar, satisfecho y con el corazón alegre después de aprender una buena lección de caridad.

Quinta Parte: La Humildad

Se equivocan mucho en el mundo respecto al verdadero significado de la humildad. La auténtica humildad no consiste en pensar: "No tengo ningún valor", su significado es que el hombre reconoce sus cualidades, pero sabe que todo le proviene del Creador. La auténtica humildad consiste también en reconocer nuestras carencias, nuestra bajeza y nulidad, sabiendo que las podemos colmar sólo con la ayuda del Creador. El hombre humilde sabe que su misión en este mundo es rectificar esas carencias, y entonces está feliz con lo suyo.

Cuando tenemos éxito, debemos evidentemente regocijarnos, pues el Creador nos ayudó. Es muy importante, que cada uno considere sus triunfos y sus cualidades sabiendo que el Creador le prodigó el éxito, y seguir siempre pidiendo Su ayuda, con plegaria y humildad. Aun cuando fracasamos o vemos todas nuestras carencias, no debemos perder la cabeza, sino saber que el Creador nos muestra nuestra situación con el fin de despertarnos a la realidad que Lo necesitamos. Eso debe estimularnos a rechazar el concepto que lo que logramos es "Con mi propia fuerza y el poder de mi mano", y reforzarnos en la plegaria. Es entonces cuando el Todopoderoso nos ayuda fácilmente.

Por regla general, el orgullo significa que el hombre se aparta del Creador y que considera sólo su "yo". Cuando tiene éxito se enorgullece porque "*yo* triunfé", y con su fracaso se desmorona porque "*yo* fracasé". Pero la humildad significa que el hombre relaciona todo con el Creador: en sus éxitos Le agradece, y en sus fracasos Le reza.

¡Hay que recordar bien que el Creador no viene con quejas a Sus criaturas! Pues "Cada día la Mala Inclinación se intensifica en el hombre, y si no fuera por la ayuda del Todopoderoso, no podría dominarla". El Creador sabe que el hombre no es un ángel y Su único reproche después de cada transgresión es: "¿Por qué no pediste Mi ayuda? ¿Por qué creíste que podrías vencer solo a tu Mala Inclinación?".

Por consiguiente, el hombre que fracasa, aunque haya cometido el pecado más grave, debe acordarse ante todo que "arrepentirse" no significa culparse y caer en la tristeza. El "arrepentimiento" significa la confesión al Creador, el remordimiento y la petición de perdón; lo que es imposible de realizar sin la alegría. Por eso, ante todo, debe el hombre decirse: "'¡No hay más nada fuera de Él!'. El Creador quiso demostrarme que nada puedo sin Él, porque Él me ama y quiere que esté cerca de Él. Fui sin Él y mira dónde caí... Pero, ahora que fracasé, ¿qué quiere el Creador de mí?, ¿que me embargue la tristeza?, ¿que me sienta culpable? Conducirme de esa manera es como si yo fuera una realidad independiente, como si las cosas estuvieran en mis manos; pensar así, es como volver al mismo error por el cual fracasé, es decir vivir sin Él.

¿O acaso Él quiere que me esfuerce en estar alegre, en creer que Él es la Única Existencia, lo que me conducirá a la oración y al arrepentimiento?".

Luego dirá: "*¡Dueño del Mundo! Te agradezco por mostrarme que no puedo hacer nada sin Ti. Ayúdame para que desde ahora en adelante tenga el mérito de no olvidarte nunca. Que te pida toda cosa que necesito y no emprenda nada sin la plegaria*".

Es sólo después, cuando el hombre está alegre y su cerebro liberado y cuerdo, que puede abordar su trabajo de arrepentimiento y su examen de conciencia, sin culpa ni tristeza, sólo pidiendo y rogando al Creador que le ayude en el futuro a cumplir Su Voluntad. Que Él le permita, con Su Bondad, relacionarse y conectarse con la fe, que su luz le alumbre, pues mediante ella podrá salir de la oscuridad, y que le dé a su corazón el puro temor y el amor a Dios.

Con el fin de ilustrar lo que precede, he aquí una historia contada por el gran Justo de Breslev:

Érase una vez un rey, que tenía un hijo único y al que quiso transmitirle su reinado en vida. Organizó un gran banquete, y como de costumbre, una gran alegría reinó, tanto más que ahora le transmitía en vida la corona a su hijo. Todos los ministros y la realeza del reino estaban presentes y todos estaban muy contentos.

También el país entero se regocijaba al ver cómo el rey le transmitía el reinado a su hijo, porque era un gran honor. Había allí una gran alegría. No faltaba ninguna forma de regocijo en la celebración: músicos, bufones, etc.

Cuando la alegría llegó a su cumbre, se levantó el rey y le dijo a su hijo: "Puesto que soy adivino, veo en las estrellas que en el futuro perderás el reinado. Por lo tanto, ten cuidado de no entristecerte cuando eso ocurra, por el contrario, conserva sólo tu alegría. Y cuando estés alegre, lo estaré yo también. Aun cuando estés triste, así y todo estaré alegre que ya no eres rey, porque si no eres capaz de conservar la alegría con la pérdida de la corona, no serías digno del reinado. Pero en verdad, si estarías alegre, lo sería todavía más"...

Esta anécdota explica la profundidad del concepto obligatorio de tener alegría aun después de un gran fracaso, o durante una prueba difícil. Ella explica también la cualidad de la humildad. El Rey, el Creador del Universo, sabe que el hombre tendrá caídas y fracasos, aun así Él nos ordena: "¡Mantente alegre! ¡Ten cuidado de no caer en la tristeza! Así como Mi voluntad fue darte el reinado y el éxito, Mi voluntad es que permanezcas alegre en tu caída. ¡Tal como te ordené no pecar, Te ordeno también que si ya has pecado – que no caigas en la tristeza!".

Cada uno debe saber: ¡el Creador está contento contigo! Ya sea cuando eres un "rey" – o sea cuando tienes éxito; y está también contento contigo después de haber perdido el reinado – es decir después de tu fracaso, pero sólo si la alegría no te abandona.

Pero, ¿por qué es que el Creador ama a quien permanece alegre, incluso después de un fracaso? ¡Porque eso demuestra que tiene los pies sobre tierra y que conoce su verdadero lugar! No piensa que es un Justo o alguien sobresaliente. Comprende que no es nada más que un ser humano con limitaciones, destinado a pecar, como está escrito (Génesis 4:7): "El pecado aguarda en la puerta...". Por eso, sabe que es naturalmente propenso al error y a la caída, y no se sorprende en absoluto cuando fracasa. A la inversa, cuando tiene éxito, es tocado por la Bondad del Creador y Su gran Misericordia, que influye sobre él espiritual y divinamente, y le ayuda a dominar su mala naturaleza.

El Creador *quiere* "legarle la realeza a su hijo en vida", *quiere* que el hombre tenga éxito en sus empresas con la fuerza de su Padre en el Cielo. ¿Pero cuál es la señal que demuestra que es digno de recibir tal realeza? ¡Solamente cuando está dispuesto a perderla sin caer en la tristeza! ¿Por qué? Porque solamente cuando el hombre reconoce que la realeza de la que dispone – es decir los éxitos y los triunfos – le han sido dados por el Creador y no le pertenecen absolutamente – recién entonces es digno de asumirla. La mejor expresión que demuestra que el hombre se encuentra verdaderamente en este nivel de verdad y de humildad, es que sigue alegre cuando la majestad y el éxito le son retirados.

Sólo ésa es la prueba de que logró la alegría auténtica, pues ella no depende de nada. Cuando el hombre alcanza la verdadera alegría, no es por una razón particular, sino que está alegre sin ninguna causa especial.

Cuando el hombre sabe que es hijo del Rey; que sólo por el mérito de su Padre está reinando en ese momento; que no es nada más que un ser de carne y hueso; que la Mala Inclinación reside en él y le tiende trampas a cada instante para hacerlo caer en sus redes; y que sin Su ayuda es incapaz de dominarla, es recién entonces cuando merece ser llamado "rey", pues reconoce que es gracias a la Bondad y Misericordia del Creador, y mucho Le agradece por ello. Pero cuando no lo consigue y pierde la realeza, no lo considera un fracaso, solamente un retorno a su verdadero estado original – un ser humano que posee malas tendencias, egocentrismo y crueldad – y que esta vez el Creador no le ayudó a sobreponerse a su naturaleza. Su prueba consiste entonces en no perseguirse y culparse, que son expresiones de orgullo, creyendo que en sus manos estaba detener su caída.

Y si preguntas: ¿Por qué el Creador no le ayudó?, ¿por qué le dejó perder la realeza?, es porque el hombre se olvidó que necesitaba Su ayuda, que la fuerza de reinar proviene sólo del Creador y le adentró la fantasía de su "yo". Pensaba dentro de su corazón: *yo* soy bueno; *yo* soy justo; *yo* domino; *yo* soy el rey… Por eso, no fue ayudado desde lo Alto, para despertarlo de los espejismos y las fantasías, y retornarlo a la realidad que *él* no es nada, porque si su Padre no le da la realeza "en vida" – es decir por Su decisión – no puede recibir la majestad.

Cuando el hombre se esfuerza para mantenerse alegre después de la caída de su nivel, repara cual fue la causa de la misma: que olvidó que su fuerza provenía del Creador. Pero cuando no cae en la tristeza y está alegre, comprueba que sabe que su fuerza no le pertenece, y Él le restablece en su nivel.

El Rey David pecó sólo una vez, ¡y lo recordó cada día de su vida!, como está escrito en los Salmos (51:5): "Y mi pecado está siempre delante de mí". Es decir que comprendió que la realidad es que puede pecar, y no sólo no lo olvidaba, sino que esta realidad no le abandonaba un momento. Es así que alcanzó la humildad, y rezaba constantemente al Creador que lo salve de su Mala Inclinación y que no le deje caer en sus manos. Por eso, estaba siempre alegre, no dejaba de cantar, de rendir homenaje y de agradecer al Creador, hasta en las situaciones más difíciles; ¡aun cuando su propio hijo, Absalón, carne de su carne, se rebeló contra él, le forzó a abandonar el trono real y hasta lo persiguió para matarlo!

Aparentemente, el Rey David tenía todas las razones para tener malos pensamientos, que el Creador lo detestaba permitiéndole caer tan bajo, y sentirse culpable y acusarse de esa situación por no haber sabido educar bien a su hijo. Pero de esto deducimos en qué medida David era digno de la majestad, y por qué el Creador le prometió que la realeza siempre sería de su descendencia, hasta la llegada del Mesías: porque supo mantenerse alegre aun después de la pérdida del reino, lo que demuestra claramente que sabía que ello provenía del Creador y que no era de su propiedad, y pudo decir de todo corazón: "Dios ha dado y Dios ha quitado. ¡Sea el nombre de Dios bendecido!".

Al Rey David no le importaba ser pastor o ser rey. Era lo mismo para él, ¿qué diferencia había?, lo esencial era servir al Creador. "¿Él quiere que Le sirva como pastor? – perfecto. ¿Él quiere que Le sirva como rey? – muy bien". David no consideraba que él era rey. Al fin de cuentas, él simplemente era "David", y cuando el Creador lo quería, era rey; y cuando no lo quería, no lo era. Así de simple.

Así se comporta el hombre que realmente quiere servir al Todopoderoso y no a sí mismo y a sus éxitos. Lo único que le interesa, en cualquier situación y de cualquier modo, es servir al Creador. Cuando las cosas van bien, Le agradece y sigue con su trabajo. Cuando las cosas no van como se debe, Le sirve según las circunstancias del momento, rogándole que le permita vivir en su bajeza, y mantenerse alegre.

Por lo tanto, lo esencial del arrepentimiento del hombre consiste en reparar su olvido del Creador, es decir su falta de fe y de plegaria. Cuando se comprueba una cierta carencia, debe arrepentirse por no haber rezado por eso, ya que demuestra su orgullo por haber pensado que podría arreglarse sin el Creador.

Hablando prácticamente, la convicción que "No hay más nada fuera de Él", es la clave de todo arrepentimiento, y se debe decir: *"Dueño del Universo, perdóname por haber pensado que existe otra realidad en el mundo más que Tú; de haber hecho de mí mismo una realidad – mediante mis pensamientos de orgullo, de tristeza y de cólera; Me culpé y me persegui como si todo dependiera de mí mismo; hice de mis apetitos una realidad – como si fueran ellos mi vitalidad y mi placer, y no Tú. Transformé a las personas en una realidad – las envidié, las temí, halagué, como si ellas pudieran definir algo en mi vida".*

Solamente cuando el hombre se acerca al arrepentimiento como describimos – comprobando su propia existencia y sus faltas, dirigiéndose hacia el Creador para que se apiade de él y le dé el mérito de multiplicar sus rezos por cada privación, y le permita mientras tanto ser feliz con lo suyo – sólo entonces su arrepentimiento será auténtico. En caso contrario, todas las confesiones, los remordimientos y el "arrepentimiento" quedan en el dominio del orgullo. Pues el hombre llora sólo por no ser un ángel, se persigue por tener Mala Inclinación, como si no fuera un ser humano. Y todo su arrepentimiento es sólo orgullo, culpándose a sí mismo por qué no es Moisés el gran Maestro Espiritual, por qué no es el Mesías, por qué no es el Creador Mismo...

Conclusión

Aprendimos la gravedad de los malos rasgos y cómo todos provienen de la falta de fe. También aprendimos qué maravillosas son las buenas cualidades y cómo se basan en la fe. Prácticamente, sería posible escribir un libro entero sobre cada rasgo. Sin embargo, nos fiamos del entendimiento del lector, que comprenderá por sí mismo cómo la fe es la vía abierta a la rectificación de todos los malos rasgos y a la adquisición de las buenas cualidades.

Para permitirles trabajar sobre todos los rasgos del carácter y corregirlos, mencionaremos aquí brevemente los puntos de la fe que conciernen a estos rasgos que no desarrollamos: **El orgullo** – El creyente no tiene orgullo, porque sabe que todo lo que tiene y todos sus éxitos, son un regalo del Creador.

El apetito de comer – El creyente no está preso de su apetito, porque sabe perfectamente que el Creador es Quien le da vida, no el alimento.

La confianza – El creyente tiene confianza total en el Creador, porque lo esencial de la fe es creer que Él le supervisa de la mejor forma posible, y que se encuentra en buenas manos.

La indulgencia – El creyente es siempre indulgente, porque sabe que la Voluntad del Creador es que así se conduzca. Por eso siempre tiene éxito, pues el Creador está con él.

La alegría – El creyente está siempre alegre, porque la fe significa creer que no existe mal en el mundo, ni tampoco la privación; todo es bueno y todo es para bien.

La lisonja – El creyente está alejado de toda lisonja, porque sabe que los hombres son sólo títeres en las manos del Creador. Por eso, él no teme ni adula a nadie, pues le es evidente que todos se encuentran en las manos del Creador y que sólo Él decide su vida.

Los honores – El creyente no desea los honores y no los busca, porque sabe que todo el honor pertenece al Creador.

La maledicencia – El creyente no difama y no habla de nadie en absoluto, porque conoce su sitio como criatura, que no puede decidir ni juzgar quién es una buena persona y quién no. Él sabe que el mundo posee un Gobernante, y una de Sus funciones es juzgar a Sus criaturas; por eso, se niega a juzgar a los hombres y hablar de ellos, tomando el papel del Creador.

La polémica y la disputa – El creyente está alejado de toda disputa y conflicto, porque acepta las pruebas que pasa como provenientes del Creador. Por consiguiente, no se deja arrastrar ni se complica en una polémica, sino que huye hacia el Todopoderoso y así acaba la disputa.

La paciencia – El creyente es paciente en la vida, paciente consigo mismo, y paciente con los demás. Tiene paciencia hasta que le lleguen las cosas que necesita, pues sabe que todo – cuándo y cómo, ya sea respecto a las cosas materiales o espirituales – son determinadas por el Creador.

Del cerebro al corazón

Abordamos ahora el método práctico para trabajar sobre los distintos rasgos y corregirlos.

Hay que saber, que el conocimiento de su mente no basta para eliminar los defectos, sino que el hombre debe hacer penetrar el intelecto en su corazón, como está escrito (Deuteronomio 4:39): "Sabe hoy y lleva a tu corazón". "Sabe hoy" – es el conocimiento del cerebro, y luego "lleva a tu corazón" – significa introducir ese conocimiento en el corazón. Porque todo el tiempo que el conocimiento queda sólo en el intelecto, no es un conocimiento completo y el hombre no se conduce según él. Es solamente cuando se introduce el conocimiento dentro del corazón, que se puede corregir el mal rasgo, porque el corazón es el "dibujante" de los rasgos del carácter.

La evidencia es que mucha gente inteligente y hasta genios poseen malos rasgos, y algunos hasta tienen rasgos absolutamente corruptos, debido a su corazón impuro y sucio. En cambio, muchas veces hay personas simples, que no son sabias, pero que poseen cualidades maravillosas a causa de su corazón puro y limpio.

El camino para introducir el conocimiento del cerebro al corazón, es el estudio y la repetición de todo lo que ha sido dicho a propósito del rasgo que se quiere corregir. Cuando deseamos trabajar sobre la rectificación de un determinado mal rasgo que poseemos, debemos estudiar en los libros todo lo relacionado con la ignominia de esa característica y la ventaja de lo contrario. Y por supuesto, por lo que aprendimos que la raíz de todas las buenas cualidades es la fe, estudiaremos seriamente las reglas de la fe que conciernen a ese rasgo. Debemos insistir en nuestro estudio hasta que eche raíces en nuestro corazón. Luego, rezaremos por cumplir lo aprendido, porque sobre todo lo que se quiere cambiar, lo esencial es la plegaria.

Además, debemos juzgarnos cada día hasta qué punto hemos llegado en nuestro trabajo. Por cada éxito que hemos conseguido en dominar el mal rasgo, hasta el más pequeño, debemos agradecer al Creador. Y en lo que hemos fallado, comprenderemos que todavía nos faltan muchas plegarias. Entonces nos confesaremos al Creador, Le pediremos perdón, y Le imploraremos que nos dé el mérito de rezar la cantidad de plegarias necesarias para eliminar definitivamente nuestro mal atributo, sin fallar nunca más. En efecto, cuando se reza por algo, se introduce el conocimiento intelectual dentro del corazón, lo que significa obtener un conocimiento completo. Entonces, empezamos a vivir en la realidad lo estudiado y nos conducimos según ese conocimiento, esto es lo que se llama tener buenos rasgos, que se manifiestan en el gozo de una vida muy bella y feliz.

Una mente clara, fuerte y firme

No obstante, muchos se quejan que aun después de escuchar las enseñanzas, de estudiar e incluso después de muchas plegarias, no cambian en absoluto. Por ejemplo, una persona se quejó de haber escuchado un CD sobre la ira, de haber considerado las enseñanzas sobre el tema, y que desde hace mucho tiempo reza para eliminar este defecto; sin embargo, no parece que las plegarias tengan efecto. A pesar que reza pidiendo no ceder a la cólera, se enoja todo el tiempo. ¿Qué hacer?

¿Qué sucede aquí en realidad? ¿Cuál es el problema? ¿Qué le falta a esta persona que no puede cambiar a pesar de sus rezos?

La respuesta es la siguiente: la falta de claridad y serenidad mental, la falta de un conocimiento lúcido. Al obtenerlo, el hombre logra cambiar y retornar a su Creador. Ésta es la pieza faltante en el culto del hombre.

Pero, ¿cómo se logra la claridad mental? ¿Cómo se llega a tal estado mental que nos conducirá al cambio esperado? Para comprender esto, debemos comentar la siguiente enseñanza del Justo de Breslev sobre este tema:

"La esencia de una mente serena, es reflexionar y pensar sanamente cuál es la finalidad de todos los apetitos y de todos los asuntos mundanos... Es necesario que el hombre se esfuerce para consagrar un tiempo para meditar sobre las acciones que emprende, y preguntarse si es conveniente malgastar sus días en tales actos. **Debido a que el hombre no reflexiona sobre eso – no tiene conocimiento**, incluso si alcanza a veces una cierta claridad mental, no le dura y desaparece enseguida; y también si el poco conocimiento que sí tiene no es fuerte y firme, no entiende las tonterías de este mundo. Sin embargo, si el hombre gozara de **una mente clara fuerte y firme**, comprendería que todo es sólo tontería y vanidad...".

¡Extraemos de aquí una instructiva definición! "El hombre que no reflexiona – **no tiene conocimiento**". Es decir que **el hombre sólo tiene conocimiento cuando logra claridad mental**. Si lo pensamos, esto es realmente muy comprensible, pues el estado de confusión no puede llamarse conocimiento. Debemos comprender que todas las confusiones – la enorme cantidad de pensamientos y consejos contradictorios que el hombre posee, todos sus cambios de opinión – todo esto define la falta de conocimiento, la falta de una mente sana. Poseer conocimiento implica saber claramente cuál es la verdad de cada situación; cuál es la finalidad; qué es lo que se debe hacer y cuál es el camino justo.

Y aun cuando existen ciertas cosas que no le son claras al hombre, pero por lo menos tiene conciencia de eso, y sabe que debe aclararlas y determinar de qué tratan, esto también es considerado claridad mental, pues sabe que en tal o cual dominio, todavía ignora dónde está la verdad.

Entonces, toda persona que reza para rectificar su ira, o por la paz doméstica, o por la alegría, o por cuidar su mirada, o por toda otra cosa, debe obtener claridad y serenidad mental antes de su plegaria. Debe obtener el conocimiento que es el resultado de **"una mente clara, fuerte y firme"**, y así reconocerá cuál es la verdad y cuál es la Voluntad Divina, de tal modo que nada en el mundo podrá desviarlo de eso. Es sólo entonces que deberá rezar y pedir al Creador el merecer *vivir* según ese conocimiento.

La explicación de lo que precede es simple: la acción de la plegaria consiste en hacer penetrar el conocimiento dentro del corazón. Si el hombre no medita como se debe y no tiene claridad mental – lo que se manifiesta en que está todavía preso de confusiones y de dudas sobre cuál es la verdad – entonces cuando ruega, introduce un conocimiento confuso dentro de su corazón. Por consiguiente, fracasa en la prueba... Aunque rece, la Mala Inclinación lo atrapa y lo controla en donde todavía tiene dudas.

En cambio, cuando el hombre posee bien claro en su mente lo que introduce en su corazón por medio de la oración, esto se llama que posee el conocimiento. Y como dijeron los Sabios, "Si conocimiento adquiriste, ¿qué más te falta?...". La Mala Inclinación no puede apoderarse del hombre que vive según un claro conocimiento y derribarlo.

¿A qué es esto comparable? A un hombre que construye un muro para protegerse de sus enemigos. Si es perfecto y sin fallas, será eficaz y le protegerá ante toda tentativa de asalto. Sin embargo, si este muro tiene grietas en varios lugares, aunque sea grueso y sólido, el enemigo penetrará por ellas y el muro no servirá para nada. Tal como está escrito (Proverbios 25:28): "Como una ciudad derribada y sin muralla, es el hombre cuyo espíritu no tiene restricciones".

La mente es el muro del hombre. Un muro frente a todos los apetitos y confusiones. Cuando el hombre medita y aclara su mente introduciendo ese conocimiento en el seno de su corazón, es como si construyera una pared perfecta. Pero cuando no lo hace, aunque rece, construye un muro con grietas, y no debe sorprenderse si todavía cede a los malos rasgos.

Tomemos otra vez el ejemplo de la ira: aunque el hombre reza verdaderamente para superarla, ¡si es honrado consigo mismo, reconocerá que en el mismo momento en que rogaba, todavía no estaba seguro que nada en el mundo le encolerizaría! Y si medita sobre esto, verá que según su conocimiento todavía existen casos en los cuales siente la necesidad, incluso hasta un deber o una obligación, de enojarse. Resulta entonces que no reza por esos casos, sino pide no encolerizarse solamente en aquellos en que *a él le parece* que es necesario. El Creador ciertamente le ayudará en las situaciones sobre las cuales rezó, mientras que en aquellas en que no le está claro que está prohibido ceder a la cólera no le ayudará, pues en esos casos no pidió nada, **¡porque según su conocimiento esas situaciones no responden a la definición que la ira está prohibida!**

No obstante, si meditara como se debe y se preguntara: "¿Qué es la ira? ¿Cuál es su definición? ¿Qué dice la Ley Divina sobre ella? ¿Acaso existe alguna situación en la está permitido encolerizarse? ¿Existe un solo caso en el cual la ira es provechosa? ¿Quizás está permitido encolerizarse para educar?, ¿o por la paz doméstica?, ¿o por la subsistencia?" – lograría el conocimiento y vería por sí mismo dónde está la verdad.

Ciertamente llegaría a la conclusión que *ninguna situación en el mundo* justifica la ira, que cada vez que se encoleriza realiza una muy grave transgresión; y que con cada uno de sus enojos sólo pierde mucho. Este conocimiento deberá ser claro, fuerte y firme, sin sombra de duda que no se encolerizará bajo ningún pretexto; que la ira no es provechosa en ningún caso; que nunca es aconsejable; que por medio de ella nunca se engendrará ningún bien y no hay ninguna situación en la que está permitida. Y cuando esta fuerte y firme claridad mental, penetre dentro del corazón del hombre – ¡ya no se encolerizará!

Y es necesario multiplicar las plegarias sobre eso: *"Dueño del Mundo, Ten compasión de mí. Ayúdame a saber perfectamente que no existe ninguna situación en el mundo en que la ira es permitida, o que sea provechosa. Apiádate de mí y ayúdame a que mi corazón no me induzca al error de creer que hay veces en que está permitido encolerizarse, o que es justificado o benéfico. Si me encolerizo, debo saber claramente que cometo un pecado... Ayúdame entonces a investigar cómo la Mala Inclinación me incitó a transgredir, cómo me engañó, hasta que mi mente esté clara, fuerte y firme, y así nunca me permitirá, bajo ningún pretexto, encolerizarme; que mi corazón nunca me seduzca..."*.

El hombre colérico debe rogar cada día sobre este tema, y realizar un examen de conciencia para juzgar cómo se portó desde su último examen. Y cuando no logre superar la ira, debe analizar cómo la Mala Inclinación lo incitó a errar y qué grieta encontró en él. Deberá rezar para que la próxima vez ella no salga victoriosa. Pues, al fin de cuentas, ¿cuántas posibilidades existen? Muy pocas. En general, el hombre cede a la cólera en las mismas ocasiones: en la educación de los niños, en la relación conyugal, en el trabajo. Entonces verificará de qué manera y en qué circunstancias la Mala Inclinación consigue dominarle, meditará serenamente sobre esos casos, y así podrá superar la prueba la próxima vez. Es este el verdadero trabajo para lograr un claro conocimiento.

Lo esencial es que cada vez que el hombre sucumbe y se encoleriza, le sea evidente que transgredió y que la Mala Inclinación le engañó y le sedujo. Deberá arrepentirse por su ira, hacer examen de conciencia, y preguntarse por qué se enojó, cómo la mala inclinación lo provocó, y encontrar cuáles son sus puntos débiles en donde todavía le falta claridad mental.

Recordaremos bien las palabras del Justo, que son realmente cuatro aspectos: obtener *una mente, clara, fuerte*, y *firme*. Porque si nos falta solamente uno de ellos, no podremos superar ninguna prueba, pues todavía tendremos dudas y por cierto fracasaremos.

Solamente de esta manera es posible trabajar en una cualidad y adquirirla. Este método es bueno y útil tanto para todos los rasgos del carácter, como para los distintos apetitos. Si el hombre meditara con serenidad como se debiera hasta poseer la claridad mental, si rezara mucho, y si efectuara exámenes de conciencia, entonces seguramente cambiaría y retornaría al Creador.

Capítulo Séptimo
La Virtud de la Fe

L a virtud de la fe es tan grande que desafía toda definición. La fe es la raíz y el fundamento del trabajo del hombre en este mundo. Por eso, cada uno debe examinar su fe y reforzarla, pues gracias a su perfección, se logran adquirir todas las buenas cualidades. De hecho, la fe es la base que sostiene al mundo entero.

• **La fe** es el canal de la abundancia y de todas las bendiciones, tanto materiales como espirituales. Como está escrito (Proverbios 28:20): "El hombre creyente está colmado de bendiciones" – es decir que quien tiene fe es capaz de atraer toda la abundancia y bendición.

• **La fe** es una fuerza espiritual muy poderosa. Mediante una fe verdaderamente cándida y privada de sofisticaciones, se puede alcanzar la *verdadera voluntad*, que se manifiesta en los anhelos de acercarse al Creador y cumplir Su Voluntad de todo corazón.

• **La fe** es el fundamento y la raíz de la santidad. El hombre que logra poseerla, logra separarse de sus apetitos físicos y alcanzar la santidad.

• **La fe** conduce a la paciencia, a todas las buenas cualidades y desarraiga los malos rasgos. El hombre que posee una fe completa, tiene la creencia que todo lo que le llega proviene de la Supervisión Divina, y que todo es para su bien. Esto es lo que le da la fuerza para ser paciente frente a todos los obstáculos y las confusiones, sin inquietarse por ellos.

Todavía más está escrito en el "Libro de los Atributos" en el tema "Fe": "Por medio de la fe el hombre es bendecido; Por medio de la fe el hombre se vuelve más sabio; La fe da al hombre una perspicacia y conciencia espiritual más elevada, permitiéndole entender más fácilmente los acontecimientos de su alrededor. La falta de fe es un exilio espiritual, por lo tanto, por medio de la perfección de la fe llegará la redención del mundo.

El descenso del alma a este mundo

Mientras el alma, que es una pequeña chispa del Creador Mismo, estaba en su lugar de origen, en los intangibles mundos superiores de pura espiritualidad, observaba la Luz Divina y gozaba de Su presencia. A primera vista, no existe una proximidad al Todopoderoso más grande que esta. Pero en realidad, estaba alejada del Creador, ya que **no Le conocía**. El alma sólo sabía de Su maravillosa Luz, pero, ¿Quién es este poderoso Iluminador?, ¿cuáles son Sus atributos, Sus formas de conducta, Sus acciones, Sus fuerzas y Su Voluntad? Esto no lo sabía...

Podemos ilustrarlo con una parábola. Si se encontrara delante de nosotros un hombre lleno de encanto, belleza y gloria, por cierto querríamos saber quién es esta persona tan especial, hablarle, conocerle, tanto a él como a sus acciones. No nos contentaríamos con estar frente a él, aunque gozáramos de su presencia.

Así también el alma quería conocer al Creador pero, quedándose en su lugar de origen, no lo podría realizar, pues en el Cielo no existe la Mala Inclinación, ni dificultades ni pruebas, sino que todo está allí iluminado con una maravillosa Luz. En el Cielo el alma no necesita la ayuda ni la Compasión del Creador, ni Su paciencia, ni que la acerque a Él y que reciba su arrepentimiento, porque Sus atributos son revelados sólo a los que viven en este bajo mundo, con todas sus tribulaciones. Por lo tanto, el alma no podría conocer al Creador, quedándose en su lugar original.

Y como explica el *Zohar*, La finalidad del Creador del Universo en la Creación fue revelar Su Compasión. Y si no existiera la creación del mundo, ¿a quién podría pues mostrarla?

Por eso, conocer la eterna e infinita Compasión del Creador, es posible sólo en este mundo material, donde la Compasión Divina es necesaria en cada instante. Y por eso el alma descendió a este mundo – para realizar la finalidad de la Creación y conocerlo a Él.

¡Encantada de conocerte!

Con el fin de ilustrar lo que precede, contaremos esta historia rica en enseñanzas:

Cierta vez, un alumno del primer discípulo del gran Justo de Breslev, se quejó diciéndole: "Qué lástima que no tuve también el privilegio de conocer profundamente al gran Justo personalmente...".

El maestro le replicó severamente: "Y quién piensas que tenía el mérito de conocerlo? ¿El Sr. Frunik?".

Conviene explicar que Sr. Frunik era un simple barquero. Todo el día, llevaba a la gente de un lado del río a la otra orilla, cercana a la ciudad de Breslev. A menudo tenía la ocasión de transportar al gran Justo, y se jactaba de eso diciendo: "Ooooh, yo solía pasar mucho de mi tiempo con el Gran Maestro – ¡Yo lo conocí muy bien!".

Lo que el primer discípulo del gran maestro quería explicarle a su propio discípulo era que la proximidad física no tiene ningún sentido. Lo esencial del conocimiento del maestro no se limita a una simple mirada, sino que engloba un hondo conocimiento de sus concepciones, de aprender y practicar sus enseñanzas. Le explicó que aunque alguien nunca hubiera visto al Justo, por medio del estudio de sus libros y el cumplimiento de sus consejos, lo podría conocer verdaderamente.

En efecto, este barquero no sólo había visto, sino que también había tocado al Justo varias veces, asistiéndole en el barco. Pero, prácticamente hablando, estaba tan lejos de él como el norte del sur, porque no conocía verdaderamente a quien estaba a su lado. Sólo quien conoce al Justo en el plano espiritual, su sabiduría, sus enseñanzas, sus obras, su capacidad y sus consejos, sólo él puede afirmar conocerle verdaderamente.

El mismo principio se aplica al conocimiento del Creador: el alma en los mundos superiores se contentaba de la Luz Divina, sin verdaderamente conocer al Creador. Esto se parece al barquero que se jactaba de conocer al Justo, cuando en realidad, no conocía nada más que el color de su barba.

En cambio, después del envío del alma a este mundo, donde el hombre necesita la ayuda constante del Creador en todos los acontecimientos y las pruebas que sufre durante su vida y a cada instante, ella puede realmente acercarse a Él y decirle: "¡Encantada de conocerte!".

"¡Ella lo dice – yo lo sé!"

Otra relato esclarecerá este tema:

El hijo de un gran erudito que quiso "empaparse" con la luz de la fe, decidió que inmediatamente después de su matrimonio, se acercaría a un gran maestro espiritual que se encontraba en un lejano lugar, con el fin de aprender de él durante tres años consecutivos, en un ambiente de santidad y pureza.

Consiguió convencer a su mujer y obtener su aceptación, pero a su padre le enojó mucho la decisión – ¿cómo podía dejar sola a su joven esposa con la que recién se había casado, mientras que él debería mantenerla durante tres años? Trató pues de impedirlo, sin embargo, cuando vio la terquedad de su hijo, le dejó ir, consolándose que volvería ciertamente con un diploma de maestro o un buen cargo, y así podría gozar de una buena situación social y económica.

Cuando al término de los tres años el hijo volvió, su padre le recibió con emoción. Después de haber descansado del viaje, le interrogó con esperanza: "¡Mi querido hijo! Te ruego, cuéntame lo qué aprendiste. ¿En qué te calificaste? ¿Eres un maestro? ¿Qué enseñanzas nuevas recibiste de tu maestro?".

"Mi querido padre", contesto su hijo, "durante tres años me esforcé muy duro para adquirir conocimiento y sabiduría. Yo he aprendido una sola cosa: ¡El Universo posee un Creador!".

"¡¿Qué?!", exclamó su padre. "¡¿Esto es todo lo qué aprendiste durante esos tres años?!, ¡¿algo que sabe hasta la persona más simple?!". Enseguida llamó el padre a la criada y le preguntó: "Dime por favor, ¿quién gobierna y dirige el universo entero, y posee en sus manos la vida de cada criatura?".

"El Creador del Universo", respondió la criada, "Él es Dios Todopoderoso, Gobernador del Cielo y de la Tierra".

"¿Y quién cura a cada uno de su enfermedad?", prosiguió él. Y ella respondió: "El Creador es Quien cura".

"¿Y quién alimenta a cada criatura?", interrogó. "El Creador es el que alimenta", respondió la criada.

El padre fijó sus ojos en su hijo y le dijo enojado: "Y... ¿ves? ¡Hasta la simple criada sabe que hay un Creador del Mundo, Quien cura y alimenta! ¡¿Para aprender una cosa tan simple, necesitabas abandonar tu hogar durante tres años?!".

El hijo le contestó tranquilamente: "¡Mi querido padre, ella sólo **lo dice**, pero yo **lo sé**!...".

Así exactamente sucede con el descenso del alma a este mundo. Mientras ella residía en el Cielo, es probable que supiera que Dios es el Todopoderoso Creador del Universo, que es bueno y beneficioso, que Su Misericordia es infinita, etc., pero era sólo un conocimiento abstracto, como cuando se sabe algo en teoría sin experimentarlo. Para enterarse prácticamente, debía el alma descender a este mundo y vestirse con un cuerpo físico, con el fin de pasar ejercicios y entrenamientos prácticos de fe. Sólo así podría adquirir un conocimiento auténtico del Creador. Todo ser razonable lo sabe – después de pasar la prueba teórica hay que pasar la práctica, que es la esencial.

El hombre que no está dispuesto a enfrentarse en la vida con las pruebas de la fe y ejercerla prácticamente, nunca la aprenderá. ¡Quizás dirá de labios para afuera que "hay un Creador del Universo" – como la criada de la historia – pero no lo sabrá! Es solamente a través de los ejercicios prácticos que se puede lograr conocer al Creador verdaderamente, lo cual es el objetivo final del hombre.

Por derecho y no por caridad

Otra razón para el descenso del alma a este mundo, es que el placer que sentía en su estancia original en el Cielo, se manifestaba en forma de recibimiento de "Pan de vergüenza", lo que significa un placer recibido gratuitamente. Al recibir algo sin trabajar por ello, sin merecerlo, es una vergüenza, la cual es una pena para el alma. ¿A qué es esto comparable? A un hombre honorable que debe participar de una comida sin ser invitado. Con cada bocado que pone en su boca, sufre terriblemente a causa de su vergüenza, y el alimento se le atraviesa en la garganta. Por esa razón, la comida no le proporciona ningún placer. Del mismo modo, debido a que el Creador quiso que el alma sintiera un placer perfecto, la hizo descender a este mundo, para que trabaje y sea recompensada por derecho y no por caridad.

La ocultación

Cuando el alma desciende a este mundo, cae en un abismo de oscuridad espiritual, donde la Luz Divina esta escondida debajo de una capa de ocultación. Entonces, una persona pensante pregunta: "¿Cómo es posible que el alma pueda encontrar al Creador y acercarse a Él, en un ambiente donde todo parece esconder o negar Su existencia?". Vemos con nuestros propios ojos que son muy pocas las personas – hasta las llamadas "religiosas" – que logran quebrar los estratos de oscuridad y ocultación, para revelar la espléndida iluminación del Todopoderoso y conocerlo en este mundo.

A continuación, vamos a buscar una respuesta examinando los distintos estratos o capas de la ocultación:

La primera ocultación – la naturaleza: Las leyes de la naturaleza parecen absolutas e inmutables, y en consecuencia, esconden a cada ser creado la Divina Supervisión Individual. ¿Si el Creador quiere que se Le conozca a través de este mundo, por qué no gobierna la Creación a plena luz por medio de una Supervisión manifiesta y milagros, lo que permitiría a todos conocer Su existencia sin dificultad?

La segunda ocultación – los seres humanos: Los hombres mismos constituyen una gran ocultación de la existencia del Creador, ya que aparentemente hacen lo que quieren y pueden hacer el bien o el mal a su antojo. ¿Si es así, dónde está la Revelación del Creador, la Supervisión Divina y Sus atributos? Esto es particularmente difícil pues la mayoría de la gente están lejos de vivir según la fe, como puede verse por su comportamiento y sus palabras... Todo esto lleva a una enorme ocultación del Creador. La pregunta es pues la siguiente: ¿Por qué el Creador no hizo que todos los hombres poseyeran la fe, haciendo así las cosas más fáciles para creer en Él?

La tercera ocultación – el cuerpo humano: El alma está revestida de un cuerpo material, lleno de apetitos, inclinaciones y necesidades, que están en total oposición a la espiritualidad y la Divinidad. Tal cuerpo sólo atrae al hombre hacia las vanidades de este mundo. ¿Por qué el Creador no le dio al hombre un cuerpo santo y puro, que lo conduzca naturalmente hacia la Divinidad, permitiendo entonces al alma conocer al Creador con facilidad?

La cuarta ocultación – dificultades y tribulaciones: La misma esencia de la vida, en este mundo material, esconde la Divinidad de múltiples maneras. Los problemas de la vida diaria – dificultades financieras, enfermedades, delitos, presiones emocionales, y muchos más – todos estos ocultan la Benevolencia Divina. La ocultación es aun más fuerte cuando se comprueba todo tipo de horrores: catástrofes, atentados terroristas, accidentes fatales, genocidios, niños nacidos inválidos, hombres perseguidos, torturados y encarcelados, gente cuya vida y la de sus allegados es verdaderamente insoportable, etc. El que mira tal realidad se interroga: ¿Dónde está Dios?

¿No podría el Creador habernos dado condiciones de vida más fáciles? ¿Por qué no ha hecho que desde el momento de su nacimiento, cada hombre tenga una suma de dinero depositada a su nombre en el banco, una casa de ensueño con piscina y varios coches en el garaje, un avión privado sobre el tejado preparado para despegar, una pareja perfecta, y una salud a toda prueba? Si hubiera dado todo esto a cada uno indiscriminadamente, el mundo sería hermoso y perfecto..., un paraíso...

La quinta ocultación – El cumplimiento de la Ley Divina y los Preceptos: Ésta es la más dura de todas las ocultaciones. Pues hasta la Ley del Creador, que dio al hombre con el fin de que Lo conozca, es por sí misma una gran ocultación. No siempre es bastante clara, y hay muchas opiniones y contradicciones sobre cómo cumplirla: uno aconseja actuar de tal modo, y otro actuar de otro, y cada uno asegura que es el dueño de la verdad...

El hombre está pues perplejo frente a la multiplicidad de opiniones – ¿Cuál es entonces el verdadero camino para cumplir Su Voluntad? ¿Por qué el Creador no dio una Ley donde todo está perfectamente claro?, ¿que tan pronto como sea estudiada, alumbraría al hombre con la Luz Divina?, ¿que con cada Precepto cumplido difundiría enseguida abundancia Divina, iluminación, logros, dulzura y amenidad?; ¿por qué el Creador no hizo que la senda para conocerlo sea clara, precisa y limitada por barreras que evitarían al hombre desviarse a la izquierda o a la derecha?

Resulta que en este mundo, el hombre se encuentra entre la espada y la pared – la naturaleza le esconde al Creador, también los hombres, su cuerpo, los problemas de la existencia y los sufrimientos lo alejan de Él. Y después de todo, al dirigirse al único consuelo que le queda, la Ley que el Creador le ha dado, tampoco le es simple ni fácil de entender, y a veces hasta parece alejarlo. ¿Qué debe entonces hacer el hombre?...

El descubrimiento

¿Saben qué? No hay ningún error ni falla en esta realidad, sino que es esta la exacta intención del Creador – hacer descender el alma a este mundo lleno de tan grandes ocultaciones. Son precisamente las dificultades y el peligro constante que afronta el hombre en este mundo, lo que le conducen a buscar y a acercarse al Creador – con sólo quererlo.

La explicación es la siguiente: cuando el hombre ve y comprende las múltiples ocultaciones, peligros y dificultades, se da cuenta de su nulidad y su desamparo, lo que le hace dirigirse al Creador y pedir Su ayuda en cada instante. Por cada prueba que atraviesa, por cada dificultad u obstáculo que se le presenta, pide sin demora la ayuda del Todopoderoso. Así, resulta que estas mismas ocultaciones sólo lo aproximan al Creador, dándole el empuje para conocerle.

Sin embargo, el hombre debe fortalecerse mucho a la hora de las dificultades y pruebas, y siempre recordar que estas son para acercarlo y no para alejarlo. Porqué toda la esencia de la prueba es cuando se le impide al hombre su conocimiento, y no le queda otra alternativa que rogarle al Creador que le ayude a superarla.

Debemos saber que si no nos confrontáramos con tantas ocultaciones, si las condiciones de vida sobre la Tierra nos fueran fáciles, si los sufrimientos y tribulaciones no existieran, si el cuerpo fuera ligero e inmaterial, si la Ley Divina fuera clara y límpida – ¡nunca nos acercaríamos al Creador! Simplemente no lo necesitaríamos, y el alma no tendría ningún beneficio en su descenso a este mundo. Ella podría quedarse bajo el Trono de la Gloria en el Cielo, gozando de la Presencia Divina.

Pero, ¿por qué esperar los tiempos difíciles? Cuanto más buscamos al Creador, más mejoramos la calidad de nuestra vida. Incluso si no sufrimos de ninguna dificultad trascendental, aun cuando también estudiemos la Ley Divina y cumplamos los Preceptos, deberíamos dirigirnos regularmente al Creador. Porque hasta en estas situaciones necesitamos Su ayuda, para que nos guíe, para que nos ayude a dirigirnos hacia la verdad, para tener el mérito de cumplir cada Precepto con su correcta intención, y como imploraba el Rey David muchas veces (Salmos 25, 119): "Guíame en Tu verdad", "Muéstrame Tus caminos", "Enséñame, oh Eterno, el camino de Tus estatutos", "Concédeme entendimiento y atesoraré Tu Ley", "Guíame por el camino de Tus Preceptos", "Inclina mi corazón a Tus testimonios", y más y más...

Vemos entonces, que las ocultaciones son un gran bien – ¡ellas provocan la necesidad constante del hombre hacia el Creador! Le necesita con el fin de superar las duras leyes de la naturaleza; Le necesita para dominar su cuerpo y sus apetitos materiales; Le necesita con el fin de superar los impedimentos que provienen de las personas que le rodean; Le necesita para superar las dificultades existenciales; y Le necesita para dirigirse hacia la verdad de Su Ley.

Somos testigos que gente que vive en la opulencia, no se acerca tanto al Creador. Sin embargo, ciertamente ellos Le necesitan, pues este mundo por sí mismo carece de toda finalidad, por eso sin la Luz del Creador, incluso quien goza de todo éxito y logro mundano, tiene una vida vacía y oscura. Hay muchos testimonios de personas que – aunque el mundo entero estaba en sus manos – sentían que no poseían nada, ni vida, ni alegría, sino solamente un sentimiento de vacío y de desolación.

Por lo tanto, hasta el hombre que vive en la opulencia, debe despertarse y meditar que la vida se consume y se va, y a su fin se dejan atrás todas las riquezas y los éxitos. Entonces, entre tanta abundancia y vida fácil, comprenderá que necesita al Creador para saciar la sed de su alma que no siente ninguna satisfacción de las cosas mundanas, y entonces se acercará a Él por amor y no por sufrimientos.

Vemos que el Creador del Universo creó una realidad donde todas las criaturas necesitan siempre de Él: quien tiene dificultades, por supuesto Le necesita; pero también quien "nació con una cuchara de oro en la boca", Le necesita para encontrar una verdadera y significativa vida, pues sin el Creador, la vida no es vida...

Y en verdad, el hombre que vive según su finalidad, Le habla al Creador de todas sus cosas, Le pide consejos y lo que necesita en cada caso y situación, el Creador no necesita mandarle ningunas tribulaciones, penas, o crisis para estimularlo a acercarse hacia Él, y su vida se desarrolla grata y tranquilamente.

Cuando el hombre sabe que la finalidad de su vida consiste en conocer al Creador, entonces todo le es bueno y dulce, y en cada acontecimiento encuentra insinuaciones para cómo acercarse a Él. De un suceso aprende a corregir un cierto defecto, de otro, aprende algo que le faltaba saber y que el Creador quería enseñarle. De otra cosa, se despierta para multiplicar sus rezos sobre cierto tema, y de otra se estimula al arrepentimiento, a la buena voluntad, etc. En resumen, todos los acontecimientos de su vida se transforman armoniosamente en una aproximación al Creador.

Lento pero seguro

He aquí otra explicación de las ocultaciones que señalamos: ya que la Luz Divina es infinita, no podemos acercarnos directamente sin obstáculos ni pantallas, porque es evidente que nos "consumiríamos" frente a Su intensa Luz y moriríamos, o nos volveríamos locos o llegaríamos a la herejía. Por lo tanto, el Creador – como un buen entrenador – nos da oportunidades para reforzar nuestra espiritualidad, de modo que seamos recipientes bastante potentes, para poder recibir una mayor porción de Su Luz.

Cada vez que una persona experimenta una prueba de fe, supera un obstáculo en el cumplimiento de un Precepto, lucha y se sobrepone a una tentación o deseo físico, o refuerza su alma, se transforma en un recipiente apropiado para recibir un poco más de Luz Divina. Después, cuando el apetito le domina y lo supera nuevamente, vuelve a recibir otro poco de Luz, y así sucesivamente... Este vaivén se repite de muchas formas diferentes por las cuales el hombre sube nivel a nivel, construyendo receptáculos para recibir gradualmente la Luz Divina, sin sufrir por eso el menor perjuicio.

Así se aprende de los cuatro Sabios que lograron entrar al "Vergel", alegórico de los mundos espirituales superiores. El primero murió, el segundo se volvió loco, el tercero perdió su fe y se hizo hereje, y sólo el cuarto entró y salió en paz sin dañarse. Los primeros tres entraron precipitadamente y recibieron una exposición tan alta de Luz Divina, que fue demasiado fuerte para los receptáculos espirituales que disponían, y cada uno de ellos, según su caso, fue dañado. El cuarto Sabio, por otra parte, entró gradualmente, y por eso la iluminación no sólo no lo dañó, sino que le fue gratificante, ya que logró un apropiado receptáculo para esa exposición de Luz Divina.

¿Cómo logró ese Sabio alcanzar un tan alto nivel? La respuesta se encuentra en la historia de su vida. Él era hijo de pobres forasteros, que no tenían mucha relación con la fe ni con la Ley Divina. Por lo tanto, debió trabajar muy duro para elevarse de su punto de partida espiritual. Él no gozaba ni del mérito de sus antepasados, ni de linaje, ni de otra situación favorable. Mientras sus colegas tenían una vida fácil, viniendo de familias de alta posición social, siguiendo la senda del Creador desde su infancia, él era pobre e incluso ignorante hasta los cuarenta años, y atravesó numerosas dificultades e impedimentos. No obstante, eso mismo le permitió desarrollar una tremenda voluntad de acercarse al Creador, multiplicar sus plegarias, llorar torrentes de lágrimas para que el Creador le permitiera aprender y entender Su Ley, y merecer finalmente lo que mereció – transformarse de un campesino común a un Maestro Espiritual extraordinario con decenas de miles de discípulos. Así es cómo recibió los magníficos receptáculos espirituales que le sirvieron para recoger la gran Luz Divina, sin sufrir el menor daño.

La siguiente es una corroboración que cada uno debe aprender bien e integrar en su corazón: las dificultades en la vida son para bien, son los vehículos que realmente refuerzan nuestras almas y nos despiertan para que nos acerquemos al Creador. ¿Cuál podría ser un estímulo más grande que saber que el Creador quiere aproximarnos a Él? De este modo, cuando miramos nuestras vidas con los ojos de la fe, al instante nos hacemos tanto más fuertes como más felices, y merecemos finalmente alcanzar los más altos niveles – mucho más que todos aquellos que tienen éxito fácilmente.

Por lo tanto, está claro que el que tiene éxito fácilmente, pierde todas las ventajas de los obstáculos que le enseñan al hombre su nulidad y le hacen creer en el Creador, volverse hacia Él y desear Su proximidad.

No te sientas celoso de alguien que tiene una vida fácil – esto no es un premio. Cualquier atleta campeón sabe que "No hay miel sin hiel". La gente que no ha sido probada, pierde todas las ventajas de los obstáculos que le enseñan al hombre su nulidad, y es muy limitada en su capacidad de entender la fe y de acercarse al Creador. En otras palabras, quien no conoce dificultades, le es más difícil progresar en espiritualidad.

Ahora que descubrimos las ventajas de las dificultades de la vida, podemos entender claramente por qué el Todopoderoso envió nuestras almas a este humilde mundo material.

Buscar la Luz

Cada dificultad superada con el poder de la plegaria, nos trae un conocimiento suplementario de la grandeza del Creador. La oscuridad y las dificultades provienen de una falta de conocimiento espiritual, por lo tanto, cuando deseamos sobreponernos a la ocultación, deseamos esencialmente el conocimiento del Creador, que es la Luz Divina que nos ha sido escondida. Así recibimos un nuevo conocimiento, que si no fuera por la dificultad que tuvimos, nunca hubiéramos sabido de su falta. Vemos que la ocultación misma de la Luz Divina, es la que incita y estimula al hombre a buscar el conocimiento espiritual.

Además, los obstáculos y las dificultades que encontramos, tienen la función de dirigirnos hacia nuestra misión personal para la cual llegamos a este mundo. Cuando el hombre choca contra tal o cual dificultad que proviene de alguna de las ocultaciones que señalamos, y se vuelve hacia el Creador pidiéndole que le muestre lo qué le insinúa y qué debe corregir, merece entonces encontrar su camino personal en este mundo.

"Mi alma está sedienta del Todopoderoso"

Ya que el alma es espiritual, la dura realidad a la que está expuesta en este mundo le lleva anhelar a su Creador, a tener sed de la Divinidad. Tal como dijo el Rey David (Salmos 42:3): "Mi alma está sedienta del Todopoderoso, del Dios vivo". Y ella pregunta con anhelo: "¿Cuándo vendré y me presentaré ante Dios?".

El alma no siente ninguna satisfacción o placer con los asuntos materiales de este mundo. Hay una larga lista de gente que ha sido muy exitosa en el campo material, teniendo todo lo que una persona podría soñar, a pesar de ello muchos vivieron con un gran sentimiento de frustración, y algunos hasta llegaron al suicidio, porque vieron que poseyéndolo todo, no tuvieron verdaderamente nada. Así es que sintiendo la oscuridad que la rodea, el alma extraña al Creador, y por eso llega a conocer, amar, y apreciarlo cada vez más.

Una saga continua de dificultades

Cuanto más problemas, dificultades y pruebas tiene el hombre, más busca al Creador; como alguien que estando en la oscuridad busca la luz. Incluso si Lo busca sólo como una solución a sus problemas, como un alivio, y no porque quiere acercarse a Él, descubre Su Misericordia infinita y Su Piedad. Esto han enseñado los Sabios: "De los hijos de los pobres, saldrá la Ley"; las dificultades existenciales y las privaciones materiales de los niños pobres, estimulan en ellos desde la infancia la necesidad de buscar al Creador y gracias a ello, merecer la fe y la confianza en Él.

El Rey David sufrió indecibles dificultades desde corta edad y así buscó al Creador constantemente, alcanzando por último el nivel de un elegido y de profeta. Él escribió el Libro de los Salmos, la principal colección de plegarias personales. Nuestros Sabios nos enseñan que las cuatro Matriarcas, Sara, Rebeca, Raquel y Lea eran estériles porque el Creador deseaba sus rezos. Si ellas hubieran tenido hijos sin dificultad, seguramente habrían rezado mucho menos, tanto en cantidad como en intensidad.

Si examinamos las vidas de los grandes Justos, encontraremos casi siempre que sus vidas fueron una saga continua de dificultades, una después de otra, de esta manera el Creador los acercó a Él. Ésta es también la razón de todos los obstáculos que cada uno atraviesa – el Creador quiere simplemente acercarnos a Él.

Los impedimentos intensifican el deseo

El gran Justo de Breslev escribe: "la medida del deseo del hombre depende del obstáculo que se le presenta. Porque por medio del impedimento, se intensifica el deseo".

Con este principio en mente, podemos ver las dificultades, problemas, procesos, y tribulaciones de la vida con una luz positiva. Tan pronto como una persona se encuentra con un sufrimiento o un obstáculo, debería despertar de nuevo su deseo, su voluntad, su anhelo del Creador, y el cumplimiento de Sus Preceptos – pues ésta es la finalidad de sus sufrimientos, acercarlo a Él y conocerlo.

Y así dice el profeta Jeremías (Jeremías 30:7), "Es un tiempo de tribulaciones para Jacob, mas *de ellas* será salvado" – es decir que de la desgracia misma proviene el socorro auténtico, el conocimiento del Creador; porque la angustia conduce al hombre que reconoce su nulidad, a pedir Su ayuda y buscar Su proximidad. Como tal, el problema es por último una gema de indecible valor. Y así está escrito (Ezequiel 18:23): "'¿Acaso me complazco Yo de la muerte del malvado?' – dice Dios el Eterno – 'por el contrario, deseo que retorne de sus caminos y viva'".

El Creador no desea que el hombre sufra; Él quiere que viva una vida recta y que sea feliz. Todas las dificultades de la vida son llamadas de advertencia para iniciar el examen de conciencia en dos niveles, a saber, aguijonearnos a buscarlo, y estimular nuestro arrepentimiento y desarrollo de carácter. Si siempre fuéramos exitosos, nos transformaríamos seguramente en más presumidos y arrogantes, nunca buscaríamos al Creador, y nunca corregiríamos ni un solo mal rasgo. De este modo, si tuviéramos "todo", realmente no tendríamos nada.

La alegría de vivir

La vida es alegría y felicidad. Sólo una persona alegre puede ser llamada "viva"; vida significa alegría. Muchas personas tienen corazón, pulso y pulmones que funcionan perfectamente, pero carecen de la alegría de vivir, ya que les falta la fe. La vida sin fe no vale la pena de ser vivida; las dificultades más pequeñas hunden al incrédulo en la tristeza, la depresión y la desesperación. Sin la fe, el hombre está siempre preso de preocupaciones, tensiones, confusiones, y de auto-persecuciones.

Los ateos son incapaces de entender o afrontar eficazmente las situaciones que van contra sus planes o deseos. Ellos se sienten indefensos en las manos del "destino" y de la "naturaleza", que los torturan sin causa o razón. Por otra parte, la gente que posee la fe, rara vez pierde la calma, ya que comprende que los períodos difíciles de la vida son para su propio bien. Por consiguiente, estas personas viven vidas alegres y dulces, en este mundo y en el venidero.

Los agnósticos y los ateos no tienen ninguna vida en este mundo ni en el venidero. Si observas con atención, encontrarás que bajo una sonrisa artificial, están ansiosos, preocupados, y abarrotados de tensión. Sus vidas están llenas de dificultades inexplicables, de luchas cotidianas de supervivencia, o una persecución interminable tras lo mundano sin saciarse nunca. El creyente, por el contrario, entiende lo que hace en el mundo, y cómo los desafíos de la vida son jalones para su crecimiento personal y espiritual, diseñados para llevar a cabo un objetivo muy definido.

Para probar la alegría de la vida, necesitamos la fe. Quien tiene fe encuentra alegría y consuelo en cada cosa, incluso a través de las dificultades y sufrimientos, pues el conocimiento que todo en nuestra vida es un regalo eterno de nuestro cariñoso Padre para nuestro bien, abastece la alegría de vivir que nos da fuerza interior. Con la fe, el hombre es también capaz de colocar las dificultades de esta vida en la apropiada proporción, especialmente cuando mira su objetivo final.

La guerra contra Amalek

Amalek es el símbolo del mal y un apodo de la Mala inclinación. Su arma principal es el veneno de la duda; él inyecta dudas de fe en la mente y el corazón de la persona. Tan pronto como el hombre comienza a dudar del Creador, inmediatamente enfrenta dificultades concebidas y designadas para que vuelva a buscarle y dirigirse a Él. Y así está escrito (Éxodo 17:7): "Porque probaron al Eterno diciendo: ¿Está el Eterno entre nosotros, o no?", y en el versículo siguiente está escrito: "Y vino Amalek y luchó con Israel en Refidím". Este versículo viene inmediatamente después del que precede para decir en nombre del Creador: "**¡¿Yo siempre estoy entre ustedes, ocupado con todas vuestras necesidades, y ustedes se preguntan: 'Está el Eterno entre nosotros, o no!?'** ¡Ahora verán! ¡Vendrá ese perro (Amalek) para morderlos – entonces clamarán por Mi ayuda, y ya sabrán dónde Me encuentro!".

Deducimos de estas palabras dos cosas:

a) La Mala Inclinación ataca al hombre sólo cuando tiene dudas en su fe. Sin embargo, cuando el hombre es fuerte en la fe que el Creador está siempre a su lado, dispuesto a ocuparse de todas sus necesidades, y sólo espera que Le pida lo que necesita – entonces la Mala Inclinación no puede acercarse a él.

b) ¡Tan pronto como el hombre pierde su fe, le caen desgracias para estimularle a volver a ella y a clamar al Creador!

Está relatado (íd.) que el pueblo de Israel triunfó sobre Amalek sólo gracias a la fe. Cuando Moisés extendió sus manos al Cielo y rezó, Israel tomó la delantera. Cuando Moisés bajó los brazos, Amalek la tomó. Hipotéticamente hay que plantear la pregunta: "¿Acaso las manos de Moisés ganan o pierden una guerra?". Responden los Sabios que "Mientras el Pueblo de Israel miraba hacia lo Alto con el corazón sometido a su Padre en el Cielo, vencía al enemigo; de lo contrario, perdía". Por ende, la conclusión es que Amalek supera al hombre cuando este se olvida del Creador.

Elevar los ojos al Cielo

La esencia de la guerra del Amalek, la Mala Inclinación, consiste en hacerle perder al hombre la fe – con el fin de que no levante su mirada hacia el Cielo. Por medio de la fe, el hombre está protegido de la Mala Inclinación. Pero cuando se derriba el muro de la fe, la persona está desprotegida e indefensa. Cuando miramos hacia el Cielo y recordamos al Creador, Él nos ayuda y Amalek es desarmado y no puede controlarnos más.

Cada vez que la persona sufre, simplemente puede mirar hacia el Cielo, elevar una plegaria personal al Creador y pedirle ayuda. No existe plegaria que no sea respondida, pues "Cercano está el Eterno a todos quienes Lo invocan, a todos quienes Lo invocan de verdad" (Salmos 145:18).

En conclusión, **la fe – cuya manifestación práctica es la plegaria – es el arma principal arma para vencer la Mala Inclinación.** Por lo tanto, el hombre debe invertir todas sus fuerzas y su energía en la plegaria y en el trabajo sobre la fe.

El propósito de la Ley Divina y de los Preceptos

Debemos saber que todo lo que hacemos en el servicio al Creador – ya sea la plegaria, el estudio de Su Ley o el cumplimiento de Sus Preceptos, todo está dirigido para acercar al hombre a la fe, para que se revele Su Majestad. Eso significa saber y creer que todo lo que pasa en el mundo, en general y con cada uno en particular, es sólo por la Voluntad y la Supervisión del Creador, sin ninguna intervención de algún factor natural.

No existe la perfección del conocimiento auténtico – que es la Ley Divina – sin la fe. En otras palabras, el que estudia la Ley sin fe, no puede alcanzar el conocimiento auténtico contenido en ella. Tal como dijeron los Sabios que se debe rezar: *"Sea Tu voluntad, oh Eterno, que seamos nosotros y nuestros descendientes, **conocedores de Tu Nombre** y estudiosos de Tu Ley"*. Porque sólo por medio de ser "conocedores de Tu Nombre" – que es la fe, se logra aprender la Ley Divina como es debido.

La fe reforzada conduce a una mayor iluminación del alma, y mientras más iluminada esté, tendrá mayor capacidad de reconocer a su Creador. **La regla es que lo esencial de la finalidad del hombre consiste en trabajar y en seguir los caminos del**

Creador, con el fin de merecer conocerle y acercarse a Él, pues ésa es Su Voluntad, que Le conozcamos. No debe el hombre tener otra intención en el servicio al Creador, que cumplir Su Voluntad. Como tal, estudiar la Ley Divina y cumplir los Preceptos con el propósito de llegar a conocer al Todopoderoso, es el propósito de la existencia del hombre en este mundo, sin motivos ulteriores de beneficio y prestigio personal.

El nivel espiritual del hombre

Se cuenta sobre el hijo de un gran Sabio, que sufrió una enfermedad que le produjo la muerte clínica. Con la gracia de Dios, se recuperó después que su alma llegó al umbral del Cielo. Cuando se recuperó un poco, su padre le preguntó: "Dime hijo, ¿qué viste en el Mundo Espiritual?".

Respondió el hijo: "Vi un mundo al revés: los altos estaban abajo y los bajos, arriba".

Asintió el Sabio con la cabeza y dijo: "Hijo, viste un mundo claro".

Muchas personas que en este mundo son importantes, grandes, honorables, de la "alta sociedad" – se encuentran en el peldaño más bajo en el Cielo. Lo contrario es también verdad: encontramos en este mundo gente humillada y perseguida – pero Arriba gozan de un alto nivel. Porque para el Creador, el nivel del hombre se mide según la fe que mereció adquirir en este mundo material, y según las pruebas de fe que superó en cada instante.

La fe es la raíz y el fundamento de toda la vida. Y como dijo el profeta (Habacuc 2:4): "Un hombre justo – por su fe vivirá". La persona con fe tiene asegurada una vida buena, plena y bella, gratificante y significativa, "vivirá" tanto en este mundo como en el venidero. Porque también en el Mundo Venidero, ella vivirá según la fe que adquirió en este mundo.

Todo proviene de la fe, y cuanta más fe el hombre adquiere, más elevado es su nivel.

Grandeza e insignificancia

El profeta dice (Samuel I, 16:7): "El hombre ve el exterior, mientras que el Eterno ve el corazón". En otras palabras, carecemos de las herramientas para ver la fe del otro y saber su verdadero estatus. La gente tiende a valorar a los demás según su sabiduría, belleza, título, fortuna o linaje; tales criterios son tanto falsos como inexactos. Con frecuencia, se refieren a una verdaderamente gran persona como insignificante, o viceversa.

Una persona simple e inculta puede poseer un nivel superior al de un médico, o profesor universitario, especialmente si la primera cree y conoce al Creador y la segunda no. La que posee una profunda noción del Creador supera completamente a quien no tiene idea de Quien le creó y Quien le dirige, aunque el primero sea un barrendero y el otro un físico nuclear.

En realidad, quien no conoce a su Creador, se encuentra en un nivel espiritual más bajo que el de un animal. Tal como se ve cuando el profeta Isaías reprueba al pueblo de Israel por olvidar su fe y le dice (Isaías 1:3): "El buey conoce a su dueño y el asno el pesebre de su amo, pero Israel no conoce (a su Señor), Mi pueblo no tiene entendimiento". En otras palabras, el buey y el asno están conscientes de quien lo sustenta, pero quien anda ciegamente tras una vida de placeres físicos nunca encuentra al Creador.

Lo esencial en el hombre es su conocimiento. El que está privado de él, no puede ser llamado ser humano; es como un animal con apariencia humana. El gran Maestro Moisés – que era compasivo, se ocupaba de civilizar el mundo, es decir que enseñaba conocimiento para que el mundo esté habitado por "hombres", por poseedores de conocimiento.

Fe – la mayor mercancía

A la luz de lo aprendido, toda la ocupación del hombre en este mundo debe concentrarse en lograr y adquirir la fe, pues es lo más importante de todo.

Enseñaron los Sabios que la primera pregunta que se hace al hombre después de morir es: "¿Negociaste durante tu vida con fe?". Como ya mencionamos en este libro, la interpretación literal de esta pregunta es si el hombre actuó recta y honestamente en sus negocios – si no engañó, robó o mintió. Pero en un más alto nivel, la pregunta es: "¿Acaso la mercancía que negociabas se llamaba fe? – ¿Adquiriste la fe?; ¿estudiaste la fe?; ¿vendiste la fe?; ¿enseñaste la fe?".

El sagrado libro del *Zohar* enseña que el Creador mueve mundos enteros para que dos personas puedan encontrarse y hablar sobre su finalidad. ¡La conclusión de lo antedicho, es que todos los encuentros en la vida del hombre son para que aprenda la fe o para que la enseñe!

Vemos entonces cómo la fe es la clave para la auténtica felicidad y éxito en este mundo y en el Mundo Venidero. Sus beneficios y virtudes son ilimitados e infinitos. Dichoso es quien adquiere la completa y clara fe.

Conclusión final

"La práctica hace al maestro". Ahora que has leído este libro por primera vez, trata de repasarlo una y otra vez del principio al final. Cuanto más interiorices los principios de la fe, más fácil te será aplicarlos en tu vida diaria.

Es importante subrayar que los buenos consejos dados en este libro, dependen esencialmente del conocimiento que "Todo es para bien" – que es el más grande regalo de este mundo. Y como dijo un gran Justo: *"Cuando el hombre sabe que todo lo que le sucede es para su bien, esta percepción es como un anticipo del Mundo Venidero"*. Alcanzar tal conocimiento es imposible sin un diario examen de conciencia durante el "Aislamiento", donde se examina todo lo que se hizo – desde el de ayer, hasta el de hoy. Así se logra ese gran regalo.

Por lo tanto, cada uno debe afanarse y multiplicar sus plegarias, para lograr cada día una hora entera de "Aislamiento", y así merecer ser una persona creyente que no haya sobre ella ningún Juicio, y merecer todas las bendiciones posibles, como está escrito (Proverbios 28:20): "El hombre creyente está colmado de bendiciones".

Fin.
¡Alabanzas al Creador del Universo!

¿Disfrutaste de este libro? De ser así, por favor ayúdanos a difundir el mensaje de la fe alrededor del mundo.

***

Contribuciones, preguntas, comentarios y encargos:

972–52–2240696

www.myemuna.com

Instituciones "Jut Shel Jesed"

972-2-5812210

("Hilo de Bondad"), POB 50226, Jerusalem, Israel